中国的市场地位

超越自由市场　迈向共赢市场

世界体系之新旧转换的超级博弈会借此战略支点向纵深演变

马国书　著

中国社会科学出版社

图书在版编目(CIP)数据

中国的市场地位：超越自由市场 迈向共赢市场／马国书著.—北京：中国社会科学出版社，2017.2

ISBN 978－7－5161－9515－4

Ⅰ.①中…　Ⅱ.①马…　Ⅲ.①市场机制－研究－中国　Ⅳ.①F123.9

中国版本图书馆 CIP 数据核字(2016)第 303143 号

出 版 人	赵剑英
责任编辑	宫京蕾
责任校对	李　莉
责任印制	何　艳

出　　版	中国社会科学出版社
社　　址	北京鼓楼西大街甲 158 号
邮　　编	100720
网　　址	http：//www.csspw.cn
发 行 部	010－84083685
门 市 部	010－84029450
经　　销	新华书店及其他书店

印刷装订	北京市兴怀印刷厂
版　　次	2017 年 2 月第 1 版
印　　次	2017 年 2 月第 1 次印刷

开　　本	787×1092　1/16
印　　张	22.75
插　　页	2
字　　数	373 千字
定　　价	98.00 元

序

　　"市场制度"的安排，像"民主制度"一样，并不存在着福山所谓的"历史终结"之市场进步的天花板或桎障。相反，"市场"的制度安排在经历了古典经济学向新古典范式转型的阵痛之后，已逐渐成熟为"自由市场"的全面胜利。全球市场经济都在遵循着"自由市场"的说教渐行渐远地向前摸索着。然而，发生在中国大地上的"市场体制改革与创建"却为人类更加先进的市场体制探索出了惊人的新发现：共赢市场新世界。

　　自 1978 年实施对外开放的基本国策以降，在接近 40 年的不断探索中，尤其从实施计划经济向市场经济转型的制度变革中，中国已在事实上取得了令世界瞩目的成功。中国已经从一个贫穷落后的国家跃升为世界第二大经济体。然而，时至今日，中国经济的市场地位议题越来越成为当今世界一个悬而未解、陷入困境的重大悬念。一方面，就市场效率而言，中国实施的市场经济无论在产出效率上，还是在提升中国社会整体收入水平上，都着实令世界汗颜，包括令发达国家在内的市场治理水平和效率方面自叹不如。然而，另一方面，在面对如此辉煌的成就时，欧美等发达国家却又不愿意承认中国经济的市场地位，始终把中国的市场经济生硬地定性为"非市场经济"。2016 年 1 月 13 日，欧盟 28 个国家再度在布鲁塞尔聚集，集体讨论是否给中国以"市场经济地位"的身份认可。原本对其结果充满了期待，但当否定的消息再次传来时，整个世界，尤其是中国，还是哗然一片。因为，2016 年 12 月 11 日很快就要到了，届时中国正式加入 WTO 满15 周年了。这就意味着：根据当初加入 WTO 时的缔约条款，任何缔约国，包括中国在内，当入世届满十五周年时其他缔约国就不能再以不具备"市场经济地位"为理由对该国实施"反倾销"制裁了。因此，中国的精英们原以为欧盟 28 个成员国会借此良机释放善意，准备转向今后通过协商来进一步化解彼此之间的贸易摩擦。怎料，欧盟根本不在乎这个到期日。究其根源，中国过往的判断没能指明的是，即使 28 个成员国自 2016 年 12 月 11 日起不再利用"非市场经济地位"作为 WTO 的规则理由来刁难中国的出口企业了，但如何破解"非市场经济困局"仍然是一个悬而未解但又必须解决好的重大疑难问题。因为，即使 2016 年 12 月 11 日中国加入 WTO 满 15 周年，它也并不必然意味着，这个到期日就是中国可以自动取得或享有"市场经济地位"的庆贺日。相反，与美欧以及其他缔约国之间的贸易摩擦和冲突不仅不会因此自动消失，反倒是很可能会因这种贸易争端解决机制的过期失效，导致他们忙于创建各种新型对策机制并且蜂拥而至。为此，我们有理由推断和设想：2016 年 12 月 11 日以后的中国，在与市场发达国家开展国际贸易时的贸易摩擦和争端不会趋于减弱，而是趋于增长甚至加剧。因此，倘若不从根本上破解中国的市场经济地位悬案，中国的可持续发展和与全球经济的进一步深度融合等诸多议题就将越来越遭遇麻烦升级的险恶挑战。毋庸置疑，当贸易摩擦和冲突在原有机制失效后无法得到新的有效机制的破解时，对抗和暴力式的解决方式就会随之走上前台。因此，由贸易冲突转化为暴力冲突，甚至战争冲突的潜在性和可能性将会大幅度增加，即，贸易议题绝非纯经济议题。借此，经济和政治以及军事之间关系的相互转化议题就会层出不穷地涌现出来。为此，中国必须要在 2016 年 12 月 11 日到来的时空点上做好未雨绸缪的各种准备，尤其需要做好彻底破解这个悬案的充分准备。

当然，有一部分中国精英会想当然地认为，随着中国"入世"15 周年届满的到来，中国的"非市场经济地位"之问题会自动淡出主流话题，逐渐消失在西方阵营的无奈之中。但是，持这种主张的人无异于痴人说梦。他们没能意识到，中国加入 WTO 时的"非市场经济国家"的标签，是在加入 WTO 组织之前和之外就被认定的，与在 WTO 组织框架下是否 15 周年届满关联甚小。因此，即使加入 WTO 届满 15 周年，世界依然会认定中国系"非市场经济国家"。这一身份的认定是不会随"非市场经济国家"在世贸组织框架下的标签期失效而自动失效的。相反，它会依然极其顽固地存在在那里，甚至岿然不动，除非击垮它。那么，主动击垮它是可能的吗？本书的中心议题就是从经济学范式革命的视角上来证明，答案是肯定的。因为，关于什么是"市场"的议题，无论从学术上还是从政策实践上，都还没有形成完备的认知和界定。即使西方的"市场观"和"市场制度安排"也都是与时俱进，而非一成不变的。亦即，"市场"在人类社会的广泛实践中一直处于不断进步的探索和变革之中。因此，市场的进步，并非像福山断言民主社会已经到达了一种无法再进步的最高状态那样，也已经达到了不可能再有所进步的最先进状态。相反，更先进的市场正呼之欲出。为此，本书将要向中国和世界展示和证明的是：在西方自由市场体制和经济学之外还实际存在着更加先进的市场体制和新范式经济学。这一惊人的新现实和新发现就躲藏在中国经济在探索市场体制进程中之所以能获得高速增长之奥秘的背后。

前　言

　　中国，在市场经济的探索和实践中，很可能已经为世界各国成功探索出了一条更加先进、更加具有全球普适性的市场机制及体制。中国的市场经济体制在与西方经济学及其市场体制存在大规模交集的基础上已经成功地开拓出了崭新的市场新维度，已经从根本上超越了以"双边交换原理"为核心的西方经济学及其现代市场理论。这种超越已经成为广义经济学阐述其新范式理论的最佳时代基础。在广义经济学范式下，"市场"首先不再是西方经济学所阐述的以供需均衡为资源最优配置的"供需一般均衡型市场"了。因为，这种市场仅只是诸多单一类型市场中的一种罢了，即这种市场仅只是"完全自由竞争型市场"而已，既不是古诺的"垄断型市场"，也不是张伯伦所论证的"垄断竞争型市场"，当然更不是"各种寡头型市场"了。总之，西方所谓的自由市场体制仅只是包含各种类型交换于一身的"整体市场"的一个类型市场罢了。亦即，广义经济学所要论证的"市场"乃是集所有不同类型市场于一身的"整体市场"，是能够反映和揭示所有不同类型市场于一身的整体真实性市场。即，整体市场系由可以集"完全自由竞争型市场、完全双垄断型市场、完全单垄断型市场、双边寡头型市场、单边寡头型市场、垄断竞争型市场"等于一身的"全类型市场"所构成。后者从根本上兼容了所有不同种类的单类型市场于一体，因此，已经可以在此方面将西方经济学和其市场体制兼容在其中了。总之，一旦引入"全类型市场"或"整体市场"的新概念，新古典以降的西方方法论都无法应对"全类型市场"的重构挑战。由此，关于西方市场理论的传统认知就会遭到彻底的瓦解。

在中国，市场经济的萌芽和成长是在原有计划经济体制和全民所有制及集体所有制等基层组织同步转型的进程中逐渐脱颖而出的。因此，在中国的市场经济中，我们既可以看到央企（直属国务院或直属国务院下属机构——国有资产监督管理委员会，国资委），也可以看到国企（直属省级政府、市级政府和县级政府），还有民企或私营企业和个体户以及外资企业等参与市场活动的多样化主体。这种市场主体之间的分类不是市场竞争的结果，而是在市场能够发挥自身作用之前就先决性被人为决定了的。即，参与中国市场体制探索的主体从一开始就不是"齐次性"的。这是中国市场体制的重要前提。有鉴于此，市场在中国社会变革中的创建从一开始就不是按照"完全自由竞争型市场"所要求的初始和边界条件来推进的。因此伴随中国社会作为给定起始条件的中国市场体制，在创建它的时候就必然不可能被设定为系完全按照"完全自由竞争型市场"这种单一类型的市场机制来发挥作用的，尤其当改革的突破点是从"探究商品经济是否适用中国经济"开始的。这意味着，中国的市场经济是从不同的类型主体或非齐次性主体作为先决条件开始的。即"市场"从一开始就在无形之中，甚至在无意识中就被赋予了系针对不同类型主体而实施的"多类型市场"的运行机制和制度安排。即"市场"在给定中国国情的条件下必须得是"多类型市场"或"全类型市场"，而绝对不可能是"单一类型市场"。因为，果真那样的话，所有参与市场的主体就都将以"追求私利最大化"为己任了。但事实是，由于中国在改革的初期就确立了"保存量、改增量"的大政方针，所以代表存量经济的国资企业就被赋予了全新的市场功能：在追求私利的同时，追求利他和利整体利益更优的社会职责。即，中国的市场经济不是纯私利型经济。即，在私利理性人之外还有"利他理性人"和"利整体理性人"的实际存在和制度约束。因此，如何看待市场参与者或主体是否具有利他和利整体理性能力的问题，已经绝非无关紧要了。相反，极有可能构成中国市场体制极具特色的先决条件。毕竟，是否允许利他和利整体主义的存在，直接预示着两种市场之间的重大不同。当然，其重要性还远没有被古典和新古典经济学的理论家们所认知。

　　毋庸置疑，"全类型市场"和"单一类型市场"显然是非常不同的两种市场概念。前者以所有的双边交换为基础，自然也包含垄断交易。换言之，"全类型市场"所依赖的交换必须得是既能包含双边交换剩余均为零的双边交换（完全自由竞争型市场），同时也包含一边交换剩余最大化的双边交换（买方完全垄断型交换），反之亦然（卖方完全垄断型交换）；还包含仅一边交换剩余为零的双边交换（卖方寡头型交换），反之亦然（买方寡头型交换）；此外，还包含两边交换剩余同时最大化的双边交换（双边完全垄断型交换）。总之，全类型市场是包含所有不同单一类型市场的整体市场，而不是任何单一或部分形态的局部市场了。与全类型市场不同，"单类型市场"仅只反映特定类型双边交换的市场。例如，"完全自由竞争型市场"就是典型的、仅揭示"双边交换剩余均为零"或"双边交换剩余同时均等化"，或暂无定义的双边交换等。可问题是，既然"全类型市场"和"单一类型市场"之间关于如何认知市场的差别如此巨大，为什么会有"全类型市场"和"单一类型市场"两种不同概念的出现呢？无疑，就历史起源部分而言，整体与类型市场的起源都与特定的国家和特定的历史背景关联在一起，尤其与创建市场体制时参与市场的主体齐次性有关。显然，"单一类型市场"只能对应单一理性或单一纯私利理性，但"全类型市场"则不同。中国的经验和实证表明：市场主体是可以具有利他理性和利整体理性的。尤其当外部性现象和原理被发现之后，其正效应部分就既可由"私人理性"追求私利最大化所导致，也可以由"私利理性"和"利他理性"相结合所共同导致的。在中国，外部性正效益部分往往是由政府和国有经济部分所推动的。他们除了追求自身资产负债表的盈亏之外，还同时关注"社会效益"的效果部分，甚至即使亏损也进行投入。为什么会如此呢？虽然通常都解释为"政策性投资"，但它的经济学原理却是"利整体理性"的真实存在。亦即，即使单项投资可能是亏损的，但只要整体的最终结果是更优的，则就整体而言，它仍然是符合理性原则的。于是，

"亏损投资"的市场行为在广义经济学中被分类为"负价格经济"。由此可见,中国的市场体制已经远远超越了西方不符合实际的"正价格齐次假定"之市场体制。中国的市场体制已经兼容性超越了西方自由市场体制的可实证维度,不仅局限于上述所触及的三个重大方面,即从"整体市场"或"全类型市场",到"全理性型市场"(包括私有理性、利他理性和利整体理性),再到"全价格经济"(包括正价格经济和负价格经济),中国的市场体制已经远远地兼容性超越了西方的自由市场体制。此外,中国市场体制所对应的"双轨财政体制"(包括公共财政和经营性财政)也是西方自由市场体制所对应的"单轨财政体制"无法比肩的。当然,通过本书整体的揭示,我们将会发现,这种市场先进性与效率之间的对比将在非常广泛的意义和维度上展开,其数目之多我们在此无法一一罗列。总之,中国市场的优越性借助本书所阐述的广义经济学之分析范式的新视角已经可以大幅度且无死角地展现出来了。

毋庸置疑,中国市场体制富含如此众多先进性和优越性的根源仍在于它是以新范式经济学为基础的。广义经济学通过成功构造一个全新的统一交换模型——将所有不同种类的"双边交换现象"无一例外兼容在其中的模型构造发展出了以"广义交换模型"为基础的广义交换理论。广义交换理论明显超越了西方交换理论的重大优势之一就是,它不再根据外部考察的方法来给双边交换进行归纳分类了,而是根据内生的方法来给出相关的演绎分类。即,关于"双边交换现象"的分类方法是存在内生性和外生性两种不同方法论之重大差别的。一旦发现如此,整个西方经济学从古典到新古典的分析范式就被证明无一例外都是建立在"对双边交换现象进行外部分类"的方法论基础之上的。因此,从根本上讲,西方经济学和市场体系乃是一套隐藏颇深的归纳法知识体系。相比之下,给出"广义交换模型"的新概念,其理论构造将彻底依据纯内生性的演绎方法论来构建出一个全新有效的演绎型知识体系。有鉴于此,为什么会有"全类型市场"和"单一类型市场"之两种不同类型概念出现的问题就获得了边界清晰的彻底解答。亦即，广义经济学是从整体向下进行演绎构造而得出"全类型市场"概念的；相反，古典和新古典分析范式则是对零散的外生性个案进行归纳而来得出"单一类型市场"概念和模型的。即，给定不同的个案条件，其所对应的"类型化市场"就只能是与这种给定的个案条件相匹配的特定市场，而不可能是市场本身或整体真实市场。正因如此，"市场"在古典和新古典范式下始终都不是一个具有清晰逻辑边界的概念。亦即，即使在西方经济学的教科书中，缺失全称定义的"交换种类"和"市场类型"早已是共识性的认同和过时范式。果真，为什么西方经济学界要集体装傻呢？为什么没有人胆敢站出来说明这种真相，即，"市场"与"单一类型市场"之间是存在着重大差别的真相呢？并明确告知世界："完全自由竞争型市场"仅只是"市场"本身或整体市场所辖的诸多不同单一类型市场中的一个特定类型市场，而不是市场本身呢？

回首古典经济学和新古典经济学，伴随瓦尔拉斯、杰文斯、门格尔和埃德沃斯、庇古、帕累托、阿罗、德布鲁等大师们的理论构造，交换在原教主义者眼里俨然已经被"交换必然对应价格的交换原理"所彻底取代了。整个世界进入一种完全默认"交换仅只系有结果的成功型交换"的麻痹状态之中。这与真实生活中的交换之间明显存在着不同。因为，真实生活中的交换总是会有讨价还价，因此会有成功和不成功之两种不同结果的。这种交换，显然更加符合真实生活中的交换体验和实证基础。那么，为什么会出现这种重大的差别呢？答案就在于，自古典分析范式以降的西方经济学，由于方法论的局限性，都没有能够寻找到可以将更加符合真实生活的交换现象提炼出有效的概念来把包括起始、过程和成功与不成功之两大类结果都囊括在其中的交换模式。交换，首先被亚当·斯密武断地强行解读为"等价交换"。但是，这种经由外部观察者作为第三方所阐述的"等价交换"概念，必须借助对"等价"的解说而来间接地实现对"交换"的解读。不过，建立在"等价原理"基础之上的交换概念在古典时代就遭遇了"水与钻石悖论"的绝对困境而被迫放弃。新古典登场之后，交换被解读成"效用交换"和"边际效用交换"两大类。但仍然是从当事者之外第三方观察者的身份和视角来定义交换概念的。这种以第三方身份和视角来认知和定义交换概念的结果就是，交换的当事人本身却无权参与关于什么是交换的定义。这种"去交换当事人"的方法论无疑是导致问题的关键之所在。换言之，一旦放弃第三方的范式方法论进而转向借由"当事人本身来定义交换"的方法论，那么，关于交换的认知就将发生颠覆性的改变。广义经济学正恰因为找到了这种构造"交换"概念的方法论，所以才能够逐渐形成自己的分析范式。有鉴于此，"交换"概念实际上是存在"第三方交换原理"和"第一方交换原理"之两种不同认知路径的。为此，我们特把不经任何第三方的引入就可以定义交换的原理，称之为【第一方交换原理】。相应的，我们特把所有必须经由第三方才可以定义交换的原理，称之为【第三方交换原理】。由此可见，交换是可以经由两种不同方法论来加以定义的。显然，西方经济学的交换原理都是建立在【第三方交换原理】之上的。相比之下，广义经济学的则是建立在【第一方交换原理】之上的。由此，两种不同经济学所看到的经济世界是完全不尽相同的。综上所述，交换远不止是关于如何对其进行分类的问题，而更主要是，交换到底有无起始、过程和两种不同结果的问题。如果答案是肯定的，则"交换仅只系有结果的成功型交换"的西方范式概念就是有问题的。否则的话，交换就会存在"有价格的交换"和"无价格的交换"这样两大类。所以说，广义经济学已经在交换原理方面超越了西方经济学的狭义交换原理。交换分析范式的这种颠覆性转变预示着，根据广义经济学原理所得出的有关中国市场体制背后的经济学原理是有坚实的理论基础做后盾的。

　　广义经济学对西方经济学的范式超越，虽然不局限于交换原理的全面且彻底超越，但是，在交换理论方面的全方位超越还是最为关键的。因为，一旦交换原理获得根本的破解，建立在其上的整个经济学体系就将随之遭遇无法避免的同等被超越。西方经济学被广义经济学全面超越的历史必然已经无法阻挡。亦即，经济学的古典、新古典和现代范式都面临着四面楚歌的解体危机。整个西方经济学的传统知识体系，从范式到理论，再到体系和应用已经无法避免被重构的命运。这正是中国市场体制很可能已经全面超越了西方自由市场体制的根本之所在。

综上所述，中国的市场地位和西方的市场地位议题一旦沿着经济学的交换原理到底是【第一方交换原理】还是【第三方交换原理】的分析范式之优劣和先进性与否向前展开的话，同时市场层面上的对比沿着整体型市场与单一类型化市场、全理性型市场与单一私利理性型市场、利他和利整体外部正效应型市场与私利外部正效应型市场、全价格（正负价格）经济型市场与单一正价格经济型市场、全量价格型市场与边际价格型市场等一大系列反映两种不同市场体制的道路向前发展和演绎的话，问题就会进一步上升为：人类社会的发展道路到底该走自由主义路线所指引的市场体制方向呢？还是该走广义经济学所指出的"人类广义市场新体制方向"？因为，唯有"广义市场体制"才可以确保"人类共赢型的全球治理"在全世界的最终实现。相反，自由主义抑或新自由主义所指引的已过时的西方传统市场体制（以单一类型的完全自由竞争型市场为代表）最多只能保证摆脱皆亏状态的"零和文明"。虽然"零和文明"在人类进步事业的发展历程中确实曾经起到过积极的推动作用，但是步入21世纪的今天，"零和文明"正在成为阻挡人类走向"共赢"的最大障碍之所在，所以，必须全面超越"零和文明"。因为，比"零和文明"更重要的是共赢文明。总之，人类正走在"西方市场体制"和"广义市场体制"的巨大十字路口。虽然"广义市场体制"已经可以兼容性地包含了所有的"西方自由市场"，但在中国道路和西方道路之间，孰是孰非，历史正在做出自己的选择。

目　　录

导　论

　　中国的市场经济地位问题，既是经济问题，又是政治问题，同时还是军事问题。任何幻想它只是经济议题的对策博弈或战略建议，最终都会发现自己无法不陷入盲区之中。因为，要想看清楚和破解中国的市场经济地位悬案，就必须首先搞清楚如下三个重大问题：一是，中国的市场经济地位问题到底是"中国如何融入给定自由市场体制"的问题呢？二是，中国的市场体制与西方自由市场体制之间存在如何相互兼容的问题吗？三是，是否中国近 40 年探索成功的"广义市场体制"道路已经全面且兼容地超越了西方的自由市场体制而更加先进呢？

　　显然，在关乎中国全球战略和未来命运的重大议题面前，我们不能不给出全面的思考和应对。我们没有理由不把中国的市场经济地位问题放在与上述三大问题存在实质关联的视角上来加以审视和认真对待。果真，我们必须严肃地下结论说：中国的市场经济地位问题首先更多的是政治问题，其次才是经济问题。这意味着：如果走上述三大问题中的第一条道路来化解中国市场经济地位悬案的话，那么融入自由市场体制的代价恐怕与正在走向"道路自信、理论自信、制度自信、文化自信"之中国的伟大复兴道路之间就会相悖难容。而如果走第二条道路的话，那么，中国就必须得拿出能够与西方自由市场体制进行对话的经济学新理论来；否则，如何证明中国的市场道路系已经具有自身独特优势的市场体制呢？而倘若走第三条道路的话，中国需要对话和较量的就远比前两者更多和更加广泛。总之，中国市场地位的议题是一场关乎中国命运是主动掌控在自己手里，还是被动受控于西方的重大议题，同时也是人类文明在 21 世纪到底该走向何方的全球治理大议题。

　　西方文明，自1776年亚当·斯密创建古典经济学以降，已经经历了可谓缘起于1848年《共产党宣言》的无产阶级革命；缘起于1929年大萧条的国际金融危机；和缘起于2008年美国次贷危机的全球货币危机。每一次巨变都使得经济学本身发生了进步性的跃升：无产阶级革命导致了新古典经济学对古典经济学的全面超越；大萧条又孕育了凯恩斯经济学的横空出世。然而，到了2008年的美国次贷危机，古典的经济学、新古典经济学和凯恩斯的经济学加在一起也已经无力回天了，已经无法再为2008年美国次贷危机之后的全球货币危机提供有效的行动指南了。西方经济学正陷入全面的失能状态，越来越无法为遭遇四面楚歌的世界经济提供转型的方向和路径了。不仅如此，面对中国经济更加高歌猛进和令人惊恐的竞争力，西方的经济学者已经无力对中国到底借助什么竟然可以创造出如此惊人的市场活力和竞争力展开研究了。他们甚至忘记了更基础的理论议题：市场不市场，或计划不计划已经不再重要了，只要能够确保经济充满活力和竞争力，其背后的原理和机制就是最重要的。换言之，市场在中国经济的实践中已经超越"自由市场体制"变得更加先进了！那么，躲藏在中国经济繁荣景象背后的市场先进性到底来自于哪里呢？答案就在于，西方的自由市场经济从本质上讲其实系建立在"零和原理或零和机制"基础之上，离开"零和原理或零和机制"整个古典和新古典经济学都将无法获得创建。正是因为受制于"零和"的约束，所以"市场"才被新古典经济学的理论家们逐渐萎缩成"单一类型的完全自由竞争型市场"。相比之下，"市场"在中国的实践和探索中主要系采纳了"全类型、全理性、全价格、全量价格、完整人等一系列"的广义市场原理。亦即，除了"垄断市场"、"寡头市场"、"垄断竞争型市场"和"完全自由竞争型市场"等正价格经济之外，中国市场体制还包括"负价格经济"。因此，在无意识之中已彻底摆脱了"自由市场体制"所固有的"零和"属性，进而借助"广义市场体制"的非零和属性形成了可以实现"共赢"的崭新可能性。当然，"广义市场体制"并不是对传统西方经济学分析范式项下的诸多单类型市场的简单集合，而是从原理上重构了包括生产、交换、价格、供需、竞争、均衡、理性、外部效应等在内的经济学原理使然的。"广义市场体制"彻底超越"西方自由市场体制"之可摆脱零和而实现共赢的关键先进性就在于，经济增长方式不再借由"零和叠加"所构成了。相反，总量之外的增量增长是来源于零和以外的"共赢机制"。那么，如何理解"广义市场体制"所内生的"共赢机制"呢？为此，我们首先需要理解的是：传统的西方市场观，即科斯领衔的新制度经济学在20世纪70年代诞生之前的市场观，是指"交易发生在其中的交易加总型市场"。为此，我们特称其为【古典市场】。但是【古典市场】伴随科斯新制度经济学的崛起被发现了内生性的缺陷。因为，在新制度经济学的分析范式看来，仅只借【古典市场】来描绘市场经济是不充分或有显著瑕疵的。因为，在【古典市场】之外被发现是存在经济效应的外部性的，即，交易和市场的效果，不仅需要由交易数量或市场规模以及交易的剩余优势与否来决定，而且需要由交易或市场的外部负效应一起参与其中加以整体衡量之后再来共同决定。一项交易是否对增量增长有贡献必须得由交易的剩余与交易外部的负效应对冲之后是否仍有正余额才能决定。由此，市场从【古典市场】进步为【科斯型市场】。只是【科斯型市场】因受零和思维的深度制约，即使在新制度经济学的革命浪潮中也仍然无法意识到"全类型整体＋正负外部性广义市场"所包含的非零和性。亦即，【古典市场】和【科斯型市场】的共同基础都系根深蒂固的"零和机制"。只有彻底破解"零和机制"后才能为我们深度理解"共赢机制"提供必要且全面的保证。与【古典市场】和【科斯型市场】相比，"全类型整体＋正负外部性广义市场"已经包含了"垄断型市场"、"双寡头型市场"和"多寡头型市场"，因此已与"完全自由竞争型市场"同时存在。即，包括央企和国企之所以存在于中国高速增长的市场经济中的合理性，很可能第一次从理论上被证明了。更重要的是，一旦"广义市场体制"超越了"完全自由竞争型市场"，资源配置的概念也将随之发生彻底的变革与转型。即不再借由"完全自由竞争"来实现资源的最优配置了，因为即使

"垄断价格"在"全类型整体市场"中也同样是具有资源配置功能的。取而代之的将是包括"负价格经济"在内的全新的资源配置事业。一言以蔽之,广义经济学的新时代正在到来。

自1648年欧洲30年宗教战争陷入僵局创建"威斯特伐利亚合约"以降,西方智者开始打造能有效避免"皆亏困境"的"零和机制"和"零和体系"。国家利益至高无上的主权体系随之崛起。它是"零和体系"的典型代表。毕竟,是主权A的就一定不是主权B的。依此类推,任何主权项下的归属物都不与其他主权项下的归属物之间发生交集。即,主权之间无交集。至此,人类第一次拥有了可以有效避免"皆亏困境"的解决机制。王权之间往往陷入皆亏状态的战争由此进步到越来越逼近"零和型战争阶段",即,战争由此开始逐渐变得越来越富有集体理性而更加先进了。换句话说,王权战争地地道道是个体理性战争——完全从个体理性(个体利益或王权利益)地判断出发来决断战争与否(所有王权统治和个人利益冲突都来源于此)。相比之下,主权战争转变为系集体理性战争——主要从集体理性(集体利益)出发来决断和实施战争行动了(相互认可或集体共同决策的行为方式均根源于此)。即,"皆亏困境"随着威斯特伐利亚和约体系的诞生而逐渐被"零和方案"所制约和限制。只是,"零和方案"本身又潜藏着"零和困境"——给定由N个个体构成的集体,如果某种利益的稀缺性可分割成M个单位的话,当M大于N时,"零和体系"则不会导致"零和困境";但是,当M小于N时,因"零和体系"所引发的"零和困境"仍会出现,并且M越小于N,则"零和困境"就越突出。例如,"绝对安全"是主权零和体系项下的绝对稀缺品。每个国家都想拥有"绝对安全"。但任何国家的"绝对安全"恰好又是其他国家的绝对不安全,所以"安全困境"由此而生。有鉴于此,安全困境的核心根源系因"零和困境"而起。

事实上,不仅"主权零和体系"引发了"安全零和困境"的存在和发生,而且"以实物货币为基础的市场体系"(包括国际市场体系)亦同样如此。在实物货币的约束下,实物货币的总量在各国之间是以零和机制加以分配的，即是 A 国的，就不可能再是 B 国的；反之亦然。换句话说，没有实物货币在总量之外的增量供给，"市场经济"是不可能获得增长的。像在主权零和体系中存在"安全困境"一样，在实物货币型市场体系中也是存在"增长困境"的，除非"货币的增量供给"是可能的。无疑，我们在此所阐述的"增长困境"实际上与"帕累托式增长"是相对应的，即，正恰因为"增长困境"的实际存在——增长困境的另外一种解读方式就是：一个国家的增长是另外国家的负增长吗？这与一个国家的更安全是另外国家的更不安全如出一辙。所以"帕累托式增长"（包括帕累托改进和帕累托最优）是对"增长困境"的一种破解。即帕累托增长表明：一个国家的增长并不必然是另外国家的负增长（所失）所造成的。但帕累托本人并没能阐述清楚，如果"增长不是零和"的，那么，增长的源泉到底何在呢？换言之，重农主义和重商主义当年所争论的议题：财富增长的源泉到底是什么的问题并没能得到破解！亦即，仅靠亚当·斯密的"分工理论"并不能够解释"财富源泉"的疑难。相反，亚当·斯密所谓的"分工理论"只能解释市场多边体的多边规模系可因"分工"而实现有效的扩大。但更大规模多边体的市场是否必然可以克服其零和性所潜藏的"零和困境"或"增长困境"，则是完全不同的新议题。两者之间的重大差别很可能至今仍未能被承接古典和新古典经济学的现代经济学之分析范式所发现和揭示出来。

简言之，市场的规模或市场多边性的规模（能够独立参与市场交易的主体规模）系由亚当·斯密的分工理论来解说是可以的，即，分工理论是有效解释和揭示市场规模定律的理论系可以被接受；但"分工"是否必然导致市场多边体能够有效避免"零和困境"和/或"增长困境"的问题，则肯定没被亚当·斯密经济学所揭示。相反，在实物货币为基础的市场体制内，"分工"是根本不能够化解"零和困境"和/或"增长困境"的，即，任何形态的实物货币型市场都必然是一种"零和型市场"（无论贝壳、牛、白银还是黄金作为货币载体，由其所对应的财富体系都是零和型的）——其中零和与否以及零和的程度等议题都是由"承载货币的实物本身的数量"在给定的多边体之内是零和的所必然导致的。例如，一旦发现新大陆，即白银和黄金的增量供给成为可能，欧洲原有的"增长困境"就会随之得到有效的化解。当然，当承载货币的实物在数量上越来越遭遇"零和困境"时，任何国家的发展都只能以其他国家的负发展为代价才能取得。这是"零和体系"内生"零和困境"所导致的零和性市场体制无法破解"增长困境"，进而在历史上不断导致战争的核心根源之所在。

遗憾的是，这种"零和困境"并没有被古典和新古典经济学的理论家们所认识到。从休谟时代开始的"数量货币论"就是以"零和机制"来理解和论述"国际收支调节机制"的。即一个国家的贸易盈余必然是另外一个或几个国家的贸易逆差所贡献或导致的。不仅如此，休谟还借此同时假定所有国家的国内市场之价格机制也都同样如此，即，实物货币的净增量流入必然带来经济整体物价的通胀；同理，实物货币的净减量流出必然带来经济整体物价的紧缩。缩的幅度和胀的幅度在整体上是零和的。无疑，这些前提假定都潜藏在休谟的"国际收支调节机制"中，都是休谟在分析"实物货币之国际收支调节机制"时所依赖的前提假定。不难看出，离开这些涉及"零和困境"的基础概念，休谟是无法得出其"国际收支调节机制"理论的。因此，我们在此可以下结论说：休谟的国际收支调节机制从根本上讲其实就是"零和型国际收支调节机制"。

不仅如此，事实上，对国内市场与货币关系的理解受"数量货币论"的影响，也同样被拖入"在平衡的条件下，货币增量流入则导致物价通胀；而货币减量流出则导致物价紧缩"的基本认知中。不仅如此，"供需定律"也是以"零和机制"来加以描绘和定义的。需大，则供必小（所以，供给侧就会加大）；反之，需小，则供必大（供给侧就会减小）。但是，这是在供需整体为零和体系时才会发生的；当供需整体不为零和体系时，打破供需整体的外部增量如何对给定"供需零和体系"产生影响就不会是唯一和确定的，相反是不确定的。例如，进入零和体的外部增量如果本身就是"均衡"的话，原有

"供需零和均衡的市场体系"将会怎样变动的问题就是不确定的。叠加后的均衡有可能维持均衡不变；也有可能供大、需小；也有可能供小、需大。当然，如果外来增量都是纯需求或纯供给的话，则"零和体系项下的供需定律"是否依旧继续发挥相同的作用也是有待进一步分析的。总之，新古典范式在阐述国家型市场体系，尤其在构建"价格定律"时，仍然没能摆脱零和机制的基本假定，故，"新古典的价格定律"同样是一种"零和机制"。综上所述，整个古典和新古典经济学在构造"自由市场体制"时，其实在无形之中均采用了"零和机制"的基本假定。毕竟，"零和机制"是古典数学的基础原理：整体等于部分之和，及基于加法和减法所构建起来的古典数学运算体系，无一不是借助"零和机制"才能得以获得实现的。所以，零和是古典和新古典的精髓之所在。离开"零和机制"，古典和新古典的经济学分析范式，在转眼之间就会陷入绝对的困境之中。

那么，"市场"不必然是零和的吗？为此，本书力求揭示的一个重大的经济学新原理就是：原始状态的"多边交换体市场"首先是"皆亏状态"的。正是为了破解"多边交换体市场"具有内生性倾向于"皆亏"的趋势，人类才进行了零和性质的制度安排与介入。故像借"多边零和型主权体系"来破解"多边皆亏型王权体系"一样，古典和新古典都系借助"零和安排"才确保了内生性倾向于滑向"皆亏状态"的"多边原始市场体系"获得有效的治理。因此，超越"多边原始市场体系"的"零和制度干预型市场体系"随之应运而生。换言之，整个借由西方传统智慧构造出来的自由市场体系，从本质上讲都是"零和型"的。然而，任何多边体系都存在皆亏、零和及共赢三种不同类型的状态。因此，作为多边体的市场是可以从"原始皆亏型市场"演变为"零和制度型市场"，再到"共赢制度型市场"的。有鉴于此，当市场已发生从"皆亏"到"零和"的西方变革之后，即将发生从"零和"到"共赢"的新变革。这将迫使建立在零和基础之上的自由市场体制朝着以"共赢原理"为基础的共赢市场、共赢社会和共赢文明快步变迁和转型。由此崛起的将是更加先进的"共赢型市场体制"。

第一章　市场经济与中国

——超越自由市场经济、迈向新新
自由主义的共赢全球化

　　中国的市场效率，已经远远超越"自由市场效率"，步入人类市场文明的先进行列。只是受古典和新古典以及凯恩斯经济学和科思领衔的新制度经济学局限于"单类型完全自由竞争型市场"之狭义性的制约，中国经济改革与探索所实践的"全类型整体＋正负外部性广义市场"（简称【广义市场】），即，包含所有不同类型交换于其中的整体市场，和外部负效应及正效应均发生作用的多元市场，才被屏蔽在无形之中。如果不以崭新的经济学新理论之分析范式来全面揭示诞生在中国大地开放改革之中的新辉煌，即如果不以"全类型整体市场"的概念和原理等（这些新概念及原理不再排斥垄断型市场和双寡头及多寡头型市场，以及张伯伦的垄断竞争型市场和完全自由竞争型市场）来给出具有大统一属性解释，那么，一直以来始终困惑整个世界的、有关中国经济背后到底发生了什么经济学原理的疑问就无法获得破解。亦即，只有依靠新的经济学分析范式才可以充分解释：为什么中国市场体制即使存在被认为不可能确保资源配置效率最优以及市场体制效率并非最优的情况下，仍能够取得令世界汗颜的高速增长和辉煌成就呢？换言之，即使存在无数的瑕疵和不完善，中国的市场经济体制仍可能已经走在人类市场文明和市场体制最先进和最前沿的先锋行列。

第一节　市场与自由市场

谈论一国或中国经济的"市场地位"或"非市场地位"之议题，首先是一个重大的政治议题；其次是一个重大的经济学理论课题。其复杂性绝非简单的经济学应用或智库研究所能轻易破解。有鉴于此，我们有必要从基础部分入手，进而逐步展开以此表明我们愿意从一个更大的舞台来开始这样一场有关中国市场道路和全球治理新体制到底走向何方的文明转型较量，因为中国的市场地位已绝非仅只情系中国命运之未来。

毋庸置疑，想要彻底搞清楚中国经济之市场地位的是与非疑难，首先需要回顾"市场"在人类历史中的缘起和承传。像人类历史一样古老，市场的历史至少自货币诞生以降就开始有集市或集市贸易的缘起了。但在早期和漫长的人类历史进程中，"市场"始终处于被垄断的状态下。从古希腊到古代中国无不如此。相比之下，殖民贸易体系乃是近代史上最典型的贸易被垄断的案例。早期西方各国的东印度公司都是有殖民贸易垄断权或专属权的。美国第 25 任总统，威廉·麦金莱（William McKinley）所领导的政府于 1899 推行的"门户开放政策"，就是意在打破这种贸易垄断格局的国家战略。即，想让美国也参与其中从事获利数额的"自由贸易的梦想"，是在经历了漫长奋斗的历史演义之后才逐渐成熟起来的。远的不说，这种"自由贸易的梦想"至少可以追溯到 1776 年 4 月 19 日北美殖民地的波士顿民众在莱克星顿上空打响的第一枪，美国独立战争的序幕由此拉开。自此以降，自由贸易的梦想开启了时代的号角和行动。正是在这一时代号角和先锋旗帜的感召和引领下，世界范围内的反殖民运动以及民族独立解放运动才波澜壮阔、一波推动着另一波，直到"二战"结束，甚至其后的余波仍在涟漪之中。到 1971 年 8 月 15 日美国尼克松政府正式单方面宣布退出"布雷顿森林体系"之后，"自由经济主张"又在全球投资自由化和全球金融自由化的新浪潮中获得了较之前更为迅猛的快速发展和演变。有鉴于此，"自由市场经济"可谓深入人心，系引领人类近代史以及现代史的最强音。

　　有鉴于此，我们必须首先搞明白：为什么"贸易"抑或"市场"会在历史上享有如此重要的推动性作用，以至于"自由"和"垄断"两种不同势力都要争夺它呢？首先，其核心根源就在于，"市场"作为承载各种双边交换的多边集合机制，是能够在双边交换受益之外再产生"新的倍增效益"的。这是市场作为多边交换机制高于双边交换机制的核心奥秘之所在。因此，"市场"本身更像一种中性工具一样，是既可以被垄断利用的，也可以被人人参与其中的自由与公平所利用。正因如此，谁拥有了市场工具，谁就可以获得"市场机制的倍增效益"。所以，"市场机制"作为一种工具在历史上是一直被"王权阶级"用来获取更多私利所垄断的。亦即，市场在"自由市场精神"觉醒之前是处于王权或封建主垄断控制下而服务私利事业的。这表明，市场在早期历史进程中的主要形态是"垄断型市场"，而非"天然自发型市场"。正因如此，"自由市场主张"和"自由市场精神"才会在历史上系以"反王权或反封建垄断"的面貌而崛起。当然，必须指出的是，对"市场工具"实施垄断以便谋取私利并非王权和封建体制的专有偏好。事实上，即使是推翻了王权和封建体制后的资产阶级也同样如此。作为历史公认的资产阶级代表，奥利弗·克伦威尔于1649年首次登上了政治舞台之后，新兴的资产阶级集团（如英属殖民贸易体系和法属殖民贸易体系）仍以国家的名义在国际体系中享受着垄断获利的遗产便利。美国独立战争、第一次世界大战、第二次世界大战，无一不因此而爆发。即，缺乏各国和人人均可参与其中的"世界自由贸易体系"（即"世界关贸总协定"），"自由市场精神"仅只在美国的势力范围内发挥效力，而不可能在全世界范围内亦如此。因此，"二战"结束之际，废除英属和法属殖民贸易垄断体系就成为美国高举"自由市场精神"走向世界自由贸易和市场体系的第一个战略目标。随着英属和法属殖民贸易体系的被废除，"自由市场精神"再次成为了西方先进文明的标志性旗帜。正是基于"自由市场精神"，"世界关贸总协定"以及"国际货币基金组织"和"世界银行"等世界性的开放型新秩序机构被创建起来了。这种影响力一直伴随着冷战趋于解体而达到新的高潮。整个世界都来拥抱"自由市场"和"自由市场精神"。中国也不例外。

第二节　自由市场体制与非市场地位的源起

　　"自由市场精神"及"自由市场"虽然无可争议，具有历史的必然性，但是，我们必须理性认识到的是，反市场垄断的本质并不局限于"反王权"和"反封建体制"以及"反排他性机制"，而主要是反不公平性，即反对经济和贸易中的各种不公平性，诸如市场准入、价格歧视、政府补贴等一系列的不公平性。唯如此，"自由市场"才能真正确保人人均可参与其中，而不会因少数人的垄断或寻租就将其他无过错的人排挤在"自由市场"之外。所以，自由市场不仅要反对明处的"权力垄断"，同时还要反对暗处和无形之中的"权力寻租"。有鉴于此，一个能充分体现"自由市场精神"的"自由市场体制"必须得是一个能最大化包含和捍卫"公平性原则的市场体制"，一个在"反权力垄断"和"反权力寻租"两方面都过硬的市场体制。有鉴于此，当美国于 20 世纪制定出台《1930 年关税法》且涉及制定反倾销规则时，"非市场经济的国家"一词才第一次出现在用于制定与"国家控制的经济"开展国际贸易的反倾销条款上。要知道，此时"公有制计划型经济体的社会主义国家"才刚刚在苏维埃联邦诞生，而中国则还处于孕育怀胎之时。所以，美国当初所实际面临的仅只是一旦和苏维埃联邦之间开展贸易往来的话，"自由市场的公平性原则"会否遭到挑战的问题。为此，为维护"自由市场精神"和"自由市场体制"，美国必须双线同时作战：既要反对"权力垄断"（虽然王权和封建体制已经解体，但国家主义的权力垄断依然健在），又要反对"政权寻租"（以不公平的经济体制来与美国的市场体制之间开展国际贸易）。所以设计"非市场经济国家"作为区分两类不同经济体之间存在重大差别的必要性、合理性及正当性便由此降生。唯如此，"自由市场经济体制"所追求的价格公平竞争原则才能得到真实的体现。自由市场体制本身也才能够得到真正的彰显。否则，"自由、开放型的市场体制"就会遭到【体制寻租】的破坏，进而造成"落后体制驱逐优良体制"的悲剧发生。由此可见，设立"非市场经济地位"的初衷乃是为了限制和防止在国际贸易中存在【体制寻租】所带来的不公平性而提出和制定的。

一言以蔽之,美国是创建和捍卫公平型"世界自由贸易体制和全球自由市场体制"的领导者。事实上,在"二战"结束之前美国就已经率先在国内开始了"自由市场体制"的创建。这一过程首先是伴随着"反权力垄断"的自由主义而一同发生的。这是我们熟知的。例如,即使发生了诸如1929年那样的经济危机,其自由主义的呐喊也一直坚持"反政府干预"的现代自由主义精神。为此,奥地利学派甚至走到了让自己从历史中离谱陨落的极端。但是,反对权力垄断并不是"自由市场体制"的全部。因为【政权寻租】或【体制寻租】以极其隐蔽的形式孕育着种类繁多的不公平性。为此,仅只专注于反对权力垄断的"自由市场经济体"则必然会陷入迷茫之中,不知如何来界定相应的"不公平性"。例如,就"公有制和计划经济"而言,如何制定与之开展国际贸易的公平竞争原则就会显得十分困难。因为,两种不同经济制度的运行原理不同,进而无法相互兼容。故,倘若不引入"非自由市场经济国家"概念的话,也得引入另外一个概念,一个既与"政治信仰和政治体系"关联,同时又与"经济体制"关联的概念。否则,"自由市场经济"必须得宣告无法与或者不与任何公有制计划经济之间开展国际贸易。由此可见,"非自由市场经济国家"这个概念,其实是一个针对"两难议题"的有效解决方案:要么"自由市场体制"会遭到破坏,要么不与"公有制计划经济体"之间开展国家贸易和经济往来。因此,当两者都不更优时,"非自由市场经济国家"概念的创建,就有效地化解了这个在20世纪国际关系中不可被忽视的两难议题。换言之,倘若没有"非自由市场经济国家"概念的话,公有制计划经济体又将如何能与自由市场经济体之间开展国际贸易呢?因此,设立"非市场经济识别机制"的必要性是现实和合理的。为此,继第一个含有"非市场经济认定机制"条款在内的《1930年关税法》出台之后,美国又在《1979年贸易法案》和《1988年综合贸易法案》中修订且重新定义了"非市场经济"的概念并给出了如下六个具体的判定指标:一是货币可自由兑换;二是劳资双方可进行工资谈判;三是设立合资企业或外资企业的自由度;四是政府对生产方式的所有和控制程度;五是政府对资源配置、企业产出和价格决策的控制程度;六是商业部认为合适的其他判断

因素。当然，这是在"非市场经济国家"被重新定义为"不以成本或价格
结构的市场原则运转的，产品在国内的销售不反映产品的公平价值的任何
国家"之后才呈现出如此表述的。综上所述，"非市场经济国家"的概念
最早缘起于美国的《1930 年关税法》。之后在修正后的《1988 年综合贸易
法案》框架下第 771 节 18 段中又进一步明确地增添了上述 6 个判定指标。
但即便如此，"非市场经济国家"的概念仍然属于美国国内法的范畴，而
并没有进入到 GATT 和后来的世界贸易组织的框架范畴。直到 1994 年的
乌拉圭谈判。其结果是，在《关税与贸易总协定》附件《反倾销协议》第
2.7 条和附件I对 1947 年的《关税与贸易总协定》之第 6 条第 1 款的新补充
规定中，因缺失关于"市场经济"的标准定义，而采取了授权其成员国
通过国内法来调整实施反倾销、反补贴措施的"市场经济标准"。如此
一来，"非市场经济地位"的概念就以此种方式上升到了可与 GATT 或
WTO 之国际法相对接的新高度。所以，"非市场经济地位"的概念，如今
已经成为国际经济关系中一个重要的调节机制，一个具有特定法律特征和
含义的调节机制。尤其在布雷顿森林体系于 1971 年 8 月 15 日被美国尼克
松政府单边正式宣告解体之后，发达国家越来越得处理与新兴市场经济体
之间的关系议题。其中突出的重大问题之一就是"市场化的标准问题"。
为此，欧盟继其历史上第一部适用于全体成员国的反倾销法，即 1968 年第
一次制定且生效的欧共体理事会《第 459/68 号条例》之后，同时继之后
所颁布的欧共体理事会《第 2011/73 号条例》（1973）、《第 3017/79 号条
例》（1979）、《第 2177/84 号条例》（1984）、《第 2423/88 号条例》
（1988），以及 1993 年 11 月 1 日生效的《欧洲联盟条约》，直至同年结束的
"乌拉圭谈判"所带来的《关贸总协定》第 6 条的新变化，即 1994 年生效
的《国际反倾销协定》，最终决定对其反倾销法进行重大的修改，颁布了
欧盟理事会《第 3283/94 号条例》，同时废除了 1988 年生效的反倾销条例。
《第 3283/94 号条例》于 1995 年 1 月 1 日正式生效。该条例最终被 1996 年
3 月 6 日生效的欧盟理事会《第 384/96 号条例》所取代。该条例即为《欧
盟反倾销条例》，被视为欧盟反倾销诉讼的"基本法"。

第三节　非市场经济地位与非自由市场经济地位

"非市场经济地位"是不同于"非自由市场经济地位"的。搞清这两个概念之间的重大差别对我们厘清"非市场经济地位"的议题十分重要。毕竟这两个名词背后的经济学含义是存在重大区别的。"非市场经济地位"更主要的是针对"全类型整体市场"或广义市场体制而言;相比之下,"非自由市场经济地位"则主要系针对"单类型局部市场"而言才是有效的。虽然前者作为一个概念已在事实上形成了既定且公认的法律地位,但归根结底它不是一个法律概念,而首先得是一个经济学概念。况且,正像朱兆敏教授在《论中国在 WTO 框架下市场经济地位的自然取得》中所总结的那样,"在 GATT 成立之初,并没有关注非市场经济国家的问题,随着捷克斯洛伐克入关,市场经济地位的问题被提出来了"。当时只是对 1947 年《关税与贸易总协定》中的第 6 条新增第 7 款的方式作了临时的应对,其内容如下:"对于不受出口价格影响的、为稳定初级商品的国内价格或国内生产者利润的制度,有时虽会使供出口商品的销售价格低于向国内市场中同类产品的购买者收取的可比价格,但如对该有关商品有实质利害关系的各缔约方之间经磋商后确定下列条件,则仍应被视为不构成属本条第 6 款范围内的实质损害:a)该制度也使供出口商品的销售价格高于向国内市场中同类产品的购买者收取的可比价格;b)由于有效生产调节或其他原因,该制度的实施并未过度刺激出口或严重侵害其他缔约方的利益"。

由此可见,1947 年版的"非市场经济地位"之概念,其核心是针对"国家垄断"和"国家制定价格"的非市场化行为所进行的反措施,是协调"市场经济体"和"非市场经济体"之间如何相容的制度安排。但是,当"1947 年版非市场经济地位"的概念被修正成《1988 年综合贸易法案》项下的如下六个指标时:①货币可自由兑换;②劳资双方可进行工资谈判;③设立合资企业或外资企业的自由度;④政府对生产方式的所有和控制程度;⑤政府对资源配置、企业产出和价格决策的控制程度；⑥商业部认为合适的其他判断因素时，"非市场经济地位"的概念就已经发生了根本性的改变。即，其中的"非市场"含义已经不再针对"公有制和计划经济"而言了，而在悄然之间转变为是针对"非自由市场"而言了。例如，①货币可自由兑换。这是特指只有在满足米尔顿·弗里德曼的自由浮动汇率制理论时才能生效的市场条件。而②劳资双方可进行工资谈判，又是特指约翰·梅纳德·凯恩斯之前的"新古典自由市场理论"获得满足的前提下才能生效的市场条件（可是，连美国自己都在普遍使用最低工资标准的制度安排，为什么中国不可以？）③设立合资企业或外资企业的自由度。这个市场条件的弹性就更大了，涉及外汇管制与否、注册资本金实缴制还是认缴制、产业保护清单和产业饱和管理等。④政府对生产方式的所有和控制程度。这个市场条件涉及国企与私营企业之间在市场活动中的权重比例等。⑤政府对资源配置、企业产出和价格决策的控制程度。此市场条件直接涉及私有制与否的前提假定和逻辑推定。⑥商业部认为合适的其他判断因素。此条件更是为了适应"因市场定义并无世界统一标准"而预留的改进门。有鉴于此，"非市场经济地位"的内涵和定义，在1947年版和1988年版之间已经发生了悄然的改变。就1947年版的定义而言，当时的新中国还没成立呢！而在1988年时中国步入市场化改革的道路已经整整推进10年了。所以，美国借"非市场经济地位"来应对国际经济环境变化的企图，自觉与否，已是司马昭之心——路人皆知。为此，我们必须识破美国借"非市场经济地位"阵地所实施的国际贸易战略调整和战略转移。总之，我们必须清醒地认识到："非市场经济地位"问题已经随时间和历史的变迁而发生了根本性的重心转移，已经不再是关于"市场经济"和"非市场经济"两种不同经济制度之间的协调议题了；相比之下，它已经彻底转变为系由美国主导的"自由市场经济"与"所有非自由市场经济"之间的市场制度博弈了，包括与所有其他不同类型市场制度之间的博弈。认清美国为了应对冷战解体之后面临的新兴市场快速崛起所针对的新现实，对于我们更好地应对"1947版和1988年版所分别定义的非市场经济地位"是有巨大好处的。为此，我们特把

"1947 年版定义的非市场经济地位" 界定并标识为【非市场经济地位】；相应地把"1988 年版定义的非市场经济地位"界定并标识为【非自由市场经济地位】。揭示出【非市场经济地位】与【非自由市场经济地位】之间所存在的重大差别的显著意义就在于：如此一来，它首先可以解释为什么借助所谓"市场化程度"的路径是无法化解或根除"非市场经济地位"的困境了。因为，其中的历史变迁已经使得"原来关于市场体制和非市场体制"之间的调节机制以瞒天过海的方式转变为"完全自由市场体制"与"所有非完全自由市场体制"之间调节机制的对峙了。所以，李晓西和樊刚所进行的有关中国市场经济评估的研究不可能不最终落得是徒劳无功的。当然，一旦揭示出【非市场经济地位】和【非自由市场经济地位】之间的重大差别，我们就可以进一步断言：市场经济地位的自然取得，就中国而言，无论如何都是不现实的了。此外，希求借助上诉 WTO 以纯粹法律的途径来破解此困境的各种努力恐怕也是不切合实际的了。再有，力求通过与美国及欧盟进行双边协商的方式来化解此困境的努力终将被证明更是异想天开的。最后，那些主张借助正在快速增强中的中国实力来胁迫美国和欧洲放弃该项制度优势的爱国主义者们，他们没能认识到的是，初始的"非市场经济地位"，首先是一项公共品机制，其次才是一个国家的博弈利器。因此，我们必须学会，不要把所有的国际调解机制都自动假想成是敌对性质的。换言之，就本书的主张而言，"市场经济地位"作为一项国际经济关系的重要调节机制，很可能是一把双刃剑。虽然眼下对中国极为不利，但兴许当中国实施的市场体制被证明是具有更广泛意义的先进性时，该机制兴许反过来会作为中国的外交利器来为全球治理提供更加先进的市场调节机制。总之，中国要善待历史进步，善待所有的国际、全球之公共品的价值。人类，包括中国在内，都需要"市场与非市场之间建立调节机制"。否则，所有相对较为完备的市场经济体又该如何与相对不完备的市场经济体之间开展国际经济往来呢？当然，承认"市场和非市场之间需要调节机制"的合理性，并不代表我们也会同时无条件地接受某些国家欲借此当作国家利器，梦想从中获取不公平利益的卑劣企图和实际所为。

第四节　非市场经济地位与两种经济制度
之间的三种融合

"非市场经济"议题的本质，首先是两种不同经济制度之间的关系议题，其次才是建立在这两种不同经济制度基础之上的政治体制关系。当然，正像经济和政治关系之间可以互为因果一样，"非市场经济"议题同样具有政治和经济的二重性。有鉴于此，在如何看待"非市场经济"这个议题上，我们既不能把它看成纯政治议题，也不能把它看成纯经济议题；相反，我们需要把它看成政治经济一体化议题。唯如此，从根本上彻底破解这一攸关中国与世界进一步融合且涉及全球治理及如何创建全球新秩序的重大议题，才会富有更加光明的美好未来。

首先，我们有理由认为，"非市场经济"的创建是具有重大政治经济意义的，因为它的实际作用系在两大类不同经济体制之间建立起一座可以相互融合的桥梁。由此，市场经济型国家至少可以与"公有制计划经济"之社会主义国家之间开展国际贸易往来而不至于影响各自制度的基础和运行稳定性。为此，"市场经济体制"为了保护自身体系和制度安排的有效性和效率性不遭受破坏而实施的主动创建，必须获得我们必要的合理性认可，而不能牵强附会地硬把它说成是美国出于反对"社会主义国家阵营"这种单一政治目的而实施的敌对手段。即，我们必须学会在纯政治含义之外来解读美国出台"非市场经济国家"政策的时代背景和企图。否则，我们就会犯下高度不负责的错误，以最不靠谱的理由——政治敌对手段作为理由，将"非市场经济"议题引向错误的方向。毕竟，设计和制定"非市场经济地位"的初衷还是为了寻找解决方案的。当然，每个人都知道，解铃还须系铃人。努力找到解读"非市场经济"议题的正确方向，仅只系找准了问题的关键之所在而已，还无法破解这个议题。那么，如何破解"非市场经济"背后所潜藏的两种不同经济制度之间的融合问题呢？无疑，按照我们的分析，"非市场经济"议题绝非简单的议题，系政治和经济一体化的大议题；尤其当"非市场"和"非自由市场"的概念被界定出彼此的差异之后，情况就更加明朗了。

然而，即便如此，我们仍然可以就"非市场经济"的议题给出两种不同制度之间如何相互融合的下述三种框架性分析，即两种不同制度之间的相互关系问题只存在如下三种不同的融合路径。

第一，对立性融合。显然，任意给定两种不同的经济体制，例如市场经济体制和公有制计划经济体制，两者的对立性融合即是，要么前者取代后者而将后者融合成被前者同化的经济体制；要么后者取代前者而将前者融合成可被后者同化的经济体制。二者必居其一。换言之，对立性融合的结果只能是一者同化另一者，而别无他途。给定如此，就中国的"非市场地位"问题而言，"对立性融合"的博弈选择将意味着：中国必须接受"自由市场体制"的加冕，即中国将不得不走上全面西化的不归之路。然而，这种选择在当下的中国难道是可能的吗？

第二，兼容性融合。这种融合系指，两种不同的经济体制各有千秋、各有长短，双方取长补短，最终达成相互妥协的浑然一体。用中国的老话来讲也就是，求同存异。果真可行的话，这种融合路径很可能是中国最希望不过的了。但这种兼容性融合的路径选择，恐怕实际操作起来会难度不小。因为，中国文化和西方文化之间的最大区别就在于，在西方社会看来，试图调和古典经济学与新古典经济学之间分析范式的可能性近乎为零而且是不必要的。但在中国人眼里，这有什么是不可能的呢？亦即，两种不同经济体制之间的兼容性融合，不仅关系到两种不同经济体制之间的相互融合问题，更关系到各自政治体制之间的相互融合问题，与此同时，更主要的还关系到两种不同经济体制之间之所以不同的各自经济学理论是否是可以相互兼容的问题。无论如何，只要理论之间不相互兼容，所对应的不同政治体制要想实现相互兼容的努力就会很难预料其结果。因此，兼容性融合的道路虽然最诱惑人，但对已迈向"道路自信、理论自信、制度自信和文化自信"的当代中国而言，乃属机遇与挑战并存。果真如此，这意味着：西化不行之后，求同存异的兼容性融合之路也没多大希望。

第三，超越性融合。该融合系指，两个不同经济体制和政治体制中的一者首先在理论上获得了重大的突破和系统性完善，并且在社会化实践中进一步证实了这种理论的可实证基础，同时还尝试了许多与这种理论相关的制度探索和创新。在此前提下，新理论的力量还可以被信服地解决好对方经济体制和政治体制所面临的多种困境与挑战。如此，超越性融合的可能性及道路就会呈现出来。例如，当下的美国及西方国家本来是"全球自由化"的积极倡导者，而如今不仅畏缩不前，且"反贸易自由化"和"反全球化"浪潮不断被其怂恿出来。与之相反，中国正在成为"全球市场进一步开放"和"全球新自由化"的新旗手和新推动者。由此可见，中国很可能继美国和欧洲之后在事实上成为"新新自由化"的最强音和最积极的接力者。这一切都在表明，"新老自由主义"都在走下神台；取而代之的是"新新自由主义"正在悄然地崛起于当代历史的舞台中央。所以，第三条道路——超越性融合之路不仅是可行的，而且对于中国而言，很可能实属千载难逢，恰逢其时。因为，发生在中国大地上的财富故事和增长奇迹，正在悄然述说着且很可能已全面超越西方单类型之"完全自由市场体制"的"全类型整体市场"及广义市场的庐山真面目。如果说，中国的市场经济果真更多的是在体现"全类型整体市场体制"以及广义市场体制的话，那么中国的市场体制全面超越西方自由市场体制的可能性，就再也不是说笑的了。很可能随着广义经济学理论在现实中有效破解一些关乎全球治理、国际收支体系再创新、中央银行体制之全球统一货币锚体系，以及中国广义市场体制的深化重构等的重大议题，中国的广义市场体制将能够展现出更加强大的市场潜能。一旦这种前景真的呈现出来，不仅上述三大融合问题会随之迎刃而解，而且超越性融合之路将会大放光彩。借此良机，中国将会为超越国际体系的全球治理体系提供更先进的广义市场制度，进而确保全球治理所需要的"共赢型公共品"成为时代的新方向和新主流。虽然这一切在眼下看来，还更多的是一种畅想、一个中国梦想，但实现它的充要条件都已经真切地具备。万事俱备，只欠东风。中华民族在全球治理时代的崛起也只欠东风了。

第五节　中国的非市场地位与中国市场悖论

　　1978 年改革开放之前，中国的经济制度是 1949 年新中国成立之后依照马克思主义经济学而建立起来的"公有制计划经济"，是在政治上反对私有制资本主义，进而反对市场经济的历史背景下创建起来的。所以，可以肯定地说，1949—1978 年之间的中国经济体制绝对不是市场经济，更不是自由市场经济。1978 年 12 月随着中国共产党第十一届三中全会的召开，新中国的历史开始步入改革开放的重大转折期，开始从经济体制入手探索改变国家命运的大变革。从那时起 30 多年过去了，中国的经济制度已经从公有制的计划经济华丽地转身为可兼容私有制在内的混合所有制之新兴市场经济体了。其实践已经取得了令整个世界都刮目相看的伟大成就。按理说，能取得如此辉煌成就的中国已经实实在在地是市场经济国家了。然而，时至今日，有关中国经济制度到底是不是"市场经济"，到底是否具有"市场地位"的问题仍然处于未决的困境之中。由此，"非市场地位"问题一直制约着中国和发达国家之间贸易往来和关系的公平性。因为，在"非市场经济地位"的压制下，中国感觉到自己参与国际贸易和国际经济的平等地位被严重地扭曲，并遭遇了不公平的迫害。这大大激起了中国社会的不满情绪，民族自尊心在此议题上被不断发酵和自觉涌动。然而，我们在此需要指出的是，这些反应和应对很少能够命中目标，更谈不上有的放矢了。因为我们必须清醒地看到的是，当美国出台《1930 年关税法》时，新中国的开国元勋们才刚刚召开第六届全国党代表大会。所以，"非市场经济地位"的问题绝对不是针对新中国而制定的。不仅如此，事实上，即使到了 1947 年初创 GATT 之际，且实际涉及捷克斯洛伐克的入关条件谈判时，"非市场经济地位"的问题也才首次遭遇需被重新审定的必要性。此时的新中国仍然处于尚未诞生的全面大反击的内战阶段。到 1994 年时，即到了 GATT 向 WTO转型的阶段，中国走市场经济道路的大政方针已经伴随 1992 年邓小平的南方谈话而落地生根且根基稳固了。事实上，1993 年国家主席的江泽民同志就已正式签署了《公司法》在中国大陆的诞生与全面实施。此时的新中国已经不再是传统意义上所谓的"公有制的计划经济"了。所以，中国所遭遇的"非市场经济地位"问题，从一开始就不是【非市场经济地位】问题，而千真万确的是【非自由市场经济地位】问题。揭示出这种潜藏极深的微妙差别之所在的重大意义就在于，当我们再去处理中国面临的【非市场经济地位】问题时，就会有的放矢和事半功倍了。

如果说中国的非市场经济地位问题，从根本上讲是中国的"非自由市场经济地位"问题，那么，这首先意味着，遭遇"非市场经济地位"问题时的中国经济体制已经在某种意义上是"市场体制"了，只不过还达不到美国和欧盟等所认定的"自由市场体制"之标准罢了。如此一来，中国遭遇的"非市场经济地位"问题就极为精准地系【非自由市场经济地位】问题，而不再是 1947 年所定义的【非市场经济地位】问题了。假定如此，一个问题就会立刻跳出来，或者说，一个奇怪的悖论就会出现：如果中国的市场成就系由"已是市场体制但不完备"所使然的话，那么，这是否在说：落后的市场体制会有更出色的表现呢？否则如何来解释这种辉煌成果的发生和存在呢？于是，在市场效率与市场结果之间是否存在正相关的问题，就成了一个本不应质疑其肯定性答案的新问题。否则，发达市场国家的称谓，就会与其国民高收入和国民高福利之间存在明显的背离。换句话说，"发达市场"与"高效市场体制"之间是存在一致性的。假定如此，为什么中国的"高成就市场"就不是"高效率市场"呢？或者说为什么就不被认定系具有市场地位呢？为此，这不能不说是一个关于中国市场体制的巨大悖论。对此，整个世界都感到纳闷和不解，都心存矛盾。一方面，国际社会希望中国市场经济能够继续发挥火车头的引擎作用，引领世界经济走出当前的低迷困境。另一方面，各国又都惧怕中国更先进市场所筑造出来的竞争力，因此反倾销浪潮一波未了、一波再起。即，脸皮一撕，所谓的发达市场国家又都纷纷借机拿中国来欺骗自己的民众，以求掩盖"自由市场体制"已深陷困境的尴尬现实。也就是说，无论承认与否，中国所开创的市场经济很可能已经大幅度超越了"自由市场经济"的体制优势。所以，在中国市场体制和自由市场体制之间已经形成了一个怪圈或悖论：到底是理论上更优但实际效果较差的自由市场体制更先进呢，还是实际效果更优但暂未获得理论上证明的中国市场体制更先进呢？面对这种怪圈，西方社会并不情愿去证实中国的市场体制很可能已经探索出了市场经济的新维度；相反，他们宁愿设置诽谤与阻力来减缓中国市场经济的美誉和竞争力。他们无法正视：在中国市场体制的背后是否真的已经存在有经济学的新原理在发挥着比西方经济学原理更有整体效率的积极作用，而这些经济学新原理是未能被现代西方主流经济学所认知和揭示出来的呢？

　　无疑，回避这种探索的必要性和政治性是一目了然的。倘若不主动或不立场一致地进行集体回避的话，即，倘若中国的市场体制真被证明系更具全球优越性和普适性的话，不仅中国的现行政治体制将被强化和获得信用背书，而且整个全球治理的重心和中心都将很可能开始大比例地向中国倾斜！换言之，中国的市场成就一旦实现理论背书的话，整个世界格局都将随之发生巨大的变迁，即，整个关于未来新秩序的话语权体系都将大幅度地朝着中国市场道路的方向看齐。

　　当然，回避也好，不回避也罢，总之，只要成果斐然的中国市场经济能够实现经济学的理论背书，不仅【中国市场悖论】将会迎刃而解；更重要的是，中国遭遇的【非市场经济地位】问题也将随之获得根本的化解。因为，中国的市场经济很可能既在实践上被证明是优于自由市场效果的，而且在理论上将被证明是优于经济学西方分析范式的。无论如何，本书即将证明的就是，中国的市场经济正在走出一条一定会比自由市场经济体制更优的、代表全球未来市场方向的先进型市场道路。一旦如此，中国在全球市场经济中的地位问题将永远都不会再成为被否定的议题，相反很可能转变为"全球新公共品"，由中国输出给整个世界的"全球新公共品"。由此可见，隐藏在【中国市场悖论】议题背后的较量已经绝非普通博弈。故，大力强化和揭示出【中国市场悖论】的真实存在已经刻不容缓。因为，这是中国与世界共同走向新未来的最前沿博弈战场。重要的是，这一战场并不比任何传统战场带来的战略利益更小；相反，【中国市场悖论】的决胜将会为中国赢来无法估量的未来力量。

　　毋庸置疑，【中国市场悖论】应该并且已经在事实上成为中国的国家利器。因为，这是让那些西方经济学之伶牙俐齿的理论家们最无法躲闪的尴尬议题。无疑，自由主义演说家们总喜欢保留一些特定的偏好，总喜欢拿问题来说事。他们常常把各种问题的成因说成是政府干预的恶果。但是，这些只见树木、不见森林的矮脚动物，很少有意愿和能力爬到宏观的层面上（真正宏观的层面上）去看清中国市场经济的整体面貌之所在。他们通常很兴奋地把高增长归结为政府主动投资的结果，但却从来不去或不愿进一步仔细思考，为什么政府主导的投资会带来比市场投资更佳的效果呢？他们喜欢拾人牙慧地拉西方大师们之大旗做虎皮来说教和训斥中国的信众，可很少见到他们敢于对那些能为其撑面子的大师们的理论进行严肃的对话。缺少超越大师的时代灵魂，他们无法获知，政府主导投资之所以能获得成功的经济学新原理的原因到底在哪里。他们更无法获知的是，由于外部正效应在发挥作用的缘故，整体市场的运行机制是不同于新古典市场体制的，是远比后者更具内生性增长机制的。尤其，当中国的市场体制更多是接近"全类型整体市场体制"时，再用新古典的"一般均衡论局部型市场"来评判发生在中国大地上的市场故事时，就会张冠李戴、药不对症、说不到点子上。综上所述，眼下是时候了，是该对中国的"全类型整体市场体系"之优劣与新古典范式的"完全自由竞争型局部市场体系"之优劣，进行全面且彻底对比的时候了。当然，这种对比的直接结果就是，经济学的西方分析范式之狭义性和绝对困境就无法不暴露在经济学的广义分析范式正在展开的系统化构造中。事实上，只有在这种经济学理论和市场体制的实践之两方面展开全面的对比，我们才可以重新认清躲藏在中国市场道路背后已远超西方自由市场体制的广义性市场真面目。

第六节 市场之谜：市场化的标准到底在哪里？

什么是市场的问题，迄今为止古典经济学和新古典经济学都未曾给出过全称的定义。即使有了梅纳德·凯恩斯对新古典分析范式的革命，以及科斯领衔的新制度经济学的革命，"市场"的全称定义仍然无法奢望。因为，欲将全部的双边交换都无例外地集中在一起构成一个可给出全称命题的全称定义，就西方经济学的传统而言，可谓近乎是不可能的。即使是瓦尔拉斯也仅只是将所有双边交换以价格联立方程组的形式实现了一种全称构造，但他必须得以一系列的假设为前提才能实现这种构造。例如，他必须假设交换主体的齐次性、交换价格的齐次性、交换类型的齐次性、交换剩余的齐次性、交换供需的齐次性、交换竞争的齐次性和交换均衡的齐次性等，否则他无从下手。总之，西方经济学从来都未曾成功地将不同类型的市场集合成一个统一形式市场的事实表明：现代经济学的方法论在认知交换现象时是存在着重大方法论瑕疵的。换言之，虽然现代经济学道貌岸然，但关于什么是"市场"的全称定义问题，迄今为止仍未能给出过哪怕是尝试性的解答。有鉴于此，可以全称表述的"市场"至今仍处于神秘的未知状态，其庐山真面目至今仍隔绝于世，依旧隐藏在自己的黑洞里。因此，全称市场之谜乃"非市场经济地位"的真正关键所在。为此，我们特把整个世界都缺失关于"全称市场定义"的事实，称之为系【市场之谜】。一个连什么是市场之全称定义都搞不清楚的国家，如美国，为什么却能以"非市场经济地位"为理由来制裁他国呢？说到底，美国也只不过是一只纸老虎罢了。

就本书的主题而言，【市场之谜】就显得更加突出了。例如，美国在《1988 年综合贸易法案》的框架下对《1930 年关税法》进行了修正和补充，并第一次给出了关于如何以其国内法的立场来判定市场是与非的如下六点具体指标：①货币可自由兑换；②劳资双方可进行工资谈判；③设立合资企业或外资企业的自由度；④政府对生产方式的所有和控制程度；⑤政府对资源配置、企业产出和价格决策的控制程度；⑥商业部认为合适的其他判断因素。然而，因存在【市场之谜】的缘故，WTO 的集体成员——欧盟则给出了关于市场是与非的如下五点判定标准："①市场经济决定价格、成本、投入等；②企业有符合国际财会标准的基础会计账簿；③企业生产成本与金融状况不受非市场经济体制的扭曲，企业有向国外转移利润或资本、决定出口价格和数量等的自由；④破产法及资产法适用于企业；⑤汇率变化由市场供求决定"。由此可见，即使在所谓的发达市场国家之间关于到底什么是市场的问题也没有统一的标准。言外之意，"什么是市场和非市场"的问题实际上到目前为止仍然是一个纯粹由西方政治意愿所决定的问题，暂时还不存在经济学原理上的客观标准或公认标准。这一判断并非妄言武断，因为当俄罗斯 2002 年被美国和欧盟承认为"市场经济国家"时，其市场化的程度与中国差得甚远。所以，在【市场之谜】实际存在的大背景下，争取"市场经济地位"的努力根本无理可依。即，只要缺失市场的全称定义，任何法律范畴内的解决之道都将最终归于政治意愿来解决。相反，如果能够找到破解【市场之谜】的有效方法和路径，那才能一解百解、彻底根除中国和世界其他国家始终面临的"非市场经济地位"之真正不公平的歧视遭遇。幸运的是，广义经济学很可能已经正式破解了这一千古疑难，已经可以确保"市场全称定义"的绝对可能性了。不仅如此，市场的这种全称定义，因系"全类型整体市场"之定义，所以已经彻底地涵盖了所有不同类型的交换。果真如此，中国，不是美国和欧洲等国，将会成为向世界提供"全类型整体市场"之全称定义的供给国了。市场，不是单类型局部市场，由此将有可能第一次获得全称定义的理论创建。假定如此，这将是自亚当·斯密以降，古典范式经济学和新古典范式经济学始终都没能够实现的一种新境界。果真如此，它将意味着，经济学无须再沿着古诺等人开创的分离型或分类型方法论，像建构局部市场一样地再来解读并建构全称市场了。即，只要能破解【市场之谜】，一个全演绎型的市场体系将破土而出。届时，全称市场再也不像新古典范式那样仅只系"单类型局部市场"了，而直接就是"全类型整体市场"了；当然，最终必须得是广义市场。

第七节 破解【中国市场悖论】与【市场之谜】

比争取"市场经济地位"更重要且更关乎全局的是破解【中国市场悖论】。即，要想从根本上破解"中国市场地位问题"，最有效的途径就是破解【中国市场悖论】；而破解后者的关键就在于直接破解【市场之谜】。我们必须清楚地研判到：即使世贸组织本身也不是调解"中国市场地位问题"的解决机构或仲裁机构，即，"中国市场地位困境"是一个外在于世贸组织的议题，因此不可能随《中国入世议定书》第15条将于2016年12月11日届满15周年的到期而自动消失掉。相反，它必将以种类繁多的其他新形式被不断滋生出来。假定这种推断成真，"中国的市场地位问题"就必须被研判成系一个越来越有可能长期化的重大国际关系新热点。由此，中国必须做好未雨绸缪的先行准备。

当然，在一个经济学话语体系完全被古典范式、新古典范式和西方范式所垄断占有并用来维护霸权主导地位的世界环境里，如果直接进行理论较量，中国方面是会心虚和自信力显著不足的。好在，中国近40年改革开放所取得的辉煌成果，已是世界翘首以待、希望探究其背后成因的了。所以，只要结合发生在中国改革进程中的诸多现象和巨大的经济成果，交流和传播包括"全类型整体市场"在内的广义经济学已是恰逢其时的。由于在理论模型和实践成果方面，我们已经具备了充足的准备，这场较量和对决将会短兵相接，精彩纷呈。我们有把握的是，"自由市场"这架原本威猛的机器已经破旧不堪，已经无法承受几个回合的厮杀和较量了。当然，"自由市场"的观念已经深入人心，已经被深深浇灌到西方民主国家甚至是全世界精英的骨髓里去了。它甚至不再主要是一个知识体系，更多的是一种价值观和信仰体系了。所以，借助破解【市场之谜】和【中国市场悖论】来破解"中国市场经济地位"问题的尝试和选择，可以被视作破解后者的诸多重要途径和力量之一；但绝对是所有不同破解途径和破解力量中唯一可以一劳永逸的最佳选择。因为，这是西方经济学一直在遮丑、惧怕见人的核心软肋之所在。无疑，与"自由市场"的论战，从根本上讲系论证市场的整体先进性。故，本书将要揭示的远不止"全类型整体市场"和"单类型局部市场"之间的关系议题。因为，"自由市场"（完全自由竞争型市场）的狭义性还存在着至少10个以上可被广义经济学原理兼容性超越的重大领域。"全类型整体市场"只是其中之一而已。换言之，破解【中国市场悖论】，需要与"自由市场理论"之间进行论战，其实质乃必将是广义经济学与古典和新古典经济学之间的一场大论证。时至今日，西方范式经济学的不作为已经到了必须彻底改变的历史转折阶段。因为，依托古典和新古典经济学为基础而成名的西方经济学，已经到了无力有所作为的阶段（已无法助力21世纪全球经济的有效转型），同时到了负效应阶段（已在事实上成了世界经济全面升级的重大障碍之所在）。因为，世界经济转型和全面升级所需要的制度变迁已经高度受阻于西方范式经济学越来越过时的知识观念和旧制度安排。只有打破西方经济学的陈旧枷锁，才能将越来越陷入混杂和不确定性的世界从失效的旧观念体系中解救出来。伴随着经济学陈旧分析范式所建立起来的旧世界和旧财富体系已经到了必须被打破的历史转折点，全新的世界体系正在挥着手向我们走来。当然，只有先打破旧有且过时的没落世界，我们才能建立起更加美好的新世界和新财富体系。

一言以蔽之，面对"非市场经济地位"的不平等遭遇，我们至少拥有了【中国市场悖论】和【市场之谜】这两条有的放矢的对话目标和路径。虽然两者的难度各有千秋，但却都可以迫使双方接下来的深度较量能朝着有利于中国的方向倾斜。不仅如此，给出【中国市场悖论】和【市场之谜】之后，无论西方学术界还是智库界都将面临全新的压力和挑战。远的不说，我们只要抛出"全类型整体市场"的概念，新古典范式的理论捍卫者们就将如临大敌、自叹已陷入四面楚歌的绝对困境。如果再把新古典范式的一系列的系统性困境搬上来，西方经济学一直闪耀光环的背后的狭义性构造就将无处可藏、不得不原形毕露。换言之，西方经济文明所面临的挑战既来自广义经济学又来自中国的实践。

第八节 破解【中国市场悖论】及【市场之谜】的现实意义

围绕"中国市场经济地位"的对垒，借2016年12月11日中国加入WTO届满15周年之际，中国与美国及WTO集体成员欧盟之间必定会展开一场唇枪舌剑，甚至是不同形式和层面上的短兵相接的暴力性对话与冲突。因【中国市场悖论】和【市场之谜】的合理及真实存在，所以，即将到来的新冲突肯定会僵持在"公说公有理、婆说婆有理"的焦灼状态中。当双方的宣泄爆发完之后，中国的立场会逐渐被发现来到了这样一种境地：中国所力求争取的"市场经济地位"即使最终真的获得了，所谓的"中国作为大国的国际贸易平等地位"就真的获得了吗？毫无疑问，这种国际贸易的平等地位实属近乎虚幻而不可靠。因为，布雷顿森林体系于1971年8月15日被美国尼克松政府单方面正式宣告解体之后，国际贸易体系的实际运行已经与国际贸易所依赖的结算货币高度联系在一起了。因此，"平等的国际贸易地位"主张实际上在以美元为国际结算主导货币的前提下，实属不可能了。毕竟，国际贸易的结算货币，既不是中性的，也不是第三方的，而是国际贸易当事国美国的。如此，中国在参与国际贸易时，可以享有像美国一样将其本国货币用来充当国际结算货币的平等地位吗？答案显然是绝对不可能的。因为，即使有一天人民币在所谓的条件成熟下走向全面的可自由兑换，届时只要中国的外汇储备余额大于人民币的输出余额保持净值状态，那么，中国就仍然是一个国际收支的顺差国，进而无法实现自身主权货币的信用透支；也就根本无法享受到像美国享受其美元一样的货币主导权地位。所以，中国作为大国所能享有的国际贸易的平等地位是不能仅由其是否获得"市场经济地位"来加以判定的。因为，中国的市场体制很可能已经远比西方的自由市场体制更加先进了。因此，与之相关的更重要议题是：现行国际贸易体系的公平性到底何在呢？一言以蔽之，比追求"中国市场经济地位"更重要的是，中国必须追求更大的公平性。即：中国必须追问：全球贸易体系的公平性到底何在呢？这是中国在全球治理及人类共赢新秩序中具有战略主动性和主导权的机遇之所在。当然，除了已经分析指出的当代国际贸易体系中的货币关联特征之外，还有比中国追求"市场经济地位"及全球市场公平性之外的更大理由吗？为此，答案是十分肯定的。即更大的理由是，西方社会正在掀起一股反全球化、反贸易自由化的保守主义思潮和社会运动。这股伴随中国快速崛起而导致世界政治权力格局发生重大再分配之后所兴起的思潮和社会运动的本质，是与西方近现代文明之"自由市场精神"背道而驰的，是与市场机制本身在历史上系从皆亏到零和、再到共赢背道而驰的，是与全球治理和全球新秩序以及全球共赢市场背道而驰的。这是中国崛起正在面临的、不得不正面积极应对的最大国际关系新现实。因此，与这个最大的新现实相比，中国所面临的其他国际关系和现实，包括各种地缘政治关系、南海政局、东亚安全等议题都统统系子现实。故，中国所面临的最大现实矛盾是破解"反全球化思潮和运动"和"反自由化思潮和运动"。为此，中国不仅要大力主张全球经济一体化的现在时，还要展望全球经济一体化的未来时。只有更开放和更自由的全球经济体系，才可以确保中国能获得更大的发展空间。选择这种立场表明，中国必须得为这种更开放和更自由的全球经济体系提供新的公平性主张。换言之，中国必须得为远比"自由市场公平性"更先进的全球共赢市场公平性提供"公共品新主张"。眼下面对"市场经济地位"的国际体系博弈，中国要求的已绝非仅是给定旧体系的公平性待遇，而更主要的是远比"旧体系公平性"更大且更先进的"新体系公平性待遇"。当然，旧体系的公平性是可以向人家讨要和申请获得的。但新体系的公平性则只有通过自己的奋力创造才能拥有。唯如此，获得公平性的主动权和主导权才会成为中国输出给世界的新型公共品。一言以蔽之，"非市场经济地位"的中国遭遇表明，旧世界体系正在有意或无意之中为中国引领全球治理新浪潮开创出崭新的国际大舞台。西方和美国已经越来越无法躲避"更大公平性之全球治理新体系"的时代呐喊。亦即，无论怎样的全球治理体系，其核心机制必然需要建立在"更大公平性"的基础之上。唯如此，其必要性和急迫性才是恰逢其时的。正因如此，中国需要追求的不仅是旧市场的公平性，而且是新市场的更大公平性。

第九节　破解【中国市场悖论】及【市场之谜】的三大路径与选择

毋庸置疑，"非市场经济地位"、【中国市场悖论】及【市场之谜】之间是存在内在联系和一致性基础的。本书认为，破解"非市场经济地位"有三个有效的途径和层次：一是仅围绕如何取得"市场经济地位"而展开的破解路径和选择；二是从重点破解【中国市场悖论】入手形成的路径和选择；三是从重点破解【市场之谜】入手形成的路径和选择，进而既能破解"非市场经济地位"难题，同时也能破解【中国市场悖论】疑难。当然，三个层次的破解各有千秋，且并驾齐驱、同时协同推进。为此，第三条路径应该成为中国的最佳首选之路。

就第一层次而言，2016 年 12 月 11 日应该成为一个极其重要的转折点。在此之后，中国除了通过双边外交的路径使越来越多的 WTO 缔约国承认自己的"市场经济地位"之外，中国所面临的主要障碍仍主要来自美国和欧盟。至于七国集团中其他的成员国是否也会构成阻力的问题，眼下乃是次级重要的议题。即使双边进出口总额都处于增长的态势，他们的表态和决定仍然不改变大局的变动趋势和方向。相反，无论是欧盟还是美国，一旦有所松动，整个局势就会随之发生戏剧性的变化。然而，这种梦境般的理想盘算只能是一种自欺欺人的阿 Q 精神。因为，就美国和欧盟关于"市场经济"设定的标准而言，他们都已共同制定了一个中国法学界不太熟悉其深度的条款："汇率自由浮动机制"。亦即，如果中国最终取得"市场经济地位"是以让渡"全部货币管制"为代价的话，那么，这就有可能造成一种苦涩的结局：丢了西瓜，捡了芝麻；尤其当让渡的时机还没完全成熟时，就会更加如此。换句话说，这个条款很可能是未来中国取得"市场经济地位"所必须付出的最大交换代价。之所以最大是因为从根本上讲它就是一个借"市场经济地位"为诱饵来诱骗中国的捕猎陷阱。故，欲求在第一个层次上获得"市场经济地位"的企图和努力，根本不在

"中国市场经济的自由度"以及其他条款方面，而主要在货币管控权方面。即使中国在其他方面做得再多，最终较量的焦点一定还会集中到货币管控权方面。相反，如果中国愿意让渡出自己的主权货币管控权以求取得"市场经济地位"的话，那么即使其他方面的条件都还存在距离，美国和欧盟也会乐意成行而积极配合的。这种情形是一定会发生的。总之，试图在第一层面上破解"非市场经济地位"的主张和多种尝试，最终的结果只能是自食难以吞咽的苦果。

那么，第二个层面上的路径又会如何呢？无疑，这个层面就要求中国能够向美国及欧盟证明，中国的市场经济既是具有其合理性的，也是具有自身体系之公平性和合理性的。即，欧美不能以其"自由市场经济的合理性和公平性"为标准来判定"中国全类型市场"的合理性和公平性。果真如此，这就要求中国能够拿出述说"中国市场"或"中国全类型市场"之系统的合理性及公平性。一旦以"全类型整体市场"来与"单类型局部自由市场"之间进行理论对话和较量的话，无论美国所要求的"六点市场经济标准"还是欧盟所要求的"五点市场经济标准"就都将被证明，仅只相对"自由市场"是合理和服务公平且有效的，但对"全类型整体市场"及广义市场而言，则不再必然有效。

当然，沿着"全类型整体市场"以及广义市场体制的分析架构不断向前展开的话，第二个层面上的路径就会顺理成章地演绎出第三个层面上的路径和世界来。即，只要顺着"全类型整体市场"和广义市场体制的概念及模型分析下去，我们就无法回避广义经济学的必然出现，进而无法回避借广义经济学分析范式来与古典范式和新古典范式及现代西方经济学分析范式之间展开理论对话和竞争的必然较量；并借机看看到底哪者更加适合人类社会的未来发展大趋势。当然，不仅是关于未来的对话，而且更主要是关于如何破解当前人类所遭遇的各种困境。因为，真实的市场经济都是"非齐次""非边际"的，因此绝对不可能是"总需求等于总供给"之"点的一般均衡型市场"。不难想象，一旦"一般均衡论"遭遇关键性的挑战，自新古典以降的西方经济学走进"单类型完全自由竞争型市场"之死胡同的庐山真面目就再也无法躲藏了。由其狭义性所带来的诸多现实困境，诸如无法提供关于什么是市场的全称定义；国际收支体系到底在"N＋0体系"项下能获得平衡的实现，还是必须得在"N＋1体系"才能获得平衡实现的问题几乎未曾被发现；是否除了全球商业银行体系需要由巴塞尔协议监管外，全球中央银行体系也有必要必须得创建货币锚统一但各国运行有别的监管体系呢？此外，弗里德曼的自由浮动汇率制真的能够有效消除"全球贸易收支的总失衡根源"吗？如果不能，是否应该或值得实施"全球独立货币体系"之全球贸易收支平衡体系呢？总之，一旦将【中国市场悖论】的破解局面推进到广义经济学的高度上，不仅破解【市场之谜】会变得轻而易举，而且全球经济新体制和新秩序的展望也将变得唾手可得。一个能全面超越自由市场或"完全自由竞争型市场"的全球共赢市场经济体系必将成为人类在21世纪的最大新公共品。

毋庸置疑，中国的遭遇正在成为世界的遭遇。因为，不能轻易将"市场经济地位"的公平待遇给予中国的根本原因就在于，一旦如此，历经了美国独立战争、第一次世界大战和第二次世界大战之后才创建起来的美式世界和平体系，很可能会伴随着中国崛起所带来的新市场体制（广义全类型市场体制）的冲击而趋于解体和被超越。因为，由中国引领的广义全类型市场体制，很可能是远比"单类型局部自由市场体制"先进得多的市场体制，所以，其潜力和活力都将更加富有竞争力。由此，我们不得不假定，西方所谓完备的自由市场体制恐怕无力招架得住中国的市场新力量。简言之，中国的遭遇早已不再是"市场体制"与"计划体制"之间的较量了，而已经转化为系两种不同市场体制之间的较量，即，自由市场体制与广义市场体制之间的较量。美国及欧洲已经嗅出其中的衰败端倪，根本不敢公开承认中国的遭遇不再是"市场体制"与"计划体制"之间的较量，而更多的是两种不同市场体制之间的较量。因为，一旦如此，即一旦承认中国经济之市场体制的合理性，西方社会就将陷入无法向其民众交代未来的绝对泥潭之中。无论如何，中国市场经济地位的问题已经演变为两种不同市场体制之间的优劣较量。

第十节　向"西方定制化自由市场标准"
的市场地位转向

为了获得"市场经济地位"的认可，自复关谈判和申请成为世界贸易组织成员国以降，中国就一直在努力了。为了响应美国和欧盟所提出的1988年版的市场标准（实际是自由市场版的），中国一直从"市场化程度""经济自由度指数""关税率""劳动与工资的自由度""货币政策""贸易自由度""政府开支占GDP的比例""金融自由度""金融政策合理性"等诸多方面进行着完备化的努力。李晓西和樊刚两位经济学家为此已经做了很多较为系统性的论证工作。尽管如此，"欧盟在2004年对我国进行生产经济初评时认为，我国只达到了市场经济标准中的一条，即市场决定价格、成本、投入这一条。其余四条均未能达标。同期在2004年举行的给予中国市场经济地位听证会上，美国企业代表认为美国商务部提出的六条标准均未达到"（朱兆敏，2012）。换言之，这种论证的效果无论经历了多少努力都会是杯水车薪、根本无法解决问题的。因为，美国和欧盟早就承认中国不是"公有制计划经济体"了，但是即便如此，即，即使承认中国已经走在"市场化的道路"之上了，美国和欧盟等仍然会借"非市场经济地位"的身份来获取不公平的优势及利益。就像当年资产阶级大革命荣登政治舞台时凭借"自由贸易"和自由经济的主张推翻了封建垄断政体后依然积极维系"殖民贸易体系"一样，今日的美国和欧盟等也如出一辙，不可能改弦易张，不会主动放弃各自在当今世界贸易体系中所享有的独特垄断地位，尤其美国更加不会如此。它绝对不会轻易放弃借美元地位所能获得的、史无前例的巨大优势和利益。当然，这种逻辑不是美国特有的，而是国际政治的历史趋势和内生性必然。总之，在美国和欧盟等以各自国内法名义先实施"市场经济标准"之后再来进行所谓维权的话，中国获得"市场经济地位"的可能性，要么极其漫长，要么就会代价远远大于所得的收益。没有第三条道路可供选择。如果有的话，那也只是必须选择主动破解【中国市场悖论】的道路，或者选择主动破解【市场之谜】的道路。这是中国面对"非市场经济地位"困境时，整体分析后的唯一理性选择。反之，倘若中国寄希望于在"西方国家国内法定制的自由市场标准"框架下来获得市场地位的话，其努力必将是徒劳无益、空梦一场。这种情形在 2016 年 12 月11 日之后就会陆续地呈现出来了。当然，一定会有一些社会精英站在各自的立场上表达不同的观点和选择。但是，只要是负责任者就必须首先搞明白，当下的美国是一个高度依赖美元体系才能维系其所谓"市场经济体系"的国家。因此，任何给予中国以市场经济地位的决定都不可能以损害其"美元地位"为代价。不仅如此，将"货币自由兑换"抑或"汇率由市场决定"作为其市场经济标准的条件之一的事实就已经清晰地表明，美国不仅不会让中国获得市场经济地位的努力伤害到自身的美元霸主地位，相反，一定会借此良机企图如何让中国追求获得市场地位的强烈祈求变成一场诱饵下的盛宴。我们不反对这条道路上的任何努力和谋划，因为这同时也是完善中国自身市场环境和市场体制的一种改进，但是，我们反对把这条道路或这个方向上的选择当作唯一有效的道路或方向来推进中国获得市场经济地位的全部努力。与破解【中国市场悖论】和破解【市场之谜】相比，直接破解"非市场经济地位"的难度很可能是最大的。虽然，破解【中国市场悖论】和破解【市场之谜】的道路看上去较前者会更加艰难，但是瓜熟蒂落和水到渠成的质变过程，是量变过程所无法相提并论的。

无论如何，在破解"非市场经济地位"的问题上，美国和欧洲及其体制的依附国，都必然会存在着和努力地创造着各种各样的阴/阳谋企图。因为，无论是否争辩，围绕"非市场经济地位"的大国博弈，已经在两种不同的市场体制之间徐徐展开。因此，两者都会各持己见、互不相让。但双方的输赢已经没有胜败之分，而只有看谁能够为全球治理的新体制带来更大和更多的利益增长空间。无论哪一方最终成为先进性体制和先进性文明的领导者，全球更大范围内的公平性和人类共赢，已经在事实上成为全球治理的不二目标及宗旨。坚守现存世界公平体系的美国，已经深陷两难困境之中：既不敢轻易放弃已过时的狭隘公平体系，又无力去争夺全球更大公平体系的主导权。

第十一节　道路、理论、制度和文化自信
之中国市场地位的挑战

2012 年 11 月 8 日，胡锦涛总书记在十八大报告中首次提出"三个自信"理论；2014 年 12 月 23 日，国家主席习近平在出席澳门回归 15 周年的庆典活动期间，在澳门大学与学者交流时说："五千多年文明史、源远流长，而且我们是没有断流的文化，要建立道路自信、理论自信、制度自信，还有文化自信，文化自信是基础"。于是，"四个自信理论"在事实上已经成为了中国走向未来之顶层设计的最高指导原则。中国的市场经济道路是否会仅为了获得"市场经济地位"的被认可，就可以委身于西方定制的"自由市场经济道路"之胯下呢？就俄罗斯获得市场经济地位的时代背景和条件而言，我们已清晰地看到，给定的市场经济条件可否被满足的问题不是主要的，关键的是政治体制是否首先可被认可才是西方世界更为关心的大是大非问题。为此，当下的中国具备让渡自己政治体制来换取市场经济地位之可能性吗？在"四个自信理论"的约束下，这种让渡是绝无可能的。既然政治上绝无可能经济上也如此——唯有让渡货币管控权才存在这种可能性，那么中国直接获取市场经济地位的展望几乎就是无法乐观，甚至毫无希望的。相反，若采取"广义全类型市场"来破解【中国市场悖论】的话，在中国市场经济背后所潜藏的经济学新原理就会展现出无比绚丽的美丽画卷来。换句话说，一个崭新的"市场经济新体制"是可以在"广义全类型市场"的分析架构下为中国走过的市场道路做出有效背书的，以此来证明发生在中国大地上的市场经济是比西方主导的自由市场经济更加先进的。总之，中国的市场经济体制，其合理性到底该由"西方单类型的完全自由竞争型市场"来解释和背书呢，还是值得由"广义全类型市场"来进行解释和背书？这个问题已经成为值得中国高度关注的全局战略议题。作为广义全类型市场国家，中国根本不再需要依据西方狭义的"单类型局部自由市场标准"来判定自己是否是"市场经济国家"。故，走"单类型局部市场道路"还是走"广义全类型市场道路"已经成为摆在中国面前获取"市场经济地

位"的两条不同道路。答案是斩钉截铁和毋庸置疑的。无疑，给定
"四个自信"的政治约束，对于当下的中国而言，走"全类型广义
市场道路"已经明显优于走"单类型局部自由市场道路"。自由市场
道路即使在美国和西方也已经老态龙钟、死水一潭了。除靠军工产业
来维系武力威慑下的世界和平体系但却与人类共赢相违背的"暴力
供需均衡"之外，世界上的第一和第三大经济体（美国和日本）的
维系都已步履蹒跚、举步维艰了。自由市场体制之所以不得不退出
历史舞台的根源虽然很多，但是其中的一个主要根源就在于，收入
条件是外生性给定的。因此无法借助现有自由市场体制的内生性机制
进行自我调节。相反，如果存在内生性调节机制的话，那么无论
马克思当年分析指出的"总过剩危机"，还是凯恩斯所指出的"总需
求不足危机"都将可以经由制度性的化解而获得破解。只可惜，现行
的自由市场体制都只能通过政府税收的方式借二次调节才能适度减缓
给定社会收入状况的不合理。至于无法对其进行动态调整所带来的
诸多弊端，即便美国也无能为力。眼下，美国借庞大的社会福利保障
体制才能维系其"自由市场体制"的正常运转。其万般无奈已经越来
越揭示出收入外生性调节型社会必然遭遇沉重负担而不得不走向失衡
的总危机。一言以蔽之，由欧美领导的自由市场体制已经千疮百孔，
步入穷途末路的最后挣扎阶段。如果再不主动奋起变革，往日帝国的
陨落就是今日美国的必然归宿。2016 年又逢美国大选。怎奈，无论谁
当选，两个铁定的总统候选人恐怕都难以承载美国需要大变革和大转
型的历史重任。自由市场体制已经没落。因为，比美式自由市场体制
更自由的市场体制是"广义自由市场体制"，一个彻底超越"边际
约束"和"齐次性约束"的更加先进型的广义自由市场体制。前者毫
无自由可言。一切自由在主动性被剥夺之后已索然无味。主动性被剥
夺之后剩下的人为安排式自由，绝非真正的自由。因此，破解【中国
市场悖论】和【市场之谜】之后的【广义市场】，将是真正意义上的
自由市场：可享受边际与否的自由，可享受齐次与否的自由，可享受
市场二次竞争与否的自由。总之，已经彻底超越了"单类型局部市场
体制"的"广义全类型市场体制"是更富市场活力和竞争力的全新型
市场体制。因此，美国正面临史无前例的巨大新压力和新挑战。

第十二节　全面超越"自由市场体制"的
中国领先型市场体制

中国的市场经济因从公有制计划经济体制孕育而出，所以其初始条件并没有走私有制的制度安排。但是，市场经济是否一定得由私有制作为初始条件才能创建的问题一直未被经济学理论界阐述清楚，尤其对以"广义全类型市场"为核心的先进型市场体制而言，是否一定如此的问题就更加成为一个全新的问题。当然，这个问题并非如此简单。因为，只要站在新古典分析范式的立场再来审视上述问题的话，我们就会发现，其答案必然要求私有制作为自由市场初创的必要条件才是可为的。但是，当我们指出新古典的自由市场经济仅只是"单类型局部自由市场"而非"广义全类型市场"之后，新的问题就会随之脱颖而出。即，如果私有制作为初始条件对于自由市场而言是必要的话，那么对"广义全类型市场"也仍然是必要的吗？尤其当市场外部的正效应也被认可之后，一个社会如何处理"市场利益"和"外部正效应利益"之间关系的问题，就会成为当代经济学界的一个新理论问题。例如，就中国的央企和国企而言，按照理性人的假说在做出市场行为的经济决策时，如果不仅追求自身"资产负债表"的利益最大化，同时还追求外部正效应之利益更大化的话，甚至有时追求后者还要大于前者的话，那么，私有制作为维系"具有外部正效应功能的市场"的初始条件和必要条件还是不可或缺的吗？显然，有许多案例都可以表明，由外部正效应所带来的财富增长远比市场交易所能带来的财富增长大得多。然而，在现有体制下，外部正效应的财富创造是完全利他而非利己的。无疑，这是私有制经济体所无法解释和兼容的。换言之，所有西方范式项下的市场体制都是"私利型市场体制"，而不可能允许任何"利他型市场体制"的存在。但是，在中国，"广义全类型市场体制"不再仅是利己型的，而且还包含大量利他型行为和成分。这是中国市场体系绝对独有的显著特征。为此，我们特把中国市场体制的这种独有的特征，称之为【中国市场体制的利他型原理】（第四章会有较为详尽的论述）。有鉴于此，私有制对中国市场体制而言，恐怕已不是齐次性必要的了。虽然说"外部正负效应"已是现代经济学所公认的经济现象，但受传统理性人假定的约束，对其的分析无论如何都没能突破"私利最大化"的市场行为模式。不过，发生在中国市场化改革进程中的"理性人假说"从一开始就被赋予了全新的含义：私利最大化和利他最大化同时并举的市场行为模式。借用中国自己的术语来说也就是：央企和国企既要追求经济效益，同时也要追求社会效益。无疑，中国官方语境下的所谓"社会效益"恰是本书所说的"外部正效应"；而所谓的"经济效益"则对应市场当事人所追求的私利最大化。所以说，中国式的理性人已经在中国对市场经济的探索中发生了深刻的变化：即，中国的理性人既利己又利他。唯如此，我们才能在经济学的原理上彻底解释清楚央企和国企存在的合理性。为此，我们特把既追求利己和利己最大化的，同时又追求利他和利他最大化的理性人，简称为【广义理性人】或【中国式理性人】或【完整理性人】。

人类物种像世界上一切其他物种一样，从本性上讲，既利己，也利他，而绝非仅只追求私利的最大化。在这个议题上，西方经济学自亚当·斯密以降，就一直沿着将人类物种扭曲成仅只利己的自私理性者路径来组织和构建市场以及社会体系。这使得社会制度的基本属性被人为地构建成为一切利他行为都是可被忽略不计的，包括政府存在的利他性也被否定得干干净净（反而将其解释成系成本节约型的、被授权处理公共事务的代理人）。由此，整个社会被假定为仅有私利品和公共品，而绝无利他品的存在。如此，"外部正效应"仅只是"自私理性者"的无心之作，而不可能成为有心为之的故意结果。故如何看待"理性人假说"已经变成经济学不同分析范式之间决定优劣的一个重大的分水岭。即，一旦把"理性人"看成既利己又利他的【广义理性人】或【中国式理性人】，"外部正效应"的存在就可以随之被解释成系【广义理性人】或【完整理性人】的有心之为和无心之为。二者皆可成为"外部正效应"之所以发生和存在的根源。如此，一个不排除"利他行为"和"利他品"也存在的社会，在理论上就随之成为可能。

由此，一个彻底超越"全面排除利他行为和利他品"之西方文明的更加美好的社会就会脱颖而出。换言之，只要假定"外部正效应"的发生是可以由【完整理性人】或【广义理性人】之故意行为所导致的，那么，私有制作为市场必要和初始条件的理论假定就被证明系"狭义性"的，因而是存在改进空间的。给定如此，建构市场的初始条件就可以改造成如下三种：①私有制的初始条件；②公有制的初始条件；③私有制和公有制混合一体化的初始条件。于是，市场也就随之被定义为：①私有制型的市场体制；②公有制型的市场体制；③私有制和公有制混合一体化型的市场体制。综上所述，市场就被揭示出系不必一定得是建立在私有制基础之上才可运行的了。当然，进一步的推断就是，在给定公有制计划经济体制的前提下，建构起来的"中国式市场体制"，不必必然遵循私有制的约束条件也是能够创建起"市场体制"的。不仅如此，一旦理性人假说被扩展到【完整理性人】或【广义理性人】或【中国式理性人】之后，对市场制度的理解就会随之发生史无前例的巨变。因为，一旦"外部正效应"也可参与真实经济的有效增长的话，那么，财富的效应就再也不仅只是由"生产"和"交换"这两种被公认为系财富唯一源泉的理论来引领人类共同走向光明的未来了。一言以蔽之，除了生产和交换之外，"外部正效应"也是财富源泉的重要组成部分，或许是第三方独立部分。即，财富不仅可以被生产出来，而且可以被交换出来；另外还可以被外部正效应恩赐出来。总之，随着"外部性正效应"的被发现，关于财富的故事就平添了天大的喜讯。因为，这种财富效应表明：一个社会的财富效应是可以借助其生产和交换以外的外部正效应机制来获得的。果真如此，中国的市场经济体制就很可能确实潜藏了大量的财富故事和秘密。揭开这些故事和秘密背后的庐山真面目，无疑具有巨大无比的吸引力和市场新觉醒之后的爆发力。它不仅可以让中国的市场体制在自己新发现的领域里变得更加完善和更加强大，而且可以让这些具有全球普适性价值的经济学原理传遍世界各国，让更多的人成为这些经济学新原理的受益者。一言以蔽之，中国的市场体制很可能已经为人类的财富梦想探索出了重大的新发现。

第十三节　自由市场道路与广义市场道路的全球较量与转型

沿着反王权、反封建统治、反权力垄断一路走来的"自由经济"和"自由主义精神"，具有超强的号召力和生命力，以至于新古典分析范式的理论家们在建构经济学时都在自觉和不自觉之中受到其强烈的压迫而刻意去迎合这种"自由主义口味"。即使一些更重要的经济学原理已经实实在在地呈现在那里了，他们也可以熟视无睹。瓦尔拉斯的经济学之所以成为了新古典经济学的奠基之作，是它假定了人人均可参与其中的"自由最大化"，即确保了人人均可参与其中的"市场规模"的最大化。然而，对"自由"的这种解读始终是以"垄断"为其对立面，进而为其主要被理解的含义而来获得世界瞩目和共识的。这样一来，"自由经济"与"垄断经济"之间就被人为地割裂成了犹如水火不相容一般的两种敌对势力。由此，一切与垄断相关的议题都被推到了反对和被反对的对立面而与之不可相交。不过，这种将"自由旗帜"高高举起，甚至远远超过对"交换"本身的崇拜的狂热追求，到头来连交换本身内辖"内生性垄断交换"的事实都无法顾及，最终连根拔掉的做法实在不能不说是一种代价过大的追求。因为，归根结底，分析人类社会的最小单元首先是"个体行为"；其次是"双边交换行为"。其余的一切都可从中推演出来。所以，"自由"作为一种多边体机制，既具有道德的规范成分，又具有客观的机制成分，是可以从"个体行为"和"双边交换行为"中推演出来的，故，它不具有构建一个理论体系的基础性命题。毫无疑问，事实上，比"自由"更重要和更关键的是关于"交换"的全称定义或全称命题。

众所周知，"交换"自古以来即有之。但关于交换现象背后的原理到底是什么的问题，则直到古典经济学之父——亚当·斯密以降，才开始以"到底是什么决定了交换现象的发生"为探究因果关系的追问。由此才开启了古典经济学的扬帆起航。一代又一代的经济学者都在努力地尝试着去解答这一问题。只可惜，古典分析范式所设定的基础概念和逻辑路径在"水与钻石的悖论"中遭到了灭顶之灾，很快就被新古典的分析范式所超越了。新古典理论家们发现了古典范式的核心软肋，即，每一个交换是否必定对应其相对价格呢？如果是，古典范式的追问："到底是什么决定了交换现象的发生"就可以转换为"到底是什么决定了价格现象的发生"。如此一来，交换现象和价格现象之间的关系就被新古典理论家们活生生地武断地作为"一一对应关系"。为此，新古典理论家们直接就可以在此反诘道：难道不是吗？就理论阵营之间的较量而言，新古典的反诘是稳、准、狠，因而是有力的。因为，潜藏在上述古典范式追问中的基本假定就是："交换"一定是指"成功的交换"，否则的话就不涉及是否被什么决定的追问了。如此，就怪不得新古典理论家们借形而上的悟性和智慧了，即，如果"'交换'一定系指'成功的交换'"的话，那么，交换（实为成功型交换）与价格之间就必然存在一一对应的关系了。果真，古典和新古典经济学就都被发现，实际上两者都是建立在"成功型交换"基础之上的经济学之分析范式。当然，这是由古典理论家们最初追问到底交换原理是什么的方法论所决定的。这从根本上导致了根源于古典和新古典分析范式的西方经济学从关于交换的认识论开始就是狭义的。因为，交换是由人与人之间共同行为所构成的，因此交换既可最终成功，也完全可以不成功，而绝不可能每一个交换都是必然成功的，进而必然形成相对价格的。这种事实如此清楚无比，以至于每个人都曾体验过这种情形的实际发生。即，无果的交换每时每刻都在世界各地发生着和上演着。所以，真实的交换是包含"交换没有成功结果也在其中"的【广义交换】。所以，就如何认识"交换现象"而言，它绝非是一个简单的问题。相反，它很可能会即将成为一个具有分水岭意义的分界线：凡是那些仅只研究"成功交换结果现象"的经济学，均被定义为系【狭义经济学】；相比之下，凡是研究"所有交换结果现象"（包括不成功交换结果在内）的经济学，则可以被定义为系【广义经济学】。由此可见，在中国市场体制中所实践的"广义全类型市场体制"乃无论如何都是无法在【狭义经济学】的分析范式下获得建构的；而只能在【广义经济学】范式下方可获得建构。至此，两种经济学分析范式之间的较量已经越来越清晰可见。

　　以上述简单方式对【广义经济学】和【狭义经济学】进行区分是具有重大意义的。因为，西方经济学自亚当·斯密开创古典经济学以降，就一直陷入【狭义经济学】的方法论之中而无法自拔。经济学界所有的理论家们都意识到了"交换过程"的必要性，但却无人站出来给予必要的呐喊。为此，这种依据成功结果来定义交换，进而定义市场和经济学的方法论，到头来漏掉了大量的交换内容。即，从交换开始、经过不可或缺的交换过程，再到成功交换发生之前的所有与交换不可分离的讨价还价等内容，就都被选择性地忽略掉了。相反，如果把①交换开始；②交换过程；③交换结果都考虑在内的话，这种交换即是【广义交换】，亦即，【广义交换】不必然一定会获得成功，而是既可能成功也可能不成功的；因此并不必然与"价格"之间存在一一对应关系。如此一来，即使新古典经济学超越了古典经济学，将交换原理问题转化为价格原理问题，它也无法超越"广义交换原理"。因为广义交换意味着在价格之外交换仍然是会存在的。无疑，这是经济学分析范式的一个重大突破。一言以蔽之，一个建立在"广义交换原理"基础之上的【广义经济学】，即将脱颖而出。

　　那么，如何来构建既涵盖"成功结果"，又涵盖"不成功结果"在内的【广义交换】呢？自古典范式以降的西方经济学其实并不关心交换的起源问题。除了约翰·希克斯在《经济史理论》的小册子中主动探索过交换和市场的起源之外，西方经济学的理论家们并不追问交换是如何起源的问题。事实上，即使是希克斯本人也仅只追求和关注了交换和市场的历史起源，而非其逻辑的起源，即，历史起源并非贯穿于整个人类发展全过程、迄今为止每时每刻仍在发生的、导致交换和市场存在的因果性起源。当然，这种传统主要来自西方哲学和其认识论的历史承传。结果是，将交换的起源和过程排除在交换结果以外的交换理论，无疑被浓缩在了"交换是由什么所决定"的古典追问中了。故，本书中具有更大统一性的广义交换理论，首先是从关注"交换的起源"开始的，同时关注"交换的过程"和"交换的结果"，三者缺一不可。

　　那么，交换起源的逻辑根源到底是什么呢？不同于西方的分析范式，【广义经济学】认为，所有的交换，无论是在历史上还是在当今时代下的，无一不是从个体行为开始的。那么，任何两个人类个体之间的关系又是如何转化为交换关系的呢？为此，【广义经济学】的分析表明：无论是否受双边交换条件的制约，个体行为都是受如下"个体理性"所制约的：任意给定 A 和 B 两个比较对象，个体 P 的理性首先表现为一种结构性的利益比较，即 A 与 B 的利益比较：

[1]　要么更有利益；

[2]　要么更无利益；

[3]　要么是无差异的；

无疑，在上述 [1]、[2] 和 [3] 中，如果个体 P 系依据 [1] 而选择了 A，那么，该个体 P 就是具有【利益可为理性的】；而如果个体 P 系依据 [2] 没有选择 A，那么，该个体 P 就是具有【无利益不可为理性的】。当然，在给定 [2] 的条件下，P 如果不选择 A 的话，那么一定会选择 B 吗？假定选择 A 和选择 B 的代价在各种意义上都完全一样的话，那么，给定 [2]，P 是一定会选择 B 而不选择 A。果真如此，这就意味着，任何个体的【利益可为理性】是相对【无利益不可为理性】而言的，两者是孪生关系，相伴且相随，形影不分离的。由此可见，理性是分为【可为理性】和【不可为理性】之两种不同形式的，但其根本仍然是基于以"利益比较"为基础的。当然，这还不是个体理性的全部。因为，当个体 P 系依据 [3] 既没选择 A，也没选择 B，或者随意选择了 A 和 B 中的一者时，那么，该个体 P 就是依据【利益无差异理性】在行为的。无疑，【利益无差异理性】既可表现为"可为行为"，也可以表现为"不可为行为"。具体如何，唯有给定具体的个体 P 自己才知道，任何第三者是无法识别的。一旦揭示出个体理性的上述特征和内涵，由我们再来理解交换起始的根源时就会变得异常容易起来，即，如果每一个人类个体在参与交换时都遵循上述结构性利益比较——简称【个体利益比较原理】的话，那么，交换之所以会发生的根源就彻底被揭示出来了，即，任意两个个体 Pa 和 Pb 之间之所以会发生交换的根源就在于，两个人都采用【个体利益比较原理】，且必然是：

$$[Pa1] \wedge [Pb1]$$
$$[Pa2] \wedge [Pb1]$$
$$[Pa3] \wedge [Pb1]$$
$$[Pa1] \wedge [Pb2]$$
$$[Pa2] \wedge [Pb2]$$
$$[Pa3] \wedge [Pb2]$$
$$[Pa1] \wedge [Pb3]$$
$$[Pa2] \wedge [Pb3]$$
$$[Pa3] \wedge [Pb3]$$

显然，如果说 Pa 和 Pb 同时判定 A 比 B 更有利益的话，即【个体利益比较原理】项下［1］的话，并同时做出选择的话（相当于［Pa1］∧［Pb1］），那么，它们之间的个体利益关系则是不可能转换为成功型交换关系的，即，交换不可能在他们之间产生出价格结果来。而如果 Pa 的判定为［2］，即［Pa2］，而 Pb 的判定为［1］，即［Pb1］（相当于［Pa2］∧［Pb1］），那么，有相对价格的交换就必定会在他们之间发生。同理，［Pa1］∧［Pb2］作为价格型成功交换亦必定会在 Pa 和 Pb 之间发生。此外，对于［Pa2］∧［Pb3］和［Pa3］∧［Pb2］而言，价格型交换同样有可能在 Pa 和 Pb 之间发生。毕竟，既然对一方而言是无差异的，那么只要另外一方在 A 和 B 之间主动做出选择的话，则另一方是没理由拒绝的。当然，对［Pa1］∧［Pb3］和［Pa3］∧［Pb1］而言，价格型交换近乎是不可能在 Pa 和 Pb 之间发生的。另外，对于［Pa2］∧［Pb2］而言，价格型交换则是绝对不可能在 Pa 和 Pb 之间发生的。最后，对［Pa3］∧［Pb3］而言，价格型交换既有可能在 Pa 和 Pb 之间发生，也有可能不发生，即，发生的必要性和必然性是不确定的。有鉴于此，价格型交换绝对会在［Pa1］∧［Pb2］和［Pa2］∧［Pb1］之间发生；其次则会在［Pa2］∧［Pb3］和［Pa3］∧［Pb2］之间发生；最后可能在［Pa3］∧［Pb3］之间发生。

所以，在交换关系的九种不同可能性之中，能够导致价格现象发生的只有其中的五种。另外，有交换但无价格发生的则有四种。换言之，并非所有的交换关系都必然会导致"价格现象"的产生。例如，没导致价格现象发生的交换，就是不成功的交换关系，而不是没有发生交换关系。如此一来，关于什么是交换的问题就获得了全新的解读和立论：任意两个人之间同时依据【个体利益比较原理】建立起的组合性利益比较关系，即为【广义交换关系】，其具体的模型如下：

$$[Pa1] \wedge [Pb1]$$
$$[Pa2] \wedge [Pb1]$$
$$[Pa3] \wedge [Pb1]$$
$$[Pa1] \wedge [Pb2]$$
$$[Pa2] \wedge [Pb2]$$
$$[Pa3] \wedge [Pb2]$$
$$[Pa1] \wedge [Pb3]$$
$$[Pa2] \wedge [Pb3]$$
$$[Pa3] \wedge [Pb3]$$

给出【广义交换模型】，我们不难看出，交换的起始边界，即【个体利益比较原理】和交换的过程，即九种不同的交换关系可能性，以及交换的结果（即五种有价格的结果和四种无价格的结果），都一览无余地呈现出来了。换言之，"交换"必须被理解为是既可以有价格结果的，也可以无价格结果的，而不再是只能有价格结果的交换。为此，我们特把包含九种可能性，其中既可以有价格结果也可以无价格结果的交换，称之为【广义交换】。给出【广义交换】，古典和新古典范式的有果式交换就被发现其显著的狭义性，即"有果式交换"仅只是【广义交换】中的一些特例，而不是九种不同交换关系的全部结果。换言之，【广义交换】表明，一种全新的关于"交换"的认知方式和认知理论已经可以破解自西方交换理论以降所有关于交换的疑难问题了。即，很可能，可以给出全称定义的"全称交换"真的有可能就要实现了。毕竟，这是第一次实现了关于交换命题的全称定义。显然，给出可以实现全称定义的【广义交换】之表达式，一个具有形式分析可能性的交换定义就被发现和创造出来了。其理论意义很可能重大无比。因为，给出【广义交换模型】的上述表达式，交换的初始边界、交换的过程和交换的两大类不同结果：有价格的类别交换和无价格的类别交换就都内置在其中了。无疑，这是经济学理论界梦寐以求的超级梦想。即有初始缘起和过程的市场体系将第一次获得了清晰无比的可能性。

　　一旦拥有了全称型的交换定义，所有类型的交换，包括垄断型交换就都被涵盖在其中而无法例外于【广义交换】或【广义交换模型】了。新古典的理论家们似乎忘记了，即使是具有价格结果的交换也是可以有"垄断型交换"的。从古诺早期的分析就可以看出，"垄断型交换"并不必然是"王权垄断"或"封建集团垄断"，抑或"政治权力垄断"或"行政垄断"，而是可以由自由经济土壤和自由精神指南借助科技创新来形成。这种类型的"垄断优势"在科技界普遍存在。换言之，"垄断"本身被发现是可以分为"外部性垄断"和"内生性垄断"两大类别的。前者与自由经济水火不相容；而后者则是完完全全与自由经济彻底相兼容的。例如，科技创新与自由经济和自由主义完全相兼容。为此，我们特把凡具有排他性进而与自由经济和自由主义不相容的"垄断"，称为【外部性垄断】。相比之下，我们特把不具有排他性进而与自由经济和自由主义完全相兼容的"垄断"，称为【内生性垄断】。给定如此，我们就会发现，"自由市场"和自由主义所反对的仅只是【外部性垄断】，并非【内生性垄断】。由此，我们就彻底证明了，"自由市场体制和道路"是一个必定会走进死胡同的制度方向和安排。不难看出，在不自觉之中，自由市场体制乃是既反对【外部性垄断】，也反对【内部性垄断】的。相比之下，【广义经济学】所指明的制度方向，则是一个能够全面涵盖自由经济和自由主义主张的更为先进型的制度方向。因为，它仅反对【外部性垄断】，而不反对【内生性垄断】。不仅如此，【广义经济学】所倡导的"新新自由主义"则是高度主张和鼓励【内生性垄断】之市场力量的。所有科技创新的专利垄断都是【内生性垄断】的典型代表。显然，没有或缺失【内生性垄断】的结果，乃是边际效用递增型经济增长方式之所以受阻的核心根源之所在。在地球环境与人类经济增长可持续发展之间，如果存在破解之道的话，那就只能是科技的创新了。我们不能把"自由经济"或"自由市场经济"与"垄断"对立起来，而只能将其与【外部性垄断】对立起来加以反对和限制。与此同时，我们要大力鼓励和培育【内生性垄断】之资产和财富的积累。唯如此，人类在21世纪所面临的诸多挑战，才会以共赢市场的方式获得破解。

　　当然，这种分析和阐述实际上也是有边界或在一定的范畴才能生效的。随着建立在【广义交换】基础之上的广义经济学的创立，传统新古典经济学的全部分析范畴被发现系局限于"正价格经济"的世界里。那么，"正价格经济"的含义是什么呢？"正价格"主要系指那些"相对价格"或以货币形式表达的价格，是在【广义交换】项下五种可实现"正交换剩余或零交换剩余"所对应的双边交换。亦即，【广义交换】项下另外四种无法实现"正交换剩余或零交换剩余"所对应的双边交换，因此都不是"正价格交换"而只能是"负价格交换"。由此可见，一旦引入【广义交换】的分析范式，整个经济学的分析对象和分析方法论都将随之发生重大的改变。一个全新的世界，"负价格经济世界"将由此回归故土，回到人类真实生活的怀抱。从此，经济学不再仅只是关于"正价格经济"的研究了。一个全新的世界即将被打开。在这个传统的经济学领域即将获得全方位突破的新格局中，"垄断"的议题即将被重新审视。因为，对于那些从事"负价格事业"的市场主体而言，他们的行为是否也符合理性人假定呢？是否也会遭遇"负价格竞争"，或者说存在"负价格竞争"这种事吗？抑或，真的会有市场主体愿意从事"负价格事业"吗？所有这些问题我们都将逐一展开，即使不能在本书中全部展开，至少会有相关的论述。这里我们只就与理解和解读"垄断"相关的一些提议展开必要部分的引述，以便使读者就"垄断"的议题不断拥有越来越广阔的分析视野并意识到，世界已经到了必须重组旧知识的历史转折点。

第二章 中国的市场经济兼"中国模式理论"

　　中国在经济转型和改革探索中所有意识和无意识建构起来的市场体制，不无遗憾地既没有被西方市场发达国家所发现和认同，也没有被中国社会自己总结出来。然而，无论有没有人发现它，中国的市场体制已经俨然存在，并在现实中时时刻刻都在发挥着不可替代的原理性作用。这种市场体制的原理性差异遍布制度原理的每一个层面上。从市场主体的理性人假说，到国民经济的整体加总原理，无所不包。既有所谓微观的，也有所谓宏观的。总数在本书中就已经高达60多项。由这60多项作为市场体制的边界点，我们就可以清晰地勾画出两种不同市场体制之间的重大差别了。由于世界上并不存在有唯一客观的市场体制，况且市场体制即使在西方社会的演进和变迁中也是处于不断进步之中的，所以"市场体制"是随时间和随国家的不同而可以不同的。有鉴于此，中国探索市场经济道路的市场体制，结合自身的国情走出了一条更加有效的发展之路。由于西方经济学范式下的市场理论和市场体制潜藏着明显不符合人性及社会发展的狭义性及软肋，所以，中国在探究经济转型的发展道路上所积极构建的市场体制，不可能不以解决问题为导向而刻板地局限于西方的狭义型市场体制之中而不思探索与进步。相反，在市场体制的道路上，中国已经为全球市场文明探索出了更为先进的市场体制，即超越自由市场体制的共赢市场体制。

第一节　从高铁新理性故事说起的中国市场经济

让世界，包括中国人自己充分理解中国自改革开放以来所取得的辉煌成就背后的经济学新原理和财富奥秘，尤其是与中国市场经济有关的市场新理论，我们就必须得从曾经发生在中国大地上的真实故事说起。这个道理清晰明了。但当真坐下来反复斟酌该如何选材时才会发现，每个真实的事件及故事之间实际上都系存在着千丝万缕、相互关联、互为因果、互为起始的关联性。要想找到事件本真的来龙去脉，简直让人无从下手。因为，无论事件的大小其实都涉及了真实性的问题。而重构真实性的难度就在于，如果缺失了主观真实性，仅凭客观真实性又是无法再现完整真实性的。所以，站在历史距离之外再试图呈现曾经发生过的事件，就会必然涉及重构者的干预以及干预的方法论等诸多议题，就像历史著述者无法避免作为重构者的介入与干预一样。总之，本书力求讲述的中国市场经济故事，正面临相同的挑战与考验。我们既要考虑事件重构者不可能不介入和不干预的无法抗拒原理，又要考虑既然无法避免介入和干预的必然性，那么，介入和干预的边界及原则又是什么呢？好在，我们的目的纯粹是为了揭示潜藏在中国市场经济背后的经济学原理，所以，我们想讲述的中国市场故事在给定的条件下将会尽可能地尊重一切已经有依据的真实性，或将把此项原则放在第一的位置上来加以严格处理。另外，我们选择的故事，绝非孤案，绝非不可以经由其他真实故事来置换替代，以求确保所讲故事背后的理论框架是有效的。最后，我们所选择的故事，一定都是具有可实证基础的。否则的话，既缺乏可实证性，更缺乏可应用性。总之，我们在此就即将展开的有关中国市场经济的真实故事的选材，预先做出一些处理方法的基本立场表述，以便读者在阅读和研究这些案例时能够事先就知晓我们所遭到的局限性挑战。其中，有些挑战是具有世界普适性的，有些则是我们自身受资料来源局限性和非权威性限制所导致的。无论如何，如果存在任何重大的偏差或任何意义上的偏差，我们将责无旁贷地承担所有的责任与后果。

高铁，在中国大地已经家喻户晓、人人皆知，已经成为中国先进事业的楷模。在署名为高铁见闻的《高铁风云录》著述中，中国高铁事业的缘起首先是与 1978 年 10 月 22 日邓小平率团出访日本有关。因为，访日期间，邓小平试乘了日本的新干线。当时的最高时速是 220 公里。这个速度与当时在中国大地上奔跑的火车平均时速 43 公里相比，差距实在太大了。这给胸怀大志、当时正要引领新中国全面走向建设道路的邓小平一行以巨大的震撼。日本是 1964 年就开通了新干线的国家。1981 年 9 月法国的高铁也正式开通运营，一开始的时速就为 260 公里。这让世界着实吓了一大跳。正是在这种大背景下，中国的铁路人顺其自然地于 20 世纪 80 年代中期最先提出了建设中国高铁的原始设想。1987 年当中国著名的物理学家、中国科学院院士严陆光到日本做学术访问回国后，带回了高铁的磁悬浮技术，并很快得到了中国科学院院士何祚庥以及当时铁道部科学研究院院长程国庆的热情支持。三个人很快成了中国早期磁悬浮式高铁技术的教父级人物。此外，书中还提及 20 世纪 80 年代末期，原铁道部就在推动京沪高速铁路上马，并组织专家起草了《京沪高速铁路线路方案构想报告》。该报告于 1990 年 12 月正式完成，并用来提交全国人大会议讨论。至此，中国的高铁事业可谓正式起航。

当然，从 1990 年正式起航的《京沪高速铁路线路方案构想报告》，到 2008 年 4 月 18 日京沪高铁项目正式动工，中国的高铁事业在 18 年的光阴隧道里历经了无数的艰难坎坷，最终取得了辉煌的成功。我们的故事自然不是有关高铁事业的发展史故事。而主要是关于其中一个与经济学有直接关系的关键环节。这个故事的主题就是：中国的高铁事业是由西方经济学所假定的"理性人"所主导而决策上马的吗？因为，按照高铁项目可行与否的决策原理而言，该项目是需要赚钱或财务上必须盈利才可以上马的。毕竟，中国此时已经开始了以市场为导向的经济建设。可在当时的中国社会背景下，要让高铁项目赚钱或财务上实现盈利，几乎是天方夜谭、绝无可能的。不仅短期很难实现财务的收支平衡，就连在可预见的中期及长期也都是很难收回投资的。假定如此，那么，中国的高铁事业在当时为什么还是被决策而上马了呢？难道说中国人就不是西方经济学所说的"理性人"了吗？显然，如果是的话，那么中国人就不应该上马无法获得盈利的高铁项目。可是中国的高铁项目又偏偏在无盈利的预期中真的上马了！那么，到底该如何解释这种现象和矛盾呢？难道说，西方经济学的理性人假定在中国就不中用了吗？还是经济学的西方范式本身潜藏着连自己也没能清晰地意识到的重大瑕疵和局限性呢？无论如何，在决策中国高铁项目是否上马的问题上，西方经济学的理性人假说遭遇了巨大的挑战。与这种挑战相关的故事就是我们在此章节中想要讲述的核心内容之所在。

毫无疑问，按照经济学西方范式的理性人假说，如果一个投资主体的投资是无盈利（哪怕是收支平衡）前景或保证的，那么理性人的选择就是不会去实施这项投资，否则就不是理性人或不符合理性人的基本假定。那么，中国铁路人在决策高铁项目时，为什么表现出来的决策行为是：即使无盈利或无法实现收支平衡的前景是明显摆在那里的，可项目该上还必须得上。果真，为什么真的如此发生了呢？无论如何，由中国高铁故事所引发的问题就是，世界上所有的投资决策真的都是按照经济学西方范式的理性人假说来做出的吗？真的就不存在有任何明知"不盈利"或"财务不理性"也会投资的决策和行为吗？"不理性"绝对意味着"财务不理性"吗？抑或，"投资理性"绝对意味着"财务理性"吗？为此，在中国经济的市场事业改革进程中，上述答案是否定的。那么，为什么会这样呢？因为，在中国市场改革中的投资主体，其理性边界与西方范式下的理性边界相比，已经远远超出了后者所能给出的各种疆域。即，中国的投资主体除了具有追求私利最大化的理性能力之外，还具有追求整体利益最大化的理性修养与能力。具体内涵为：中国的高铁投资主体在决策是否上马高铁项目时，不仅像西方理性所假定的那样需要考虑自身资产负债表的盈亏与否，同时还必须考虑其投资所能拉动的外部正效应到底可否给相关产业的增量经济带来助推作用。

如果因其投资所带动的外部正效应可以有效确保相关产业的整体可以实现一个显著增量经济的话，而且该增量经济所产生的增量税收又是比该投资主体因此项投资而导致的亏损之净额更大，那么，这项投资在给定的国民经济整体看来就是更有利益和符合整体更优原则的。所不同的仅只是西方理性都是单一利己的。除此之外则不再兼容任何其他形式理性的存在。但是，中国市场体制下的理性，不仅是利己的，而且是可以利他和利整体的。正因如此，中国社会条件下的理性才是具有远超西方理性之不同行为表现的。由此可见，采用中国理性的最大好处或实用价值，包括经济学的价值就在于，整体利益不再单单是由均符合私利理性的个体利益加总而来的。相反，整体利益可以是由加总包括"个体亏损"在内的全部市场主体之利益得失所构成的。之所以如此，根源就在于，由个体利益加总而得来的整体利益，是在假定"外部正效应和负效应"同时为零的状态下才会成为可能的。否则，当"外部正效应和负效应"不同时为零时，整体利益的获得再由忽略"外部正效应和负效应"不计的"人为加总机制"来进行就会产生巨大的偏差。故，我们特将当假定"外部正效应和负效应"同时为零的状态时，经统计加总机制而得到的"整体利益"，称之为【零外部性整体利益】。同理，我们特将当假定"外部正效应和负效应"同时不为零时，经统计加总机制而得到的"整体利益"，称之为【外部正负效应型整体利益】。由此可见，给定一个社会，在如何获得其整体利益这件事上，是至少存在两种不同实现路径的：【零外部性整体利益】和【外部正负效应型整体利益】。至此，中国市场体制的庐山真面目很可能就在不经意之间被揭开了一角。亦即，中国社会的整体利益，是属于【外部正负效应型整体利益】之类别，而不属于【零外部性整体利益】之类别的。不仅如此，中国市场体制在追求整体利益最大化的进程中，由于采纳了允许、很可能还鼓励市场主体实施整体利益优于个体利益的新理性战略，所以，像投资高铁这样的市场主体就会普遍存在于中国改革开放的大地上。总之，上述分析表明：追求整体利益的更优并不是一件简单的事；相反，很可能是整个市场体制的最核心关键之所在，甚至是如何构建市场体制的最高级别顶层设计。当然，就【外部正负效应型整体利益】而言，它还可以进一步划分出两大类。其一，即使有外部正负效应不为零的存在或假定，但是所有的市场主体仍然是以更有利益所得的"正利润"来进行投资的，即所有主体在投资的理性计算上都是按照有"正利润"所得来投资和进行规划的。为此，我们特称其为【正利润齐次型整体利益】。这种情形在欧美国家是普遍存在的经济现象。换言之，在欧美发达市场经济体中，没有人会因为知晓外部正效应机制能给他人带来溢出效应而会使自己在明知投资有亏损的情况下还会继续投资。否则的话，西方利己理性的基本原则就会失效。不过，这恰恰是中国市场体制的特色之所在。在中国的市场体制和文化承传下，中国的国企，尤其是一部分央企，即使明知投资在资产负债表上是有亏损的，但为了借助外部正效益机制力争给一些特定地区、特定产业、特定的结构调整、特定的去库存、特定的资产价格拉动等带来溢出利益仍然会实施投资。所以，在中国，各类市场主体，包括政府主导的投资在内，都有可能是在明知投资有亏损的情况下还会继续投资的。事实上，所有新兴市场国家在与国际接轨的过程中都遭遇过类似的理性尴尬。其中非常多的进口替代项目都符合上述情形。为此，我们特称其为【正负利润策略型整体利益】。无疑，企业或市场主体之所以会这样，是因为要么它在整体利益获得方面能够产生增量贡献，要么投资主体与外部性主体之间是存在某种关联关系的，进而保证其即使投资有损失，但从外部主体方面还是可以获利的。总之，中国市场经济体制在追求整体利益方面，在自觉或不自觉之中是沿着【正负利润策略型整体利益】的方向和道路在向前探索的。有鉴于此，理解中国市场体制的一个极为重要的路径就是要搞明白，中国国家的整体利益，首先体现为 GDP 是如何在加总构成之外还有外部正效应部分的。尤其需要统计出那些以"负利润计算"或"负价格经济"方式所实施的策略型投资的总规模。当然，一旦指出了国民经济整体的上述不同实现路径，哪种路径更有效的问题就会随之呈现出来。如此一来，就连传统的国民经济统计方法都将可能会由此发生重大的调整与改变。

无论如何，由中国高铁故事所引发的经济学问题是具有超级意义的。因为，它清晰地表明：一个社会的财富源泉以及收入和所得源泉绝对不是单纯生产性质的。例如，在北京居住的老户人家，其现在拥有的财富价值就既不是其劳动所得，也不是其投资所得，更不是上帝或佛祖所赐的，而主要是借助外部正效应机制所赐的。即，"正外部性所得"是当今中国社会财富的一种主要收入机制。它与股市中的正外部性效应机制如出一辙。事实上，绝大多数靠房地产致富的中国中产阶级都是"正外部性所得"的受益者，因此可以说都是"正外部性收入阶级"。离开"正外部性机制"，中国财富的总量将会大幅度缩水。当然，正外部性机制并非一定或必然就是人为机制，或人为操纵的结果。相反，即使在西方发达的市场国家里，正外部性溢出效应也是比比皆是的。与中国之间的差别就在于，由于中国并不排斥且鼓励利他型新理性和整体性理性的存在与扩张，所以，中国人和中国的市场主体就拥有了人为积极干预和促进外部性正效应最大化的制度环境和良机。尤其当中国在计划经济时代所拥有且流传下来的、已被物化的庞大生产资料，欲实现与市场化资产的有效对接时，中国政府便发现了"外部正效应"这个没太被西方经济学所重视的利器！借助外部正效应机制和利他及利整体新理性的大胆超越，中国人在市场经济的道路上很快探索出了可以有效实现弯道赶超的世界绝技。中国人由此开始大量使用"负利润"或"负效应"的策略杠杆，来实现和确保其整体利益的更大化进步。事实上，四个经济特区的实施从本质上讲就是借助"外部正效应机制"来推动中国社会整体市场化进程的一种新理性。这种新理性自1978年改革开放、创建四个经济特区以降就呈现出一种自上而下的蓬勃态势，且是一种治国的新理性。显然，这与建构市场体制时在初始化节点上需要解决公平问题最终被迫走私有化道路的西方选择是完全不一样的。总之，中国市场经济的第一大特征就是走策略性实现整体利益更大化的新理性道路。换言之，主动利他型的新理性和利整体目标的新理性自改革开放以降就一直飘扬在中国的大地上，始终迎风飞舞，代表着中国市场经济和市场体制的最核心指南。

第二节 "负价格经济"与中国市场经济

中国的市场经济充满了"负利润"的说法并不是一种文学想象，而是有实实在在经济学基础的。由于经济学的西方范式把交换唯一解读成形成价格的成功型交换，所以，交换的起始边界和执行过程就被屏蔽在交换的成功之外。即，不成功的交换自然就无法再被当作交换的有机部分而可以参与到市场的组成与构造中来。因此，"负利润经济"无法受到新古典分析范式的必要关注。因为，"负利润经济"是与不成功的交换关联在一起的。众所周知，一个人在判断交换是否值得的利益比较过程中，即使在价格等环节上认为是划不来或无利润的，甚至售价低于制造和交易成本之和的，有时也是会成交的。但在西方经济学的分析范式看来，这项交易无论如何都是不可能成交的。那么，"无利可图"为什么还会成交呢？毫无疑问，"无利可图"之利益比较之后，已经开始的交换就只能有两种结果等待发生：其一是"不成交"；其二是"无利润"或"负利润"成交。为此，我们特把交换从利益比较开始得出"更无利益"或"无利可图"判定后只有两种可能性结果之一而等待发生的原理，称之为【负价格经济原理】。此外，我们一并特把利益比较得出"无利可图"或"更无利益"判断之后只有两种结果中的"不会成交结果"会发生，称之为【交换经济的降阶经济】。因为，不成交的原因之一就是交换者决定自己去生产。同时，我们特把利益比较得出"无利可图"或"更无利益"判断后只有两种结果中的"无利润成交或负利润成交之结果"会发生，称之为【负价格经济的策略选择】。

无疑，一旦揭示出【负价格经济的策略选择】的经济学原理及其存在，对于我们而言至关重要。因为，它表明：在人类的个体本能中是存在利他和利整体之理性机制的。愿不愿意挖掘它，并以它们为重要基础来组织更高境界的社会形态，无疑构成了有关人类共同命运体的最高思考和信仰。在此高度上，对于经济学的西方范式而言，基于私有制至高无上的信仰选择，他们无法不以"利己主义"作为建构社会的唯一理性指南。因为，一旦承认利他理性和利整体理性的存在和社会意义，那么首当其冲会遭遇挑战的就是"利己主义"的齐次性假定。西方范式假定：所有的人都应该被规范成"利己自私型的市场主体和行为主体"，而且坚信这样的社会最美好。毫无疑问，这样的一种社会主张就像盲人摸象一样，虽然无错，但不完整。想基于如此就构造出"大象"到底是啥样的话，其结果必将无比好笑。由西方坚持"利己自私"之齐次性假定所引领的世界文明，正在通往的未来必定只能是乱象丛生、危机不断的。从伊拉克到埃及，到利比亚和叙利亚，再到大规模的难民潮，西方思想家们所缔造的私利民主正从一种美好的幻想转变成重砸自己脚面的巨石。无论如何，人类更美好的命运和未来绝对不能交由这些只会玩弄"逻辑无错"的思想家和理论家手里。他们无能力也无德行去真正关注人类整体命运的美好未来。殊不知，缺少了整体性的理论构造，"再无错的理论"都只是为理论家及其范式共同体利益服务的，而不是为人类的普遍个体服务的。因此，承不承认利他理性和利整体理性的存在及在市场经济中的实际和普遍应用，是区分中国市场体制和西方市场体制的一个极为重要的分水岭。因为，一旦承认新理性的存在，在如何看待"外部正效应"问题上就会面临西方范式和中国范式的不同选择。无疑，西方的市场体制选择了【正利润齐次型整体利益】的发展道路。他们假定所有的交换在每一次具体的实际交易中都必须是"正价格"，至少是不能有"负价格"的。亦即，在任何一次具体的交换中理性人都是无例外地在发生作用的。相比之下，中国的市场体制则选择了【正负利润策略型整体利益】的发展道路。换言之，如果不引入"利他"和"利整体"新理性在中国市场经济体中的广泛应用，包括计划经济体制向市场体制的转换、早期双轨价格体制向市场单轨价格体制的过渡，以及中央和地方政府如何凭借优惠政策（实则亏损政策）来实施招商引资、处理不良资产的定价机制、早期旧城区改造、新商业建筑的免费招租、互联网上的大量免费经济关系等，就都是不可能发生的。无疑，从中央政府到地方政府，再到央企和国企，以及大中型规模化企业，最后到普普通通的私营企业，甚至个体户和自然人个体，无一不在自觉和不自觉之中都在使用"负价格决策"、"负价格商业"和"负价格经济"来促进各自的整体利益更大化。然而，在经济学的西方范式下，每一个独立的交换都被假定必须得是追求"私利和私利最大化理性"的。这种潜藏于深处的假设因此可以被称之为【交换理性的齐次性假定】。显然，如果缺失了【交换理性的齐次性假定】，瓦尔拉斯是无法构建出仅由交换联立方程组作为基础所建造的"瓦尔拉斯型市场体系"的。当然，新古典和现代经济学中的"一般均衡论市场"也都无一例外地需要建立在【交换理性的齐次型假定】之上。由此可见，可否兼容"负价格交换"在市场体制中的问题，乃是经济学西方范式和广义范式（中国范式）之间的重大差别之所在。在中国，小到定制服装和经营珠宝首饰等的个体生意都在践行着"负价格商业"的经济学思想和原理。这种情形在西方——美国和欧洲所谓发达市场中，即使有也是局限于罕见的范围。因为，这种经济体下的市场主体由于受新古典范式的知识灌输和熏陶已经在自觉和不自觉之中将自己约束成"刻板的利己自私理性人"了。当买卖双方都被灌输而拥有这种观念和信条之后，其行为方式就已经无法不如此了。人们不会再期待利他和利整体理性及行为的发生。就连吃顿饭，西方市场体制都因其"私利理性"的假定而形成了"AA制"这种将"正效用交换"绝对齐次化的经典表现。然而，在中国，由于从上到下整个国家都因文化的承传而自动或欣然接受的是"负价格饭局"的普遍存在。即，今天的这顿饭因是由一个人或一个主体来埋单的，故埋单者是绝对亏损的，但这个买单主体乃是期待着对方的下一次埋单或与埋单无关的其他回报方式的。换言之，"负价格理性"（后面有专门的论述）乃是中国社会人与人之间建构社会关系的主要理性方式。13亿（或近14亿）的中国人，在建构人脉关系时，包括在进行商业合作时，所使用的饭局交易，几乎100%都在践行着"负价格饭局"的经济学新原理。这种每时每刻都在发生的"负价格交往"构成了中国市场之"负价格经济"极富先进性的一道绚丽的风景线。有鉴于此，具有最先进新理性的中国市场经济乃是根植于每一顿饭局之中的市场经济，是将"负价格经济"体现在经济体近乎每个神经末端的市场经济。

　　换言之，整个中国饭局经济所体现的都是"负价格经济"。毕竟，其中的 AA 制饭局和自我消费饭局少之又少。事实上，即便将自我消费餐饮包括在其中，也不会影响我们上述对中国饭局经济所做出的经济学解释和大揭秘。毕竟，它有效地盘点了【交换理性的齐次性假定】对西方社会及其习俗之所在是那副样子之根源背后的经济学原理。此外，由于在中国市场体制下，饭局经济的规模和可实证基础是如此的庞大和具有最为显著的可识别性，所以，首先借助饭局经济来揭示"负价格经济"在现实中的普遍存在会是立竿见影的，同时最能体现齐次性原则。不仅如此，事实上，"负价格经济"充斥在中国市场体制内几乎所有的产业和角落之中，当然尤其充斥在中国各级政府的招商引资政策中。为了把当初已陷入困境的中国计划经济搞上去，使中国人的生活状况得到必要的改善，20 世纪 80 年代末以邓小平为核心的中国第二代集体领导，正式开始实施从计划经济向市场导向型经济的体制改革。但是，仅靠中国自身的力量来完成这种转变，即使在当时也没能成为历史的选择。相反，当时中央集体选择的是首先创办"四个经济特区"。然而，即使事后再来分析，我们也可以得出一个较为客观的公正结论，那就是，创办经济特区在当初就是一个十分不确定结果或前景的尝试。所以，根本谈不上收益多少的问题。换句话说，虽然创办经济特区与价格之间没有任何的直接关联，但本质上两者仍然是相通和一致的（后面会有相关的论述）。因此，在创办经济特区这件事上，若按西方经济学的理性范式来看的话，无论如何都属于"负价格经济"的范畴。亦即，即使当时的中国还没有市场价格这种说法，其思维的本质已经是沿着即使没有利益，或即使做出一定的牺牲或让利，也要确保改革的大局是可以从中受益的。一言以蔽之，改革的大局观（大局理性）在创办四个经济特区时就已经具备了。那么，我们为什么要刻意提及改革开放是与"负价格经济"之间具有一致性的呢？因为，一个国家的改革本身是需要有理性来进行指引的，否则必定会出现重大的失误。无论如何，一切政治都是有理性的，否则我们无法解释政治的合理性。那么，潜藏在中国改革开放背后的理性或政治理性又到底是什么呢？

　　为此，答案就是"整体理性"。当时的中国政府结合中国国情所做出的"搁置存量、改革增量"的做法就是最好的借"负价格经济"促进整体经济发展的重要战略举措。四个经济特区（深圳、珠海、汕头和厦门）都是在传统计划经济体制之外所做出的试点选择。它充分体现了"保存量、试增量"的改革纲领。另外，四个经济特区的改革试点宗旨都是为了让特区先富起来（对计划经济体制而言，这显然是一种"负价格政策"，因为计划体制内的人员并没有获得正利益所得，但愿为一个更加光明的新未来自愿或不自愿地做创办经济特区所需的利益让渡和利益牺牲）。简言之，在创办四个经济特区的早期，关于是否值得以及如何来创办经济特区等议题一直都是存在有反对声音和观望情绪的。因为，它所呈现出的基本特征和早期面貌就是，它的本质是一种"负价格政策"。正因如此，反对的声音一直不绝于耳。这些历史事实都清晰地表明，最初的改革实际上是一种以"负价格政策"的方式在中国大地落地的。此外，早期在四个经济特区创办企业的外商投资人也都或多或少地获得了许多国人无法获得的优惠好处。亦即，给外商投资者提供的优惠好处一定是一种"负价格政策"或"负价格经济"之追求整体目标更优的新理性安排。亦即，从多种意义上讲，我们都可以证明，创办经济特区的决策安排是一种"负价格政策"。一言以蔽之，在创办四个经济特区和创建中国市场体制之间，是存在借由"负价格政策"机制来快速和高效推动中国市场体制力争早日实现整体改革成功的大布局安排的。不仅如此，这种大布局安排的"负价格方法论"在随后的地方政府发展经济的实施过程中被反复借鉴和应用，以至于各级政府都凭借各自所拥有的"负价格资源"拼命地施展招商引资的绝技。例如，各级政府纷纷以税收优惠、环境透支、监管透支、土地资源优惠等"负价格政策和方法"来吸引外部投资，以便有效地促进地方经济的小整体能够更好地获得高速增长。当然，各级政府后来所实际使用和发明的"负价格政策及方法"远不局限于我们上述所列举的几项。总而言之，如果没有"负价格交换"的经济学原理作为基础和指引，坐等投资人来中国推动改革乃是犹如守株待兔一般的荒唐可笑，且是绝对不可能的。

　　换言之，是中国各级政府首先实施了意在让投资人有利可图的"负价格战略"，才逐步推动了中国市场经济在各级政府管辖内的不断落地。总之，没有广义经济学之负价格规律作为新理性人的基石，就不会有中国各级政府之"看得见的手"在发挥作用。综上所述，中国市场体制的转型和改革不是沿着"有利可图"的西方理性路径向前探索和推进的，而是沿着"负价格原理"之规律理性所提供的整体方向才获得成功的。

　　毫无疑问，"负价格规律"不仅可以应用于解释中国经济从计划体制向市场体制的转型和改革，而且可以解释包括西方发达市场国家在内的诸多经济现象。例如，企业投放广告的交易，就是根本无法符合西方经济学的【交换理性的齐次性假定】。因为，在广告投放的交易中，就一项特定交易而言，绝对都是无利可图的，根本无法对企业的资产负债表产生任何直接的利润贡献。换言之，就所有与广告相关的任何单笔交易本身而言，它一定是符合"负价格交易"之定义和必要含义的。因为，它的收益无法直接体现在当期的具体交易之中，而只能体现在其他产品在未来的市场销售中。所以，根据"负价格原理"，所有不能直接产生利润的企业交换就都是"负价格交换"或都可以属于这个范畴。因此，将市场解读为是由所有每次都必须直接产生利润的交换所构成的，则这样的市场是根本不存在的。即，真实市场是到处充满"负价格原理"、"负价格理性"和"负价格交换"、"负价格战略"等"负价格"应用的。由其整体构成了"负价格经济"的全部真实内容。假定如此，在中国市场体制下，市场主体的行为理性和原理就都不再遵循西方经济学的理性人假定，而是遵循中国市场体制下的新理性人假定了。亦即，中国市场的新理性人是按照利己理性、利他理性和利整体理性，以及利共赢理性的综合方式在做出自己在广义市场中的新理性人之选择的。当然，上述新理性人也必定是"负价格理性人"，是能够完整且自由地表达自己的理性人。换言之，"负价格理性人"是可以从新理性人假定或理论中推演出来的。总之，由于"负价格理性人"的被发现，中国的市场体制已经被证明是更加先进的市场体制了。

第三节 "经济效益和社会效益"的经济学
原理与中国市场经济

在中国市场经济生活中,"既追求经济效益,同时也追求社会效益"是一个司空见惯的标准用语,应用极为广泛。但是,几乎很少有人关注它背后的经济学原理。强调企业在参与市场活动进行经济理性决策时,必须兼顾"经济效益和社会效益"的主要社会背景是,在从计划经济向市场经济转型的过程中,中国并没有走西方所走过的市场初始化道路。即没有沿着全盘产权私有化的初始条件和边界条件来构建自己的市场体制和体系。相反,中国人本着实践是检验真理的唯一标准的认识论原则,选择了摸着石头过河之边探索边前进的大政方针来进行一场可谓全世界最大规模的社会改造运动和实践。为了确保迈向市场体系的改革能够获得成功,中央政府的集体领导高瞻远瞩地选择了"保留存量、改革增量"的实施方略。这一方略的意义如此巨大,以至于在当今的中国经济界也很少有人能够揭示出它的核心含义之所在或称其为庐山真面目。由于是"保留存量、改革增量"的探索型路径,所以,改革计划经济体制的试验和实践无形之中就在前提的定义上清晰地暗含了"改革的外部性存在",即"原有的计划经济部分"作为存量是"改革增量部分"的外部存在。因此,每一步增量领域的改革都必须时时刻刻要关注对"存量经济部分"的"社会化影响",即外部性影响。这应该是中国走改革开放之路之所以渐入佳境并取得成功背后最具特色的关键奥秘之所在。为此,我们特把中国改革开放所走的探索道路,称之为【增量市场化、存量外部化的改革原理】。

毋庸置疑,从创办 4 个经济特区,到开放沿海 14 个城市,再到逐步实施全国一盘棋的开放战略,中国的经济体制改革是在【增量市场化、存量外部化的改革原理】约束下稳步向前推进的。小改革、大外部性于是在自觉和不自觉之中成为中国从改革中不断获得的重要启示和成功经验。当这种从改革实践中反馈出来的思想结晶和代代承传下来的中国智慧结合在一起时，借助"外部性机制"和"外部性力量"再来实现伟大改革目标的手段和方法就越来越成熟。当这种不断被改革实践所反复证明的共识日益成熟之际，中央政府将其首先上升为央企和国企参与市场经济的座右铭就是理所当然、瓜熟蒂落，再自然不过的了。亦即，对于央企和国企而言，兼顾"经济效益和社会效益"同时更大化的思想和行为指南，是在没有遭遇任何阻力的情况下就被认可和接受并获得遵守的。无论如何，央企和国企作为中国经济体制改革的市场主体，从一开始就受【增量市场化、存量外部化的改革原理】的约束，进而从一开始就兼顾着既要考虑或计算自身"资产负债表的利益得失"，同时还要考虑或计算自身得失以外的"社会外部性之效益得失"。否则，其行为方式就不可能有效符合【增量市场化、存量外部化的改革原理】的全局战略。

　　一言以蔽之，中国经济体制的改革从一开始就是整体布局、全局推进的。无论这种整体方法论或全局观是不是有意识的，以及是不是符合经济学之西方范式原理的，它就是这样向前推进的。而结果却被发现是非常幸运的。因为这种对人类经济社会的市场化探索在不小心之中已经走在了全世界最先进市场体制的前列。事实上，中国的高铁事业就正恰是践行借助外部正效益原理来促进整体利益更大化的最佳典范。当然，能够兼顾"经济效益和社会效益"于一身的市场主体，一定是受社会和政府欢迎的市场主体。但由于在外部性机制中不仅存在正效应部分，同时还存在负效应部分，所以，就兼顾"经济效益和社会效益"的经济学原理而言，它有如下九种不同的情形可做分类：首先就市场主体部分和社会外部性部分而言，它可以有：

[2.3 - a] 市场主体的经济效益为正；

[2.3 - b] 市场主体的经济效益为负；

[2.3 - c] 市场主体的经济效益为无差异；

[2.3 - x] 外部或社会的经济效益为正；

[2.3 - y] 外部或社会的经济效益为负；

[2.3 - z] 外部或社会的经济效益为无差异。

于是有：

$$[2.3 - a] \wedge [2.3 - x];$$
$$[2.3 - a] \wedge [2.3 - y];$$
$$[2.3 - a] \wedge [2.3 - z];$$
$$[2.3 - b] \wedge [2.3 - x];$$
$$[2.3 - b] \wedge [2.3 - y];$$
$$[2.3 - b] \wedge [2.3 - z];$$
$$[2.3 - c] \wedge [2.3 - x];$$
$$[2.3 - c] \wedge [2.3 - y];$$
$$[2.3 - c] \wedge [2.3 - z]。$$

即：

[2.3 - a] 市场主体的经济效益为正 $\wedge$ [2.3 - x] 外部的经济效益为正；

[2.3 - a] 市场主体的经济效益为正 $\wedge$ [2.3 - y] 外部的经济效益为负；

[2.3 - a] 市场主体的经济效益为正 $\wedge$ [2.3 - z] 外部的经济效益为无差异；

[2.3 - b] 市场主体的经济效益为负 $\wedge$ [2.3 - x] 外部的经济效益为正；

[2.3－b] 市场主体的经济效益为负 ∧ [2.3－y] 外部的经济效益为负；

[2.3－b] 市场主体的经济效益为负 ∧ [2.3－z] 外部的经济效益为无差异；

[2.3－c] 市场主体的经济效益为无差异 ∧ [2.3－x] 外部的经济效益为正；

[2.3－c] 市场主体的经济效益为无差异 ∧ [2.3－y] 外部的经济效益为负；

[2.3－c] 市场主体的经济效益无差异 ∧ [2.3－z] 外部的经济效益无差异。

为此，我们特将市场主体与其外部正负效应之社会效益之间的关系，可以展现为上述九种不同表达式的原理，称之为【整体理性关系原理】。由此可见，任何市场主体在做出经济决策时，都将必然导致【整体理性关系原理】之一的结果发生。毫无疑问，就整体观而言，[2.3－b] ∧ [2.3－y] 是最不好的一种情形，是任何社会都在极力避免发生的情形。[2.3－c] ∧ [2.3－y] 和 [2.3－b] ∧ [2.3－z] 是次不好的情形。[2.3－c] ∧ [2.3－z] 是第三不好的情形。另外，[2.3－a] ∧ [2.3－y] 和 [2.3－b] ∧ [2.3－x] 的结果需要做进一步的判断才能加以确定其好坏程度。第五类就是：[2.3－a] ∧ [2.3－z] 和 [2.3－c] ∧ [2.3－x]。最后一类就是：[2.3－a] ∧ [2.3－x]。

毫无疑问，[2.3－a] ∧ [2.3－x] 是一种兼顾市场主体收益和外部正效应收益于一体之最完美双优结果的市场行为；自然也是最受社会和政府鼓励的一种市场主体行为和经营方略。其次是 [2.3－a] ∧ [2.3－z] 和 [2.3－c] ∧ [2.3－x]。再其次是 [2.3－a] ∧ [2.3－y] 及[2.3－b] ∧ [2.3－x]。至于 [2.3－c] ∧ [2.3－z]

则是一个最缺少人关注的市场领域，但却具备无比强大的潜在价值。最后就是，次坏 $[2.3-c]$ $\wedge$ $[2.3-y]$ 和 $[2.3-b]$ $\wedge$ $[2.3-z]$ 以及最坏的 $[2.3-b]$ $\wedge$ $[2.3-y]$。它们是任何社会都力求极力阻止和避免的两大类情形。当然，这种简单的分类方法并不暗示如下一个重要的原理，那就是：如何有效促进一个社会整体利益的更大化，并不意味着，$[2.3-a]$ $\wedge$ $[2.3-x]$ 就是最好或最有效的。同时也不意味着，$[2.3-a]$ $\wedge$ $[2.3-x]$ 是比 $[2.3-a]$ $\wedge$ $[2.3-z]$ 和 $[2.3-c]$ $\wedge$ $[2.3-x]$ 更优。因为，整体利益的更大化，往往在个体利益的视角上是无法被识别出来的。因此，倘若从个体利益是否首先得到有效保障的立场出发的话，那么，整体利益的更大化，甚至连整体利益本身都有可能无法得到必要的被考虑或计算。这与哈耶克强调个体利益的实际存在无法被一个强大的中央政府能够有效识别出来的原理如出一辙。亦即，整体利益，或整体利益更大化的存在，也是无法被主要或仅只追求个体利益的市场主体识别出来的。为此，我们特将此原理称之为【整体利益不对称原理】。显然，由于整体利益往往，甚至全部都是由不同的分散型个体利益或集体利益结构性所构成，因此，它的实现绝非仅只是个体利益的零和加总。为此，我们特把仅由个体利益经过零和加总而构成的整体利益，称之为【最小化整体利益】。即，经济学的西方范式即使是成立或有效的，其社会的整体进步也仅只是最小化或最低效率的。相比之下，中国社会正在推进中的市场体制则是更具整体效率的。一言以蔽之，一旦引入"负价格经济学"的新视角，整个经济学的西方范式及知识体系都将面临全面解体和重构的历史新挑战。

第四节　双轨制财政体制与中国市场经济

从计划经济向市场经济的改革，是有基石的改革。这个基石在中国的实践就是"保留存量、改革增量"。作为大政方针，这个基石之所以重要，系它在市场体制创建的道路上所开辟出一条超越西方齐次化初始条件和边界条件的转型机制，即"市场和市场外部性一体化"的整体化机制。这个在自身国民经济体之内可以创造出大规模外部性空间的制度转型方法论，是潜藏着经济学重大含义的。毋庸置疑，保留存量的直接结果之一就是，这些存量资产或存量产权逐步过渡到了央企和国企的管理体制下。所以，"保留存量、改革增量"的大政方针无法不必然创造出所有西方市场经济体制都绝对无法兼容的大量央企和国企的真实存在。2016 年 8 月 3 日，中国国务院下属的国有资产监督管理委员会在其官方网站上发布的央企总数为 103 家，另外，全国国有重点企业的总数为 357 家（国资委官网 2016 年 2 月 6 日发布）。此外，还有数量和规模均很大的全国各省市级国有企业的实际运行和存在。相应的，截至 2016 年 10 月底的央企资产总规模为 47 万亿元人民币左右。外加省市国企部分，国有经济的总资产规模应该在 120 万亿元人民币左右。总之，存量部分经过三十多年市场化运作的不断优化，已经在多轮重组和结构优化的整体布局中逐步转化为上述的国有经济之组成部分了。这是谈论中国市场经济无法绕开的重大实证基础。那么，我们到底该如何看待和解读这部分国有经济在中国市场经济体制中的地位和市场功能呢？毫无疑问，若按经济学的西方范式来看的话，这部分经济的权重如此之大，以至于它已经实实在在地构成了中国之所以被标识为"非市场经济地位"国家的核心根源之所在。那么，这部分国有经济的存在和真实运行真的就会导致市场体制的不公平性或竞争的不公平吗？为此，根据广义经济学的分析范式，这种结论的得出是极为片面的。因为，市场的本质并不能由"完全竞争"所决定，而必须由整体利益的更大化所决定。有鉴于此，如此规模庞大的国有经济在中国的存在，就经济学原理而言，已经体现为"中国财政体制的双轨运行体制"。

　　就西方的市场体制而言，它所对应的财政体制是一种纯单一型的公共财政运行体制。即，西方社会所发明并创建的市场体制是一种纯粹的公共财政体制，是不包含经营成分和机制在其中的单轨财政体制。但在中国的市场制度探索中，受历史、国情和计划经济之存量的约束，中国在摸着石头过河的探索中走出了一条全新的市场体制：双轨财政市场体制。即，在中国的经济体制中，财政的存在和实际运行是既有"公共财政"也有"经营财政"在其中的。两者相互关联、不可分开。毕竟所有的央企和国企都在根本上归各级财政管辖。虽然国资委并不隶属财政部管辖，而归属国务院管辖，但国务院并不是央企和国企的名义出资人。无论中间怎样设立各种便于管理的层级主体，最终出资人仍归财政部和各级财政主体的原理是恒定不变的。有鉴于此，我们认为，中国的市场体制是与双轨财政体制并行而存的。这种情形在地方政府环节上表现得尤为突出。总之，政企分开的基本方针确定之后，中国财政体制的双轨制特征就在制度原理上被严格确定下来了。如此一来，中国市场体制的所有模糊边界就在转眼之间变得异常清晰起来：中国是一个以双轨财政体制为整体制度约束条件的市场体制国家，而不是西方经济学所泛指的"单轨财政型市场体制"。一言以蔽之，所有市场体制都首先分为：①"单轨财政型市场体制"；②"双轨财政型市场体制"。为此，我们特把仅只发挥公共服务功能的财政体制，称之为【单轨财政体制】，把既发挥公共服务功能，又发挥经营功能的财政体制，称之为【双轨财政体制】。给定如此，我们再把对应着【单轨财政体制】的市场体制，称之为【单轨财政型市场体制】，把对应着【双轨财政体制】的市场体制，称之为【双轨财政型市场体制】。

　　如此一来，我们就证明了：中国的市场体制是存在着完整的经济学原理和制度边界的。之所以呈现出与西方经济学及其制度安排不相同的"非市场经济特征"，不是因为中国的市场经济不符合经济学运行规律，而仅只是因为中国的市场经济是按照不尽相同的市场原理及其体系在运行。换句话说，世界上并不存在唯一客观的市场体制，亦即并不是无论哪个国家的市场制度都是按照一套既定且唯一的经济学原理体系来运行的。相反，人类的市场体系是始终处于不断进步和发展之中的。即使当代的西方市场体制也是始终处于可以被超越和发生巨大进步的状态之中的。尤其是当下所谓的发达市场体制国家正面临现行自由化市场体制效率低下的巨大困境和挑战。由 1929 年股灾所引爆的"市场失灵"之大萧条还历历在目、难以忘怀时，发达的市场如今再次陷入"市场低效"和"市场无能"的绝境之中。这些冰冷的现实不断提醒着世人：西方范式的市场体制很可能已经老态龙钟，已经无法引领人类继步入 21 世纪之后再沿着新趋势的大方向去追求更加美好的未来了，即，不仅经济学的分析范式始终处于不断的变革之中，而且建立在不断变革型经济学理论基础之上的市场体制也处于不断的同步变革之中。显然，中国的市场体制是【双轨财政型市场体制】，与西方经济学范式所主张的【单轨财政型市场体制】之间存在着显著差别。换言之，中国的市场体制只能根据支撑【双轨财政型市场体制】的广义经济学之范式标准来判断其完整性与否，而绝不适合使用经济学的西方范式作为标准来加以判别或审判。否则，我们就无法解说中国市场经济体之中存在大量"国有经济"的合理性及必要性了。换言之，【双轨财政型市场体制】较【单轨财政型市场体制】之所以存在的必要性到底何在呢？即，中国的市场体制真的存在着比西方市场体制更优的机制和原理吗？为此，我们的答案是十分肯定的。首先，我们来解释为什么说【双轨财政型市场体制】较【单轨财政型市场体制】是更优的。由于"外部性机制"或"外部性原理"的存在，所以，任何市场主体在市场中的决策和行为都无法摆脱【整体理性关系原理】的约束；否则，存在"外部性原理"的共识就会受到质疑。然而，一旦假定【整体理性关系原理】是一切市场体制所共有的约束条件，整体利益更大化的追求就会从此不再面临唯一的选择，而是面临【最小化整体利益】和诸多不同整体利益更大化之间的多样化选择。简单讲，存在【整体理性关系原理】的事实表明：如何追求市场的整体目标，或者说衡量市场先进与否的标志，是达到市场整体目标和整体利益的实现效率。

　　一言以蔽之，正是为了能够有效选择到比【最小化整体利益】更优的"整体利益更大化"的更优方略，故选择【双轨财政型市场体制】才会比选择【单轨财政型市场体制】变得必要且合理。相反，如果并不想追求比【最小化整体利益】更优的"整体利益更大化"的更优方略的话，那么，选择【双轨财政型市场体制】就会毫无意义。不仅如此，可能还会适得其反，弄巧成拙。因为，只要选择了【双轨财政型市场体制】，那就不得不借助"负价格原理"来引入并处理大量的"负价格经济"，以便策略地协助整体利益更大化的有效实现。总之，中国市场体制是一种允许理性人之理性原理更加自由化、更加符合人类社会真实面貌、更加理性的市场体制。在中国市场体制内，理性人不仅具有私利理性，而且同时具有利他理性和利整体理性。这首先确保了国有经济之所以存在的必要性、合理性以及理论基础。其次，新理性人的理性启示和文化借鉴也很快传递给了整个中国市场体制。事实上，不仅国有经济部分具备了新理性人的特征与属性，而且非国有经济部分的市场主体同样迅速掌握了新理性人的种种原理与机制。例如，中国人的送礼文化就是最典型的代表之一。吃小亏、占大便宜；舍不得孩子、套不住狼；不入虎穴、焉得虎子；吃亏是福；难得糊涂；等等，这一系列文化承传和寓意都是间接述说"负价格原理"的。所以，中国的市场体制和西方的市场体制之间不仅存在着巨大的体制机制和经济学原理之间的差别，而且直接存在着文化和历史承传之间的重大差别。换言之，一旦假设新理性人的存在，即包括利他理性和利整体理性的存在，那么，市场主体在中国市场中的行为模式就会表现出非常不同于市场主体在西方市场中的行为模型。这种差别如此的巨大，以至于在西方经济学范式体系之外已经形成了一套完整的新范式经济学的知识体系。换言之，整个西方经济学是建立在一系列假设基础之上所构建起来的理论体系，其狭义性已经非常凸显。例如，自新古典以降，即古诺、戈森、瓦尔拉斯、杰文斯和门格尔的各自原著以降，其市场理论无一例外都是建立在"类型化市场"假定基础之上的。即，西方并没有整体的市场理论。有的仅仅只是古诺开创的"垄断型市场理论"，张伯伦的"垄断竞争型市场理论"和琼斯夫人的"不完全自由竞争型市场理论";各种寡头型市场理论;"完全自由竞争型市场理论"。其中,没有一个是关于各种不同类型市场条件均被包容或兼容在其中的整体市场理论。即,西方所构造的市场理论无一不都是类型化市场理论,因此都分别具有显著的狭义性。相比之下,中国所探索的市场理论及其制度安排则首先是【双轨财政型市场体制】;其次是"整体型市场体制"和"新理性人市场体制"(下边会逐渐看到,新理性人的核心含义是完整真实人)。当然,中国市场体制作为一种新型市场体制,首先是建立在分析范式不同于新古典经济学的广义经济学之上的;其次拥有一整套完全属于自己的市场体制的构建原理。有鉴于此,中国和西方已经在事实上都拥有了可以各自分别解读市场经济的经济学范式体系,同时都拥有了基础不尽相同的市场体制及体系。故,两者都是市场经济体系了。不仅不能相互否认,而且必须接受彼此可以共存且相互融合的可能性及合作前景。这是本书的第一目标和宗旨。其次,本书借广义经济学分析范式的不断深入与扩张,还进一步主张:经济学的西方范式正在遭遇不得不全面解体的黯淡前景之挑战,同时,广义经济学的全方位崛起已借历史必然的大趋势之力,正在收复西方经济学狭义性所赐给的广大疆域和新世界。接下来我们所要论证的就是:既然西方的市场体制和中国的市场体制是两种各具自身经济学范式支撑的制度安排,那么,两者之间系存在孰优孰劣的可比性吗?为此,我们的答案十分肯定。因为广义经济学已经从交换原理和价格原理等最基础的领域中彻底超越了西方经济学的范式分析,而且已经能够彻底将其兼容在自身的理论构架之中了。所以,一个能够彻底兼容古典和新古典分析范式于一身的广义经济学体系已经可以宣告自身的诞生和正式问世了。不仅在整体对决局部、新理性对决旧理性、全价格对决正价格、全量对决边际量、整体均衡对决供需均衡、单轨财政对决双轨财政、交换经济对决价格经济等方面,而且在整个经济学的分析领域之中都已经完成了这种兼容性的彻底超越。因此,在经历了20多年的不断探索后,我们已经可以大胆地说,广义经济学已经兼容性地超越了西方经济学。

第五节　超越"西方价格型市场经济"的
中国交换型市场经济

解读中国市场体制与西方市场体制之间是否存在系统性差异的突破口来自如何解读"交换"和"价格"之间的关系。在经济学的西方范式看来，只要存在交换现象，就一定一一对应地存在价格现象。这是西方范式认知交换现象的核心方法论。自 1776 年亚当·斯密发表《国富论》以降，这一分析方法论就再也没有发生过改变。这一传统和范式一直延续到当下的现代西方经济学。换句话说，整个西方经济学都是建立在上述关于"交换"和"价格"之间被假定存在一一对应关系的方法论基础之上的。为此，我们特把所有建立在假定或事先给定"交换"和"价格"之间系存在一一对应关系基础之上的市场体制，称之为【价格型市场体制】。那么，交换难道和价格之间真的还会存在有不是一一对应关系的吗？为此，广义经济学的分析范式表明：确实有！众所周知，交换应该有起始和过程的呼声，在经济学理论界已经存续很久，但西方经济学的认识论却始终无法将这种最正当的要求转化为有效的分析方法来加以实现。这种令整个西方分析范式人人自危的顽疾就这样像一颗毒瘤一样一直寄生在西方经济学的根基之中而无法摆脱。所以，一旦真的能有一种关于"交换现象"的认知是可以确保交换既具有起始的边界，又有具体的过程，还有"可形成价格的成功结果"及"没能形成价格的不成功结果"之两大类不同结果时，这种交换理论必定是一种更加先进的交换理论。无疑，这种交换可以相应地称之为【广义交换】。为此，我们特把所有建立在既有起始又有过程，还有成功和不成功两种不同结果的交换，因此和"价格"间不再必然存在一一对应关系，基础之上的市场体制，称之为【广义交换型市场体制】，简称【交换型市场体制】。

给定如此，我们已经清晰无比地揭示出了西方经济学一个重要的市场边界了，即西方经济学是地地道道的【价格型市场体制】。无论古诺的垄断型市场还是张伯伦的垄断竞争型市场，或琼斯夫人的不完全自由竞争型市场，抑或瓦尔拉斯最早借助成功型交换方程所构造的"一般均衡型市场",以及其他林林总总的市场形态,无一例外是建立在"成功型交换"理论基础之上的价格型市场。因此,整个新古典市场体制都是【价格型市场体制】,而不是【交换型市场体制】。这一边界已如此的清晰可见,只要我们能够提供一套完整的【广义交换】理论,一套关于交换现象重新构造的广义交换理论,我们就可以演绎出更加先进的市场体制来,至少可以称之为"广义市场体制"。非常幸运的是,中国的市场体制很快被发现正恰是这种"广义市场体制"在现实中的最佳体现。由于关于交换现象的认知论发生了根本的改变,所以,240多年来由西方文明所构造出的经济学范式体系,正在遭遇最彻底的变革。西方市场体制的狭义性和局限性已经严重阻碍了当今人类社会积极应对全球挑战的努力方向。因此,不彻底超越【价格型市场体制】,并积极迈向【交换型市场体制】,则整个世界正在遭遇的困境,包括发达国家所遭遇的困境,就都无法获得必要的解脱。再次,幸运的是,中国的市场体制在尝试从计划经济向市场经济转型的探索过程中,在有意和无意之中已经走在了人类先进市场体制的最前列。只要证明中国的市场体制系存在有大量的"负价格经济"的事实就已经可以简单地表明,中国的市场体制根本不是【价格型市场体制】,而主要是【交换型市场体制】。无疑,在本章前四节的讲述和论述中,我们已经通过几个重大实证案例的展现揭示了中国市场体制作为【交换型市场体制】是如何不同于西方市场体制之【价格型市场体制】的。其中,外部正效应机制、负价格原理、利他及利整体的新理性人原理,以及从根本上超越【价格型市场体制】的【交换型市场体制】等(本书的后续还会分析性展开更多的对比),都已经越来越清晰无比地勾画出了中国市场体制的更先进性。换言之,首先通过广义经济学的纯理论构造,然后将这种纯理论构造应用于对中国市场体制之广泛实践和探索的全新解读,我们已经能够越来越清晰地界定西方市场体制和中国市场体制之间的范式差别了,而且已经能够越来越清晰地证明,中国的市场体制是比西方市场体制更加先进的市场体制。其先进性不仅表现在中国经济的高速增长中,更主要表现在全球治理所面临的重大挑战方面。

　　中国经济学界，包括西方经济学界不知道的是，市场体制一旦步入【价格型市场体制】的狭窄道路，就只有两条独木桥可走：第一条是【价格相等型市场体制】；第二条是【价格不相等型市场体制】。前者是沿着古典分析范式的等价交换原理来构造市场体制的。例如，亚当·斯密所指的扩大社会分工就会导致交换数量增多，进而就会导致"市场规模的增大"中的市场就是暗指【价格相等型市场体制】的。后者显然是沿着新古典分析范式所主张的边际效用交换原理来进行市场构造的。例如，当古诺在《财富理论的数学原理的研究》中最先给出有关"垄断型市场"的分析时，他所研究的市场对象就再也不是【价格相等型市场体制】了，而转变成为【价格不相等型市场体制】。毫无疑问，【价格相等型市场体制】的绝对困境已经在"水与钻石的悖论"中彻底灰飞烟灭了。但是，伴随【价格不相等型市场体制】的崛起，"整体型市场体制"又在瞒天过海之际被清除得干干净净了，以至于聪明绝顶的经济学界之西方范式集体成为了"皇帝新装着身"的新笑柄。他们自娱自乐在其中而浑然不觉。人类的智慧，在他们手中被烙上了重重的耻辱印记。因为，新古典集体所建构的所有市场体制，包括完全自由竞争型市场体制，无一不是局部类型化的市场体制，而根本不是也无法成为"整体市场体制"。但他们却敢欺瞒世界，将"完全自由竞争型市场体制"胡说成是可以充当"整体市场体制"的全球通用型市场体制。"一般均衡论市场体制"就是这种假冒通用型整体市场的最典型代表。因此，我们可以大胆下结论的是：以"一般均衡型市场"为核心标志的西方市场体制，根本不具有任何的通用型基础和原理。它最多只不过是一种产出最大化主张在先的模型化市场体系而已。所以，只要沿着【价格相等型市场体制】的方法论一路走到底的话，被终结的只能是它自己本身。因为，真正的"整体型市场体制"，无论如何是无法经由【价格型市场体制】的方法论揭示并构造出来的；相反，只能够凭借【交换型市场体制】的方法论获得其庐山真面目。而中国市场体制的道路正好走在"真实性整体型市场体制"在全世界的最前列。至少，中国经济的市场地位根本没有必要需要由市场的市场体制来给出评判。

第三章　西方自由市场的狭义
性及绝对困境

　　像计划经济体制最终走向常态化解体一样，西方的自由市场经济
体制也正在且必然走向自己的终结。西方自由市场体制的狭义性不仅
自"市场"被发现潜藏失灵机制成为西方经济学界的显学，而且伴随
着科斯领衔的新制度经济学的问世，这种狭义性在市场外部负效应
呈现之后，就再也无法抗拒政府之手继治理市场失灵必要性以外新
必要性的崛起了。此外，2008 年美国次贷危机的爆发再次证明了自由
市场体制的重大狭义性和绝对困境。它不得不再次向政府之手抛出
白旗投降，继请求政府之手治理市场失灵和外部负效应之后，继续
请求政府之手来治理"Too Bigto Fail"的绝对困境。然而，即便如此，
自由市场体制的狭义性和其绝对困境还远不局限如此。事实上，在
构成制度原理的节点上，自由市场体制被广义经济学揭示出不少于
60 个以上的狭义性原理，即，构成自由市场体制的原理，至少在 60
多处是存在显著狭义性的。因为，自亚当·斯密开创古典经济学分析
范式以降，历经古诺、瓦尔拉斯、马歇尔、艾奇沃思、庇古、帕累托、
张伯伦、凯恩斯和阿罗—德布鲁、冯·纽曼、科斯等人的努力，无论
对"交换"本身的解读，还是对"市场"的解读，就都无法摆脱方法
论的狭义性，即无法从整体的视角和原理上对包括交换现象和市场
体制在内的研究对象进行整体的构造。因此，"市场"在新古典范式下
就仅只是"单类型市场"的构造，而无法就"全类型的整体市场"来
进行哪怕是尝试性的构造。

第一节　什么是市场及私人市场的缘起

"市场"的概念及制度,自经济学之父亚当·斯密于 1776 年正式出版其《国富论》以降已经发生了翻天覆地的变化。但是,到底什么是"市场"的问题至今仍然众说纷纭,没有形成统一的共识。即使在经济学家之间,关于市场经济的论述也都各自为政,观点和方法相差甚远。即便是亚当·斯密,也仅只阐述了关于"市场规模"的概念。即,亚当·斯密很可能是第一个借"市场规模"概念来阐述采用分工制度和不采用分工制度之间在市场层面上是如何带来市场差别的经济学家。即分工越发达的社会,其市场规模越大。所以,在亚当·斯密的时代,即古典经济学的早期,"市场"的概念刚刚孕育在襁褓之中,各种认知都还极其薄弱。毋庸置疑,此时建立在这种刚刚萌芽状态中的"市场"概念基础之上的制度安排也同样简陋且效率不高。即,此时除了国际贸易和农业之外,借市场制度安排所带来的经济活力和效率才刚刚开始。总之,在亚当·斯密时代,"自由市场"的概念还没有形成,有的仅只是"自由贸易"。当时的国际贸易,主要是各国皇家所垄断的"殖民贸易"。

当然,回顾历史,我们不难发现,由于缺失关于"市场"是如何起源之问题的探讨和解答,经济学作为一门独立的社会科学就一直处于这个问题所编织起来的迷宫之中。时至今日也没能从中解脱出来。事实上,自亚当·斯密开创古典经济学分析范式以降,关于市场的认知主要是与交换关联在一起的。市场仅只是承载交换发生的集合。即市场只不过是一种由交换所决定的中性集合或承载体,是伴随交换的发生而发生的一种副产品而已。在这种最朴素观点的背后,其深刻的含义就是,交换是绝对不会因市场的改善而发生规模、活力和效率等因素的改善。因为,市场是交换的结果,而不可能交换反过来成为市场的结果。为此,我们特把先有交换后有市场,而且不可能反之亦然的市场观,称之为【交换导向的被动型市场观】,简称【被动型市场观】。

当然，【被动型市场观】是最朴素的市场观，与步入 21 世纪的现代市场观相比，已经显得十分久远和古老了；因为现代观点认为，改变市场体制的设计和安排是可以直接促进交换整体的有效进步的。换句话说，市场不只是伴随交换的发生而发生的被动集合体，而是可以成为制度本身的，即市场是可以成为市场制度的。而制度改进的结果，是可以确保其中的交换在整个层面上发生倍增改变的。为此，我们特把先有交换后有市场，但市场必须成为市场制度，然后经过改善才能促进交换整体进步的市场观，称之为【制度安排导向的主动型市场观】，简称【主动型市场观】。

无疑，现代市场都是"主动型市场"，毕竟现代市场都是有制度安排为先才能形成市场经济或市场体制的。但问题是，到底发生了什么抑或到底有没有一种明确的根源，才导致了【被动型市场观】向【主动型市场观】的演变和进化的发生呢？为此，就经济学史和经济学界而言，由于对【被动型市场观】和【主动型市场观】之间区别的讨论少之又少，所以，这种根源即使存在，西方经济学也是无法告知我们的。

为此，根据广义经济学的分析范式，我们在此暂且给出一个相关立论：从古至今，除了物物交换之外，市场是随货币的起源而起源的。否则双边交换集中在一起构成两两交换的多边必要性和可能性就是没有的。我们特将其称之为【市场的货币起源】或【市场的货币起源论】。显然，这个立论既涵盖了【被动型市场观】也涵盖了【主动型市场观】。只是，这种立论很可能与许多学派的货币观都不相同。例如，该立论主张：货币在逻辑上的起源并不像哈耶克主张的那样，是一种人人都可拥有的权力。相反，货币的起源始终与权力关联在一起。正因如此，伴随货币起源而起源的市场也始终是充当权力者的"牟利工具"而获得承传的。这从詹姆斯·W. 汤普逊的《中世纪经济社会史》和《中世纪晚期欧洲经济社会史》两部巨著中都可以窥见色彩斑斓的历史痕迹。

不仅如此，事实上贸易本身一直以来也是权力垄断的产物。即使到了殖民时代，贸易也仍然处于君主垄断的状态下。那么，贸易为什么也是可以被垄断的呢？答案就是：垄断贸易的方式或路径就是垄断货币。只要垄断住货币，不仅贸易，包括市场也都随之成为可被垄断之物。一旦给出【市场的货币起源】或【市场的货币起源论】，市场是在货币条件下起源并经由获利型垄断组织获得承传的历史图像就会自然浮现在眼前。不仅古代的集贸市场及地中海贸易和丝绸之路贸易等如此，即使到了殖民时代也仍然如此。例如，唯有获得英国皇家的授权，像英国东印度公司那样的少数人，当年才能获得参与殖民地贸易活动和往来的特权；否则无望。有鉴于此，亚当·斯密在其《国富论》中的贸易自由化主张就被证明是无的放矢的。因为，即使它是针对"被君主垄断的殖民贸易"而言的，但不能指出这种垄断之所以可能的根源系因垄断货币所导致的，其效果也只能可见一斑。

一言以蔽之，无论早期的贸易还是市场本身，无疑都是借由先行垄断货币之后形成获利型组织才能维系和承传的。否则，组织贸易和市场的必要性就无法得到必要且合理的解释。当然，即便如此，关于什么是"市场"的问题也仍然没能给出较明确的解答。不过，根据【市场的货币起源】或【市场的货币起源论】的立论，我们已经可以在此推论的是：双边交换是不需要市场的；根源是，双边交换是不需要货币的。即，双边交换和多边交换（市场交换）之间的最大差别就在于，前者是没有任何价值尺度的；而后者则是有货币作为价值尺度或作为利益比较之衡量标准的。所以，市场是有货币作为利益比较之统一标准或尺度的多边交换体系。为此，我们特称其为【市场】。因此，【市场】是随货币制度的不同而不同的。好的货币制度意味着有好的【市场】体制。货币制度安排得不好，或潜藏太多的瑕疵和漏洞，则与其对应的【市场】就不会呈现出良好的状态和效率。至此，有关什么是货币的问题，以及与市场之间的关系问题就得到了一种立论式的解答。

第二节　多数人市场及公共市场的缘起

无疑，给出【市场的货币起源】，我们已经暗示了市场是以私人获利为第一驱动力而在历史上最先获得起源的。没有私人获利的驱动在先，任何市场起源论都很难获得合理的解释。由此推论，市场不是多数人努力和共识的结果。相反，私人获利型工具是市场机制起源后的雏形。假定如此，那么与之相对应的"多数人市场"或"公共市场"又是如何起源的呢？毫无疑问，私人获利型工具之所以可能，不是每个私人都可以享有的。毕竟只有那些拥有了权力（不是拥有了产品剩余）的私人才可能去垄断市场工具。而权力是不会自动退出历史舞台的。权力背后的私人利益也不会自动转移给他人的。以"殖民贸易和市场体制"为例，当时，它主要是一个以君主政治为驱动力的垄断获利型市场体系。它的解体并不会因亚当·斯密在其1776年出版的《国富论》中大声疾呼"自由贸易主张"而自动呈现。相反，它是伴随波士顿茶商打响反殖民垄断贸易第一枪才开始逐步走向解体的。当美国独立战争于1783年在法国签署《和平条约》获胜之后，世界范围内的殖民解放运动才随之风起云涌，逐渐形成一股追求贸易公平和市场公平的巨大浪潮。即能够确保大多数人参与其中的【多数人市场】和【公共市场】是随着"君主政治"或"王权政治"向民主政治的权力转移和过渡而成为可能的。

毋庸置疑，封建政体下的"市场"，无论如何不可能不是"封建权力牟利型的市场"。亦即，封建政体与"多数人市场"或"公共市场"是不相容的。相反，它只能与"封建权力牟利型的市场"相兼容。换句话说，在君主政体或共和政体形成之前的所有社会形态中，随货币缘起而一同缘起的市场，始终都是"权力牟利型市场"或"权力寻租型市场"，而不可能是为多数人获利服务的"多数人市场"或"公共型市场"。故，"多数人市场"和"公共市场"的缘起是伴随反殖民贸易、反封建统治、反权力垄断，进而推进"民主政体"的缘起而在历史上一并同行且逐渐兴旺起来的。

　　由此可见，殖民地解放运动的本质，换个角度讲，其实就是君主权力之"垄断型贸易市场体制"的一场变革和转型运动。从殖民地垄断贸易到殖民地自由贸易之市场制度安排的转变，说到底，其实就是迫使着君主政体向民主政体的转变。亦即，市场体制和政治体制互为因果，相互促进，彼此融为一体推动了欧洲社会之近代文明的崛起与繁荣。伴随独立战争胜利所诞生的美国，是这种政体和市场体制相互融合且彼此促进诱发世界转型获得成功的源头。告别"殖民地垄断型贸易市场体制"而步入"公平贸易市场体制"的美国，因此不再是封建制国家而跃升为民主制国家。"多数人市场"和"公共市场"由此进入一个崭新的发展阶段：人人可以参与的"市场体制"——"市场体制的自由化"由此蔚然成风，成为美国独立战争获胜后超越欧洲古老文明的最强音。

　　不过，历史在此有必要重新解读的是，1775—1783年间北美殖民地独立战争的获胜，并没有推翻一个统治阶级（不仅英国作为宗主国依然存在，而且参与独立战争的十三个殖民地的殖民治理权也依然存在），推翻的仅只是殖民贸易的垄断权和英国的不平等贸易地位，随之解放出来的是北美十三个殖民地均可自由决定贸易与否以及与谁的决定权；不仅是贸易定价的决定权，而且包括与谁进行贸易交易的选择权以及以何种货币进行结算和支付的选择权。所以，史称1776年打响第一枪的美国独立战争，其实更多的是一场"市场体制自由化变革的战争"以及"政治体制民主化变革的战争"，可谓"双体制自由化战争"。独立战争推翻了一种维护君主垄断利益的旧市场体制，孕育出的是一种可以确保更多人从中获益的"新市场体制"："多数人市场"和"公共市场"。这才是美国独立战争的真正价值和历史意义之所在。换言之，整个美国社会及国家的建立都是围绕如何创建可以确保人人公平参与其中的"多数人市场"和"公共市场"而展开的，并最终演变为"市场体制的自由化"。总之，美国精髓的实质就是沿着"多数人市场"向"公共市场"，再向"市场体制自由化和公平化"过渡和不断进步的一部主旋律。

　　当然，这也间接地佐证了经济学理论的另一个重大议题：经济学为什么不能在1776年亚当·斯密出版其《国富论》之前就诞生，而必须得在此之后才能获得成型。因为，在此之前整个世界的政治体制都还处于无法与"多数人市场"和"公共市场"相兼容的状态下。就连经济学本身之所以被称为经济学的根源，都系它关注的是"多数人市场"和"公共市场"，而不再是为君主垄断利益服务的"君主财富学"了。故，经济学的别称可谓【公共市场经济学】。虽然说混杂在重商主义和重农主义当中的"众多经济思想"，都已经不再局限于为"君主垄断利益"服务了，但为"君主集团之垄断利益"服务的事实还是无法被全盘否定的。亦即，包括海关的设置、海运的服务体系、支付与结算体系的一体化制度安排等，起初统统是为"君主垄断型贸易市场体制"服务而构建和实施的。事实上，即使到了第一次世界大战前后，"君主垄断型贸易市场体制"也已伴随君主立宪制的成型而逐渐过渡到"多数人贸易市场体制"和/或"公共贸易市场体制"了，但其排斥其他国家参与其中的不公平性仍然成为美国在第二次世界大战行将获胜之际所要推翻的主要目标之一。世界关贸总协定，即后来的世界贸易组织（WTO）所宣称和推动的、意在体现更大公平的"世界市场体制"，即是最大化体现"多数人市场"或"世界公共市场"的核心典范。所以，市场自伴随货币起源而起源以来一直是沿着为少数人服务向为多数人服务，再向为最大化多数人服务以及再向为世界和整个人类全体服务的方向，在不断地演化和前进着。一言以蔽之，从"私人市场"到"王权垄断市场"，到"封建集体垄断市场"，再到"多数人市场"和"公共市场"，再进一步到"陌生人自由市场"，最终到超越零和型市场的"人类共赢市场"，"市场机制"一直处于不断开放和自由化的变革之中。无论哪个国家或哪种力量都无法阻挡这种历史的趋势和必然。今日的"美式自由市场体制"在完成了自己对历史进步的辉煌贡献之后，正在完成自己无奈的落幕转身。与"全类型整体市场""超边际型市场""外部性一体化市场""利他利己共存型市场"相比，"美式自由市场体制"已经老态龙钟、暮年缠身，不得不行将谢世。

第三节　自由市场及自由市场的缘起

毋庸置疑，"自由市场经济"回到 1776 年殖民地时代，是一个高不可及的空无梦想。没有人知道它的确切含义。亚当·斯密的经济学也只表明：新重商主义的主张和逻辑是具有现实基础的。即，只要实施社会分工，黄金的输出是可以被认定为一种"财富源泉"的（输出黄金换回原材料加工后再输出相应的产品去换回黄金，如此一来原有的存量黄金就可以生出更多的增量黄金）。不幸的是，分工又与垄断不相容。所以，在当时亚当·斯密没有任何理由去维护"垄断型市场"，而不去宣传"市场体制的自由化"，即主张人人可参与其中的"市场自由主义"。

"市场体制自由化"的诞生虽然被包含在历史的必然之中，但绝非易事，因为，人类的历史是沿着"王权政治"向"主权政治"演变和过渡，然后再向"人类共赢权政治"进行转变的。自 1618 年持续时间达三十年的宗教战争借《威斯特伐利亚合约》走向终结后，由多边共谋才产生的"主权概念"开始在王权世界里逐渐孕育和壮大。不言而喻，"主权概念"和"殖民概念"之间无法不产生内生性的重大冲突。前者要求多边体系；而后者则仅要求可操控的单边体系或最多双边体系来维系"君主政治"或"封建政治"的存在。所以，不废除当时盛行的"封建体制"，"主权概念"和"主权体系"的更大合理性就无法获得生存和壮大。所以，1775 年奋起反击殖民垄断贸易的美国独立战争，其实早在 1648 年的《威斯特伐利亚合约》中就已经着实埋下了思想的种子。但在 1648—1776 年间的 128 年中，欧洲的封建文明已经走到了风雨缥缈的没落阶段，伴随这种历史发生的是资产阶级作为社会新兴力量的快速崛起和逐渐壮大。对此，詹姆斯·W.汤普逊在其《中世纪晚期欧洲经济社会史》这部巨著的最后一章，即第二十二章中，已经有了精辟的概括。即，在 16 世纪和 17 世纪欧洲社会从封建政治主导的中世纪晚期向近代文明转型时，资产阶级从思想和多边体系等诸多方面都已在实际的政治博弈中逐渐完善和强大起来了。

　　1648 年，在法国红衣大主教黎世留之"国家利益高于一切"的新主张下，持续了 30 年的宗教战争终于以《威斯特伐利亚合约》的方式结束了。但同期，即 1649 年 1 月 30 日，奥利弗·克伦威尔作为历史公认的资产阶级代表人物在国会派的支持下，以议会和国会军的名义处死了英国末代封建国王查理一世。虽然 1658 年在他去世后，查理二世于 1660 年复辟了王位统治，但 1688 年的光荣革命还是最终宣告了王权政治在英国的彻底终结。随着 1689 年《权利法案》的正式颁布，英国废除其封建统治和王权政治的转型期正式结束，由此正式步入君主立宪制的、由新兴资产阶级所主导的新型社会——民主社会。

　　由此可见，1775 年在美洲殖民地打响的反殖民垄断贸易，已经不再是反对英国国王的"不平等贸易"了，而是反对"新兴资产阶级"所极力维护的垄断利益。所以，1689 年颁发的所谓《权利法案》仍然不会自动给远在美洲殖民地的人民带来平等的贸易权利。具有巨大进步和标志意义的《权利法案》最多也只不过是为"多数英国人"服务的一种进步而已，而不是为英国以外其他国家也被涵盖其中的"超主权多数人"所服务的进步。故，新兴资产阶级维护其市场和贸易的垄断仍在继续。

　　有鉴于此，"自由市场经济"或"垄断型市场的自由化"对于早期资产阶级思想启蒙者，如孟德斯鸠等而言，是全然无知的。即使对早期的重商主义和重农主义者而言，也不是为了确保人人均有权参与其中的"人人型市场"或"自由市场"而倡导的。相反，他们更多关心的是如何确保自己能够最大化获利的"垄断型贸易"和"垄断型市场"。例如，在由王亚楠作序的《配第经济著作选集》中总结道："每部初期经济思想的论著，差不多都是以向君主献策的形式论述如何增进国富、如何增进国家税收的。"所以，"自由市场"与历史上新兴的资本主义势力之间并无必然的关联。事实上，即便是 1775 年打响的美国独立战争也与"自由市场"之间毫无关联。"自由市场"的起源直到第二次世界大战接近尾声时才破土而出。

　　毋庸置疑，反殖民统治的民族解放战争和民族独立运动是"主权文明"开花结果的重要体现。此外就是已取得殖民统治稳定性的国家之间为巩固和维系自身殖民利益所引发的冲突。即使第一次世界大战，根本原因也是主权文明与王权文明之间进行争斗的结果。两者的历史较量直到第二次世界大战以美国为主导的盟国阵营大获全胜才正式结束，英法殖民贸易体系也才彻底走下历史的舞台。即王权政治的残余——垄断获利型政治才在欧洲的文明体系中被彻底消除。一个意在公平涵盖整个世界于其中的"世界关贸总协定组织"，即后来的世界贸易组织（WTO）才被真正创建起来。"市场体制的自由化事业"也才在世界范围内获得成功并被广泛推崇起来。换言之，世界各国均可参与其中的"人人型市场体系"或"自由市场制度"只是到了第二次世界大战结束之后，才在发达国家和新兴市场国家之间同步崛起和兴旺起来。除物价必须借由自由市场机制来决定以外，国家之间的货币定价，即汇率决定机制，也才逐渐被提升到必须得由自由市场机制来决定的新认知高度。总之，"市场自由事业"的自由度一直都随着时代的变迁在不断同步地变迁着，从来没有停止过。那么，自由市场的自由度，在汇率自由化之后，还会存在哪些更深层次上的空间或领域可以进一步实施自由化呢？

为此，自由市场的自由化，包括自由主义，最终的底线就是各国央行发行主权货币的自由权。传统上，该自由权就是通常意义上所讲的"央行独立性原则"，包括发行货币的独立决定权。然而，该自由权显然是与"全球货币统一锚原则"相矛盾的。因为，今天导致全球金融市场频发危机的主要根源就在于各国央行所享有的独立性地位。如果每个国家都可以凭借独立性地位擅自发行所管辖的信用货币的话，那么这与哈耶克的货币学说之间就毫无差别了，即货币之间通过竞争机制进行优胜劣汰。可果真如此的话，难道说被竞争淘汰的货币，其国家也将被淘汰吗？如果国家不能因其货币的竞争失败而遭淘汰的话，那么在主权货币之间引入竞争机制的意义到底何在呢？故，此路不通，无解！

第四节　自由市场的学术含义及自由市场与亚当·斯密

　　自 1776 年《国富论》问世以降,"市场"的概念第一次被赋予全新的经济含义。因为,在重商主义和重农主义的学说和论战中,关于财富或财富增长的源泉到底是什么的问题一直悬而未解。为此,亚当·斯密找到了一把破解的钥匙。他主张,市场的规模越大,国家财富的源泉就越强。而市场规模的大小取决于给定社会的分工程度。分工越发达的社会,其市场中的交换就会越多,同时带给交换双方的交换利益也会越多(因是绝对比较优势型交换)。因此,可确保人人参与其中的"自由市场",即使没被亚当·斯密明确提出,其概念逻辑和原理也已经潜藏在其中了。与此同时,由于分工是不排除人人均可参与其中的,所以,每个人都可以参与其中的分工,必定是参与分工之后的每个人都可以参与到市场中来。由此,"自由分工型市场"的含义就第一次肩负起了为反对王权统治和权力垄断而崛起的"自由市场"理论使命的重任。所以,"市场自由化"的概念从一开始就已埋藏于亚当·斯密的分工理论之中了。即,"自由市场"的自由性首先系针对"人人可自由参与社会分工,而非一部分人可参与,另一部分人不可参与"而言的。为此,我们特将其称之为系【自由市场的自由分工原理】。当然,这种体现是有瑕疵的。因为倘若没有李嘉图的相对比较优势理论作为后盾,发达和落后国家之间的贸易,依据绝对比较优势理论,就是不可能的。有鉴于此,之前从反对垄断型经济中获得必要性存在的"自由经济",就第一次获得了无须借助外部对立面也可以自身存在的内容支撑,即"自由市场"的实质乃系"自由分工型市场"。唯有如此,方可以给参与分工的人都带来参与市场的利益和好处。这便是亚当·斯密经济学为市场体制的自由化所做出的最大贡献。毕竟,在此之前经济自由化仅只在反对王权、反对封建和反对权力垄断中才能获得其存在的意义。如今,自由市场已经可以在诸多反对之外借助"社会分工"而独立地存在了。自由市场的合理性由此第一次建立在社会分工的自由原理之上。

　　总之，亚当·斯密的分工理论确实对奠定"自由市场"之人人均可参与的基本属性或第一原理做出了杰出的贡献。这是"自由市场"理论的基石，是后续所有自由市场理论所公认的基本原理。试想想，如果没有分工理论，如何确保"人人均可参与其中的公平市场"是能使人人均可从中受益的呢？给定如此，王权获利型市场为什么可以确保王权阶级可以从中受益的原理，便随之清晰可见了。即，王权政体在促进社会分工方面的效率是远低于民主自为型社会之分工效率的。换言之，非平等、非自愿以及被迫型的社会分工是不可能给交换双方都带来公平利益的。相比之下，越平等、越自愿以及越非被迫性作为前提的"交换"，越能给双方同时带来更多的利益；否则，交换本身要么不公平，要么无法成交。所以，仅凭两个自然人之间进行物物交换所得出的交换原理而来构建自由放任型市场制度，是不可能有效确保其成为所有参与者均可从中获利的社会工具的。有鉴于此，亚当·斯密经济学在超越传统交换理论之外而给出远比等价交换更为深刻的"分工理论"，系真正解释了交换是如何可以确保一个社会的普遍繁荣的。这比那些在反对王权和封建统治以及权力垄断型市场浪潮中崛起的"自由市场主张"更为有效。所以"自由市场事业"到了重农主义和重商主义时代的后期，伴随亚当·斯密的横空出世，已经变得越来越有血有肉，同时越来越具有可以引领和开创新时代的推动力了。如果说"自由市场"在亚当·斯密之前能够带给欧洲社会的"新活力"的主要根源系从破除原有垄断利益的分配格局入手的话，那么，"自由分工型市场理论"所展现出来的社会普遍繁荣前景就再也不是从"反垄断"到"推崇自由竞争"的零和分配入手了，而系一个巨大增量的新繁荣。正因如此，"社会分工"作为财富源泉的秘密一经揭示，整个英国便沸腾了。由此亚当·斯密作为经济学之父的历史地位和权威性无人可及，亦无人胆敢有所企图和冒犯，直到古典分析范式的整体终结。当然，建立在"社会分工理论"之上的自由市场体制，在随后的社会实践中还是发现了潜藏在其中的致命瑕疵和绝对困境。不彻底克服这些弊端，自由分工型市场的未来仍然会暗淡无光。

第五节 古典经济学对自由市场的构造

亚当·斯密分工理论对"自由市场"在欧洲社会的呼唤和潮流贡献，虽然高高在上，但该理论的潜在瑕疵和不完备性还是随处可见的。因为，从分工的产出效率到交换是如何确保交换当事人可以更多受益的议题和问题，即，隐藏在双边交换背后的交换原理到底是"等价交换"，还是"效用交换"（不等价交换）的问题，并没有被亚当·斯密所澄清。为此，亚当·斯密的论述是有摇摆和缺失理论一致性的。当然，这不是亚当·斯密一个人的困境遭遇，而是整个古典经济学的共同困境。古典经济学这个术语在本著述中的使用系仅只限定为所有以"等价交换"为双边交换原理的经济学。因为，一旦假定"交换是以等价方式进行"的，垄断与否的问题就会成为一个劫难。即，交换既然以等价原则进行，又何来垄断与否呢？显然，给定以"等价交换"为标志的【古典经济学】，垄断与否的问题就只能是一个与交换本身无任何关联的议题。换言之，在古典经济学范式下是无法进行古诺之垄断分析的；当然，也就不可能存在所谓"完全自由竞争"的范式分析；因为，交换是以等价原则进行的。简言之，垄断在古典范式下只能是与交换无关的外生性因素或机制，诸如"非平等""非自愿""被迫性"等政治含义关联在一起。不过，在后边我们将会看到，"垄断"本身会随分析范式的不同而不同。有鉴于此，在古典经济学中，"自由市场"的主张和反对"垄断型市场"的核心要义主要还是政治意义上的，而非经济意义上或交换本身的。故，"自由市场"的首要意义在古典时代是政治范畴的，其次才是经济范畴或交换范畴的。一言以蔽之，在古典经济学时代，市场，包括自由市场仅只与"等价交换"相对应；因为在等价交换作为基础的市场里只能有等价交换，而不可能有其他类型的交换，诸如古诺的垄断型交换及所谓的"完全自由竞争型交换"等。为此，我们特把建立在"等价交换"基础之上的市场，称之为【古典市场】。很显然，【古典市场】只与市场规模有关，而与市场类型无关。

简言之，受古典经济学等价交换原理的制约，"自由市场"在古典时代仅只完成了政治层面上的变革和推动。即使到了古典分析范式的晚期，约翰·穆勒作为公认的古典范式集大成者，在其《政治经济学原理及其在社会哲学上的若干应用》中，他也丝毫没敢触动"自由市场"作为一种可以促进社会普遍繁荣的工具到底该如何运行的市场构造性问题。在其上下两卷册的厚重书稿目录中，竟然连"市场"的字样都不曾出现。换言之，"市场观"在古典分析时代，除了社会分工和市场规模之外，近乎为零。即，除了亚当·斯密谈及过因社会分工而涉及的"市场规模"议题之外，包括大卫·李嘉图在内的古典学者就都没有再以"市场"议题进行过构造性的论述。因此，"市场"的议题，或市场类型的议题，在古典时代根本就是一个可以或缺的概念。因为，在古典经济学者看来，只要大力或最大化地以社会分工形式促进等价交换在数量规模方面的发展和扩大，社会的普遍繁荣就会自动到来，而无须就"双边等价交换的多边体系"再进行任何的构造。有鉴于此，交换和市场的关系议题在古典范式和新古典范式之间因交换原理的不同就呈现出了极大的不同。古典范式假定，交换的双边原理和交换的多边原理是完全等价或一致的。因此界定交换的双边原理及其多边原理之间的理论差异性是毫无必要的。然而，在新古典范式看来，关于交换议题的所有问题都涉及多边议题和多边原理，仅从双边视角上是无法获得有效破解的。正是由于在方法论上就存在着上述两种截然相反的认识路线，故"市场"的必要性与否，就成了古典范式和新古典范式之间的标志性分水岭。凡双边交换议题必须引入多边视角来加以分析的就成为新古典经济学的核心共识。为此，我们特将其称之为【新古典的市场观】。亦即，站在【新古典的市场观】上，市场的运行机制是受多边条件的不同约束而不同的。因此，"市场"是存在不同类型的。也唯有如此，才能够解释当时就已经普遍存在的"拍卖""垄断贸易"等多样化的交换现象。当然，也正恰因为引入了多边体系的方法论，才确保了"边际分析"的可行性基础。由此，"市场"开始了不同市场类型的分析和理论建构。

第六节　古诺对自由市场的构造

　　"自由市场"的含义极其广泛,远不限于"人人均可参与"这一政治属性和亚当·斯密赋予的社会分工之经济属性两大含义;因为新古典分析范式在超越古典经济学的过程中已经赋予自由市场以新的含义——多边体系。亦即,随着古典交换理论的双边等价分析范式被新古典效用交换理论的不等价分析范式所超越,"自由市场"的概念到了新古典经济学缘起的时代,就已经不再借助反对"君主获利型市场"或"权力垄断型市场"而政治对立性地存在了,同时也不再借助"等价交换型市场"而仅靠交换数量规模的增加去推动社会的普遍繁荣了。纯数量型的交换规模增长已经遭遇越来越多的困境和社会危机。【古典市场】已经因此陷入危机四伏之中。不走【新古典市场观】的多边市场体制已经无路可走。

　　新古典分析范式在经济史上公认的奠基人物系莱昂·瓦尔拉斯、威廉姆·斯坦利·杰文斯和卡尔·门格尔三人。但单纯地就分析方法所必须依赖的哲学认识论而言,安东尼·奥古斯丁·古诺更具新古典创始人的地位。因为,从"供需定律""双边交换的联立方程"到"需求曲线"等诸多多边体系所需要的分析工具和方法,都已在古诺那里显露雏形。尤其,当双边交换是如何被决定的古典问题转换成价格是如何被多边决定的问题时,古诺的新思想和新方法便开始展露无遗:"若研究的目的是讨论确定价格的规律,最简单的假设是垄断的假设"。由此可见,古诺是根本不接受古典的"等价交换学说"的;相反,古诺更关注的是"交换以不同的价格或不等价的方式之所以进行的规律"。为此,古诺先引入了"垄断"的场景和定义,然后引入"竞争"的场景和定义,由此得出了给定需求端前提不变条件下"交换价格随垄断条件和竞争条件的不同设定"而呈现出的"不同类型市场"。亦即,古诺的分析表明:垄断型市场的存在是具有合理性的。因此,只要交换是依据"不等价原理"

进行的，那么用来描绘"不等价交换"的方法就必须得引入"不同类型市场"的概念。

　　无疑，在古诺1838年出版的《财富理论的数学原理的研究》小册子中，关于"交换"的讨论已经从如何被决定的古典议题转化为"交换之不等价系如何被决定"的新古典议题。一旦不接受古典范式的"等价交换原理"而接受"交换的不等价运行规律"，古诺，包括紧随其后的所有新古典学者们就都开始转向去探究"特定类型市场条件下不等价交换之间相互关系和运行规律"的议题了。从此，探究不同类型市场条件下多边交换之间关系的必要性随之燃起。故，超越政治意义和亚当·斯密单一市场规模以外的"自由市场"是随古诺之市场不同类型的分析而起源和存在的。从此，"自由市场理论"开始分化出"不同的类型市场"。亦即，所有新古典的分析都是关于"不同类型市场"的分析。"自由市场"的概念从此只不过是诸多不同类型市场中的一种特定类型市场，即是"完全自由竞争型市场"。"自由市场"从此再也不是市场整体之增进自由度的概念了。换言之，整体市场的概念，经古诺之手消失了；取而代之的是"不同类型市场"，其中包括"完全自由竞争型市场"。为此，我们特把建立在"不等价交换分析之特定多边条件下"的市场概念，称为【新古典的不等价类型市场】（简称【新古典类型市场】）。

　　由此，我们不能不说，新古典经济学继古典经济学开启【古典市场】以降，以【新古典类型市场】的方式又将交换经济的分析推向了一个新的认知境界。随后的发展便是新古典经济学和其分析范式在西方的全面崛起和传播。毋庸置疑，在古典范式向新古典范式发生根本转变的过程中，古诺最先将【新古典类型市场】的思想浇灌到了对"垄断型市场"的分析之中。首先寻找和发现不同类型的多边交换条件，然后再来构造"不等价交换的运行规律"，由此成为后来者的理论构造典范。瓦尔拉斯、马歇尔等人的分析无不如此。张伯伦关于"垄断竞争型市场"和琼斯夫人关于"不完全竞争型市场"的分析，包括关于"完全自由竞争型市场"的分析，也都毫无例外。即，不给出不等价交换之所以会发生的特定类型之多边条件，新古典的分析范式就无法展开对市场的分析。

第七节　瓦尔拉斯对自由市场的构造

罗马不是一天建成的。同理，市场体制的进步事业也不是一天造就的。到了新古典时代，市场体制的自由化事业已经在古诺手里彻底解体成"不同类型市场"。市场本身已经没人再去关注或已经无法找到有效的路径去关注。取而代之的是古诺开启的"类型市场"之分析范式的崛起。在此背景下，"自由市场"到了新古典经济学三大创始人之一瓦尔拉斯手里，已在悄然之中被有意或无意地转化成"完全自由竞争型市场"了。当然，很可能连瓦尔拉斯本人也没能意识到的是，他所构造的市场理论根本不是关于市场整体的市场理论，而仅只是诸多不同类型市场中的一个单类型市场罢了。受父亲的影响，瓦尔拉斯有机会接触到古诺的著述。在瓦尔拉斯看来，古诺构造的"不等价多边交换之垄断市场"，是存在重大改进空间的。在瓦尔拉斯看来，"双边不等价交换之被多边条件决定的市场"，仅只将特定双边交换和部分多边交换关联在一起是不够充分的，毕竟交换剩余部分是如何影响特定双边交换的分析仍然是缺失的。所以，瓦尔拉斯就大胆地设想了另外一种新方法：将考察的特定双边交换与所有其他交换都无一例外地关联在一起，以便研究所有交换关联在一起的被决定机制到底是什么。于是，瓦尔拉斯假定，在任意给定的时间点上或终究会存在这样一个时点，市场的整体是由全部两两自愿达成交换之成功状态所构成的。此时的市场是不会存在有人没能与其他人达成交换结果的，即所有人至少处于两两达成交易成功的状态。这种状态后来被经济学界称为雏形之系"一般均衡"或"均衡型市场"。为此，我们特把它称之为【瓦尔拉斯市场均衡】或【瓦尔拉斯均衡型市场】。显然，瓦尔拉斯选择了表面上不同于古诺的分析方法。那么，其中的差异到底何在呢？简单说来，古诺选择非全称命题的归纳论；而瓦尔拉斯采用了包含所有交换在内的全称演绎方法论。但万变不离其宗的是，只要存在例外型交换，瓦尔拉斯和古诺对市场的构造就都脱离不开系构造"单类型局部市场体系"的必然约束。

无论如何，"经济均衡理论是瓦尔拉斯的不朽主张"，为此熊彼特在《从马克思到凯恩斯》一书中这样追评道："洛桑大学在授予他荣誉的纪念碑上铭刻的字句正是'经济均衡'。"由此可见，当"自由市场"进入新古典之际，其新古典含义已经被偷梁换柱了，已经从整体市场论向"不同类型市场论"演进。只是这种转变和演进来得如此悄然，以至于犹如瞒天过海一般就从古典范式的整体市场论过渡到了新古典的类型市场论。无疑，无论承认与否，新古典范式的理论家们都将精力主要集中在如何构造好"单类型的完全自由竞争型市场"的经济学含义上了。但是，由于瓦尔拉斯对"市场"的构造系采用了全称命题的演绎方法论，所以，给人造成了一副貌似科学的典范样子，搞得整个新古典集体都被自愿忽悠到阴沟里去了。然而，新古典分析集体应该清晰地意识到的是，全称命题虽然重要，但比其更重要的是给定全称命题的前提假定。由于瓦尔拉斯所意在构造的市场是需要对交换进行前提假定的（仅限边际价值所能决定的交换），或者是需要对特定的市场条件进行假定的（供给方和需求方同时无限多等一系列的假定），所以瓦尔拉斯的市场不可能不同样是一种特定类型的市场，而不是整体市场本身。所以，无论是否采用全称命题的演绎方法论，瓦尔拉斯所构造的市场理论说到底仍然是"单类型市场理论"，即仅只是"完全自由竞争型市场"的雏形。像古诺不接受"古典等价交换理论"一样，瓦尔拉斯也仅只按照"不等价交换的市场理论"来构造自己的单类型市场体系。即，进入新古典时代，市场议题已经远远超过交换议题成为了整个新古典分析范式的最核心特征。促进社会繁荣的不再是交换经济，而是转变为市场经济。经济分析的重心从交换是如何被决定的古典追问转变为市场是如何被决定成类型化市场的新古典追问。此时社会经济的发展已经取得长足的进步。市场体制的自由化事业已经不再局限于古诺的"垄断型市场"和瓦尔拉斯的"一般均衡型市场"，像张伯伦和琼斯夫人所揭示的"垄断竞争型市场"或"不完全自由竞争型市场"，以及"双寡头型市场"和"多寡头型市场"等其他不同类型的市场，如雨后春笋般纷纷涌现出来。

　　当然，回顾历史，我们不难发现，瓦尔拉斯所研究和思考的、后来被冠称为"均衡"的概念，是受古诺"垄断市场模型"所萌启的。像埃德沃斯当年诘问杰文斯关于双边交换和多边交换之间关系的诸多疑难时一样，在超越古诺归纳法分析时，瓦尔拉斯刻意地把所有双边交换都以联立方程的方式串联成一个完整的统一体或全称型市场体系之中了。他所关心的核心议题仍然是：一、双边交换是如何被决定的？二、双边交换可以不受多边交换之关联制约而独立被决定的原理是什么？为此，瓦尔拉斯的自我解答是，任何双边交换都是不可能独立于多边交换而能够单独被决定的。相反，可以被决定的仅只是所有双边交换联立在一起的方程组解，即所谓的"均衡解"。这便是瓦尔拉斯之"均衡"概念的核心逻辑之所在。对新古典之"单类型自由市场"的这种解读，显然既超越了亚当·斯密的"分工型市场理论"，同时也超越了古诺的"垄断型市场理论"。瓦尔拉斯的潜台词就是：双边交换的被决定是不可能的。可能的仅只是多边交换的联立方程解。随后的新古典理论家们都系在瓦尔拉斯潜台词的基础上继续向前探索的。经过几代理论家们的共同努力，到阿罗—德布鲁时代，这个均衡解的含义最终被解读为：给定社会系统，其稀缺资源最优配置所需的条件系一般均衡。新古典的单类型自由市场之稀缺资源配置论由此诞生。当然，这个过程不是一蹴而就的。毕竟，在现实中，双边交换可被双方当事者独立决定的事实比比皆是，且是人类社会的基本生活面貌。所以，要想支撑瓦尔拉斯对"单类型自由市场的均衡构造"，就必须得找出从"双边交换"到"多边联立方程有解之均衡"的逻辑路径，否则现实中可独立发生的双边交换是不会自己相互联立在一起而实现均衡的。为此，新古典范式提供了自己的有效解决方案，那就是向古诺学习，引入"竞争机制"，即后来演变为"完全自由竞争理论"的竞争机制。综上所述，是"竞争"把双边交换和多边交换之间的逻辑桥梁给建立起来了。假定如此的话，即，既然竞争可以将双边交换和多边交换之间的关系建立起来，那么，竞争可以把不同类型的市场之间的关系也建立起来吗？

就构造"单类型之完全自由竞争型市场"而言，瓦尔拉斯所采取的方法也是不同于他之前和其之后的绝大多数新古典理论家的，尤其不同于古诺在构造"垄断型市场"时所使用的方法论。我们指出这种差别之间的重大意义就在于，它有效地解释了，既然有古诺的"垄断型市场"和瓦尔拉斯的"均衡型市场"以及其他不同类型的局部市场概念，为什么新古典分析范式的主流道路最终会选择只沿着瓦尔拉斯所开创出的"一般均衡类型市场"向前行，而不是别的方向呢？为此，我们的答案是：这是因为瓦尔拉斯所采用的演绎方法论是唯一朝着构建"整体市场"的方向在前行的方法论，而其余的都不具备涉及演绎方法论的基本原则和路径。亦即，唯有瓦尔拉斯的市场构建，哪怕是单类型的市场构建，在逻辑命题上也是一种全称命题。这使得他在新古典范式中鹤立鸡群，博得头彩。当然，以全称命题方式来构建市场理论并不代表这种构建就是在构建整体市场。所以，全称命题和整体市场之间并不存在必然的关联。为此，我们特把新古典分析集体在潜意识当中把瓦尔拉斯的全称市场构建与整体市场构建之间的非必然关系，解读为必然关系的误解，称之为【关于瓦尔拉斯理论构建的误解】。

指出【关于瓦尔拉斯理论构建的误解】的存在，其核心目的是唤醒整个经济学界有必要清醒地认识到：由瓦尔拉斯开创的，最终由阿罗—德布鲁以数学形式证明的"一般均衡论市场体系"（两者是非常不同的），说到底仅只是一个"单类型的局部市场体系"，而不是关于整体市场的体系构建。因此，我们不能拿"一般均衡论市场"当作整体市场来看待和说教。新古典带有集体故意欺骗性的把戏该结束了。明明知道，在一般均衡论市场之外还实际存在有古诺的"垄断型市场"、张伯伦的"垄断竞争型市场"和/或琼斯夫人的"不完全自由竞争型市场"，以及各种寡头型市场等，可为什么非要把本来属于单类型的"一般均衡论市场"故意模糊成可以假冒"整体市场"的样子去说教呢？给定如此，【关于瓦尔拉斯理论构建的误解】的重要性就会自动呈现出来。

　　当然，与广义经济学即将展现的整体方法论相比，瓦尔拉斯的方法论是一个毫无实证基础、纯粹假言式命题的推理体系。即，只要不能在真实性的基础上建构起理论体系，任何构建就都和纯人为性构造出的推理体系无任何差别。而瓦尔拉斯的均衡型市场体系正是这样构建的。瓦尔拉斯的大胆设想就在于，他把所有的双边交换以交换方程的方式都联立在一起。更为可贵的是，这一设想极富创意，因为它无法建立在任何经验的基础之上。这种超经验的想象使得瓦尔拉斯如获至宝，拥有了可以缔造演绎型市场体系的核心支点。一旦获得这个毫无实证基础的创意之后，瓦尔拉斯就由此获得了一个可实现全称表述的命题，即，市场是由所有联立在一起的交换方程组所构成的。为此，我们特把该定义型市场，称之为【瓦尔拉斯型市场】。

　　给出【瓦尔拉斯型市场】，我们发现问题也是非常尖锐的。例如，双边交换在可实证的意义上是绝对可以单独或独立被决定的，而不必须和必然只能由"全体双边交换方程"所共同决定。当然，假定后者成立，它便是"完全自由竞争型市场"的核心要义之所在，即在"完全自由竞争型市场"上，没有任何人可以单独决定双边交换价格的形成。毋庸置疑，这与基本事实南辕北辙，绝对不可以取信。即，瓦尔拉斯必须得创造出一个特殊的市场类型，以便借助复杂的定义构造来为这个市场类型量身杜撰出传播所必需的描述来。正因如此，瓦尔拉斯构造的【瓦尔拉斯型市场】是缺失实证基础，进而需要大量假设条件才能成立的。无疑，要想使得所有的双边交换以交换方程的形式都可被联立起来的话，确保这种联立可能性发生的条件就会十分苛刻，甚至毫无实证基础而言。故，这种类型的市场即使能被构造出来，其条件也必然是毫无实证基础的。即，一定是远离每个人都可单独决定交换成功与否之经验的。总之，新古典经济学无法证明，现实中的人们在做出交换的决定时是一定受联立交换体的影响才来执行的。那么，双边交换和多边交换的被决定机理到底如何呢？让我们拭目以待。

第八节　马歇尔对自由市场的构造

如果只从双边交换分析入手的话，瓦尔拉斯在 1783 年出版的《纯粹经济学教义》一书中就无法对人人均可参与其中的"自由市场"进行均衡市场的构造了。借鉴古诺在《财富理论的数学原理的研究》中的供需分析，瓦尔拉斯不加质疑地就把双边交换自动解读为"供需方程"了。但仔细研究后不难看出，无论瓦尔拉斯还是古诺，其实都没让自己对"双边交换"为什么会过渡到"供需交换"的问题发生必要的兴趣，所以，他们都没能掌握潜藏在其中的深刻奥秘。虽然古诺在他的时代就已经发现了如下的生活常识："物品的价格与供给的数量成反比，与需求的数量成正比"（供需定律的雏形），并且已经追问道：这种正反比的关系到底可以精确到怎样程度的问题。但是，给定当时的时代背景，价格到底是由什么来决定的议题仍然处于探索中。所以，关于供需与价格之间的关系还没能被关联在一起。例如，古诺论述道："若研究的目的是讨论确定价格的规律，最简单的假设是垄断的假设。"显然，在古诺的分析看来，价格规律首先与市场条件或市场类型之间存在关联。即，不同的市场条件或市场类型，价格规律是不尽相同的。这应该说是古诺在分析"价格规律"时所采取的基本方法取向。为此，我们特把从市场条件或市场类型入手来寻求局部性价格规律的方法，称之为【古诺市场观】或【古诺型市场】。假定如此，古诺关于"价格规律"的理解和分析就与其已知的"供需规律"之间无交集。古诺的分析方法是：在需求端不变的前提下（即，给定收入约束不变的前提下），供给端的价格获利与竞争之间是怎样的一种关系？他发现：与竞争是成反比的，即竞争越强，企业销售价格的获利能力就越低。反之亦然，即，竞争越弱，则企业销售价格的获利能力就越高。故，古诺借助垄断所做的"价格"分析实际上是一种"交换剩余"分析，即企业销售价格的交换剩余多寡是与竞争成反比的。竞争为零时，价格的获利能力是最大或最大化的。反之，竞争最大化时，价格的获利能力则是最小或最小化的。

　　由此可见，古诺是通过对"交换剩余"多寡的分析来推论其价格规律的。但古诺方法的局限性也是十分显著的；因为，古诺首先必须在给出不同的市场条件后，才能开始探究相对这种市场条件所对应的"价格规律"。即，不同的市场条件或市场类型对应着不同的"价格规律"。为此我们特把借古诺立论而展开的推理，称之为【古诺推理】。显然，这在古诺时代近乎是不可能的。因为，那时关于"交换剩余"的分析，或比其更为基础的分析（广义经济学的分析）还没获得源起呢。

　　直到马歇尔的出现，关于"不等价之多边交换运行规律的价格规律"之分析和呈现才崭露头角。阿弗里德·马歇尔选择了与古诺和瓦尔拉斯均不相同的价格分析路线。其方法和路径如下："典型的现代市场往往被看成是那样一种市场，在这种市场上，厂商把货物按照其中几乎没有商业费用的价格售与批发商。但是，从较广泛的角度来看，我们认为一种商品的供给价格是行将售与我们所考察的需要该商品的那群人的价格，换言之，也就是我们所考察的市场上的价格"（即市场价格）。由此可见，马歇尔所构造的"市场"已经不再是由"双边交换"所构成了，而是由"供需交换"所构成的。即，马歇尔第一次实现了从"双边交换"向"供需交换"的特定的转换。由此，马歇尔第一次为"市场"，或已获政治领域胜利，因而可以确保人人均可参与其中的"自由市场"赋予了全新的浓缩含义："自由供需型市场"（而非传统意义上的双边交换型市场）。正是这种先行的给定，使得马歇尔在沿袭新古典基本主线，即在探究"不等价之多边交换运行规律的价格规律"时，发明了逻辑自洽的"需求价格表"和"供给价格表"，简称为"需求表"和"供给表"。即，以"需求律把多个不等价的双边交换放置在一个表单"之中，再以"供给律把多个不等价的双边交换放置在另一个表单"之中，由此形成了马歇尔创建其"供需曲线分析工具"的核心基础——最后一步之前的必要基础。那么，什么又是这最后一步呢？即，马歇尔为什么会把"需求表"和"供给表"交集在一起呢？为此，马歇尔引入了一个极为重要的概念（一个暂未被新古典集体认知到其重要程度的概念）："欲望和劳作之间的均衡。"

　　为此，马歇尔这样阐述：

一个人用自己的劳动来满足自己的一种需要时，就可以发现欲望和劳作之间的均衡的简单例证。当一个小孩采摘黑莓以供自己食用的时候，采摘工作本身也许暂时觉得有趣，时间稍长，吃的快乐除补偿采摘工作的辛苦外，而绰绰有余。但是当他大吃了一顿以后，就不愿多吃了。对采摘工作开始产生厌倦，它也许是一种单调的而不是疲劳的感觉。最后当他的玩兴和对采摘工作的厌恶与吃的欲望相抵消时，就达到了均衡。而他从采摘黑莓所能得到的满足达到了最高限度。因为，直到那时，每次采摘使他得到的满足多，而失去的满足少，那时以后，任何一次采摘都使他得到的满足少，而失去的满足多。

如此一来，马歇尔就为个体行为模式——有作为和无作为背后的行为原理——做出了先驱式的阐述。当然，同时也为有作为和无作为之间的均衡界限，包括马歇尔所谓的"欲望和劳作"之间转折关系的界限——均衡，提供了有效的分析和分析方法。为此，我们把马歇尔对个体行为模式的上述均衡分析，称之为【马歇尔均衡】。

显然，马歇尔的"均衡"与瓦尔拉斯的"均衡"在概念起源上是极为不同的。马歇尔在个体行为中就引入了"均衡"的概念，一个更具普遍性的均衡概念。与之不同，瓦尔拉斯的均衡乃是交换方程组的整体均衡。如此，马歇尔可以完全依靠自己的"均衡"概念和方法论，创建出自己的均衡理论。事实上，顺理成章地便是其"需求表"和"供给表"之间的均衡理论。显然，如果需求随单价变低而增加的话，那么单价为零时（例如白给时），是否需求会无限大呢？为此，马歇尔通过"欲望得到满足就不会再有需求"给出了应答。同理，如果供给随单价变高而增加的话，那么单价无限大时（如有人愿为"长生不老药"出天价时），供给总是必然可能的吗？为此，马歇尔做了暗示：即便可能，供给的成本恐怕会更大，以至于不可能。由此可见，在同一个封闭的圆周跑道上，从任意两点向相反方向出发的两个人必定在一个圆周之内是要在一点上相遇的。显然，这个"需求表"和"供给表"相遇的点就是"需求表"和"供给表"之间的均衡点。无论如何，马歇尔通过"生产价格之均衡原理"给出了交换价格的均衡机制。这便是躲藏在马歇尔供需曲线背后，新古典经济学流行最广泛的供需型市场分析工具的核心奥妙和逻辑原理之所在。

总之，"自由市场"的新古典含义到了马歇尔手里，已经被浓缩成"供需交换型市场"，而非"双边交换型市场"。其原有的含义已被大幅度收窄，已经根本不是现代人类自认为熟知的"双边交换型自由市场"的内容了。即，所有厂商和批发商之间的交易被排除之后剩下来的交换，只能是消费类交换，或零售交换了。因此，马歇尔所分析的市场仅只是"零售消费型市场"的"供需曲线定律"，而不是可以涵盖所有双边交换在内的"双边交换型市场"之"供需曲线定律"。毋庸置疑，这与在政治上已获全胜且人人均可参与其中的"自由市场"之间是有蛮大距离的。如果对"自由市场"的新古典构造仅如此的话，以双边交换为基础的经济学就被浓缩成了排斥大量双边交换之后的"消费经济学"而非"交换经济学"。为此，我们特把马歇尔先将"交换分析"偷梁换柱成"供需分析"后而创建的经济学，称之为【马歇尔消费型经济学】（简称【马歇尔经济学】）。所以，以"供需曲线分析"为核心标志的【马歇尔经济学】——也就是新古典分析范式的核心知识体系，就被证明是潜藏巨大瑕疵在其中的。虽然马歇尔的"消费型市场"最终被整合成了可与瓦尔拉斯全称交换型市场实现一致性的对接，但其理论和方法论的狭义性还是一目了然的。

当然，站在广义经济学的视角上再回过头来看的话，马歇尔经济学的分析方法是更具实证性基础的。只是受其时代和社会环境的制约，他无法发现，个体经济学和双边交换经济学以及多边交换经济学（市场经济学）之间是存在重大逻辑差别的。当他把对个体行为项下的均衡分析直接应用到双边交换领域时，他就无法不犯下重大的方法论错误。因为，从个体经济到双边交换经济的关系构造，是不能如此随意武断行事的。相反，只有把个体经济行为的全部内容都无差别地融入双边交换的逻辑体系时，个体行为和双边行为之间的一致性原则才能得到充分的体现。否则，任何增减的结果都将导致理论瑕疵和缺陷的必然存在及发酵。为此，广义经济学以其"广义交换"和"广义交换模型"的方式给出了圆满的破解。

第九节　埃奇沃思对自由市场的构造

埃奇沃思，中文全名：弗朗西斯·伊西德罗·埃奇沃思（Francis Ysidro Edgeworth），作为新古典经济学崛起时代的一位重量级人物，在历史上享有重要的思想地位。这个最重要的思想就是"无差异分析"。发现"无差异现象"很可能是埃奇沃思功高盖世的最伟大贡献。遗憾的是，埃奇沃思的这一伟大贡献至今仍未被使用"无差异曲线"已经十分广泛和普遍的现代经济学界充分意识到罢了。因为，从"无差异分析"出发，它的直接结果就是"无差异均衡"，一个彻底超越瓦尔拉斯联立方程解均衡和马歇尔个体均衡的、具有普适性工具价值的分析概念。无差异均衡的最大价值就在于：它包含了一个所有其他均衡概念都不可能包含的思想：不确定性。所以，"无差异均衡"的本质系"不确定性均衡"。为此，我们特将所有能建立在埃奇沃思"无差异分析"基础之上的均衡，称之为【埃奇沃思均衡】或【无差异均衡】或【不确定均衡】。

给出【无差异均衡】或【不确定均衡】，我们不难发现：其实所有均衡分析，无一例外不在其基础的深处体现为【无差异均衡】或【不确定均衡】。以马歇尔的欲望与劳作均衡分析为例，每个人对它的分析都会呈现出如下的利益对比模式：

$$[欲望] 与 [劳作] 之利益比较系更有利益\text{——}[3.9-1]$$
$$[欲望] 与 [劳作] 之利益比较系更无利益\text{——}[3.9-2]$$
$$[欲望] 与 [劳作] 之利益比较系利益无差别\text{——}[3.9-3]$$

所以，马歇尔在个体行为中所发现的均衡现象完全可以借助上述表达方式加以诠释和替代。当然，这种表达和诠释与埃奇沃思无差异曲线本身的含义相比，还是存在一些差异的。不过，之所以如此的原因，恐怕连埃奇沃思本人也都没能完全搞明白。因为，当与杰文斯就交换到底如何被决定的问题不断辩论升温到火花四溅时，埃奇沃思在其《数学心理学》一书中所阐述的思想和观点是具有颠覆性的，是对自古典范式追问"交换是如何被决定"之问题以降经济学第一命题的彻底革命。

借用现代的经济学术语来表达也就是：给定收入约束后，一个人在 A 和 B 两种不同商品之间如何做出选择是会发生如下情形之一的：即，要么这个人全部购买数量为 Qa 的 A 商品，要么全部购买数量为 Qb 的 B 商品，要么购买 Qa 中一部分数量的 A 商品，再购买 Qb 中一部分数量的 B 商品；反正购买所需付出的总额为给定收入约束值的全部，且所获得的 A 或 B，或 A 和 B 组合的效用是相同的。如此一来，这个人就陷入一种显著的困境之中：那么他或她到底该如何在这些都能带来相同效用的选择中发现更优呢？为此，埃奇沃思的答案是否定的，即没有的。当然，埃奇沃思给出了更为精准的解答：没有更优，只有不确定。换言之，埃奇沃思的无差异发现，实际上揭开了一个重大的有关人类决策与行为规律背后的庐山真面目。即，无论是人类的个体，还是集体或全体，在做出决策或付诸行动时，都会遭遇"无差异现象"的挑战。面对无差异，即便是富有理性能力的人类也无法避免不陷入"因无差异现象而导致的不确定状态"之中。换言之，人类的行为并非仅只面对"可为"和"不可为"的二元理性。埃奇沃思的发现表明：除了"可为"和"不可为"之外，事实上还有"无差异型不确定性"。这才是人类行为方式的完整状态和揭示。假定如此，埃奇沃思的无差异分析实际上是为整个西方文明找到了一个救赎自己的可行之路。因为，自亚当·斯密开创古典分析以降，关于经济的基本理解和探索主要集中在有关交换原理或交换成因的追问上：即，交换是如何被决定的。然而，这种追问在本质上已经首先假定了"交换现象"只有两种状态：要么成交，要么不成交；而没有或不会有第三种状态。为此，我们特把这种交换观，称之为【西方传统交换观】。与之相对应，我们特把埃奇沃思发现了"无差异交换"之后所能形成的新型的交换观，称之为【埃奇沃思交换观】。无论承认与否，埃奇沃思无差异分析的真正伟大意义并不在于现有的各种说法与应用，而根本地在于它已经潜移默化地将世界对交换的二元传统理解，转变并上升为三元态理解。现代经济学大量使用"无差异分析工具"的事实就已经说明如此。

那么，埃奇沃思的无差异分析对构造"自由市场体制"又有哪些贡献呢？回首当年埃奇沃思和杰文斯的辩论，我们不难发现，争论的焦点集中在：到底是双边条件在发挥着决定交换成功与否的作用，还是多边条件在如此呢？虽然争论的焦点如此，但埃奇沃思连自己都没想到的是，他发现的"无差异现象"实际上从根本上否定了杰文斯，包括其他新古典理论家们基于"交换不等价"因而必须引入多边条件才能揭示出交换到底是如何被决定的范式分析。因为有了无差异的分析，【个体利益比较原理】的内容之一，交换被决定的议题，再也不仅只是要么双边，要么多边的传统范式了，而转变为系由"单边、双边和多边以及二次多边"所共同决定的。给定不同的具体条件，因上述四种不同层级的条件一般情况下并不容易同时并存，所以，交换是如何被决定的问题肯定不能仅只由古典范式所谓的"单一价值论"所决定，同时也不可能由新古典范式的"边际供需相等"所决定。如此一来，建立在埃奇沃思之"无差异分析"基础之上的市场体制就会显露出全新的美丽画卷：市场体制中是存在"不确定性状态"。为此，我们特把它称之为系【埃奇沃思型市场的不确定性原理】。

无疑，"不确定性"的概念，在经济学界最早是由奈特（富兰克·奈特，Frank Hyneman Knight）的关注而引起同人效仿和追随的。但是，"不确定性"作为一个概念，在奈特的眼里是完全不同于在埃奇沃思眼里的。在 Risk, Uncertainty, Profit 一书中，奈特赋予不确定性的含义是包含无知和关于未来可能性的不确定性（其中的风险则主要是关于已知但概率分布意义不同而引起的不确定性），而不是一系列已知效用无差别选择之间的不确定性。故，虽然埃奇沃思的不确定性和奈特的不确定性之间是存在交集的，但奈特关于经济和市场在不确定性和风险方面的思考和理解肯定更加深刻。为此，我们将在广义经济学中以《广义不确定性原理》为论题给出更加全面的阐述和论证。总之，如果没有关于不确定性状态的分析，则一切增长理论都是不可能的。

第十节　奥地利学派对自由市场的构造

　　无疑，奥地利学派是高举"市场自由化"大旗大步走向自由主义极端化的发源地和大本营之一。该学派最早可谓缘起于 1871 年卡尔·门格尔（Carl Menger）正式出版其《经济学原理》以降，经庞巴维克和维塞尔，及米塞斯、哈耶克、罗斯巴德等的承传，逐渐在经济学界守住了一块专属自己阵地的学派，并且旗帜鲜明地使自己飘扬在高空。究其奥秘，原因既复杂也简单：奥地利分析范式对新古典经济学的最大贡献就在于，它首先引入了对个体行为的分析：门格尔在《国民经济学原理》中首次分析了"个体经济案例"，由此奠定了奥地利学派作为首创行为主义经济学开拓者或鼻祖的地位。毋庸置疑，一旦将个体，而非"双边交换的价值原理"作为经济学的分析基础，每个人都成为了有权利参与市场的绝对主体及不再受交换价值成立与否约束的绝对主体。于是，对"自由"的解释就会在转眼之间发生深刻的变化，即，"自由"不再是某个外在主体赋予或赋值给普罗大众的"自由属性"之集合了，而转变为系每个个体具有的天赋权利之觉醒后自己赋予自己的权利。从此，自由不再需要任何外在的定义，而是个体自己想怎样给予自己就怎样给予自己的"权利"。这种无须任何外在干预或外在因素和外在机制而实现的自我解放，就是"内生性自由"的核心含义之所在。亦即，自由是不能被给予的，而只能自己解放自己去争取拥有的。有鉴于此，一切干预这种"绝对内生性自由"成形的存在都必须被铲除，包括政府的存在。否则，无从谈及"绝对内生性自由"的含义和主张。所以，奥地利学派将"个体"置于优先于一切传统经济学前提基础之上的新方法或新范式，不能不说是必然会一不小心就走火入魔的。即，将"个体"置于一切社会存在之预设前提基础之上的哲学选择都面临两大挑战。第一："个体"本身既不具有公理的自明属性（本身是外在于个体认知之外的——个体的认知并不需要首先知道自己是个体在先，然后才有能力去认知的）；也不具有绝对初始的意义。第二，即使个体具有绝对初始的自我个体意识，其他个体是否自愿承认其他个体的个体属性，仍然是一个无法回避的重大理论问题。唯有当所有的个体都能自发地实现自我个体意识的觉醒或解放时，并且承认所有其他个体之个体属性的自发原理，那么这个社会就可以是"奥地利式自由主义型社会"（为此，特称之为【奥式自由型社会】）；否则，所有那些不被承认具有独立个体属性，因而不享有个体之自由权的人，就处于自身自由必须被解放和被给予的现实环境下。换言之，"个体"从来都不是人类物种之所以降临在世界上和生存于世界上的"齐次性初始条件"。这一条件对于所有物种而言都是极其奢侈和不现实的，也是不可能的。故，"个体"作为人类物种之初始条件的齐次性假定，很可能是奥地利学派基于"个体分析"在自由主义这个议题上所犯下的最大错误之所在。当然，这与奥地利学派所信奉的绝对演绎方法论是分不开的。在奥地利范式看来，无论真言前提，还是假言前提，只要逻辑演绎是完备的，其结论的真理性就是毋庸置疑的。即，"个体齐次立论"的真假言与否，并不能以实证主义作为原则来加以评判和检验，没有"逻辑真"作为大前提或前提的前提，实证原则所得出的前提是更加不可信的。

　　无论如何，"个体齐次原则"被奥地利学派放置在了所有经济学分析的第一前提之上。随之而来的是：自由是建立在"个体齐次"基础之上的。即，自由是个体的自由，而不是个体给予其他个体的自由，是人人生而拥有的平等自由。即，自由在人类物种中是齐次给定的。为此，我们特把奥地利学派在"个体理论"中的齐次假定，称之为是【奥地利学派的个体齐次假说】。显然，奥地利学派的分析都必须建立在【奥地利学派的个体齐次假说】之上方能成立，否则就会存在"自由"是被外在给定的必然推定；抑或一部分人的"自由"是被外在给定的必然推定。假定如此，"个体理论"就会存在非齐次的初始条件。果真，给定任何社会都将存在两种不同类型的自由：自主型自由和被给定型自由。为此，我们特将其称之为【个体自由的非齐次假说】。

　　综上所述，奥地利学派在经济学领域中的范式分析如同上述关于"个体齐次"一样，是会导致【个体齐次假说型市场】和【个体非齐次假说型市场】两种。给定其中的【个体齐次假说型市场】，奥地利经济学将在大比例方面是成立的。但是，倘若给定【个体非齐次假说型市场】的话，则奥地利学派的分析结论会在大比例上是不能成立或存在巨大瑕疵的。所以，奥地利学派带给整个西方经济学的是【个体齐次假说型市场】和【个体非齐次假说型市场】混杂在一起的一个学说和理论。这在人类学这门年轻学科的发展史及其发展历程中都是清晰可见的。即，人类学的广泛实践已经表明，即使从田园方法论入手，一个部落或一个群族的存在性及精神面貌到底是完全经由自身来表达自身，还是经由自身以外的第三方来"科学地"被表达呢？这个问题已经直指人类学的死穴。同理，所有基于"个体"的自由说，到底是主动性自由，还是由自身以外的第三方来权威地被赋予呢？即，是主动性自由，还是被动性自由？社会由此可以随之划分为"主动性个体经由主动性自由再经主动性自愿，自发地组成平等型自由社会"，此乃假象中的民主社会。第二种则为"被动性个体"经由被动性自由，再经由被动性自愿，被动地组成不平等型社会，即"被组织型社会"。故，市场的组织原理同样如此。总之，在这个最基础的层面上，奥地利学派将自己逼入了绝境：义无反顾地坚持【奥地利学派的个体齐次假说】，进而力求在此基础之上打造出并传播"完全自发放任型社会"和"完全自发放任型市场"。由此可见，奥地利学派对"自由市场"的改造和升级，已经远超历史上所有的"市场自由化主张"。它不单单是反王权、反封建、反权力垄断和权力寻租、反非自由制度承传了。它直接反对的就是"人类历史本身"，因为，整个人类历史都不是按照【奥地利学派的个体齐次假说】演进的。因此必须得让这种真实历史向奥地利的个体齐次逻辑低头。一旦如此，一个绝对美好的社会就可以放任地缘起和呈现出来了。无疑，"自由市场"在奥地利学派眼里实属小事一桩。在他们的范式梦想里，最想建造的莫过于所有个体得到完全解放之后的"个体完全齐次的放任型社会"——一个远比当今最先进的民主国家都更加民主的社会。在这个社会里，奥地利范式的个体民主，借用哈耶克在《货币的非国家化》中的主张就是，连货币都是每个个体可以不受限制而放任发行的。一言以蔽之，不仅国家是放任契约的结果，法律也都同样如此。社会生活中的所有第三方势力都必须根除或被铲除。即，任何形式的干预都是不必要和反个体自由的。然而，多少有些令人悲伤的是，难道奥地利学派的绝对个体自由主义本身不正是一个对现存社会存在的最暴力的干预吗？所以，奥地利学派在自由市场道路上所选择的理论方向是没有未来的。当然，导致这种情形发生的根源并不在于其"行为经济学"的主张上，而主要在于它对行为主体的构造上。即，奥地利学派没能构造出个体行为的经济学原理，尤其没能构造出可与古典分析范式和新古典分析范式直接对接的个体经济学原理。相比之下，借助广义哲学原理，即借可实现个体、集体以及整体关系大统一的原理，广义经济学的分析范式有效地破解了奥地利学派所遭遇的困境，即个体原理与个体齐次性原理之间的困境（简称【个体学说困境】）。广义经济学借助【个体利益比较原理】作为出发点，构造出了【广义交换模型】，又在【广义交换模型】被不断深化的基础上构造出了【广义市场模型】及【广义社会模型】，由此完成了从个体到集体再到全体人类社会关系图谱的完整构造。如此，我们证明了：奥地利学派从个体出发的行为经济学方向很可能是人类经济学必然的发展方向，其合理性毋庸置疑。即使奥地利学派不小心走入了极端，走入了【奥地利学派的个体齐次假说】的不归陷阱当中，它也不代表"个体行为学"的方向与经济学的发展方向是背道而驰或脱节的。相反，引入个体行为分析，包括生产在内的经济现象就都可以被涵盖在一个统一的分析范式之内了。一旦如此，经济学中最重要的一个关键环节就可以随之浮出水面了，即，是生产在先，然后才有交换，还是市场价格在先，然后才有生产？即生产和交换谁先谁后的疑难由此可以获得彻底的破解了。否则，它一直是经济学理论界一个最为深刻的困境或悖论——【生产与交换哪者在先悖论】。

第十一节 庇古及福利经济学对自由市场的构造

福利经济学对"市场自由化"的影响和推动主要归功于庇古对"效用比较的分析"。自边沁以降，虽然从个人体验视角上才能把控的"效用概念"开始流行于社会分析和经济学分析之中，不过，自我满足只属于个体认知范畴，而不涉及对方和第三方的认知可能，因此，效用只能应用于个体满足与否的自我比较。离开特定的自我就不再具有明确的含义。但是，庇古把新古典范式的这种潜规则在有意和无意识之中彻底捅破了天。他分析了同是 100 元钱，在富人手里和在穷人手里所能带来的效用比较和比较之差别。他发现，当一个人很富有时，他或她在使用 100 元钱购物时，几乎不假思索就会支出而消费掉，相反对于一个相对贫困的人而言，他或她在使用同是 100 元钱时恐怕要算计良久，即 100 元钱的重要性对穷人而言要比对富人而言，其程度高出许多。这种现象确实极为普遍，并非不存在或是观察得不准确。不过，这种现象即使存在，但其背后的经济学原理真的像庇古所揭示的那样可以把它抽象为"效用"在不同个体之间的比较吗？无论如何，庇古的努力一石激起千层浪，整个经济学界为之动容。问题很快被归结出来了：若效用果真可以在两个和两个以上不同个体之间进行比较的话，那么，"效用"本身就必须得具有"基数的基础"，即，效用必须得是可被度量的。于是，效用必须在基数论成立的前提下，才可确保庇古之理论建构的成立或有效；否则庇古推理所需要的前提条件就是纯假言式的。由此它导致了新福利经济学的诞生与崛起。因为，一旦将效用的比较基础从基数假定转变为序数假定，庇古的福利经济学就是可为的了。但是，庇古的主要贡献并不在这段已成历史佳话的寓意中获得展示，而在他第一个刺破了新古典分析范式的核心基础：新古典之前的所有分析都是缺乏关于"效用比较"的认知。新古典集体故意回避的事实是，倘若没有基数论作为先决条件，边际分析又将如何可能呢？换言之，整个边际分析都是必须建立在"效用基数论"基础之上才能实现推理的。

否则，每增加一个单位量的投入，所对应的产出是递增或递减的，或恒定不变的，就将成为效用分析的笑话。即，所有这类分析都必须要求"基数逻辑"的先决存在。有鉴于此，只要证明庇古的分析和结论是有问题的，整个新古典的边际分析就都将遭遇程度相同的严重挑战。所以，庇古是直接捅破了边际分析的咽喉或死穴。一言以蔽之，庇古在福利经济学方面努力的失败事实上是宣告了新古典边际分析的终结。因为，一旦转入埃奇沃思的无差异之序数效用分析法，"单位"或"单位价格"的分析原则就不再适用了。显然，给定收入差别作为序数的表达基础，经济学肯定不能再用"单位差别原理"来表达序数关系了。无疑，序数关系是不存在"等量关系"的。第一名和第二名之间可以相差甚远，但第二名和第三名之间又可以仅差毫厘。因此，序数关系是因社会和特定条件的不同而可以构成出不同的序数体制的。事实上，以收入为原则所定义的"阶级"之说就是一种"社会序数体系"（即社会等级体系）。当然，序数体系可以不局限于服务社会，也可以服务于企业和个人等。总之，建构和谐、竞争及共赢的序数体系是可以有效确保一个秩序的形成的。不过，虽然经济学界已经完成了对"基数效用论"的全盘否定，和对"序数效用论"的全盘肯定。但是，序数经济学并没有广阔的实际前景。毕竟，人们手中的货币确实是基数意义上的货币。所以，福利经济学所面临的无法述说社会总效用的困境，实际上也是新古典范式所面临的相同困境。即，给定一个社会，它将如何进行效用的加总和财富的加总呢？无疑，无法进行效用总量的加总，国民经济收入总量的增加到底是否意味着福利的正相关增加，就无法获得阐述。亦即，国民收入的增加是否必然意味着社会的进步呢？否则，人类为什么要不断扩大国民收入总量的增加呢？对庇古而言，如果效用加总被证明是不可能的，那么整个福利经济学存在的必要性就会随之消失。可问题是，既然已经有国民收入总量的加总了，为什么还需要对其他的属性进行加总呢？为此，答案只能有一个，那就是，新古典经济学并不知道国民收入总量的确切含义到底是什么。

迄今为止，西方经济学并没能成功解答或揭示出的重大问题是：市场到底创造出了什么，而这种东西一旦缺失市场机制就是不会存在的吗？当然，这个议题无论在古典还是在新古典范式中都是无法获得起源的，因为，双边交换机制和多边交换机制之间是否存在重大差别的问题，在西方经济学中从来是无人关注的。他们都追随亚当·斯密以降的传统，把两者之间的差别看作是毫无差别的。即，市场作为多边交换的集合体，仅只被认为是双边交换规模大小的集合体，而没有比此更重要的其他功能了。例如，瓦尔拉斯就是这样以双边交换方程来构造市场的。亦即，市场仅只是所有双边交换的集合体而已。一言以蔽之，即作为双边交换的集合体，市场本身并不创造出任何属于市场自己的内生性内容。换言之，市场本身并不在双边交换之外再为经济创造出任何新的经济增量或财富。为此，我们将其称之为【市场中性观】或【中性市场观】（【市场中性论】或【中性市场论】）。

那么，市场真的是"中性"的吗？毫无疑问，这个问题很可能是比是否存在社会总效用更为重要的一个提议。显然，所有新古典市场，包括瓦尔拉斯的、马歇尔的，以及"一般均衡论"的，都可谓属于"中性"的。但是，广义经济学之"广义市场"项下的"共赢市场"，将会证明自己已经不再是中性的了，而实实在在是创造财富的重要机制。市场之所以不再是中性的根源就在于，市场所代表的多边交换机制不再是对双边交换的简单集合。因多边交换机制本身的存在首先导致"皆亏现象"的出现，进而在改进"皆亏现象"的同时会再出现"零和现象"，然后在改进"零和现象"的同时又会出现"共赢现象"。换言之，市场绝对不是中性的，而是会随不同条件的改进呈现出不同的形态与功能。为此，我们特将这种市场称之为【非中性市场】或【形态及功能可改进型市场】。所以，庇古凭借福利经济学开启的市场自由化探索方向，是具有重大经济学价值和贡献的。事实上，正恰是庇古福利经济学的积极探索才会开启和引领出帕累托等人在新福利经济学中的新探索。

第十二节　帕累托对自由市场的构造

　　庇古捅破天之后的新古典范式体系，其实已经魂不守舍、惊慌失措。虽然最终借序数效用论以新福利经济学的名义为庇古之乱草草收了场，但新古典边际分析的功力还是大伤元气，病兆已深入骨髓。此后崛起的高级经济学分析，即借助埃奇沃思无差异分析展开的序数效用分析新路径，乃是掩人耳目，实属无奈之举。只不过，这种从基数效用论向序数效用论的话语权让渡绝非小事，也绝非瑕疵修补后的更完备；一旦边际的概念伴随"基数效用论"的解体而一同消失在历史的长河中，新古典范式剩下来的最后一张脸皮也只能是"效用"这一概念了。所以，接过"序数效用"大旗的新福利经济学面临无比巨大的压力。换言之，以帕累托为领军人物的新福利经济学其实已在悄然之间扮演起了支撑整个新古典范式体系的核心力量。甚至可以断言，没有帕累托为首的新福利经济学，就没有新古典范式经济学。即，没有序数效用论的替代性崛起，整个新古典分析的庙宇体系都将伴随庇古福利经济学的解体而飘摇不定，甚至解体。一言以蔽之，序数效用论经济学作为新古典分析的升级范式，实际上已经取代基数效用论经济学的边际分析走到了前台。只是这种取代还远没有被现代经济学全面认知到，亦即，这种取代仅只是序数对基数的中性替代呢，还是它已经从基础层面上完成了更重大的超越呢？显然，这个问题因为新古典的遮羞布而无法进行公开的探讨，一直被埋藏在新古典自卑的软肋深处。但是它至关重要，是进一步理解市场机制或市场体制，抑或自由市场体制的重要途径或新工具。简单而言，在新古典的分析范式里，市场只是一种"中性市场"，但经由帕累托改进和帕累托最优定义之后的市场，已经在潜移默化之中转变为"非中性市场"了。换言之，如果市场制度安排得当的话，那么"帕累托最优机制"就会呈现出来，否则是不会的。如此一来，市场体制的自由化事业就再也不能仅只关于"中性且唯一"的自由市场体制了，而需关注"非中性的帕累托最优型市场"了。

　　由此可见，以帕累托为范式核心的新福利经济学已经从根本上超越了新古典经济学之基数效用分析的中性市场论。即，在新福利经济学中，市场已经不再是"中性"的了，而转变为可改进成"帕累托最优型"的了。这意味着，即使连"一般均衡论"也很可能遭遇了无法抵抗的巨大挑战。即，可以保证帕累托最优型市场出现的条件是一般均衡实现的条件吗？两者之间的关系到底怎样呢？为此，我们不能不说，非常遗憾的是，"帕累托最优"和"一般均衡"是不可能同时成立或彼此兼容的。后者需要以"市场中性"为前提假定；而前者则必须要求"市场是非中性"的，否则无法成立。为此，我们首先把"中性市场"和"非中性市场"彼此不相容的原理，称之为【市场的中性和非中性不相容原理】（简称【市场中非不相容原理】）。同时，把"帕累托最优"和"一般均衡论"不可能同时成立或彼此兼容的原理，称之为【一般均衡和帕累托最优不兼容原理】（简称【一般与最优不相容原理】）。

　　假定如此，一个社会到底是追求"一般均衡论市场"，还是追求"帕累托最优型市场"呢？无疑，就人类进入21世纪的普遍现状而言，一般均衡论市场的意义已经时过境迁，因为，其稀缺资源配置最优的确切含义是相对"边际产出最大化"而言的，是为生产力短缺约束下的经济服务的。而人类当前的现状则是，生产力过剩的领域越来越多，且不是产品过剩，而是生产力本身的过剩。因此，如何改善社会乃至整个人类所共同面临的收入分配不均衡的矛盾已经远远超出产出最大化的矛盾。有鉴于此，"帕累托最优型市场"一定要比"一般均衡论市场"更具现实意义。毕竟，如果不改变社会既定分配现状，而只通过市场制度的改变就能增进给定社会之收入总量的增加，进而有效增进给定社会中低等收入群体的收入规模，那将是再好不过的社会进步了。换言之，只要不暴力性地迫使富人或既得利益群体的破产或将其所得再次分配给中低等收入的群体，而又能够确保国民收入整体存在"帕累托最优"的实现路径，那么这种经济学及其市场体制的改进安排无疑将是最好的。

　　总之，帕累托对自由市场的贡献就在于，他恐怕是历史上的第一个将新古典范式的"中性市场"，以"帕累托最优型市场"的形式或路径改变为了"非中性市场的"。其深刻性正像【市场中非不相容原理】和【一般与最优不相容原理】所揭示的那样，极具颠覆性。很可能意味着新古典经济学范式的全面解体。当然，这种情形必然会被新古典的遮羞布掩盖在其瞒天过海的垂死挣扎中，但纸包不住火的道理是永恒的。真相早晚会暴露出来的。届时一场全面超越新古典中性市场的范式大革命将风起云涌、借星火燎原之势迅速形成新经济学范式的理论建构热潮。不过，仅有"帕累托最优型市场"对"新古典中性市场"的超越还是远不够掀起范式革命的。事实上，即使是帕累托本人也还没能清晰地认知到："帕累托最优型市场"已经在事实上构成对"新古典中性市场"的重大超越。假定如此，帕累托本人就更加无法去思考和解答有关"非中性市场"之所以系"非中性"的根源到底缘起于哪里的问题。试想，倘若市场是由两两双边交换之数量规模所构成的，且两两在双边交换中就已经借助价格机制完成了彼此间的收入和所得分配了，那么，何以在不影响其他人所得或既有财富占有的状况下，另一个人或另外一些人可以获得更多好处这种可能性呢？因此，"更多"的源泉到底来自何方或其机制到底源于哪里的问题，帕累托并没有认真关注过。当然，这其实并不是帕累托个人的事，因为整个新古典分析体系的方法论在根本上并不关心此类议题。之所以如此，是因为整个古典分析范式和新古典分析范式都将市场看作双边交换的集合地、可来可往的车马店。然而，事实并非如此。市场的本质就是"多边交换"本身。从亚当·斯密开创"绝对比较优势交换型市场"以降，经李嘉图的"相对比较优势交换型市场"到瓦尔拉斯的"双边交换联立方程组市场"，再到"马歇尔供需交换型市场"，所有这些市场概念都在处理"双边交换"，都是依托双边交换原理而来构造市场体制的。迄今为止，我们没能发现，市场不是处理双边交换而是处理多边交换的理论尝试。总之，市场是多边交换经济学的研究范畴，而不是双边经济学的研究范畴。它指明了市场自由化的新方向。

第十三节 张伯伦和琼斯夫人对自由市场的构造

新古典的核心范式体现在其边际分析的方法论中。但是，边际分析的局限性在铁路运价的争论中被无可奈何地撕开了通往新世界的大口子。关于铁路运价现象的出现在新古典分析世界里还是引起了不小的波动，直接牵扯到了当时的所有经济学思想家和理论家。其中最富影响力的争论来自威廉·陶辛格（Frank William Taussig）和庇古之间的争论。1891 年陶辛格在《经济学季刊》上发表了题为《关于铁路运价理论的一个新解释》（"A Contribution to the Theory of Railway Rates,"5 Q. J. Econ. 438 ［1891］）的文章。23 年之后，庇古在其《财富与福利》第二部分第八章中以标题：《铁路定价的一个特例》（"The Special Case of Railway Rates"）给出了反例探讨。论战由此揭开了序幕。1913 年双方继续在《经济学季刊》第 27 期展开不同观点的争论，最终以庇古在其 1920 年出版的《福利经济学》一书中的论断作为终结最后尘埃落定。张伯伦（爱德华·哈斯丁·张伯伦/Edward Hasting Chamberlin）正是受这场争论的诸多启示才开始关注最终被确定为"垄断竞争型市场模型"的。有趣的是，张伯伦后来又与英国剑桥学派的琼斯夫人之间展开了到底是"垄断竞争"还是"不完全竞争"的新争论，延续了始于陶辛格和庇古之间的美国和英国剑桥学派的跨洋争论。

"垄断竞争"与"完全竞争"之间的最大分水岭就在于，前者假定市场上的产品即使是同类也不可能不在一定程度存在彼此间的差异性。而垄断竞争之所以可能是因为，即使同类产品之间是有差异的，但其差异性仍有可能是可被替代的，故同类差异性产品之间仍然存在着可替代性的竞争，即，竞争的本质，在垄断竞争的立论看来其实就是"可替代性竞争"。与之相反，后者假定市场上的同类产品在所有方面和程度上都是完全同质，因此彼此间并无任何可替代性的竞争。竞争的本质，在"完全竞争"看来，因此仅只是同质产品之间无差别的同质单价竞争。

　　为此，我们特将上述两种不同类型的竞争，分别称之为【同类差异性竞争】（简称【同类替代性竞争】）和【同类同质性竞争】（简称【同类单价型竞争】）。即，张伯伦主张市场的竞争实际上主要是【同类差异性竞争】，而非【同类同质性竞争】。相反，新古典的正统分析则坚持市场的竞争主要系【同类同质性竞争】而非【同类差异性竞争】。由此，张伯伦借铁路运价与公路运输定价以及其他交通方式定价之间的竞争现象，即借助同类但差异性竞争关系在运输领域被放大后的竞争现象，为基础阐述了完全不同于【同类同质性竞争】的"市场新型竞争理论"：【同类差异性竞争】理论。然而，这种竞争一旦给出，竞争机制背后的原理就再也不是"边际成本之间的优胜与否了"。即，边际定价原理将被彻底废除。总成本在总生命期的分摊加之当期成本的实际发生就会成为运输行业定价所不可或缺的基本原理。如此一来，定价再也无法采用边际原则了。由此可见，张伯伦对自由市场的最大影响和贡献也就在于，一旦市场的竞争原理被重新改写，整个新古典分析范式的正统基础——基数效用之边际论市场，就将遭遇如同序数效用论对基数效用论所产生的重大冲击一样的颠覆性范式革命。一言以蔽之，只要改变"竞争"的定义，整个建立在新古典边际定价基础之上的一般均衡论自由市场，就将被证明并非对市场现象和真实市场的唯一构造，最多可以算作一种"模型构造"。为此，我们特把新古典的自由市场理论随"竞争理论"的改变（像当年的欧几里得几何学一样，只要第五公理发生相应的变动，就可以呈现"罗氏几何学"和"黎曼几何学"），而改变的原理，被称之为【市场模型的竞争性原理】。同时我们特把依据【同类差异性竞争】而构造的市场，称之为【张伯伦市场】或【同类差异竞争型市场】；顺便把依据【同类同质性竞争】而构造出的市场，称之为【新古典同质市场】或【同质竞争型市场】。由此不难看出的是，在张伯伦之前，整个新古典分析的传统范式，其实都是建立在"同质假定分析"基础之上的。换句话说，即便是古诺的分析也同样是在"同质"假定下的垄断与竞争分析，包括寡头及多寡头的分析等。

　　总之，就新古典分析范式而言，现在看来它是可以划分出两大类的：第一，新古典的同质分析范式；第二，新古典的同类差异分析范式。否则，新古典范式作为一个整体早就该解体而走进历史的坟墓之中了。毕竟，它已经残缺不全，仅剩极少的生命力了。事实上，新古典范式所开辟的分析世界像所有古老的建筑一样已经残垣断壁，不堪一击了。只要有一种新范式的崛起，它的骷髅架就会啪嚓地倒下。无论如何，新古典范式，或建立在其上的整个现代经济学，都已经在极为广泛的领域里缺乏一致性了。此种经济学已经毫无科学的基础及内容而言了。不彻底兼容性超越它，人类的经济文明和社会文明就无法继续向前和进步。即，此等藏污纳垢的经济学已经是人类在步入21世纪之后走向美好未来的最大知识障碍。

　　正因如此，张伯伦的理论探索在很大意义上被称之为"张伯伦革命"的根源也就获得了更加清晰的解读。从小的方面说，张伯伦建立在"垄断竞争"基础上的"垄断竞争型市场"实际上开辟了不同类型的市场新典范；从大的方面来说，则是开辟了彻底超越传统新古典同质分析范式以外的"新古典同类差异分析新范式"。为此，我们有必要把张伯伦借助于"垄断竞争"概念的引入而开辟的分析范式，称为【新古典的张伯伦范式】（简称【张伯伦范式】）。无疑，【张伯伦范式】的意义是很重大的。因为，它是对新古典传统范式或【新古典同质市场】缺乏真实基础的当头一棒，棒击这只逻辑至高无上的纸老虎。显然，新古典的同质性假定，如果说具有合理性的话，那也仅只或主要对"自然产品"而言的。相比之下，对具有人为价值创造在其中的产品而言，"同质性假定"不仅毫不靠谱，而且危害巨大。相反，张伯伦的"同类差异假定"则更具有真实性或实证基础。总之，就人类的实际生存经验而言，新古典范式的"同质性假定"要比张伯伦的"同类差异性假定"更加远离真实性市场，更加不可取信。就服务真实经济和真实社会而言，由张伯伦所开辟的"同类差异性假定"及其【张伯伦市场】是更具经济学新方向的。

第十四节 凯恩斯对自由市场的构造

自庇古捅破天以降，以新古典分析范式为核心的经济学阵营，越来越遭遇四面楚歌的危机。继帕累托对"中性市场"的革命之后，张伯伦又发起了对"完全竞争"的攻击和挑战，进而发起了"垄断竞争"的竞争革命。但是，这些仍不足以掀起一场更大规模的范式革命，直到凯恩斯范式经济学的问世。凯恩斯对自由市场的分析无疑被公认为是掀起了一场不小的范式革命。新古典的传统分析是基于双边交换成功达成价格而构成的市场状态。在这种状态下，社会的整体面貌被推定为与双边交换所呈现的价格状态具有同质性，即，收入端的一方支付掉自己的所有收入，而供给端一侧则给付了全部的产品，因此社会的总收入被由此自动解读为系存在如下总量关系：社会总收入＝社会总投资＋社会总消费。这便是新古典传统分析的核心总量关系，或总量等式。为此，我们特将其称之为【新古典的传统总量等式原理】（简称【市场的总量传统等式原理】）。无疑，这种总量关系的定义基础来自上述的双边交换之成功达成价格的模型假定。否则，如果交换并没有达成相对价格或成功出清的话，又有什么理由来说一个社会的总收入要么用于消费、要么用于投资，且二者必居其一呢？由此可见，传统意义的总量关系具有明显的武断性，因为，它假定只要是交换，则必然会达成价格的成功。换言之，交换必然对应价格。为此，我们特把所有那些假定凡是交换必然对应有价格出现的理论，称之为【成功型交换理论】。有鉴于此，新古典的传统分析范式从骨髓里讲，其实就是一个处处体现【成功型交换理论】为核心的范式体系。为此，凯恩斯注意到了这种范式的漏洞和学术机遇。他首先耐心地引入了一个专属他自己的发明概念："消费倾向"（the prospensity to consume）。由于身处不同的时代环境和背景的缘故，凯恩斯真真切切地感受到了陷入 1929 年经济大萧条困境之中的欧美社会，处处呈现出交换双方都有强烈实现交换的意愿和努力，但就是达不成有效的价格成功，进而导致整个社会陷入了一种交换无法达成价格的普遍困境之中。由此，凯恩斯发现"社会总收入＝社会总投资＋社会总消费"的总量等式是潜藏着巨大漏洞的：该等式并没有实质性的可实证基础。这一总量等式在1929年之后的一段时间里已经高度失效，并引起了凯恩斯超常规的思考和深究。即，倘若收入并不立即转化为消费或投资，则消费型交换就不会立刻达成价格而获成功。因此，比1929年经济大萧条展现出的极端化现象更为普遍的现象是：收入获得后并非立即以消费型交换转化为实际的消费，而是首先经过"消费倾向"的实际过程之后，才有可能根据各自的实际情况而分流出不同种类的消费决策和相应的消费行为。如此一来，凯恩斯就在【新古典的传统总量等式原理】基础上活生生地横砍一刀。在他思想深处的核心意图是想表达：市场，并不仅只由"成功型交换"来构建，而更主要的是需要由包含没能达成价格结果的"过程型交换"所共同构成的。正是在这种意义上，凯恩斯才极力主张自己的学说是市场理论的更一般，更具普遍性的学说。所以，凯恩斯经济学的核心是关于交换到底有没有过程，以及交换到底是否是只有成功结果，而没有不成功结果的交换。一言以蔽之，交换到底是否仅只是有结果的成功型交换，还是交换乃是有起始、有过程，以及有成功和不成功之两大类结果的交换？大萧条的残酷现实让凯恩斯清晰地意识到，借由传统"单一式的成功型交换"来构造的自为型市场体制已经不堪重负，无法再承担起重建辉煌和繁荣的重任。当然，这种残酷的现实很快就被公认为是所谓的"市场失灵现象"。即，以"成功型交换"为基础所构建的市场体制是必然潜藏"市场失灵机制"在其中的。当且只有当市场不再是建立在"成功型交换"基础之上，而是建立在"既有起始，也有过程，还是成功和不成功两大类结果型交换"基础之上时，"市场失灵现象才是最终且可以彻底避免的"。当然，准确的说法是，建立在"成功型交换"基础之上的市场，和建立在"既有起始，也有过程，还有成功和不成功两大类结果型交换"基础之上的市场是两种非常不同的市场体系。在后一种市场体系下，"市场失灵现象"将会有全新的不同含义。

　　综上所述，凯恩斯经济学的全部教义，就在于借助大萧条的残酷现实所带来的重要启示，从总量关系上奋力揭示出，市场的结构不能再是以"成功型交换"为基础的了。从引入"消费倾向""持币等待""最低失业率"等一系列概念入手，凯恩斯的所有创新努力都明确指向唯一的明确目标，那就是：市场除了体现交换的成功结果之外，还同时体现着不成功的交换结果。即，市场并非由处处充满着"成功交换"构成的。可一旦如此，凯恩斯就彻底触动了瓦尔拉斯、杰文斯和门格尔以降的"自由市场"的最敏感神经。毋庸置疑，当瓦尔拉斯借用联立方程组的方式将所有的双边交换都串联在了一起而构成市场时，这种市场就再也没能留下任何可以人为性介入的空间了。即【瓦尔拉斯型市场】的构造原理决定了它是一种"纯粹自为型的市场"，一种无法被人为介入的市场体系。这种情形系在瓦尔拉斯将双边交换均以交换方程的形式联立在一起时就已经被锁定如此了。此外，当奥地利学派的个体主义崛起时，凭借【奥地利学派的个体齐次假说】为指南，市场被假定为系不能存在任何高于个体以上的其他个体的意志或替代行为，因此，市场再次成为了无法由人为机制加以介入的"客观自为存在型系统"。因此，当大萧条的冰冷现实无情地浮现在凯恩斯的眼前时，"自为机制"或"自为原则"的神圣面纱就变得越来越荒唐可笑、无足轻重，甚至不足挂齿了。相反，凯恩斯的最大敌人就是"市场的自为性"，一个地地道道的伪概念。"自为"的全部含义只不过是"交换与价格之间被狭义性解读为一一对应关系"而已。换言之，只要假定交换是有起始、有过程，和有成功与不成功两大类结果的【广义交换】，那么，市场的自为性就会随之消失得无影无踪。一言以蔽之，"市场自为性"的根源，即使在新古典的构造中也只不过是因为错误或狭义地选用了"成功型交换"作为交换分析的对象和模型所带来的内生结果而已。但这种分析范式已经如此根深蒂固，以至于倘若没有凯恩斯凭借时代力量的奋力一击恐怕至今也都很难有所撼动。自由市场的自为性，由此开启了全新的篇章。这个高耸入云的神圣上帝，最终被凯恩斯拉下了马。

第十五节　阿罗—德布鲁对自由市场的构造

1954 年，*Econometrica* 杂志刊登了德布鲁（Gerard Debreu）和阿罗（Kenneth Arrow）联合署名的论文"Existence of Equilibrium for a Competitive Economy"。其中首次给出了一般均衡态存在性的数学证明。这在经济学界引起了不小的轰动。因为，它总算完成了新古典奠基人瓦尔拉斯努力过但未能实现的未竟事业。由于瓦尔拉斯当年的联立交换方程组是无法在给定 N 个方程组的条件下求解 N 个未知数之解的，所以如何证明一般均衡解是必定存在的，就成为了新古典分析范式，尤其那些坚信一般均衡有解派的一桩长期身处煎熬之中的心病。论文一经刊出，经济学界一片热闹和沸腾。随后，德布鲁又在其个人专著《价值理论》中详尽阐述了证明的构造和推理过程。从此，经济学界对于"一般均衡论"的笃信进一步上升到宗教般的狂热。"完全自由竞争型市场"的完美性由此被痴迷地认定并接受为就是市场本身了。其他类型的市场都无法堪与之比，因此可以不屑一顾了。就好像当年荷兰人崇拜郁金香一样：只有郁金香好，其他一切都无暇顾及。这种对一般均衡以及一般均衡解的热捧事实上已经将经济学带入了不浅的阴沟之中。毕竟，比一般均衡更重要的是帕累托最优，而比帕累托最优更重要的是经济的有效增长，而比经济的有效增长更重要的则是共赢式增长。当然，对于捍卫真实市场、市场体制和自由市场而言，由于三者的侧重点不同，其分析路径自然会随之有所不同。事实上，为了追求"一般均衡解"，德布鲁在关于商品的定义方面，在收入约束的初始设定方面，在产出集合的凸性和非凸性方面，以及在货币的中性假定方面都做了极为严格的有利于形式主义数学处理的前提性安排。在《价值理论》的序言中，德布鲁开宗明义地表达道："本书研究的两个中心理论问题是：一是解释商品价格的含义，商品价格是私有制经济下经济主体人在市场中相互作用形成的；二是解释在最优经济状态中价格所起的作用。因此，本书的分析是围绕价格系统的概念，或者更一般地说，围绕定义在商品空间上的价值函数这一概念展开的。"显然，德布鲁再次跌入了顽固的"成功型交换"的狭义解读陷阱。

当然，无法不依靠"成功型交换"作为分析范式不是德布鲁独有的，而是所有一般均衡论学派理论家们所无法摆脱的共同局限。迄今为止，关于交换必然导致价格产生的理论，要么是（①等价交换理论）；要么是（②不等价但价格变动是有规律可循的交换理论）。还没有一种交换理论是能够既涵盖①，又涵盖②，且可以涵盖③交换没获成功而导致无价格之三者均在其中的，除了广义经济学分析范式下的广义价格理论。所以，无论怎样解释和构造交换的价格理论，只要交换不成功所导致的"无交换价格现象"不能被涵盖在其中，这种"价格理论"就一定无法摆脱潜藏狭义性的厄运。德布鲁的一般均衡解理论同样不例外。不仅如此，德布鲁精心构造的一般均衡市场，更多的系一架犹如模型飞机一般的模型市场，根本不具有真实性及实用价值和基础。因为，其收入的约束条件在初始化设定时是先被固化下来的。像摆设多米诺骨牌一样，一切都在事先给予了精准的预设，然后推演出一般均衡解的存在。此外，对应于事先精准给定的收入条件之初始约束，在建构产出端的条件时，德布鲁又小心翼翼地处理了产出整体集合的凸性与否的议题，否则即使证明了一般均衡解的存在，若这种一般均衡解与帕累托最优之间无法协调一致，其引发的理论后果仍然会后患无穷。由此可见，德布鲁在构造其"一般均衡解市场"时，是首先做了较为充足的经济学功课的。然而，所有这些加在一起也比不上如下议题来得更重要：无论德布鲁下了怎样的功夫来做好自己的经济学功课，他无法体认到因此更无法超越的是：他无法处理好货币在市场价格和一般均衡价格中的意义和作用。这是所有以数学为己任的数理经济学家的共同软肋。因为，他们根本无法深入经济学的基础部分中去进行更加广泛的思考和发现。例如，冯·纽曼和摩根斯坦的博弈论也同样如此。简单讲，最容易的做法就是将货币当作中性货币来处理，否则冯·纽曼在博弈论中所采用的"概率因子比较方法"就是无法生效的。同理，德布鲁建立在"商品空间"上的价值函数也将遭遇无法克服的困境。凡此种种都表明：瓦尔拉斯均衡、冯·纽曼博弈论均衡和德布鲁均衡都必须得采用货币的中性假定才能成立，因此都属于"货币中性型均衡"。

　　自古典和新古典以降，所有关于自由市场的理论构建都没胆敢从探讨货币是如何起源的作为前提而展开。即，关于货币是否是中性的问题，虽然是西方经济学界一个长期就存在的问题，但除了数量货币论之外，几乎没有其他的货币理论。即使20世纪诞生了凯恩斯、弗里德曼和蒙代尔三位货币学经济理论家，但是关于货币是如何在历史中获得其逻辑起源的问题始终未能得到必要的破解及关注。有的仅只是现存分析中指向"交易成本论"的货币起源论。换言之，我们对货币的理解，除了考古学所支持的历史进化之外，别无其他建树。尤其是货币自身的价值到底缘起于哪里的问题，随着1971年8月15日美国尼克松政府正式宣布布雷顿森林体系的解体，越来越成为人类经济生活中的主旋律。因为，在此之前，货币的价值至少还有承担货币载体功能的实物本身来充当，但是自此以后货币进入了所谓信用货币的时代，例如，100元的货币，除承载它的纸张及印制成本之外，它的价值到底来自何方呢？即，自从人类进入实物货币解体后的新型货币体系之后，货币在人类经济生活中的作用与日俱增，一旦管理不好就会陷入巨大的困境之中而难以自拔。所有这些都不是之前货币学理论家们所曾经关注的问题。因此，货币与市场之间关系的议题已经成为经济学的核心问题。假定如此，德布鲁的一般均衡解议题就被暗示已不再是经济学的真正核心之所在。因为，进入后布雷顿森林体制时代的市场经济，一定不再是"货币中性型市场"，而必然是"货币非中性型"的了。其直接含义就是，货币数量与货币价值之间的均衡议题正在逐步上升到系远比生产与消费之间关系更加重要的关系了。换言之，任何货币的数量增减都必须得与货币的价值关联在一起，而不能再由各国中央银行以独立性原则为理由任意增减了。毋庸置疑，如果不首先解决好货币自身价值与其数量之间的均衡问题，无论瓦尔拉斯均衡，还是马歇尔的供需均衡，或冯·纽曼的博弈论均衡以及德布鲁均衡，都将意义甚微。相反，只有首先处理好货币价值与其数量之间关系的均衡之后（为此，我们特将这种均衡，称为【货币的数量与价值均衡】，简称为【货币均衡】），其他各种均衡的意义才可以随后附属性地体现出来。

第十六节　冯·纽曼及博弈论经济学对自由市场的构造

继奥地利学派把新古典的分析范式努力转向到以个体行为者为中心的新分析路径和方向上以降，西方经济学还是继续沿着"交换如何被决定的价值分析"之惯性老态龙钟地向前爬行。在经济学这个知识共同体中很少有人能够意识到会有什么更加重大的范式创新会从天而降。然而，就在"二战"全面结束的前一年，晴空霹雳的事情还是发生了。1944 年冯·纽曼（Von Neumann）和摩根斯坦（Morgenstern）合著的《博弈论与经济行为》正式出版了。该书的问世由此掀开了经济学的崭新篇章。冯·纽曼完全从个体行为者的视角出发来重新架构包括个人行为和双边交换在内的行为模型及其背后的规律性原理。借用 Martirx（矩阵）作为分析工具，冯·纽曼很可能是世界上的第一人，他彻底摆脱了"交换"的单一同质决定论的传统分析路径，而将交换以多状态的方式进行了全新的构建。一旦引入"博弈论的多态交换模式"，传统的"单态交换模式"就被证明是存在显著瑕疵和缺陷在其中的。为此，我们特把经由冯·纽曼以 Martirx 形式所重新定义的交换，称之为【博弈论的多态交换模式】，简称【多态交换模式】。与此同时，我们也把自古典和新古典范式以降，所有建立在经单一同质决定论所定义的交换，称之为【古典及新古典的单态交换模式】，简称【单态交换模式】。

给出【多态交换模式】和【单态交换模式】这两种有关"交换现象"的不同定义和模式，一个重大的差别随之立刻呈现出来：博弈论经济学的交换是有过程的了，而不再必然导致是有确定比例之价格产生的了。尤其是，冯·纽曼特意强调指出：完全竞争或自由竞争是不能够仅凭假定参与市场的人数从小数变为大数时就会自动发生的。因为，倘若出现大组织联合情形的话，大数导致完全竞争的原理就会失效。因此，不考虑多数人参与市场之后彼此之间相互博弈问题的话，人与人之间的利益关系就是无法进行有效描述的。亦即，人与人之间的利益关系绝对不是只有经济学的理论家才能识别出来的。事实上，每个人都会对自己与他人之间的利益关系进行反思性评价和持续性的再评价，并在此基础之上再来连续性创造和重构彼此之间的新利益关系。因此，博弈行为和交换行为就会成为人与人之间缔造利益关系的必然工具。有鉴于此，博弈的本质其实就是每个人在自身与他人进行交换的基础上所构造的"个体宏观体系"罢了。即，博弈是"个体的交换"集合。那么，这种将博弈和交换分离开来的理论范式是有必要的吗？当然，冯·纽曼本人并没有这样来看待博弈和交换之间的关系议题。回首当时的历史，我们不会遭遇太多的困境就可以发现，当时的冯·纽曼更多关注的是，数学对所有事物的构造能力问题，包括对经济学进行构造的可能性。当然，这种构造的基础就在于，冯·纽曼建立了基于概率论为基础的"比较分析范式"。也就是说，包括整个博弈论理论体系的核心基础都唯一地来自冯·纽曼所发明的"比较分析范式"。在冯·纽曼看来，虽然效用本身的基数比较是不可能的，但是效用的序数差的基数比较则是可能的。即，冯·纽曼借"效用差"（differences of utilities）的概念，建立起了一套与概率有关的"比较分析范式"。如此一来，已失去基数运算的效用理论又一次复活了"可进行比较推理的逻辑分析"。当然，在此不妨指出的是，冯·纽曼的上述比较分析的构建本身系建立在如下的前提假定下方能成立，即："Let us for the moment accept the picture of an individual whose system of preferences is all – embracing and complete, i. e. who, for any type objects or rather for any two imagined events, possesses a clear intuition of preference"（让我们暂时接受下面关于一个人的描述：他的偏好体系是无所不包和完备的，即对任意两件物品或想象中的任意两个事件，他总是有清楚的直觉上的偏好）。"More precisely we expect him, for any tow alternatives events which are put before him as posibilities, to be able to tell which of the two be prefers"（更确切地说，对于摆在他面前的任意两个可供他选择的东西，他总能够说出他到底偏好其中的哪一个）。

　　由此可见，冯·纽曼巧妙地绕开了对效用的直接讨论，而选择借鉴热学中关于温度的分析方法来把注意力集中到对"个人偏好"的分析上。这样转移的重大意义就在于，冯·纽曼的方法论不再像古典和新古典的分析范式那样仍然死死盯住"价值"或"效用"之某种属性不放来大做文章。无疑，这种将物理学的方法论直接应用到经济学分析领域中来的思维惯性，是与当时欧洲的历史进程和科学文明的辉煌崛起关联在一起的。一旦将"偏好"放在了分析的首位，那么，整个分析的基础就在潜移默化之中被转到了关于"比较"的分析上来。很可能整个古典和新古典之分析范式的理论界都没能搞明白的是，就人文科学而言，包括社会学和经济学在内，最基础的问题不在于"价值"和"效用"等属性范畴的分析，而根本地在于"比较"的分析。只要完成这种转变，"比较"必须得由人之个体来进行才会发生的事实和原理，就会无可厚非地成为经济学中比任何核心都更无法至高无上的核心。为此，我们特把冯·纽曼借助偏好而引入"比较分析"为重心和中心的经济学方法论，称之为【经济学的比较重心方法论】或【经济学的比较重心原理】。

　　一旦"比较分析"成为经济学的逻辑原点或分析的出发点，人之个体作为实施"比较"的主体，就无法不必然地成为整个经济学的新核心基础。继奥地利学派所倡导的个体主义中心论之后，冯·纽曼的博弈论再次把个体放置在了比"比较"还要中心的位置上，因为只有个体的首先存在，"比较"才会发生。当然，虽然都选择了个体主义的分析方法，冯·纽曼的博弈论个体主义是非常不同于奥地利学派的。由于缺失关于"比较"的分析，奥地利学派的个体主义被无限放大到了纯哲学的高度和境界，以至于当它服务于经济学时已经变得空洞无物了。剩下的只是最后的哲学呐喊。这种呐喊虽然振奋人心，但却近乎毫无实用价值，不解决任何实际问题。凭着"暴力性倡导自由主义"这个稻草来获得一些关注之外，剩给自己的仅只是"经济学界的阿Q"或"新阿Q"。他们既不承认历史，也不承认实证主义的必要性，而仅只否定一切地坚信自己所倡导的"自由主义"的绝对精神。他们像阿

Q一样嘲笑世界，嘲笑政府的存在，嘲笑所有其他经济学的努力，认为只要确保人人拥有绝对的平等自由，一个能克服所有历史落后、现实困境的美好制度体系就会在绝对自由，进而内生绝对自为力量的驱使下倏然而生。这种把历史和现实中存在不合理、不完美等一切问题的根源统统归结为系没有实施"绝对自由主义"所造成的说教，地地道道是经济学界的空想主义。与之相反，一旦给个体行为者以具体化的"比价范式"的原理性约束，个体主义就会成为每一个具体的个体者自身的私事，包括他或她是否愿意尊重其他个体的个体主义权力。如果想取而代之，即，想在个体获得绝对自由的同时（这本身就是空想），再对所有的个体实施齐次性的进一步条件约束，那么这种来自外生的力量将比现行政府还要邪恶（如果现行政府被假定是邪恶的话）。无奈的是，如果不首先实施绝对自由的齐次化（即不保证人人享有绝对的平等自由的话），以及绝对自由齐次化之后再实施进一步条件约束的齐次化的话（即不限制个体不得侵犯其他个体的绝对自由权的话），那么已经真实发生过的历史就会再次重演。为此，我们特将其称之为系【奥地利学派自由主义的绝对困境】或【洛桑学派自由主义的绝对困境】。

　　总之，自由主义首先是私人事业，其次是集体事业，最后才是人类的全体事业。因为，在落地的现实化过程中，一定会有人在自由主义中获益，也一定会有人在其中失落和受损；即使是受益，也必定存在着受益多或少的分别，所以，实施自由主义的结果必定是各种利益主体之间在生产与交换之间的均衡，和彼此及多边博弈之间的均衡。所以，能够实现自由主义的有效路径，不是空想阿Q而是"共赢主义"。后者不仅确保人人可以参与其中，而且确保越来越多的人是可以获得到齐次性条件之改进的。但是，共赢主义的路径像冯·纽曼的博弈论路径一样，也是需要从"比较分析"入手的。一言以蔽之，冯·纽曼所奠基的比较分析范式确实已经开辟了可以有效通往自由主义天堂的新路径。

毋庸置疑，冯·纽曼之博弈论经济学所开辟的个体主义新范式已经彻底吹响了超越新古典陈旧范式的冲锋号。现代经济学因此从各个方面来看都已陷入犹如战国时期一般的纷乱为政时期。虽然个体主义的分析范式不能归结为博弈论的功劳，但是以"比较分析为基础"的方法论却是由冯·纽曼之博弈论所独创。无疑，"比较"是不需要依赖双边交换而可以独立发生和存在的。因此，冯·纽曼的博弈论经济学自然是从建立个体比较模型开始的；然后再引入个体比较的两人模型、三人模型和四人模型以及 N 人模型的。但是，这种建构所潜藏的最大问题是，它实际上已经在无意识之中假定了从"个体经济行为"到"双边交换经济"再到"多边市场经济"是适用完全相同的经济学原理的。为此，我们特把它称之为【经济系统的齐次性假定】或【经济系统的一致性假定】。不过，在广义经济学的分析范式中我们将要证明的就是，该假定其实是一个古典分析范式和新古典分析范式都没能发现到的重大理论陷阱。因此，冯·纽曼的分析整体不可能不需要首先建立大量的理论假定才能够自圆其说，尤其当他和摩根斯坦两人都不是为了真正解决经济学问题而展开思考时，情况就更加的无法乐观。总之，冯·纽曼和摩根斯坦在《博弈论与经济行为》一书中所构建的分析体系，更主要的目的是创建博弈论数学在经济学中的可实际应用，而非创建一套经济学的新分析范式。这意味着，冯·纽曼并没有创建出有独特价值的经济学分析，而更多的是去迎合当时的主流经济学概念和分析范式。只不过在为这些现成的概念和原理赋予新的数学内涵时，这些概念和原理本身以及建立在其基础之上的理论体系都一起随之发生了潜移默化的转变。经济学也由此呈现出了全新的结构和面貌。这种对经济学分析范式和理论体系进行重构的可怕之处就在于，人类到底该使用怎样的日常语言符号才是可以最有效地处理自己的私人事务呢？进而，冯·纽曼借用博弈论分析而实现的重构到底有何意义呢？经济学最终成为只为少数人服务的专业语言呢，还是有必要成为人人均可听懂、看懂和能够理解清楚的大众语言？如果是后者，那么经济学就需要更大意义上的彻底重构。

第十七节　科斯及新制度经济学对自由市场的构造

　　承传古典范式，但建立在新古典范式基础之上的西式自由市场体系，到了科斯（罗纳德·科斯/Ronald Coase）的时代（25 岁时，即 1937 年发表《企业的性质》一文，但直到 20 世纪 70 年代才被斯蒂格勒所发现并逐渐脱颖而出的），即使已经历了帕累托的非中性市场革命和凯恩斯的非自为性革命，以及奥地利学派还有冯·纽曼的个体中心论革命，更大的革命风暴还是揭竿而起，平地起惊雷。比凯恩斯羞羞答答费劲述说收入和消费之间实际上并不存在必然的"自为机制"，即不存在着一旦有了收入就必然进行消费的这档子事干脆利索多得是，科斯直接指出了新古典的皇帝新装：虽然市场上大量及普遍存在着"价格机制"但它根本不涉及或触摸不到"企业内部世界"。这层人人皆知的窗户纸一旦被捅破，缘起于瓦尔拉斯、由双边交换方程之联立所构成的市场，就被证明是干瘪瘪的骷髅架一副。因为这种市场根本不包含"企业内部现象"作为正常的经济活动。由此，新古典市场被彻底揭开了庐山真面目：它只能包含成功型交换在其中，而不能包含生产和/或所有与成功型交换有关联的经济活动在其中。为此，我们特把这种远离真实经济、仅只解说成功型交换现象的市场，称之为系【纯交换型市场】。显然，这种图像一旦呈现在科斯的脑海里，它必然是一幅极其恐怖的画卷：企业的生产和市场交换之间的关系又是怎样或如何确定的呢？如果说，企业的决策和组织是按完全竞争型市场之价格机制来行为的话，那么企业的决策和组织就会随市场价格的波动而处于不断的变动之中，即，企业内部的一切安排都必须服从市场价格的波动而波动。换言之，即使企业在内部所实施的生产资料配置不再借助价格机制了，但在"所有非价格机制决策（企业行政决策和生产指令决策等）背后的总原则仍然是受市场价格机制所左右或所支配的"。即，任何企业内部的决策和行为即使不具有价格形式，但其实质仍然是受其外部市场的价格机制所制约的。否则，企业的内部经营也是不可行或不可维系的。

然而，这样一来，企业与市场的关系议题就不再像科斯当年在《企业的性质》一文中所揭示的那样恐怖了。毕竟，企业主代表企业在市场中参与价格导向型交换的行为是一种直接的交换行为。那么，由其在企业内部实施的各种指令，难道不可以解释成系委托人与各级代理人之间的关系吗？无论如何，企业作为一种组织在市场中的存在，是既可以像科斯那样将其解释成是对市场价格机制的一种替代（在交易成本更优时的一种替代），也可以解释成系企业主作为委托人和企业内部各级代理人之间的一种代理关系：即代理人市场。为此，我们特把将企业之所以存在于市场价格机制中的根源归结为系委托人和企业内部各级代理人之间的代理人关系说，称之为【企业的代理人市场假说】。

显然，无论是科斯的企业理论还是【企业的代理人市场假说】，它们共同的特点是，市场不仅不是唯一调动资源和配置资源的有效机制，而且在其之外的生产领域中的资源的调动和配置机制往往是比市场的来得更优。更为重要的是，当生产领域的资源调动和配置机制比市场的更优时，市场机制是服务于生产机制的。并非生产机制永远都服务于市场机制。例如，战争时期，生产的目的就不是为了在市场中进行交换而展开的，此时为了生产所需而进行的交换反过来都是服务于生产机制的。这是典型的案例。为此，我们特将生产机制优胜于市场机制时借助市场机制来组织和调动以及配置资源是为生产服务的原理，称之为【生产机制优先与优胜原理】。反之，我们特把市场机制优胜于生产机制时借生产机制来组织和调动以及配置资源系为市场服务的原理，称之为【市场机制优先与优胜原理】。总之，我们不能将市场与生产割裂开来处理经济整体体系。亦即，不仅只是当使用市场机制的"交易成本"高于使用生产机制的时才会使用企业组织的，而且，只要交易的代价（包括标的物本身的索要代价和为了使用交换而发生的交易成本之和）高于愿意和所能付出的时，交换就是不会发生的。但是，在交换被判定不可成交时如果存在交换当事一方自己独立生产的综合代价之和是优胜于交换的要价和交易成本之和时，交换当事人为什么不去自己生产或自己组织去生产呢？毫无疑问，只要理性原理不失效，替代交换而由自己去生产的选择就是必然的。因此，无论生产的目的是为了消费，还是为了去市场进行交换，作为替代交换而发生的可能都是会发生的。之所以如此发生的根源，①要么是交换的要价太高；②要么是进行交换所得的交易成本太高；③要么是①和②两者之和太高。总之，上述三种可能都会导致交换的不成交，也都会导致生产对市场进行替代的可能性发生。一言以蔽之，企业对市场机制的替代并不必然仅只因为"交易成本高"而发生；事实上即使是交易的要价高也是可以导致生产所得对市场所得的替代。毋庸置疑，各新兴市场国家在走向市场开放时的进口替代都是这种原理的直接结果，而绝对不单单只是因"交易成本高"的缘故所导致的选择结果。有鉴于此，它表明：在所有的交换中其实都潜藏着"生产替代"的利益比较在其中。只是因社会分工的缘故，很少有人或机构具有多种绝对比较优势罢了。总之，生产机制对市场机制的替代是随时存在和随时发生且具合理性的。毕竟，任何社会的最高总目的都是所得事业的可持续进步，而不必然得是生产或市场事业的可持续进步。换言之，比生产和市场都更重要的是所得。无论生产或市场，哪一个更能促进所得事业的长足进步和可持续发展，哪一个就更为优先和优胜。两者之间的关系是相互促进、和谐一致的。因此，当西方经济学把将从生产分离出来的"市场机制"摆在高于生产机制之上时，这种经济学已经大大偏离了所得经济学的最高宗旨。不无遗憾的是，这种偏离在科斯手里不仅没能得到有效的修复，反而被科斯的"交易成本"概念给分离得更加无法挽回了。因为，一旦将企业组织从市场机制中分裂出来作为一种替代机制，市场就被彻底钉在了不包含生产机制之单纯交换的十字架上。其结果就是，好像市场有市场的决策和理性机制，而生产又有生产的决策和理性机制。两者的关系仅只存在"交易成本"的高低比较。其中优者生效，劣者被淘汰而失效。假定如此，新古典市场就被证明在其之外是仍然存在其他形态的经济活动和经济资源的。故，市场经济和生产经济就成了整体经济的两个分离部分。于是，各自在整体经济中所占比例的问题就会随之被追问到。为此，这不能不说是一个非常尴尬的问题。如果继续追问下去，包括生产经济部分和市场经济部分到底意味着什么等都会成为新的问题。一旦如此，我们不难发现，现实中的新古典市场就只剩下"消费品零售市场"了。在此以外的部分就是"生产经济部分"了。总之，科斯发现的重大意义就在于，无论企业的存在是如何被解释的，企业都是市场经济以外所实际存在的经济活动和经济资源的呈现方式。一旦如此，新古典的自由市场就再也不是关于"自为与否"的问题了，而转化为系市场是有边界、有起始、有过程以及有两种不同结果的了。那么，这种要么借助市场机制或选择市场机制来实现所得，要么借助生产机制或选择生产机制来实现所得的更高级活动，到底是什么呢？毫无疑问，这个逻辑推定和追问实际上已经潜移默化地被科斯经济学所暗示了。只是现代经济学本身碍于自身的局限性或所受到的约束无意关注而已。总之，远比凯恩斯经济学革命更彻底的是，科斯经济学彻底撼动了新古典分析范式的核心根基：市场是不能建立在瓦尔拉斯之"成功型交换"联立组基础之上的，因为真实的市场交换是存在起始、过程和成功与不成功之两种结果的。一旦摆脱"交换和价格一一对应"的狭义市场基础和构造原理，将交换回归"真实交换"，即回归有起始、有过程和有成功与不成功之两种结果的真实交换，再来构造市场体制，西方范式经济学所遭遇的所有局限性问题就都将随之得到自然的破解。当然，科斯经济学对自由市场体制的贡献还不能局限于此。科斯针对市场外部负效应所给出的新解决方案：将外部负效应先进行总量合理化治理之后，再将它们拆分成可在市场中进行交易的单位量进行拍卖，就是一种超越庇古税治理方案的解决方案。如此，市场外部的负效应部分就都可以被纳入市场中进行交易而不再成为市场的外部效应了。这种将市场外部负效应内部化的方法和机制，是科斯经济学对新古典自由市场的另一巨大贡献。毕竟，一般均衡是无法均衡到外部效应的。

第十八节　庇古和科斯关于市场外部性的重构

传统的市场，即自古典和新古典以降的市场，很可能也是世界上大多数人普遍接受的"市场"，其概念无一不与"交换"概念关联在一起。虽然"交换"的概念一直处于深刻的变化之中，但由交换构成的"交换型市场"则一直处于无可争议的基础位置。亚当·斯密最初把交换解读为"等价交换"，且"等价交换"之数量的增加是需要社会分工来有效促进的，即，人与人之间绝对比较优势的种类越多，专业程度越深和规模越广泛，则"等价型交换"的数量也就越多，对应的市场就越大。整个古典范式都假定如此。但古典范式的交换观遭遇了自身无法克服的"水与钻石悖论"的致命打击。当新古典范式崛起后，交换的概念不再维系在"等价交换"的困境之中了。交换的基本原理由此转变为"不等价交换"。交换价格随供需变化而呈现出不等价的变动规律。新古典的分析范式由此崛起。但是，马歇尔在构建新古典分析体系时，在故意和无意识之中将"不等价交换"的范畴大规模地缩窄到仅只介于"供需交换"的狭小范畴。由此，关于"不等价交换"的分析被马歇尔带入了"供需交换"的狭小阴沟之中。在此前后，古诺和瓦尔拉斯等人又在市场条件方面作了进一步的细分，然后在各自不同种类的细分条件中对"不等价交换"又进行了市场规律的总结，分别得出了"垄断型交换"和"可联立交换方程型交换"的市场新概念。虽然在此期间埃奇沃思以其无差异曲线和契约曲线的分析工具敲裂了"交换决定论"的顽固性（即，在无差异曲线上交换是无法被确定性决定的），但是，有关交换的探索仍然局限在双边交换的范畴。即使奥地利学派和冯·纽曼把个体行为主义引入交换分析的中心，且凯恩斯首先对交换的"必然成功性"或"自为性"发起了主动的反思和反叛，加之科斯关于"市场机制"的可替代机制的发现，交换和市场的概念依然没有发生根本的改变。直到庇古和科斯学派之间关于生产、交换和市场外部性的探讨及争论，尤其直到"庇古税"

作为外部负效应的治理方案成为争论的焦点之后，新古典市场的概念随之发生了变化。

市场，自庇古和科斯以降，在经济学界已经发生了颠覆性的观念变革。因为，所有的经济活动，无论个体化的生产还是双边的交换，以及多边的市场，都被发现是存在外部性效益的，即，一个人或两个人或多个人在追求自身利益的同时，是显著存在可导致非当事方或当事方的外部遭受①更有利益；②更无利益；③利益无差别之三种不同情形之组合的影响的。为此，我们特将这种原理称之为系【外部利益的三可能性原理】。换言之，任何人，无论在个体环境下还是在双边环境下，或在市场环境下，其追求自身私利或私利最大化的同时，是一定会造成"外部性利益效应"发生的。为此，我们特将其称之为【外部利益的必然性原理】。事实上，无论有意或故意，"外部性效应"都是必然要发生的，都将以【外部利益的三可能性原理】之方式发生。有鉴于此，新古典的传统分析范式（庇古和科斯之前的分析范式）就被证明是存在显著狭义性的。即，一般均衡只能是所有交换在特定条件下都能同时成功的一种状态，但这种均衡态是不包含"外部性利益"在其中的。例如，一个人在某城市的中心位置购买了一套住宅，比如购置价为100万元人民币，一年后由于附近新近修建了一座地铁站，于是受其影响价格迅速蹿升到了300万元。那么，这个人所购物业的价值多出了200万元人民币的增值是哪里来的呢？显然，是因修建地铁项目之外部性效应所带来的。由此可见，一个人财富的全部实际上既来自①生产、交换和市场，又来自②外部正效应利益与③外部负效应利益之三部分的整合。为此，我们特把任何一个人或私利主体的财富或利益都是来自上述三位一体化之【广义市场】的原理，称之为【财富的三位一体化原理】或【财富的广义市场原理】。

假定如此，给定社会的经济整体均衡，必须得是财富的三位一体化的利益均衡，而不能仅只是交换型利益的均衡。因为，外部的正负利益效应也是一定影响行为者之私人利益比较和更有利益之选择的。所以，传统的建立在纯交换基础之上的一般均衡体系已经明显过时和失效了。

　　总之，给定任何社会，只要承认其经济的整体状态和均衡都必须是三位一体化的，那么，传统的市场体系就被证明是极其狭隘和潜藏重大缺陷的。为此，我们特把给定任何社会，其经济的整体状态和整体均衡系被认定为三位一体化的市场，称之为【三位一体化市场】。

　　无疑，一旦揭示出【三位一体化市场】的庐山真面目，关于如何建造一个社会的财富体系，就会呈现出截然不同的繁荣景象。因为，给定【三位一体化市场】，其中的外部正效应部分既可以是①因追求私利所导致的；也可以是②因追求利他所导致的；还可以是③追求私利和利他所共同导致的。为此，我们特将三者分别称之为：【利己型三位一体化市场】，【利他型三位一体化市场】，【利己与利他混合型三位一体化市场】。至于外部负效应部分则是无差别的，即，无论是利己型的，还是利他型的，或是利己和利他混合型的，都无差别地追求外部负效应的最小化。为此，我们特把【三位一体化市场】中，关于外部负效应部分的治理，对于利己型、利他型和利己及利他混合型都是无差别的原理，称之为【三位一体化市场之外部负效应的无差异治理原理】，简称【外部负效应的无差异治理原理】。

　　市场的概念和体系一旦被重构成【三位一体化市场】，以及由其分类出的【利己型三位一体化市场】、【利他型三位一体化市场】和【利己与利他混合型三位一体化市场】，整个自古典范式和新古典范式以降的市场观，包括市场的概念和理论，以及市场体制及实践，都被证明是存在巨大改进空间的，包括市场的最初始属性，即市场是否一定是谋求私利的场所或机制等问题都会随之立刻呈现出来。显然，私利主义者的最大悲哀就在于，他们会无奈地发现，无论是否承认"利他理性"的存在，给他人带来更有利益之好处是无法避免的。与此同时，我们也会发现，如果这种利他型机制能被充分利用的话，即以主动的利他机制善加利用的话，那么市场的普遍繁荣将会由此获得难以想象的倍增效果。

第十九节　西方自由市场的绝对困境

自由市场是人类的正义事业，但西方自由市场理论和体制却并非如此。从市场到自由市场，体现的是人类历史和社会的文明进步。伴随货币起源而起源的市场，由于首先伴随权力机制而以"私人垄断型市场"的形态出现，经过漫长的文明演进再向"多数人垄断型市场"（封建政体）之形态演变和转型，然后再向"公共市场"（允许陌生人参与的市场）之形态过渡。有鉴于此，自由市场的初始缘起首先是以反垄断，包括反私人垄断、封建垄断、权力垄断（新兴资产阶级一样喜欢垄断）和权力寻租、反殖民贸易体系等关联在一起的。这是市场经济自由化或自由市场的政治主旋律。之所以如此是因为市场的本质是与货币关联在一起的。而货币又是以实物货币形态最早在历史中获得起源的。因此，垄断货币即可垄断市场作为获利工具的社会属性，就成为政治的重大争夺目标。所以，市场自由化事业的发展轨迹一直沿着如下两条不同的路径在向前演进：第一条是政治路线；第二条才是经济路线。

众所周知，市场的自由化事业，在历史上首先是取得政治路线的成功（即首先摆脱了王权政治、封建体制、排他性政体或零和政体）之后，其经济路线的演变和进步才会逐渐凸显出来的。不过，自由市场是否只能伴随政治的进步而进步的立论是有待进一步论证的。当然，这种论证一不小心就会陷入一种困境之中，好像政治是经济繁荣与否的前提，而忘了经济往往是推动政治变革和进步的重要前提。有鉴于此，我们在此先简单地阐述道：给定任何社会，其政治与经济之间的关系都存在如下三种必然：①政治体制能够确保更多的利益和好处；②经济体制能够确保更多的利益和好处；③政治体制和经济体制所能确保的利益处于无差异的状态下。由此可见，当政治体制与经济体制处于"无差异均衡状态"时，社会就是最和谐与最完美的。但是，当社会处于①的状态时，对外发动获利战争的可能性就会大增；相反，当社会处于②时，对内发动推翻落后政体之革命事件的可能性就会大增。总之，政治与经济的关系是一对互为因果的社会利益关系。两者共同构成了广义社会关系（参见第十四章中的相关论述）。为此，我们特把给定任何社会之政治与经济的关系是一对互为因果的社会利益关系的原理，称之为系【政治与经济的社会关系学说】或【社会第一关系学说】。

　　毫无疑问，给出【社会第一关系学说】，市场自由化事业在历史进程中的真实演变就都可以获得完美的解释了。简单讲，市场的自由化事业是与美国的国家历史一同进步而来的。美国是最先迈入自由市场体制的国家。这与美国的国家政体是高度一致和相互吻合的。当然，美国创建的自由市场体制最初始的原则是"人人均可平等参与的市场体制"。为此，我们特把它称之为【自由市场的第一属性】。此外，缘起于亚当·斯密《国富论》中的社会分工原理，在美国自由市场中的实际应用，可谓【自由市场的第二属性】。当然，这一属性很可能是整个古典分析范式对"自由市场"或"自由经济"的最大贡献。只可惜，在新古典经济学诞生之前，"自由市场"或"市场的自由化事业"几乎再没有更多的进步。究其根源，我们不难发现，古典经济学范式下的"自由市场"实际上是市场体制整体的自由化，而不是局部或特定类型市场的自由化。因此"自由市场"在古典时代，无论具备哪些属性，都是针对"市场整体"而言的。但是，步入新古典时代，即边际分析兴起以降，"自由市场"的含义首先在古诺手里，继而在瓦尔拉斯、杰文斯、马歇尔等人手里悄然发生了重大的转变："自由市场"不再是关于"市场整体"本身的了，而主要是关于"特定类型市场的自由化"了。这种转变是西方自由市场体制遭遇绝对困境的最大根源之所在。因为，只要是特定类型市场的自由化，那么，不在给定特定类型自由市场中的人，就都无法享受到【自由市场的第一属性】和【自由市场的第二属性】。所以，谈及任何特定类型的自由市场，就都不是市场整体的自由化或自由化属性。

有鉴于此，新古典市场体制追求自由化或自由主义的绝对困境，就是它无法构建具有统一基础的整体市场体系或体制，即便是"完全竞争型市场"或"完全自由竞争型之一般均衡市场"也只不过是障眼法下的一种单类型市场罢了。所以，整个新古典市场理论，从古诺开始，到瓦尔拉斯、埃奇沃思、杰文斯和马歇尔，又到张伯伦和琼斯夫人，再到阿罗—德布鲁等，所有关于市场的构建都是单类型市场的构建，而不是关于市场整体本身的构建。为此，我们特把新古典分析范式下关于自由市场的理论都系单类型市场，而非市场整体本身的现状，称之为【新古典市场理论的绝对困境】。

毫无疑问，受等价交换理论局限性的制约，古典经济学对"自由市场"的构建无法做出比亚当·斯密和李嘉图之绝对比较优势和相对比较优势市场理论更出色的市场理论，但即便如此，古典范式对自由市场的贡献仍然是实实在在，有效于市场的整体。相比之下，新古典的市场理论则根本无力关注市场整体本身的自由化属性。换言之，新古典范式关于市场的所有构建，因受单类型市场条件的前提性制约，无法不与"市场整体的自由化原则"相对立和相冲突。为此，我们特把"自由市场"或"市场的自由化"是针对市场整体而言的原则，称之为【市场自由化的最高原则】或【自由市场的最高原则】。有鉴于此，新古典分析范式所面临的最大挑战就是怎么样将自己自古诺和戈森，瓦尔拉斯、杰文斯及门格尔以降的所有"单类型市场理论"都整合到一个具有统一逻辑基础的"整体市场体系"中，否则，新古典分析范式不配谈自由市场。即便在其众多的单类型市场理论中存在着著名的"一般均衡型之完全自由竞争型市场"，其中的自由性也不是针对真实市场或整体市场而言的，最多算是针对"单类型的完全自由竞争型市场"而言的。简言之，无论新古典的市场理论看上去多么道貌岸然，就人类经济事业的进步而言，它是绝对不可取信的。毕竟，迄今为止新古典分析范式还不具备构建市场的整体体系的必要方法论。这是它遭遇绝对困境背后的真正根源之所在。

指出【新古典市场理论的绝对困境】都是单类型市场理论，而无法构建市场的整体体系，那么，这是否意味着：整个西方的市场理论，包括古典范式下的市场理论也都如此呢？新古典市场理论遭遇的绝对困境由于从根本上讲是因缺失整体市场理论所造成的，所以在单类型市场构建方面，新古典范式必然遭遇各种各样的问题与困境的情形就是再自然不过的了。换言之，新古典市场理论遭遇绝对困境的核心根源不是来自于在构建某个特定单类型市场体系时所遭遇的问题或狭义性，例如，古诺开创的类型化市场方法论（整体市场从此消失了），瓦尔拉斯开创的纯假言式市场体系（实证基础反倒成为多余），马歇尔特将交换型市场矮化为"供需型市场"（建立在交换经济之上的真实市场被大幅度缩小了），埃奇沃思开创的无差异分析（既超越等价交换理论，也超越了边际不等价交换理论），奥地利学派的个体行为主义（但个体齐次假说已走入歧途），庇古福利经济学所引发的基数效用论的大崩盘与序数效用论的崛起（由此边际分析的方法论开始让渡给高级经济学），帕累托的非中性市场、张伯伦的新竞争理论（同类替代性竞争理论）、凯恩斯高度关注的"市场失灵"与"市场自为性"等都与"成功型交换逻辑"有关的狭义性方法论，加之"阿罗—德布鲁的货币中性论均衡构造"，所有这些都不足以构成新古典市场理论的绝对困境，直到【新古典市场理论的绝对困境】这件皇帝的新装被揭穿。

至于古典范式的市场理论为什么也被塞进西方自由市场的名下一同遭遇绝对的困境，其根源就在于：【古典市场】，因等价交换原理的缘故，故只与市场规模有关，而与市场类型无关。但从古至今的大量反证案例又表明：像拍卖这类形式的竞价交易是随处可见、普遍存在的，即，在等价交换之外还存在"不等价交换"之交换类型的。由此可见，一旦假定竞价拍卖的交换形式是不等价交换，那么，古典经济学所倡导的"等价交换理论"就被证明同样是一种特定类型的交换现象，而不是所有交换现象都无例外遵守的通用型交换原理。

综上所述，无论古典分析范式，还是新古典范式，两者在理论架构和实证基础上都不具备构造能够包含所有交换现象在其中的交换原理和建立在这种交换原理基础之上的整体市场理论。缺失"全称型交换原理"的直接后果是，所有建立在这种"残缺型交换原理"基础之上的市场理论就都不是整体市场理论。所以，我们可以大胆下结论的是：建立在古典和新古典分析范式基础之上的西方经济学，是无法建立起整体市场理论和制度框架的。有鉴于此，"自由市场经济"在西方语境下的含义，除了【自由市场的第一属性】和【自由市场的第二属性】成立之外，其余的就都不是整体市场属性，包括由"市场发挥决定作用"的说法也都不成立。因为，不同类型的局部市场，其价格机制所发挥的资源配置作用是不尽相同的。总之，西方市场经济，或西方自由市场经济，都不是整体市场经济或整体自由市场经济。为此，我们特把它称之为系【西方市场理论的绝对困境】。

　　与【西方市场理论的绝对困境】相比，建立在广义交换原理基础之上的广义市场理论，则有效克服了无法构建"整体市场体系"的理论困境。广义市场理论已经能够有效地将所有不同类型的局部市场之建构涵盖在自己的整体市场构建之中了。既不会再有特定类型的交换可以存在于广义交换模型之外，也不会有任何类型的局部市场是广义市场理论所无法涵盖在其中的了。不仅如此，作为已成功构建出整体市场体系的广义市场理论，它已发展出了与"整体市场"相关的诸多属性和原理。例如，【自由市场之货币价值与货币数量的均衡原理】和【自由市场的三位一体化机制】等。当然，一旦给出"广义交换"，所有传统意义上的经济学概念就都实现了广义化的扩张，从此都成为了"整体市场"的基本属性。一言以蔽之，人类自布雷顿森林体系以降所遭遇的各种危机与混乱，归根结底都是因为西方经济学体系已经走到了自己边际价值的尽头。它的解体已经成为无法挽回的历史必然。只有接过西方经济学的接力棒，自由市场的正当性才能在西方经济学的基础上发扬光大。

第四章　西方经济学的绝对困境（一）

—— 私利齐次型市场与私利非齐次型市场

及【利己与利他混合型市场】

　　西方文明对人类个体经济行为的解读，毫无疑问涉及关于"人性"的假定。尤其当"古典等价交换原理"遭遇困境而必须给出新解说时，新古典范式如获至宝式地找到了边际的分析方法。为此，它不得不在人性和边际方法之间架构起某种逻辑关系。"私利假说"便由此成为了新古典范式捍卫边际分析方法论的核心基础，否则，边际方法论便会遭遇重大的挑战。因为，人类个体的经济行为只要不完全是"利己"或"私利型"的，即，可以是"利他"和"利整体"的，那么，边际方法论便无用武之地。不无遗憾的是，新古典范式为了捍卫边际方法论竟然敢冒天下大不为而断然采取否定"利他人性"以及"利整体"的文明原理来将自己逼入绝对的困境之中去蒙骗世界。怎奈，历史就是历史，由不得任何反历史方向的企图可以长期维持下去。一旦去除"私利假说"，人类的经济学事业旋即就会呈现出完全不同的绚丽景象。一个能彻底超越"私利型市场体制"的"利己利他和利整体型市场新体制"就会脱颖而出。

第一节　私利主义经济学的终结【私利齐次型市场】

西方经济学对人类文明的最大扭曲和歪曲就是，它假定人的本质除了获取私利之外，还是获取私人利益，除此之外没有任何利他的可能性。亦即，西方经济学直接拒绝了任何关于利他行为或利他主义的经济学分析。这种关于"获取私利"系人性唯一源泉的基本假定，在转化成其范式语言的分析表达时自动呈现为"私利人性的齐次假定"。即，人性的本质仅只体现为获取私利，以及获取私利最大化的利益比较和行为选择上。为此，我们特把建立在"私利人性齐次假说"基础之上的市场理论，称之为【人性私利齐次型市场】。

从亚当·斯密以降，获取"私利"就被放置在了组织社会的最核心位置上。人人追求私利的结果被亚当·斯密述说成是比主动追求利他所能带来的结果更加有助于繁荣和昌盛的。这与中国社会所奉行的处理"国家利益、集体利益和个体利益三者关系"时的原则是南辕北辙的。因为，在中国，当集体利益和国家利益之间发生冲突时，集体利益要让位国家利益；而当个体利益和集体利益发生冲突时，个体利益又得让位集体利益。所以，在中国，国家利益或整体利益仍然是至高无上的。但是，倘若依照亚当·斯密的利益关系说的话，国家利益和集体利益在与个体利益之间发生优先议题或彼此冲突议题时，前两者都必须让位给个体利益，即，个体利益是推动一个社会进步和繁荣的根本性驱动力。相比之下，集体利益和国家利益则是可以从"个体利益"的叠加中获得的。于是，问题就产生了：到底以"个体利益"作为利器基础来推动社会更有效率的进步呢，还是以"整体利益"作为利器基础来推动社会更优效率之进步呢？无疑，该问题早已经成为了制约西方经济学进一步发展的核心议题和致命困境。毕竟，该困境在历史长河中已经流淌了上千年之久，早已经成为了公认的古老疑难。如果是后者的话，谁来为"整体利益"负责呢？显然，给出"私利人性齐次假说"，没人能够如此。

　　然而，世界不是线性的。到了广义经济学分析范式崛起之际，私利主义经济学终于在自己的眼前发现了自己并不情愿看到的自我必将终结的坟墓。因为，伴随"外部正效应"的存在和被公认，市场的主体不仅在其行为结果上是可以产生"外部正效应"的，而且在主体行为实施之前就已经可以事先在主观上进行"外部正效应"的利他型理性计算了。只不过，西方经济学主要关注"外部正效应"的结果部分。通常的含义是：行为人所实施的行为对他人或外部公共环境所产生的溢出效应，以至于身处外部环境下的其他人不必为此效应支付任何代价就可以无偿地获得净利益的现象。重要的是，他们都没能意识到，关于"外部正效应"的研究，行为前关于"外部正效应"的理性计算（即利他的理性计算）要比事后的外部正效应溢出结果更关键。换言之，"外部正效应"是一种可在事前就做出理性计算的"财富效应"，是可以在市场主体追求自身私利最大化的同时就为他人或为自己带来"财富"的一种效应例如我们在第二章中所列举的高铁案例。在进行高铁投资时，当时的决策者们既要积极考虑自身资产负债表的盈亏计算，同时还要积极考虑高铁投资所能带动的外部正效应之利他型收益计算。换句话说，即使投资高铁的主体的资产负债表经盈亏计算后是不符合私利最大化的，但是，如果说由这种投资所带动的外部正效应足以拉动许多相关产业的增量发展，尤其是当这些增量发展所能带来的增量税收足以抵消并超过投资主体自身资产负债表所没能实现的"私利最大化差额"的话，那么，从"整体净增量"最终更优的意义上讲，高铁主体的投资仍是符合理性原则的。因此，不仅存在"利私理性"和"利他理性"这样两种不同的经济学逻辑原理，而且存在着"整体理性"的经济学逻辑原理。有鉴于此，它的深刻含义就是：给定一个社会，其整体的利益进步和财富总量的增加，并非只能通过"私利的叠加"来获得。相反，外部正效应利益机制所能带来的整体利益大于部分利益之和的机制，就是"利私理性"和"利他理性"所无法保证的"整体理性"之所以必须存在和发挥独特作用的根源之所在。

　　关于社会整体进步到底该如何衡量的问题，即使到了帕累托的时代，也仅只是向前跨进了一小步：否定了庇古福利经济学关于"边际效用"之利益可以在社会群体间进行比较的谬论之后，"帕累托最优理论"随之脱颖而出。但是，政府在这种制度下仍然不知道，到底该如何处理自己与市场之间的关系议题。即，政府与市场之间的疑难问题并没有随着帕累托最优的问世而自动得到有效的化解。与此不同，一旦给出"利私理性"、"利他理性"和"整体理性"之间的有效划分和界定，政府的利他属性随之第一次被赋予了全新的含义。不仅如此，事实上，一旦政府作为具有利他理性的行为主体之后，政府与市场之间传统关系的疑难随之自动解体。因为，西方范式下的经济学之所以始终无法破解政府与市场之间的关系疑难，乃是因为在西方经济学的语境下，政府作为一种垄断型主体依然被假定为"不具有利他行为能力的主体"。如此一来，政府就只能用衡量企业追求私利最大化的尺度来衡量自己的行为和效率。即，同样的资源倘若交到政府的手里，但却不能实现像追求私利最大化一样效率的话，那么为什么不让这些资源继续留在企业家的手里去创造效率更高的私利最大化呢？无奈，在这种追问和质询中，"政府与市场困境"的核心来自政府被假定成"不具有利他能力的主体"。所以，当广义经济学苦尽甘来最终第一次将"利他理性"和"整体理性"解放出来之后，政府与市场之间的传统困境将迎刃而解。这是中国市场经济背后的最大秘密之所在。即，西方没能搞明白的是，如果不存在利他原理之可能性的话，中国政府在反腐的旋涡中又如何能够超然至今呢？正是因为存在"利他理性"和"整体理性"在发挥作用的缘故，所以即使面对"反腐"的超级压力，中国政府也能稳如泰山且应对自如。毕竟，与中国政府做出的利他贡献相比，它所遭遇的多种指责和质疑都还无法对冲掉它的利他伟业。不言而喻，西方式民主政府，只要从基础原理上被证明系建立在"私利理性"基础之上的话，那么，它就只能是一种"成本型政府"，即，其之所以存在的必要性被假定成，如果没有政府机制的存在，那么给定社会项下的所有个体就都会分别分摊上更大的安全代价、秩序代价，以及其他形式的交易成本代价。换句话说，政府的存在并不会给这个社会带来任何增量的贡献，而最多可以帮助这个社会减少"社会成本"的维系。究其根源，在这种理论或学说的背后，政府被假定成由"纯私利主体"叠加而成的"私利代表机构"。针对这种"私利代表机构"，其行为由此被约束成只能从事可以确保全体私利者均可从中均等受益的事业，而任何利他型事业因此都无法与之相兼容。因为，每一位私利的代表者本人也都在理论上被假定成了"私利者"。果真如此的话，由谁或由什么主体机制来发出利他的主张和建议呢？所以，只要人类的个体被假定成"纯私利者"，那么，由所有纯私利者组成的民主式政府也只能是"纯私利型政府"，为此，我们特将其标识为【纯私利型政府】。如此一来，由"私利者齐次假定"所构成的社会又如何能创造出任何意义上的"利他主张或建议"并实施相应的行动呢？毕竟，我们无法想象出和推理出由"N 个纯私利者"之代表组成的政府可以在选举代表环节中转换或叠加出"利他型机制"来。无疑，【纯私利型政府】之所以可以成功建构的核心根源就在于，它是由 N 个纯私利者进行合作而产生的结果。那么，N 个纯私利者之间又是如何进行合作才有可能构建出一个"新多边体机构"的呢？其中一个最明显的理由或机制就是：N 个纯私利者同时但分别面临特定的生存成本需要克服。例如，1775 年 4 月 19 日大英帝国在美洲的 13 个殖民地奋起反抗大英帝国的殖民统治，最终经过八年艰苦卓绝的浴血奋战获得了独立。但是，此项胜利如果没有之前，即 1774 年 9 月 5—10 月北美殖民地在费城召开的殖民地联合会议，史称"第一届大陆会议"（The First Continental Congress），而是由 13 个殖民地分别去抗击大英帝国的殖民统治的话，那么它们是不可能获得最终成功的。故，联合的结果就是能够大幅度降低风险和减少成本或代价。而这种合作机制即使在动物世界里也比比皆是。鬣狗的捕猎合作就是典型的范例。总之，建立在"N 个纯私利者齐次假定"基础之上的【纯私利型政府】，其合作机制只能是"成本型"的，而不可能是"共赢型"的。因为，只有当给定社会的"政府"系具有利他能力时，它才有可能给 N 个个体均带来无须付出代价就可以得到的比成本节约型更有利益的"财富利益"。

　　由此可见，政府到底是否具有"利他属性"绝非一个小的议题，而是直接关系到怎样的社会组织机制才更加具有人类文明进步方向的重大议题。而政府是否具有"利他属性"之问题的根源又根植于人类个体是否具有利他理性的议题。有鉴于此，西方文明的最大软肋就在于，它把人类的本性齐次化成了一种"唯一拥有私利属性"的假定。这种把人类社会齐次化成系由"全体纯私利者"构成的假定直接导致了【纯私利型政府】的民主化构造。所以，我们有必要重新审视民主政体型政府是否必定是【纯私利型政府】的重大新议题。如果说民主式政府真的会存在有这种内生性的重大缺陷的话，那么，关于"利他主义"的经济学思考就会成为新时尚。对西方经济学而言，历史也许真的已经到了值得它彻底反思的重大转折点：人类个体的本性不仅具有"利己的理性"，同时还具有着"利他的理性"和"利整体的理性"。为此，我们特将其称为【人类个体本性的三利原理】，简称【三利原理】。

　　无疑，给出【三利原理】之后，关于市场、政府和社会的构造问题就会呈现出全新的图像，而不再是建立在"私利齐次性假定"基础之上被透视出潜藏显著缺陷的民主型社会这种较为落后的景象了。与此同时，在【三利原理】的肥沃土壤上，一个多姿多彩、兼容西方式且远比其社会、政府和市场之构造更为先进的文明新生态正在蓄势待发。毕竟，利他理性（包括利他型政府和利他型个体等）、外部正效应财富以及利整体理性等，都是现行西方资本主义社会和自由市场体制所无法兼容的社会新活力。即，由【三利原理】所构造的世界要远比仅凭"私利齐次"构造的世界更加充满市场活力。社会的繁荣程度和维度以及财富效率，包括人与人之间的广义交换关系，内生性地涵盖了"生产关系"，当然也包括各种调节机制的丰富性，都将预示着"单纯私利型社会"在历史上的必然终结。一切美好的生活方式都是先进文明的必然选择。尤其当这种美好生活方式的确切含义不再是所谓价值判断型的时候就更加如此。总之，由"三利型经济"所驱动的社会更加具有文明竞争力。

第二节　利他主义经济学的绝对
困境【利他齐次型市场】

　　私利主义自古以降就是一个容易令所有人都被诱惑的社会主张。但是，建立在私利主义基础之上的西方经济学已经走到了自己将被必然超越的尽头。然而这一切并不必然意味着，与之相反的"利他主义经济学"就是未来的方向。迄今为止，在这个世界上还没有明确地标称自己就是"利他主义经济学"的学说体系和学术阵营。如果有的话，那也只是建立在古典分析范式基础之上的"计划经济"。因为，计划经济所依赖的交换原理乃是照搬古典分析范式所假定的"等价交换"。但是，给出广义经济学的分析范式之后，"等价交换"已经被完整地涵盖在【广义交换原理】之中了。根据第一章中给出的【广义交换模型】：

$$[Pa1] \land [Pb1]$$
$$[Pa2] \land [Pb1]$$
$$[Pa3] \land [Pb1]$$
$$[Pa1] \land [Pb2]$$
$$[Pa2] \land [Pb2]$$
$$[Pa3] \land [Pb2]$$
$$[Pa1] \land [Pb3]$$
$$[Pa2] \land [Pb3]$$
$$[Pa3] \land [Pb3]$$

　　其中，$[Pa3] \land [Pb3]$ 的含义是：给定交换的双方 Pa 和 Pb，他们必然会依据【个体利益比较原理】首先进行利益比较，即 Pa 和 Pb 同时认为，给定的两个利益比较对象 A 和 B，要么①A 比 B 更有利益；要么②A 比 B 更无利益；要么③A 与 B 利益比较的结果是无差异的。假定如此，其中的一种可能性如下：A 与 B 利益比较的结果是彼此无差异的。当仅当 A 与 B 无差异的比较是具有同质标准时，该无差异交换即为等价交换。为此，我们特把【广义交换模型】项下"无差异交换"在同质比较标准条件下的特例，称之为【等价交换】。无论如何，借助【广义交换模型】来解说古典分析范式中的"等价交换"已经完全可能和可行了。亦即，【等价交换】的本质即为"双边交换剩余同时为零的特例交换"。那么，交换剩余与利他经济学之间有什么必然的联系吗？

为此，我们的答案是：如果仅只从"外部正效应"的视角上来界定"利他经济"的合理性的话，那么，计划经济条件下经济主体本身将面临无法获得"交换剩余积累"的尴尬局面；不仅如此，可能还会面临逐渐转负的绝对困境。换言之，如果一个社会中的所有经济主体之全部利润来源均来自外部正效应的话，那么，这个社会是根本不可能运行的。因为其面临的绝对困境是，假设所有经济主体的交换均以【等价交换】这种零交换剩余方式进行的话，那么不仅在产生或创造"外部正效应"的初始交换中会遭遇绝对的困境，而且获得"外部正效应"之后的经济主体又将如何把所获得的"外部正效应"转化为企业利润呢？由于所有交换都已被假定为系仅只以无交换剩余的【等价交换】来进行，所以，即使获得了"外部正效应"，不借助二次交换也是无法将"外部正效应"转化为企业利润的，因此即使企业获得了"外部正效应"，也仍然会遭遇绝对的困境。此外，如果假定【等价交换】为交换原理，那么任何对企业利润存在的假定本身都将是绝对自相矛盾的。一言以蔽之，只要假设给定的经济体制在原理和制度安排上是以【等价交换】为基础来进行运作的，那么这种经济体制必然会遭遇一次交换和二次交换所面临的绝对困境，最终不得不导致走向"计划经济"彻底崩溃的不归之路。换言之，纯粹的利他型计划经济体制是行不通的。因为任何由外部性的主体，无论第三方还是第二方，来替人类个体之利益主张进行决策的行为计划和实施方案，都是对该个体拥有"更有利益之理性能力"的否定和背叛，因此都无法代表可以最佳独立体现自我生命的个体认知。亦即，计划经济的最大困境还不在于像哈耶克与奥斯卡·兰格论战中所阐述的那样，是因为个人拥有的信息与中央计划主体所拥有的信息之间存在不对称性所导致的，而是因为个体认知的存在世界与全体认知所对应的存在世界之间系存在着根本的不可交集性所导致的。因为，大数据时代，越来越多的信息不对称性正在被科技力量克服，但在个体认知和全体认知之间存在并集，而非交集属性的基本原理表明，"交换剩余"
是无法被替代和被计划的。相反，一个社会只有借助"交换剩余机制"
才可以构造出"实体财富"与"货币财富"相关联之共同增长的可持续
型经济体。离开"交换剩余"，市场经济则是不可能的。因为，市场
经济不同于交换经济的最大差别就在于，市场经济是具有多边体构造条
件之约束的交换经济，而不是自然放任型交换经济。给定如此，利他型
经济的可行性就只能建立在"利己"与"利他"同时存在的制度安排
中，而不能将"利己原理"从"利他经济"中抹杀掉。否则的话，单独
的"利他型经济"很难把"交换剩余"之市场组织机制内辖在自己的
逻辑体系之中。有鉴于此，仅由"利他原理"来构造一个经济体，其
运行方式将只能最低程度地满足给定社会之个体的利益需求。换言之，
一个进步的社会一定是一个能够让全体或最多数个体都最大化享受到
"交换剩余"之自由选择权的社会。自由和权力的全部含义很可能都不
大于一个人最大化享受到"交换剩余"的主宰权和选择权。一旦有人借
"利他原理"作为理由来构造一个以否定或降低"交换剩余"主宰权和
选择权为代价的经济体时，这个利他型经济体的命运无疑必然会走向
枯萎。

　　一言以蔽之，我们既不能像西方经济学那样，将人类的社会生活
仅只建立在利己主义的狭义人性假定中，同时也不能仅只凭借空泛的
道德说教将人类的社会生活组织在纯利他主义的虚无人性假定中。
换言之，只要我们胸怀实证主义的务实精神，尊重经济学作为科学
范式的基本原理和原则，尤其是反证原则，那么我们就可以创建起一
个更加富有逻辑性和系统性的广义经济学体系来，一个在基础原理上
彻底包含了古典范式和新古典范式均在其中的广义经济学体系。在
这个体系中，不仅西方的利己主义经济学可以被涵盖其中，而且在一
些国家所实施的利他型经济学也已经可以被涵盖其中。如此一来，
一个能兼容人类全部多样化历史和社会民族性的广义经济学和广义
政治经济学体系就是被充分期待的。当它脱颖而出时，如果不是横空
问世的话，人类生活的全部景象，包括历史和人文以及现实的，都将
可以获得远比之前更为清晰的解读和理解，以及应对各种挑战的胜算
把控。

第三节　整体主义经济学的新世界【三利一体化市场】

整体主义在中国主要表现为国家主义。国家利益大于任何形态的集体利益的思想和观念在中国历史的演进中随处可见。不仅如此，这种思想和观念的变形就是集体利益高于个体利益或个人利益，由此形成了中国文化和社会组织原则的一道主要风景线。这种整体利益至高无上的起源和形成机制到底是怎样发生和延续下来的问题仍然很少被关注。不过，重要的是，这种流淌于中国历史进程中每个阶段的经济思想，从根本上决定了中国社会最基本的组织机制。即，中国文化信奉整体利益高于集体利益，集体利益高于个体利益的社会组织原理。所以，是个体利益至高无上呢，还是整体利益至高无上？显然，这个问题像所有哺乳动物的脊椎一样承载了整个人类社会和体系的历史变迁。当然，在正式引入"市场思想和组织原理"之前，中国的整体利益至高无上观还仍然处于较为低级的阶段，即处于主要扮演当三个主体之间发生利益冲突时的冲突调节机制作用。当只有当引入"交换自主型市场体制"之后，并在无意识之中给"利他理性"创造出新的制度环境之后，中国的"整体利益至高无上观"才能在实践中获得全新的内涵，即，可以借助"个体理性"来增进集体利益和国家利益（即整体利益），同时也可以借助"国家利益"来增进集体利益和个体利益。如此一来，"整体利益至高无上观"不再仅只是解决利益冲突的机制了，同时成为三个层面上的主体利益可以相互促进的共赢机制了。换言之，原来的说法或理论是：当国家利益和集体利益发生冲突时，集体利益必须服从国家利益。其含义就是，即使此时集体利益可能遭受损失，也要顾全大局而以国家利益为重。显然，这种以牺牲个体利益维护集体利益、牺牲集体利益维护国家利益的传统已经无法与个体交换型的市场体制相融合，因而必须与时俱进。相比之下，在新的整体利益至高无上观中，已经不再需要牺牲个体利益维护集体利益、牺牲集体利益维护国家利益了。因为，在广义经济学的分析范式下，个体利益（企业利益）是可以在追求自身私利最大化的同时也来追求"利他型外部正效应利益"的。重要的是，就原理而言，企业既可以在①自身遭受损失的情况下来维护集体利益和国家利益；②也可以在追求自身私利最大化的同时来维护集体利益和国家利益；③此外还可以在既不损失也不所得的情况下而来维护集体利益和国家利益。不仅如此，事实上，上述①、②和③还可以分别用来维护其他不确定个体的利益。总之，传统上，第一种已经成为一种道德教义而在中国文化的承传中流行甚广。至于上述第二种，因在此之前还暂时未被揭示出来，所以不仅中国，整个世界都还不甚了解此种社会的组织机制。试想想看，如果说，追求私利最大化的企业，若能够在市场中不影响自己追求私利最大化的同时，还可以追求利他型外部正效应利益的话，以至于可以为不确定个体利益、集体利益，乃至国家利益及整体利益带来增量贡献的话，那么这种企业和建立在这种企业基础之上的市场组织体制必定是最优的。为此，我们特把其中的市场组织机制，称之为【共赢型市场】。当然，在【共赢型市场】体制下，整体利益的追求也是可以借助外部正效应原理反过来为个体利益和集体利益带来增量贡献的。同理，对集体利益的追求，是既可以给整体利益带来增量好处，也可以为个体利益带来增量好处的。如此一来，给定市场所有不同种类的主体，个体的、集体的和国家的、国际组织的、全球机构的、政府的等就都可以形成相互促进、相互给对方带来外部正效应利益的共赢伙伴了。你输我赢型的零和关系从此将可以彻底告别历史。人类即将迈向一个可以确保个体利益、集体利益、国家利益和更大整体利益同步实现最大化的共赢市场体制。一言以蔽之，以个体利益和集体利益以及整体利益可以相互促进对方利益产生增量效应的原理为基础，整体主义经济学正迎来一场重大的经济学革命。由此所引发的社会变革也将很可能是史无前例的。因为，整体主义者认为，财富总量的最大化才是最有意义的社会目标。但最有效率实现这一目标的路径并非由加总个体利益的最大化而来，而是除个体主义经济学之外的整体主义经济学。

第五章　西方经济学的绝对困境（二）

——主体齐次型市场及【主体混合型市场】

原本，一切交换现象都是基于人与人之间的一种现象。但是到了新古典时代，人类之个体不仅需要被抽象为"私利主体"，而且还必须被抽象为只能要么是"消费者"，要么是"供给者"，同时二者必居其一。唯如此，新古典范式才能构造出可适用于边际方法论的消费者函数和厂商函数来。由此，由"无规则人"作为主体的市场体制就可以被由"有规则的齐次性消费者主体或厂商主体"之市场体制来取而代之了。市场由此变得是可被描述的了。无论如何，即使这种构造糟糕无比，但就科学进步而言，总比没有一种构造要好许多。就这样，新古典经济学由此获得了自身存在的合理性及其必要性，只可惜是一种极其可怜且简陋的合理性及必要性而已。将市场主体二分化之后再进行齐次假定是新古典分析方式无法绕开的笨拙选择。只是如果新古典范式不这样做的话，即，如果允许市场的主体不是齐次性的话，那么市场主体的函数构造就是不可能的，至少就新古典的方法论而言是绝对不可能的。然而，一旦选用了"市场主体的齐次性假定"，新古典经济学陷入绝对困境的必然就是不可逆的。事实上，市场的主体是无法符合单一行为函数的，而是同时追求两种不同交换剩余的。

第一节　被扭曲的消费者和厂商市场
【主体齐次型市场】

　　建立在古典范式和新古典范式，包括凯恩斯宏观经济学和科斯新制度经济学均在内的分析范式基础之上的西方经济学，已经遭遇无法摆脱绝对困境的总危机。这种总危机的根源体现在其分析范式上就是它潜藏了众多狭义性和瑕疵。例如，我们在第四章第一节中已经分析指出的"理性人齐次假定"就是典型的范式狭义性之一。西方经济学将参与市场的所有人类个体均假定为系只追求私利和私利最大化的行为主体，就是典型的【理性人齐次假定】。即，该假定主张：所有的人或所有的人类个体，都是按照【理性人齐次假定】在市场中行为自己的。无疑，【理性人齐次假定】在新制度经济学之前，事实上即使到了科斯崛起的时代或者说即使到了"外部性正负效应"的概念已成为西方经济学的正统之后，也仍然维持着固有的牢靠地位。但是，发生在中国大地上的市场经济探索和实践已经彻底将【理性人齐次假定】踩在了脚下。首先，中国政府的干预方式已经大大不同于西方经济学的范式说教，也不同于其理论家们的派别主张，更不同于自由主义和新自由主义所传播和反对的思想体系和知识体系了。因为，由于"外部正效应"的存在和功效，市场行为主体的"主体模式"已经被发现：在【理性人齐次假定】之外，还实际存在着其他的重要组成部分，即，任何人类个体都可以既追求私利和私利的最大化，同时还可以兼顾性追求利他和利他的最大化。因此，西方范式的【理性人齐次假定】在中国被兼容性超越成【广义理性人假定】，即，在中国市场中的主体可分别或同时追求私利和利他以及私利和利他最大化了。无疑，西方经济学分析范式的上述狭义性，严重阻碍了西方社会对中国市场经济的基本判断和专业解读。不过，这还不是最重要的，因为当我们发现市场的行为主体被进一步扭曲成缺乏真实性基础的"残疾消费者"时，我们就会进一步看清西方经济学分析范式的狭义性已经病入膏肓进而已到了无药可医的境地。例如，当马歇尔构造其著名的"需求表"和"供给表"时，他就已经假定了消费者的如下行为模式：当一种物品的单价趋向走低时，被扭曲的消费者就会购买更多数量的该种物品。相反，当该物品的单价趋向走高时，被扭曲的消费者就会减少购买该种物品的数量。那么，在中国以及世界各地都可以观察到的一个现象是，为促销某品牌袜子，市场的零售定价可以是这样的：10元人民币三双；但5元才一双。那么，真实市场中的消费者是否一定都会选择前者而绝对不选择后者呢？遗憾的是，答案是否定的。换言之，即使前者的单价更低或更便宜，真实生活中的消费者也并非必然都一定会选择前者而不选择后者的。相比之下，被新古典范式扭曲的"消费者理论"则认为一定会选择前者而不会选择后者。为此，我们特把仅只依据"单价之间利益比较而做出的更有利益选择"，称之为【齐次型价格选择定律】。

给定如此，今天被经济学界奉为如同圣旨般的"价格定律"，即马歇尔最初带给世界的著名分析工具，即"供大于求时，单价会下降；供小于求时，单价则会上升"，就被证明其实是必须依赖【齐次型价格选择定律】假定才能生效的。不难看出，新古典的供求定律是不可能在上述市场环境下生效和成立的。因为，给定完全相同品牌的袜子，10元人民币三双和5元人民币一双零售定价，是完全没遵守【齐次型价格选择定律】的假定而在供给侧进行行为的。即，该供给侧的主体由于不遵守【齐次型价格选择定律】的假定，而应该被定义为【非齐次型价格主体】。相比之下，我们特把遵守【齐次型价格选择定律】假定的供给侧主体称之为【单价齐次型价格主体】，简称【齐次型价格主体】。如此一来，我们就可以看到，消费者作为市场行为的主体，在经济学的西方分析范式下是被高度扭曲的，即在所有关于"需求表"和"供给表"的分析和构造中，【齐次型价格主体】都被错误地放置在了可完整充当消费者主体的位置上。即，消费者被假定仅只依赖【齐次型价格选择定律】来做出自己的交换决定。同理，供给者也被假定如此。换言之，在新古典市场上，厂商是不可以进行批量销售的；同理，批发商也是不存在的，因为是不能批量采购的。即，所有批量交易都是与新古典的市场体系不相容的。毕竟，在进行批发交易时，批量越多，单价越低，反之亦然。即，单位价格系随批量的需求增加而降低，同时随批量的需求减少而增加。无疑，这一批发交易的价格规律是世界通用的。但它却与马歇尔依据"需求表"和"供给表"所给出的"需求交易"之"价格规律"相矛盾。由此可见，将一个人自动假定成只会依据"供需价格规律"进行比较判断的人，而不是一个完整的人在市场中去追求自身利益的最大化，是新古典范式集体犯下的最大错误。将市场主体分割化或抽象成没有内在联系的多重虚拟主体，是新古典集体最无能的具体表现之一。总之，新古典范式并不把人当成人来看待的方法论是大错特错了。虽然伴随奥地利学派和博弈论经济学的崛起，这种状态已经得到一定程度的纠正和调整。但消费者理论和厂商理论依然残留在世界各国之经济学教科书中的现实，仍表明它是经济学中一颗巨大的毒瘤。无论如何，新古典市场与真实市场是不相容的。一旦将"人类之个体"回归到主体的本位上，他或她既可以是消费者，也可以是厂商，还可以是不同市场规律的主导者。即，市场并不是由"消费者和厂商"所组成的。相反，市场是由人之个体作为参与市场的唯一主体所构成的。显然，这与新古典的市场构造原理相差甚远，甚至根本不是一回事。总之，用"单价齐次假定"来构造"供需定律"和"单价齐次性市场"的努力，到头来是将"批量定价"的市场主体彻底根除在新古典范式的市场主体之外。其直接结果就是，市场的主体被严重地歪曲成系根本缺失"批量交易"的主体。一言以蔽之，由"人"为主体的市场一旦被扭曲成仅只由"消费者和厂商"为主体的市场，利益比较的方式和基础就再也无法由【个体利益比较原理】来保证和约束。此种市场中的"人"被消失掉了。取而代之的是经由新古典理论家们以"消费者函数"和"厂商函数"方式所构造出的"木偶式生命"。当然，不如此的话，新古典就将面对"比较的同一性基础"的严肃挑战。这个挑战其实是包括古典和新古典在内的所有经济学理论家在构造交换原理时所共同面临的重大挑战。

第二节　回归个体的消费者和厂商市场
【主体混合型市场】

在可实证的现实生活中，任何国家的市场，包括美国的、欧盟的在内无一例外不都是既遍布有借助"单位价格"进行利益比较的市场主体，同时也遍布有借助"非单位价格之批量"进行利益比较的市场主体。即，从古至今，贸易存在的事实表明，成批量进行交易的绝不是"单位价格成交后的数量乘积"。不仅如此，现代社会中普遍存在批发的事实表明，有大量的交换活动是以批量议价的方式进行的。有鉴于此，我们可以下结论道：真实市场中普遍存在有两类不同的市场主体，即，第一类主要是以"单位价格进行利益比较"而做出交易决策的。例如，消费者在市场中购买大米、猪肉、鸡蛋、鱼等日常主副食品时的交易活动。当然，现代零售业都已经越来越不如此标价了。第二类则主要以"批量议价方式进行利益比较"而做出交易决策的。例如，批发商，尤其是直接与生产厂商打交道的一级批发商以及贸易商以及在中国兴起互联网背景下的"团购商"。他们都不是以"单位价格"来进行商业谈判的；相反都以"批量"或"批量采购"为主导优势进行议价谈判的。那么为什么他们都不受"新古典单价供需规律"的制约而与消费者的行为所保持一致呢？为此，我们的答案是，因为他们都只受"批量价格规律"的制约，而不受"新古典价格规律"的约束。与"供小于求时，单价上升；供大于求时，单价下降"新古典价格规律不同的是，"批量价格规律"的运行机理是："批量越大，单价越低；批量越小，单价越高"。可见，"批量价格规律"与"单价价格规律"之间是存在重大差异的。为此，我们分别把"批量价格规律"与"单价价格规律"，称之为【批量供需价格规律】和【单价供需价格规律】。毫无疑问，后者即为新古典的价格规律和/或供需定律。由此，我们仅凭简单的铁律事实就已经可以清晰地揭示出：真实市场的实际运行规律并不仅只由【单价供需价格规律】所支配。相反，【批量供需价格规律】同样在发挥着不可替代的作用。然而，问题就在于，这两种不同的价格规律都可以是由完全相同的个体所实施的。

　　综上所述，市场主体的齐次性与否，即是否都是依据"单位价格来进行利益比较"的，是经济学分析范式的一个重大分水岭。不同的分析范式在处理"市场主体齐次性与否"的问题上会产生重大的不同。例如，给定一个市场体制，假如说其中的所有市场主体都是依据"单位价格而来进行利益比较"的话，那么这个市场将不会有批发和贸易以及"团购商"的出现和存在。所有的市场主体都以"边际价格"（单位价格）来进行利益的比较。这便是主流经济学家们一直传教给整个世界的"边际主义所主导的一般均衡论市场"，即所谓的"瓦尔拉斯—阿罗—德布鲁范式之完全自由竞争型市场"。而相反，以中国改革所形成的市场而言，其中的市场主体，就现实生活而论，是既有"单价型市场主体"，也有"批量型市场主体"。两类主体共同构成"中国市场的主体类别"。即，中国市场体制根本不是"边际主导型市场"，而是"主体非齐次型市场"和"边际主导型市场"兼而有之的"主体混合型市场"。假定如此，一个新的问题随之产生："主体单价齐次型市场"和"主体批量议价型市场"在中国经济增长中所占的比重或权重到底如何的问题就变得极具理论价值了。当然，给定如此，它所引发的问题就会一连串的多起来。例如，消费不足或消费型拉动经济的提法等，就被赋予了全新的内涵和新意，即，其含义到底是期望消费者以"单价边际"的方式消费更多经济资源呢，还是期望消费者以"获得更多消费者剩余"的方式获得更多经济资源？显然，这类问题在"新古典单价齐次型市场体系"，即主流一般均衡论市场中是不会遭遇到的。但在"主体混合型市场"中，例如在中国市场中，则是极其明显的。总之，按主体类别进行市场划分的话，市场分为"主体单价齐次型市场"、"主体批量齐次型市场"以及"主体单价与批量混合型市场"三大类。各自的市场规律是不尽相同的。其中，"主体单价与批量混合型市场"（简称"主体混合型市场"）是最具真实性基础的。当然，比揭示出"主体混合型市场"更重要的是，主体本身并不存在新古典经济学所割裂的分立型主体，即并不存在可以独立于人类之个体以外的消费者或厂商。所有分立型之类别主体都是由人所支撑的。

第三节 再论消费型市场【个体、团体、政府及批发商混合型市场】

给定新古典的【单价供需价格规律】以及广义经济学的【批量供需价格规律】，真实市场被发现系由两种不同类别的主体所构成。有鉴于此，真实市场，如中国市场，绝对不可能仅由单一类型主体按照新古典的【单价供需价格规律】（即【边际供需价格规律】）来运行；相反，系由"混合型主体"按照【单价供需价格规律】和【批量供需价格规律】，根据实际情况分别选择而运行的。换言之，新古典借助"消费者函数"所构造的市场主体，是对真实市场主体的最大扭曲和误导。事实上，即使在美国这种所谓新古典市场发达的国家里，消费这件事，也不都由个体所构成的。相反，还有团体组织、政府采购、军队采购、批发商等都系真实的"消费主体"。无疑，这些消费主体绝对不会按照新古典的【单价供需价格规律】（即【边际供需价格规律】）来行事。更多的时候，他们都会以【批量供需价格规律】来维护自己利益最大化。除此之外，工程采购、项目采购等大型商业采购也不会以【单价供需价格规律】来进行，而必定会以【批量供需价格规律】的方式来进行。给定任何社会，个人在其中绝非仅以"个体消费者"的身份来进行消费。例如，当他或她组织家庭聚会时，此时的购买行为常常超出"个体消费者的行为模式"，即绝不能按照"消费边际递减定律"的约束方式，即，随消费数量的增加，消费当事人获得消费满足的程度是呈边际递减的而来做出决策并加以实施。因为，在中国送礼是一种随处可见的传统习惯。商业拜见会送礼、饭桌上会送礼、亲朋好友往来会送礼、小孩子生日要送礼、红白喜事要送礼，凡此林林总总都是要送礼的。所以，一个人购物消费的行为并不能都用"消费被满足的程度"这种理据作为唯一的理由来加以解说。此外，还有各国大众媒体常说的"钱权交易""性交易""贿赂交易"等形式五花八门的交易类型，也都不能只借用"消费被满足程度"之边际递减律来进行解说。有鉴于此，"消费型市场"的概念必须从根本上回归人类个体作为市场主体之后，才能解说圆满。

第四节　论人与广义交换者【广义交换型市场】

　　市场的主体，为配合广义交换的基本结构，是可以从交换者中划分出"需求者"和"供给者"的。但是，要给出"需求者"和"供给者"的全称定义则并非是一件容易的事。不无遗憾的是，新古典范式的理论家们没有努力去攻克这一难关，反而出于"边际方法论的自私"，偷梁换柱地把"需求者"悄悄地更换成了"消费者"。如此一来，"供需型市场"就被浓缩成极为蹩脚的"消费供给型市场"。众所周知，在西方经济学教科书中，我们可以看到"消费者理论"，却看不到"需求者理论"。其根源便是这种偷梁换柱的杰作和结果。然而，从"供需型市场"到"消费供给型市场"再到"消费者及厂商函数型市场"，新古典对主体及市场的构造实际上给社会组织和社会结构的发展带来了极为负面的影响。因为，人在真实社会中的自由生活和作用远不限于"消费"这样一种简单的功能。相比之下，"消费"只不过是"人之需求"，尤其是人在真实社会中需求的一个非常有限的组成部分。换言之，人在"消费"之外的其他需求多姿多彩，既可以希望当总统或政治领袖，也可以期望当宗教领袖、商业领袖，包括科学家、运动员、摄影师、健身教练，其种类如此繁多，以至于数不胜数。这些需求都会直接影响一个人在给定社会中的满足感，及其所愿意投入的经济资源等。在如此多样化的需求中，新古典范式的理论家们非要说其中最重要的需求是"消费需求"，那是纯粹的胡说八道——除非给定的市场环境处于极度恶劣的"短缺经济形态"下。否则，给定现实作为约束条件，"消费需求"绝不可能是所有人都共同遵守的、齐次性之"基本需求"。因此，将人类社会生活中最主要的经济本质定义为系"需求中的消费"的主张，是新古典范式构造市场主体时所犯下的最大错误之所在。它让社会的发展偏离了方向。为了与古典范式竞争，新古典经济学几乎是丢了西瓜去捡芝麻。因为，为了能够依托边际方法论作为范式基础，他们连经济学到底应该为什么人服务和如何可以实现这种服务的最大化的基本价值等都忘得一干二净了。

　　事实上，经济学不仅可以为政府机构，包括国家的、国际的和全球的，而且可以直接为个人的生活改进和财富增加提供极为有效的服务。也就是说，经济学可以为一切梦想提供服务。因为，一切梦想的本质和基础都是需求。而所有种类的需求就都可以是被经济学范式所分析和服务的。为此，我们特把所有需求都是经济需求的全称定义，称之为系【广义需求】。之所以是【广义需求】是因为它已经包含了政治、军事、宗教、艺术、科学、文化等所有领域中的需求。事实上，上述所有领域中无一例外不包含与经济需求的直接交集。可是，如此一来，广义经济学关于【广义需求】的分析就会涉及给定任何社会中的所有领域，而不再仅只局限于"消费领域"。"市场"由此不再是"消费供给型市场"而被无限大地扩张到了包含一切社会现象的【广义需求型市场】。

　　给出【广义需求型市场】，经济生活中的主要内容就再也不会局限于"消费"和"消费拉动"了。一切交换都将成为经济学分析和研究的对象，包括政治交换、军事交换、外交交换等。给定如此，与加里·斯坦利·贝克尔对经济学的扩张相比，广义经济学将要给出的市场构造及市场扩张将更加无所不及。换言之，经济学最终成为一切社会科学之基础的目标和学科追求，很可能在西方经济学的狭义性被彻底超越之后就会到来。总之，因市场主体的全方位扩张，从局限于"消费者"和"厂商"的类型化市场主体，到可以兼容所有类型化特征于一身的"完整型市场主体"，人类之个体，建立在【广义交换】基础之上的广义市场将会带来全新的市场体制蓝图。无疑，在广义市场中，市场的主体一律回归到"人类之个体"本身了。没有人再可以外在性地赋予市场主体以某种特定的标志或函数属性了。市场的主体既不是消费者，也不是厂商，而是人之个体本身。换言之，所有的人成为市场主体的时代即将到来。每个人即将拥有属于自己的"市场主体函数"。这种主体函数既可以是"消费者和厂商的二元函数"，也可以是各种不同交换类型的"多元函数"。一个包含自我价值观和信仰以及利益追求的"个体函数"时代即将来临。

第六章　西方经济学的绝对困境（三）

——价格齐次型市场与价格非齐次型市场及【价格真实型市场】

　　基于最大产出而演变过来的边际方法论，从本质而言，其实是一种生产产出最大化的组织方式，是在假定供给不足以求更有效满足需求的社会学假说。它与以交换为基础的供需关系没有直接关系。交换项下的供需关系更像是萨伊所谓的"供给自动创造其需求"的关系。价格使得交换项下的供需永远都处于均衡的状态。有所不同的是，不同的价格均衡系反映着不同"仅只两个人之间的供需均衡"或"多个人之间的供需均衡"，以及"N个人之间的供需均衡"或"完全自由竞争下的供需均衡"。换句话说，给定任何经济体，并不会因为产出的寡与众而导致"不均衡"的出现。即，只要交换发生了，均衡就会自动发生。只不过会出现"垄断均衡"、"寡头均衡"、"垄断竞争型均衡"和"完全自由竞争型均衡"而已。新古典经济学为了强调整体供需之间的最大化均衡，所以倡导并采取了"完全自由竞争型均衡"的主张。恰巧，这在瓦拉尔斯所构建的联立交换方程组中得到了具体的体现。由此，新古典经济学的理论家们，尤其是瓦尔拉斯本身就把交换原理抛弃到了垃圾堆里而断然启用了交换世界中为数不多的一组交换现象，单价格交换现象（通常所谓的零售交换现象）来构造其所谓的市场体制了。从此，批发交换现象就被彻底屏蔽在了历史的遗忘之中。

第一节　边际方法论的价格理论【价格齐次型市场】

"价格"一词，像交换一样，自古以来就是人类历史一直都在见证的重要经济现象之一。已有的文献表明："价格"问题自古希腊以降就已经开始引起诸多的社会问题了。比如说，一个面包铺的主人为什么在同一天的上午可以接受，比如说一公斤鸡蛋交换五个面包的交易，而到下午时就只能接受交换三个同质面包的交易呢？于是，这两个交易之间的公平性到底何在呢？无疑，这些问题自古希腊开始就已经困惑着人类的智慧及文明进步了。换言之，"价格"问题在古希腊时代起就已经普遍地与公平问题关联在一起了。与之不同的是，当代人类所熟知的"价格含义"已是"价格理论"不断发展的结果，是价格理论在经历了"公平价格论""等价价格论""边际价格论"等不同发展阶段之后所形成的更为先进且完备的价格理论而已；但越来越被证明的是，其自身也是存在巨大狭义性的。

沿着亚里士多德在其《政治学》和《伦理学》中关于所有物品都要么具有可供自己使用的价值，要么具有可与他人进行交换的价值的理论概括，以及倘若用来交换则必须得遵守等价交换原理的主张，价格理论从最古老的"公平价格理论"，演变到了古典范式的"等价价格理论"，再到新古典的"边际价格理论"，已经在交换型经济领域中形成了三大分水岭理论，已形成三种范式截然不同的价格理论。有鉴于此，本章所要探讨的价格理论就是力争回到价格现象的初始原点重新进行基础性的再探讨，以便厘清并揭示出隐藏在价格现象背后始终玄妙的庐山真面目。毕竟，新古典的价格理论虽然在逻辑和体系建构方面已经自成体系，甚至已经能够破解古典价格理论遭遇水和钻石悖论的重大困境与挑战，但其分析范式的狭义性显然已经十分凸显，已经与真实交换经济之间脱节甚远。当然，把价格现象单独拿出来述说其绝对困境，是意在指出经济学理论的西方范式已经病入膏肓，已经无法挽回自身即将全面退出经济学舞台中央的历史必然了。这种大趋势尤其随着互联网经济在中国的蓬勃发展显得更加突出和明显。

毋庸置疑，即使从历史的源头进行考察，对价格现象的公认描述也是"相对价格"概念，即，双边交换标的物间的对比关系。例如，五只苹果交换八只香蕉的相对价格：要么相对于五只苹果（为尺度）来表示的香蕉价格：（八只香蕉）／（五只苹果）；要么相对八只香蕉（为尺度）来表示的苹果价格：（五只苹果）／（八只苹果）。亦即，任何相对价格都有两个不同的表达式。那么，相对价格为什么会有两个不同的表达呢？这两个不同的表达式之间是等价的，还是什么其他关系呢？如果是彼此完全等价的话，那为什么还必须是两个不同的表达式呢？其中的缘由到底潜藏了什么样的奥秘仍然没被揭示出来呢？无论如何，它证明了：在两个不同的相对价格表达式之间，其实仍然隐藏着迄今为止经济学还未能揭示出来的某种奥秘的存在。那么，这个奥秘到底是什么呢？为此，我们的答案就是：物物交换的本质，即使交换最终成功了，也仅只是相对于交换双方各自所选择的自身认定的可交换价格而言的，而不是相对双方公认的标准而言的，即，相对价格的本质乃是因为存在两个独立的"个体利益比较价格"在先的缘故。因此，物物交换的本质乃是两种不同价值或利益体系之间的交换，而不是围绕第三方价值标准而展开的交换。不无遗憾的是，至此之后所有的价格理论都没能从这个不太显著的属性中获得深层次的发现。包括古典和新古典分析范式也没能从"相对价格"的上述隐性原理中发现进行经济学问题思考和理论构建的广阔新天地。有鉴于此，从相对价格概念到价格现象，一定是发生了什么才会出现"单位价格"说法的。无疑，这便是货币的诞生。即，若没有货币的问世，就不会有相对价格到价格现象的财富系统变迁。但是，到了新古典时代，其理论家们又根据生产的边际效用递减律构造出了边际投入和产出之间的最小单位：MI 和 MO（相当于 MR 和 MC）；并且当 MI < MO 时支配生产活动的人类理性就会生效。另外由于所有物品的生产都受 MI = MO 的制约，传统相对价格的概念至此被转变为 $[(MI = MO) a] / [(MI = MO) b]$，其中的 a 和 b 则分别表示双边交换项下的各自标的物。于是，上述相对价格的概念到了新古典时代就发生了翻天覆地的变化，即，在潜移默化之中被转变为【相对单位价格】或【相对边际价格】。

众所周知，边际主义的分析方法就是关于每增加一个单位的投入（Marginal Input）所对应的单位产出（Marginal Output）的比例趋势从（MI/MO）< 1（即 MI < MO）逐渐逼近并最终（MI/MO）= 1，即（MI = MO）时，所有【相对单位价格】或【相对边际价格】的关系到底如何的经济分析。因此，新古典经济学仅只关心真实经济生活中的一种特殊价格状态，即，给定经济整体的边际价格状态或单位价格状态。换言之，新古典的分析范式是一种无法对真实经济全部内容进行分析的经济学，它只能考察当所有产品的交换都齐次为【相对单位价格】或【相对边际价格】关系时的整体经济或经济状态或经济性质。而这种状态又近乎是绝对不会真实发生的。因为，边际分析的方法论是假定支配生产的人从一开始就只追求产出的最大化，而不是利润的最大化。即，边际分析的方法论从一开始就对人类的生产方式给出了错误的假定。因为，人类生产方式只有三种是健康的：第一种是服务自我需求的生产方式，即，自给自足的生产方式；第二种则是服务于可交换型剩余最大化的生产方式，即利润最大化的生产方式；第三种则是前两者的有机结合。亦即，没有任何人会平白无故就去追求产出的最大化。因为，产出最大化的追求是相对给定社会面临短缺经济状态时的一种宏观政策主张，而绝对不是任何实际生产支配者的个体追求。正像古诺在其1838年出版的《财富理论的数学原理的研究》小册子中所阐述的那样："据说一位出版商，有一批受人赏识的相当有用但又卖不完的存书。因为现有的数量对有意购买它的读者来说是太多了。他竟决定将存书销毁三分之二，以期从剩下的部分获取比全部印数更大的利润。"

"毫无疑问，会有这样一种书，以每本60法郎的价格销售1000本，要比以每本20法郎的价格卖掉3000本容易得多。正是出于这样的计算，荷兰公司销毁了它所垄断的桑得（Sound）岛出产的部分香料。在此，确实可以说是彻底地破坏了可以称之为财富的实物。因为被销毁的是大家都在寻求而且不可多得的事物。这也确实是一种令人痛心的自私行径，明显地危害了社会利益。但同时不可否认的是，这种利欲熏心的行径、彻头彻尾的破坏，却创造了财富——商业意义上的财富。出版商销毁后剩余的存书，使他的资产有了更大的价值。

在这些书或整批地、或者一份份地脱手后，只要每个人仍以商业的眼光看待自己手里的货物，无论是归总在一起还是编制一份在流通中财富的"资产负债表，都会从这些财富项的和数中发现价值的增加。"

"反之，假设某种稀罕的书只剩下了50本，奇货可居使每一册的拍卖价高达300法郎。某个出版商添印了1000册，每册售价5法郎，致使其他几册的价格，也从极端稀缺造成的过高价格，下跌为同样的价格。这1050册书在账面上只能构成价值5250法郎的财富，由此造成的财富总值的损失则为9750法郎；假设（而且也确实应该），把重印该书时耗用掉的原材料考虑进去，财富的减少量甚至更大。此处所发生的工业运作或者说物质生产，对进行生产的出版商，对受雇的员工，甚至对社会公众（只要书里确实含有有用的信息），都是有益的话，但从财富一词的抽象及商业的意义上说，它又无可否认地是财富的真正的破坏。"

所以，不会有任何生产的支配者会不顾自身地"使用价值"和可用于对外的"交换价值"来追求产出的最大化。亦即，"任何物品都具有使用价值和交换价值之二重属性"的亚里士多德名言，已经十分清晰地表明：任何生产都是有目的的，要么追求可以满足自身需求的"使用价值"，要么追求可以获得用于对外进行交换的"交换价值"，而绝不会有人弃上述两大生产目的不顾而去追求"产出的最大化"。亦即，从给定一个社会的整体立场上出发希望产出是最大化的，是新古典经济学的一个重要标志和重大进步，但由此反推每一个生产的个体也都必定如此的假定，则是极其荒谬的。由此不难看出，"产出的最大化主张"是一个十足的、强加于生产者身上的外在性生产目的。为此，我们特把建立在亚里士多德名言基础之上的生产目的，称之为【生产的亚里士多德目的】或【生产的使用和交换目的】或【生产的内生性目的】。同时，我们特把外在性强加于生产者身上的产出最大化目的，称之为【生产的新古典目的】或【生产的最大化目的】或【生产的外生性目的】。如此一来，借助边际分析和原理所构建的"边际价格"概念就被证明是多余或非主要的。

如此一来，我们便揭示出了新古典经济学的一个隐藏颇深的范式特征，即，新古典分析范式是从生产的目的入手而构建其整体经济体系的。因为,要想实现【生产的新古典目的】或【生产的最大化目的】或【生产的外生性目的】,那么,给定社会的经济主体就必须得在经济的起点处以"边际方式进行生产",即以 MI = MO 的方式进行生产,唯如此才能确保整体产出最大化的实现。不过,由于 MI = MO 是个体行为的边际约束条件,所以,如何实现给定社会整体或所有个体共同遵守的边际约束条件就会成为一个新的问题。为此,新古典的解决之道便是:MR = MC。如此一来,不仅个体行为之生产最大化的"边际均衡条件",即 MI = MO 获得了界定,同时不同个体之间如何共同实现生产最大化的"边际均衡条件"也获得了界定。这便是新古典经济学的核心逻辑之骨架。正因如此,新古典分析范式在高举"产出最大化"的旗帜下自然而然地将所有关于价格的分析都集中到了"边际价格"的各种议题上来。这种不得不唯一关注"边际交换"和"边际价格"的齐次性约定或方法论共识,最终导致整个新古典经济学都只不过是一种"价格齐次型经济学"。这一结论在杨小凯曾经领衔的"超边际新兴古典经济学"中通过"角点解"和"内点解"的路径来破解"价格齐次型经济学"是异曲同工的。杨小凯也发现了新古典分析范式之"价格齐次性假定"所潜藏的重大瑕疵。当然,广义经济学的价格理论将从传统的相对价格入手实现更根本上的超越。广义经济学在价格理论方面的最大突破就在于,首先它假定:交换并不必然都对应有价格现象的存在,包括相对价格的存在。因为,广义交换理论表明:广义交换是有起始、有过程和有成功与不成功之两种结果的。所以,广义交换并不必然导致价格的产生。无疑,这一突破是具有革命性的。其次它假定:即使是成功的交换,也是不同于传统价格概念的。因为,广义价格理论表明:在价格的传统概念中一旦引入"交换剩余"因子的话,即,单要素之比的价格范式一旦转变为:(综合代价 + 交换剩余) / (综合代价 + 交换剩余) 的表达式的话,所有之前的价格理论就都将遭遇不得不进行自我修改的无奈境遇。

第二节　非边际方法论的价格理论【价格
　　　　非齐次型市场】

　　事实上，所有历史上的经济思想和经济学说都在有意识和无意识之中进行了这种假定，即只要一个人想去探索关于交换是如何起源的问题，他或她就会沿着历史的痕迹自觉或不自觉地想象着生产在先所导致的交换是如何起源的发展轨迹。然而，不争的事实是，在现代社会里，很多经济活动都是订购在先，生产在后的。例如，所有的代工经济都是交换在先，生产在后的。此外，OEM 经济也都如此。另外，许多 4S 店级别的汽车零售商也都采用订购在先，取车在后的模式在销售。房地产业就更加如此了。所以，生产在先、交换在后的经济史思想是潜藏着巨大理论重构空间的。即使是希克斯，在其《经济史理论》的小册子中也没能准确地指出这一点。即，生产和交换之间并不存在着前者在先，后者在后的因果关系。相反，两者之间的关系即是广义交换关系或由【广义交换模型】所奠定的关系。假定如此，它为我们进行价格现象和价格理论的探讨铺垫了极为必要的前提准备。因为一旦揭示出生产并非一定是交换起源的必要前提时，那么成功交换所形成的价格现象就不必然得由生产环节来决定了。相反，给定【广义交换模型】之后，广义交换之所以可以获得成功的根源就是由利益比较中之"更有利益"选项所决定的。而"更有利益"选项是生产之所以可能获得实施的最根本性保证，否则，生产同样是不可能的。如此一来，"更有利益"就被揭示出来既是交换之所以可以获得成功的必要条件，同时也是生产之所以可以获得实施的必要条件。由此可见，"更有利益"乃是交换与生产两者共同的必要条件。这意味着，我们已经发现了比交换和生产都更为基础的"价格因子"。一旦将"更有利益"作为交换和生产的共同基础，我们就会随之发现，生产本身是有价格机制包含在其中的，即，投入与产出之比即为生产的价格。为此，我们将其称之为【生产的价格】。换言之，即使是一个人的行为，也是存在价格之理性计算的。当生产的投入大于产出时，生产就不会被实施。反之亦然。

　　给定如此，我们就会立刻发现：不仅交换有价格，而且生产也有价格；并且生产价格和交换价格之间还拥有着共同的基础，即，"更有利益"之【个体利益比较原理】项下的三种可能性结果之一。亦即，人类的一切生产也都同样遵守【个体利益比较原理】：①产出比投入更有利益；②产出比投入更无利益；③产出与投入相比两者无差异。有鉴于此，通常而言，生产不可能在②的状态下也进行。相反，生产只能在①和③的状态下进行。假定如此，新古典的边际生产方式就被证明是与【个体利益比较原理】相脱节，甚至相违背的。亦即，给定【个体利益比较原理】，边际与否根本不重要。重要的是，只要"更有利益"在个体理性的世界里存在了，那么，无论生产还是交换就都可以发生了。这意味着，即使在边际条件不存在或不具备时，生产和交换也是可以正常发生和存在的。例如，一个人既可以购买一个特定的物品，也可以一次性购买 N 个同类型的同质物品。前者很可能是生产在先，交换在后的一种经济活动，而后者则可能是订单在先，生产在后的经济活动。当然，更加重要的还在于，后者遵循【批量价格规律】；而前者遵循【单价价格规律】。即，两者遵循着不同的价格规律。所以，在真实世界里，由于所有的个体理性行为都遵守【个体利益比较原理】，因此，【单价价格规律】和【边际价格规律】仅只是"更有利益价格规律"中的一种特例。为了便于论述，我们在此特将以"更有利益"为支点的所有价格现象，统称为【更优价格规律】或【更有利益价格规律】，抑或【正价格规律】。即，任何两个比较对象之间只要存在"更有利益"关系时，那么，就一定存在【正价格规律】或【更有利益价格规律】在发生作用。给定如此，不仅是交换，就连生产也都一同进入了新的价格理论范畴。当然，这与新古典有相似之处。毕竟两者都找到了可以连通生产和交换的分析因子。不同的是，新古典选用了"齐次性的边际因子"来做假定，而广义经济学则选择了可以全面兼容新古典之"齐次性边际因子"的"更有利益因子"，一个可以通用于人类一切生产和交换现象的通用型因子。即，此"更有利益因子"，即【正价格规律】，可以通用于所有的个体行为和双边交换行为（这里指【广义交换】行为）。

　　这样一来，不仅消费型供需价格现象可以被包容在其中，而且批发型供需价格（拍卖、招标、OEM、代工、团购等以及所有的生产行为和个体行为）等也都可以被全面包容在其中了。如此，我们就彻底超越了自亚里士多德以降所有的西方经济思想和经济学理论。即，对经济考察和分析的起始不再从亚里士多德之"所有物品都具有两种不同的属性：要么可以自用，要么可与他人进行交换"开始；而是从先于物品的起源，即从物品是如何被人类个体首先获得的之更为基本的原理开始。换言之，没有【个体利益比较原理】，人类个体获取物品（生产、种植、狩猎等）的行为就是不可能获得解释的。有鉴于此，【个体利益比较原理】已将经济学的传统微观基础推向了一个更加显著的、纯个体层面上了。总之，一旦引入"更有利益"作为价格的新范式表达，所有的价格现象和问题，包括生产价格和交换价格，就都获得了统一的新发现：价格可以划分出三大类，第一类是"更有利益价格"；第二类是"更无利益价格"；第三类是"利益无差异价格"。为此，我们特将其分别称之为【更有利益价格】（正价格）、【更无利益价格】（负价格）和【利益无差别价格】（均衡价格）。

　　显然，给出【更有利益价格】、【更无利益价格】和【利益无差异价格】，无论生产与否的价格判定，还是交换与否的价格判定就都拥有了统一的分析范式。当生产或交换是更有利益或利益无差异时，生产或交换的行为就是可以获得实施的；但当"更无利益"时，就一定不会实施吗？为此，我们的答案是否定的。换句话说，即使"更无利益"的利益比较结果呈现时，生产或交换也是有可能会发生的。因为，由于存在整体利益计算或战略利益计算的可能及必要，所以，局部的亏损或"局部的更无利益"是允许发生的。否则，【更无利益价格】就代表着"非理性"的行为。为此，我们特把【更无利益价格】在整体利益计算或战略利益计算条件下是符合整体理性的原理，称之为【更无利益的更有利益原理】。给定如此，一个社会的整体利益就不必然必须建立在所有个体利益均为"更有利益"或"利益无差异"的基础之上了。即使采用【更无利益价格】去行为，整体利益也是可以从中受益的。

第三节　兼容边际和非边际的广义价格 理论【价格真实型市场】

凡是谈及价格或价格理论的议题都无法回避一个棘手的问题，那就是：每一个交换现象都必定对应一个价格现象吗？无疑，就这个问题而言，新古典经济学的方法论在自觉和不自觉之中默认了对其的肯定性答案。但是，给出【广义交换模型】之后，交换现象不再必然对应价格现象了。众所周知，现实生活中大量想谈判成功的交换都是无功而返的。相反，只有【广义交换】项下九种可能性中那些能够获得成功的交换，才有可能对应价格现象的出现。不仅如此，当【广义交换】的实施或执行结果没有获得成功或没有形成价格现象时，给定的【广义交换】就有可能退化成"个体行为"（包括自己生产、种植、狩猎等一切个体所得行为）。此时，个体行为是否必然得到执行或实施的问题同样会受价格机制的制约，即需要满足【生产价格】的理性制约才会成为可能。当且唯有当【生产的价格】呈现为"更有利益"时或（PI/PO >1）时，生产的现象和结果才会呈现出来。亦即，生产并不必然会发生，因此生产的结果也不是必然就有的。例如，一只猎豹选择好一个欲被猎杀的对象之后，它会拼命地去追赶，但结果却不必然就会保证心想事成。故，即使是个体所得行为的结果也是存在"无果"之结果的。由此可见，从双边交换到个体行为，人类个体都是遵循具有统一基础的"行为准则"或"更有利益之理性原理"的。即，【广义交换模型】表明，人类的个体如果参与双边交换不成的话，他或她就会自动转换为去从事个体所得的行为选择。即，双边交换和个体行为之间是彼此完全相通的。

综上所述，不仅边际价格被非边际价格彻底超越了，而且一切齐次性的价格体系也都同样被彻底超越了。给出"更有利益因子"之后，"价格"彻底回归真实交换的全部内容和全方位领域。即，"更有利益价格理论"（包括"更无利益价格理论"和"利益无差别价格理论"）系亚里士多德以降唯一宣称可以涵盖所有价格现象的价格理论。为此，我们特将其称之为【利益比较价格理论】或【广义价格理论】。

　　给出【利益比较价格理论】或【广义价格理论】，价格的概念由此不再局限于双边的"交换范畴"，而是延伸到可以包括生产和一切个体行为的领域之中了。由此"价格"的概念在不涉及整体利益计算或战略利益计算的情况下涉及两种逻辑有别的形式：① ［Ca/Cb］ ＝更有利益（相等于 Ca > Cb）；② ［Ca/Cb］ ＝利益无差异（相等于Ca⇔Cb）。那么，如何区别一个价格现象到底是 Ca > Cb 呢？还是Ca⇔Cb呢？当然，在广义经济学的分析中，这是一个颇具深奥性的问题。因为，它首先涉及的是古典和新古典范式均没能够意识到的一个重大的方法论议题，即，交换之所以被决定的原理到底是"一元论"，例如，价值论或边际价值论的，还是"二元论"的？因为，无论任意两个利益比较物 Ca 和 Cb，是处于 Ca > Cb 或 Ca⇔Cb 时，交换都是可以获得成功而形成价格的。不过，与本文相关的议题是：如果交换的原理是"二元论"的，那么二元之间的关系又到底何在呢？给出这个问题之后，我们会逐渐发现，给定任何经济体，它在整体上都处于 Ca > Cb 和 Ca < Cb 以及 Ca⇔Cb 的三种状态之中：前者表明，价格竞争是可能的；中间者表明，整体利益的最大化并不始终都需要借助价格机制来实现；而后者表明，价格竞争已毫无意义，只有创新才能打破"利益无差异"的所谓均衡。即，"相等型均衡"和"无差异均衡"之间是存在重大差别的。为此，我们特把均衡可以划分为【相等型均衡】和【无差异均衡】的方法论，称之为【广义均衡理论】。显然，一旦揭示出【相等型均衡】和【无差异均衡】之间在理论概念上的差别，我们就会发现，新古典的一般均衡论分析范式是建立在"交换决定的一元论"和【相等型均衡】基础之上的，是假定各种经济要素之间存在"大统一同质性"的。故，其狭义性就在于，新古典的方法论，包括古典的都非要在苹果、蔬菜等农产品、矿产资源、科技创新、艺术品、古玩等 40 多万不同种类的消费品和消费服务（不包括消费以外的）之间，找到具有"同质性"的最终要素或因子。唯有如此，新古典的古典数学道路才能进行到底。否则，新古典的数学道路地地道道是只纸老虎。古典数学隐藏自身绝对困境的这张遮丑布除了能欺世盗名之外，还能在康托尔创建的集合论数学面前耀武扬威吗？

无论如何，古典数学的狭义性已被格奥尔格·康托尔的集合论大幅度地超越了。换言之，古典数学运算的加法、减法、乘法和除法的基础都必须依赖"同质性的先决给定"才会成为可能的，否则必定遭遇悖论的致命挑战。相比之下，康托尔开创的集合论已经可以彻底摆脱"同质性在先"的困扰而实现集合之间的运算了。所以，从"相等逻辑推理"到"无差异逻辑推理"，是新古典分析范式无论如何都无法逾越的方法论鸿沟。反之，"相等逻辑推理"只不过是"无差异逻辑推理"中的一种特例而已，且已经被全面涵盖在"无差异逻辑推理"之中了。简言之，由于引入【广义交换模型】之后，迄今为止所有的交换现象，历史上曾发生过的，或是正在现实中存在的，以及可以想见或想象到会在未来发生的，都已经无一例外地被【广义交换模型】涵盖了。故，利益比较之"更有利益价格理论"、"更无利益价格理论"和"利益无差别价格理论"已经是可以涵盖所有真实交换于一体的最具统一性的价格理论了，即【广义价格理论】或【利益比较价格理论】。

给出【广义价格理论】或【利益比较价格理论】，经济学的西方范式必将旧貌换新颜。毋庸置疑，一旦引入包括"负价格"（更无利益价格）和两种可成功型价格（更有利益价格及利益无差异价格）在内的价格分析新工具，整个经济增长的含义都将随之发生重大的变化。因为，有多少经济活动或经济成分是由"负价格机制"所主导的，转眼之间就会变得至关重要。毕竟，西方范式意义下的发达经济体，其资源配置的最优或主要途径是沿着"完全自由竞争"所指向的一般均衡来获得实现的。无疑，这种资源配置的有效方法仅只依赖于"更有利益价格以及利益无差异价格"边界之内的理性机制来实现，而绝不会涉及"负价格"机制在其中。因此，"负价格机制"的引入会直接改变一个社会之整体利益和增长效率策略性实现的可能性和必要性。由此，政府干预理论必须给予全新的必要关注。总之，建立在"价格分析范式"基础之上的西方市场理论，包括一般均衡理论，就将无法不被彻底超越。

第七章 西方经济学的绝对困境（四）

——理性齐次型市场与理性非齐次型市场及【理性多样化的真实人市场】

　　让真实人或者让具有超级复杂性的真实人回归市场主体的核心，一直以来都是经济学界的一种美好愿望。但在这个议题上，西方文明对经济学的构造始终处于唯唯诺诺的被动状态之中。其理论家们只能把真实人抽象为"理性人"之后才有机会进行其笨拙的理论构造。因为，不如此的话，即，如果允许市场的主体把"信仰"和或"价值观"取向等也都加入到交换中来的话，边际分析将立即陷入到泥潭之中而无法自拔。事实上，新古典分析范式不仅需要把真实人的大量社会属性以理性人的方式简化为可分析的少数特定属性，而且即使"理性人"本身也还得进一步简化为单一属性的"消费者"或"厂商"之后才能展开必要的构造。否则，其消费者函数和厂商函数就是绝无可能的。由此可见，偏离了真实人的西方经济学不可能不走到死胡同的绝境之中。毋庸置疑，就无法面对真实人而言，任何经济学的相应构造都会无法逃避潜藏重大的历史宿命。相比之下，唯有全面接纳以"真实人"为第一实证基础的方法论，才能确保在此基础之上的经济学构造是真正可以造福于人类普遍福祉的理论道路。有鉴于此，理性人经济学和真实人经济学之间的差别已经大白于天下。

第一节　理性人的终结与真实人的崛起

自亚当·斯密的"经济人"以降，西方经济学越来越依赖"理性人假说"来确保其理论构建的范式体系是能够自圆其说的。因为，不如此的话，诸如"消费者函数""厂商函数"等描绘市场主体之决策行为的假设就会遭到越来越多的实证质疑。当然，理性人假说的另外一个必要性根源和背景系来自于如何处理"价值观"和"信仰"的相关议题。在这个领域中西方经济学显然是无能为力的。反之，通过"理性人的假说"，信仰和价值取向等议题就在悄然之间被处理成空洞化了或被处理成虽然知道它们的存在但却不再关注其存在的实证意义了。如此，西方经济学才可以成为自我标榜的世界通用型经济学，即所谓的普适经济学。否则，因信仰或价值观取向的不同而表现出的偏离"理性人假说"的行为就是无法解说的。总之，"理性人假说"对西方经济学而言，之所以不可或缺，是因为西方经济学的范式方法论是无法处理全部真实社会生活均被包容在其中的真实经济学的。相比之下，它所能处理的只是被各种假设和假说精心包裹之后的模型化社会所对应的经济学。给出"理性人假说"之后，真实社会中的真实人消失了。请问：当真实人消失之后，真实社会还会存在吗？缺失了真实社会为真实背景，真实市场还有可能存在吗？即使这种被严重扭曲的真实社会和真实市场，能够残缺地留下一些骨架，它还是有生命和生命力的有机体吗？无疑，这些都是因"理性人假说"所必然会引起的诸多议题中的一部分。那么，不借助西方范式的"理性人假说"，创建经济学的科学范式仍然是可能的吗？为此，广义经济学的答案是肯定的。因为，依据【个体利益比较原理】，其中的个体乃系完全真实的人类之个体。其确切含义就是：真实个体或真实人系不需要赋予任何假定就可以自为成立而存在的人类之个体。此类人类之个体即为【真实人假说】。之所以仍然为一种假说，是因为关于"什么是人类"的问题本身是需要在严格意义上给出定义才能成立的。一言以蔽之，广义经济学是建立在【真实人假说】基础之上的。

第二节　私利理性的绝对困境与终结（私利
　　　　理性型市场的终结）

　　理性人假说的第一属性或第一原理系"利己齐次假说"。即，从事经济活动的所有行为人无一例外都具有的基本特征就是仅只追求"私利"，且这种"私利"与利他之间毫无关联。亦即，经济学的西方范式假定，所有的社会都是由"私利人"组成的。即，所有社会都被假定成是"纯粹私利型"的。其推论就是：在这种社会里，每个人都不会主动去关心其他人的利益，包括家庭成员之间的利他关心，以及父母对孩子的关心。无疑，这是一个远比世界上所有哺乳动物社会都更加冷酷的社会假定。这种由"绝对且齐次利己假定"才能有效奠基理性人假说的范式方法论，很显然是一个极为简单但威力无比的建筑利器。凭借它可以将极度复杂的世界社会塑造成对应的卡通形态。如此一来，借助理性人的齐次利己假定，经济学的西方范式就轻松地把真实社会条件下的真实市场卡通成"利己齐次型的纯粹私利型市场"。当然，这种卡通型市场的道德主张还不是真正的用意之所在；相比之下，主要还是建立在这种利己假定基础之上的市场构造最终是可以自圆其说的。所以，理性人的私利假说主要是为确保市场的构造最终是有效可行的而服务的。故，私利假说更多的是一种理论建筑工具，其次才会涉及社会的规范原则。假定如此，我们不难发现，构建一种经济学范式体系其实并非一件容易的事。如果找不到一种有效的方法论，其前提的泥巴就需要不断地填补和小心维护，否则，一不小心，整个体系就垮掉了。经济学的西方范式眼下就正遭遇这种绝对的困境。因为，一旦找到了可以彻底回归真实社会和真实市场的【真实人假说】，广义经济学的范式建构就会轻车熟路，一路高歌猛进。伴随而来的将是西方范式在经济学领域的不断被超越。像我们在第四章中已经批判指出的那样，理性人齐次化的利己假定是毫无必要的。只要将"人"以【真实人假说】的方式回归到最正常的状态，利己、利他和利整体的人之本性就将获得彻底的解放。所有的人从此都将回到可以自由掌控自己命运的完整人状态。

第三节　最大化理性的绝对困境与终结（最大化理性型市场的终结）

理性人假说中的第二属性或第二原理可谓"最大化假说"。利益最大化、效用最大化、满足最大化、收入最大化、利润最大化、决策最优化等都是建立在"最大化假说"基础之上的理性人属性。那么理性人在真实市场中的决策行为真的是按照"最大化原则"或"最大化理性"来行事的吗？为此，冯·纽曼在其与摩根斯坦合著的《博弈论与经济行为》中主张道："让我们更深入地研究'鲁滨孙'模型所代表的那种经济。这是与世隔绝的一个人的经济，或者说是完全按照一个人的意志组织起来的经济。这一经济有着特定数量的商品和若干有待满足的需求。问题是如何实现最大满足。其实这是一个普通的极值问题，尤其考虑到我们前面已经证明了的关于效用特征的公理"。由此可见，除"私利"作为理性人的第一属性之外，冯·纽曼还把理性人直接解读或定义为了"追求最大化"的。可是，真实条件下的理性人真的是按最大化原则去制定决策和行为自己的吗？对广义经济学而言，这是不可能的。因为，所有的人类个体在认知市场环境时都是有局限的，因此只可能做出"更有利益"的利益比较判定，而不可能做出"最有利益"或"利益最大化"的利益比较判定。之所以如此，乃是因为真实人或理性人都无法在无限多的比较对象之间找出最优或利益最大化的。为此，我们特称其为【真实人更优认知原理】。换言之，由于利益比较是有限的，所以是不可能在有限的利益比较集合中找出或发现最优的。为此，我们特将该原理，称之为【最优利益比较不可能原理】。因此，无论真实人还是理性人，给定真实环境，都只能在利益比较之后做出"更有利益"的选择，或"利益无差异"的选择，或"更无利益"的策略选择，而不可能做出"最优利益选择"或"利益最大化"的选择。换言之，在给定特定的选择环境下，最大化选择都是不可能的；如果可能，最多也仅只是给定 N 个选择项下的最优或最大化选择。此外，由于"更有利益"选择在现实条件下是无限多的，所以，每个人或每个市场主体都处于永无止境的"更有利益"之连续选择的状态之中。

第四节　更有利益理性的崛起（更有
利益型市场的崛起）

效用的概念自边沁大力推崇其功利主义思想：凡能将效用最大化的事，就是正确和公正的以降，已经不折不扣地成为新古典的中心概念。即，整个新古典分析范式的中心都是围绕"效用"而展开的。这一分析范式虽然已经将"人"间接地拖入经济学的中心，但此时的"人"并不具有任何的主动性地位，而仅只是被动地成了新古典理论家的分析对象。为什么如此呢？毋庸置疑，事实上绝大多数的"人"都并不知晓"效用"到底是什么东西或是怎么一回事。即，效用的概念在真实世界里其实离每个真实人都还非常遥远。因为，这个概念除了经济学家们愿意使用它之外，并不受世界各国的普罗大众们所喜欢和接受。毕竟此概念显得十分多余而没必要。不过，对于新古典范式而言，"效用"的概念之所以必要，其核心根源就在于：如果要想将每个人都是完全利己自私的信条，即"利己的齐次假定"推广至极的话，效用的发明就是再好不过的了。因为，对"效用"的感受和认知是离不开自身而可以独立存在的。所以，借用追求"效用最大化"来实现追求私利最大化的转化机制就在无意识中成为新古典建构其范式体系的基本方法论。不过，这种建构经济学的核心方法论仍然无法赋予"人"以自为的和内生的主动性地位。换言之，以"人"、真实人和完整人为中心的经济学，就必须得激活并启动人之主体完全自为的主动性活力。唯如此，对"人"进行外在干扰的"效用"概念才能被发现伪装极深的方法论瑕疵。那么，为什么非要恢复"人"的全部内生属性而使其拥有完整的自主性呢？显然，一旦获得这种解放，真实人依照【个体利益比较原理】再来参与交换的理性行为就主要是依靠"更有利益"来进行，而不是依照"效用最大化原则"来进行了。因为，给定真实人作为市场主体，他或她首先主要是依照【个体利益比较原理】项下的"更有利益"来做出决策的；其次是"利益无差异"；再次是"更无利益"。总之，真实世界中的真实人是依据"更有利益"和"利益无差异"以及"更无利益"来做出决策的。

第五节　更无利益理性的崛起（更无利益型市场的崛起）

理性人或真实人依据"更有利益"之利益比较结果做出选择行为的原理，无疑是近乎自明的。但是，理性人或真实人依据"更无利益"之利益比较结果做出选择行为的原理，则是西方经济学无法理解的一种新理论。那么，为什么理性人或真实人根据"更无利益"的利益比较结果也可以做出选择呢？为此，答案就在于，如果这样做出选择的结果是可以最终确保整体利益实现更有利益的话，那么，特定或局部的"更无利益"之选择就在"整体利益更优"的理性方面是更有利益的。为此，我们特将选择"更无利益"有可能对"整体利益"更优的原理，称之为【更无利益的整体更优原理】。无疑，这是人类生活方式被最普遍应用的理性之一。显然，如果【更无利益的整体更优原理】真的成立的话，那么，整体利益更优的实现途径就存在如下三种截然不同的实现原理：①更有利益加总原理；②更有利益和更无利益之组合加总原理；③更有利益和更无利益以及利益无差别之组合加总原理。为此，我们特将其称之为【整体利益三路径原理】。其中，②所代表的路径是一种可谓"整体利益的策略实现路径"。例如，许多国家的进口替代都在当期是比进口本身更无利益的，但从长远和战略利益的视角来看，即使有所亏损也还是有必要进行进口替代的。同理，为了借助外部正效应来推动相关资产价格的攀升或相关产业的转型或去库存等，一些关键企业的"更无利益"选择乃是必要的。例如，中国高铁事业的决策即是如此。其行为也已被广义经济学归结为"负价格经济"。因此，"更无利益理性"或"负价格理性"并非一定都是非理性的；相反，有些则是符合"整体理性"的。发现并揭示出"负价格经济"很可能是广义经济学对中国市场经济的一种全新解释。它大大超出了传统或西方经济学所能理解到的范畴。整体利益的更优不再是经由加总个体利益的更优而实现了。其深刻的含义就是：资源的最优或更优配置仅只通过价格机制是远不够的了。总之，"负价格经济"是人类处理选择事业时使用最普遍的理性之一。

第六节　利益无差异理性的崛起（利益无差异型市场的崛起）

　　埃奇沃思最先发现并揭示出了"无差异曲线"的分析工具。"无差异"的概念由此在经济学界获得经久不衰的承传。但是，埃奇沃思的无差异概念仍然缺少更为基础性的逻辑内涵。伴随着广义经济学之【个体利益比较原理】的问世，无差异的概念被赋予了全新的含义：利益比较之三种不同结果之一，A 与 B 的利益相比是无差异的。利益比较之一的含义之所以更加基础乃是因为：在这种利益比较中是无须假定货币的存在的。即不再是给定收入条件或支出约束条件下一个人要么全部得 A 物品，要么全部得 B 物品，要么得一些 A 物品同时再得另外一些 B 物品的众多组合所得中的一种了。显然，这种无差异仅只涉及"零和无差异"，就像 5 既可以等于 4 + 1，也可以等于 3 + 2 还可以等于 2 + 2 + 1 等不同的可能性一样。但归根结底它始终是受给定的初始条件制约的，故是体现该条件如何被支配和使用的一种无差异。相比之下，利益比较的无差异则更加基本。此时，既不涉及货币的使用假定，也不涉及初始条件或收入条件之假定约束。亦即，无差异的概念被发现是一种随时随地都在发生的利益比较现象。即，无差异的结果无所不在；而且每个人在进行利益比较时都离不开它。换言之，我们可以进一步发现的是：整个社会充满了数不胜数的"无差异状态"。既有个体的无差异状态，也有交换的无差异状态，还有市场整体的无差异状态。那么这种"无差异状态"的本质到底是什么呢？其经济学的含义又是什么呢？首先，我们发现，一旦"无差异"的概念，经由广义经济学的路径，被发现是从【个体利益比较原理】中获得的，"无差异均衡"就成为可以破解一切均衡的有力利器。因为只要有利益比较，就一定会有"利益无差异"和"无差异均衡"的产生；而且所有的均衡从此都可以由"无差异均衡"来替代。假定如此，所有处理均衡的分析方法就都可以整合到一个具有完备性基础的统一范式之下了。一旦均衡的本质均系无差异均衡时，人类经济处于这种均衡之后再次获得创新与发展的机制就无法躲藏了。

第七节　利益比较理性的全面崛起（利益比较理性型市场的崛起）

从"理性人假定"到【真实人假定】，经济学的科学范式正在发生根本的转变。西方范式下的理性人拥有一整套的"理性人工具"。相比之下，广义经济学的范式方法论不再需要"理性人"的假定了。彻底将"人"从"理性人"的沉重束缚下解放出来并将全部属性都回归自己作为"真实人"和"完整人"来拥有，广义经济学的【真实人假定】必将迎来一场可预先想到的范式大论战。那么，广义经济学又凭什么来赋予【真实人假定】以确切的真实内涵呢？答案便是上述三节中已经简要展开论述的【个体利益比较原理】项下的不同分析工具。为什么"更有利益"、"更无利益"和"利益无差别"会分别成为三大理性工具呢？其原理就在于，真实人是有理性的，即是拥有自身付诸行动的指导原则的。这种原则便是真实人拥有理性的基本根源。有鉴于此，"更有利益"、"更无利益"和"利益无差别"之所以会成为三大理性工具，就在于它们是所有真实人每时每刻都无法逃脱的行为指南约束，即行为背后的原理性约束。不仅如此，这些行为约束是如此的基础以至于很有可能不存在争议性。由此可见，与"利益比较理性"的范式定义相比，传统或西方的理性人假定所下辖的理性工具，包括私利理性和最大化理性等无一不存在有显著的争议性。因此，就创建意在回归真实社会和真实市场的经济学之市场主体理论的话，彻底摒弃西方范式的假言式理论构造，将市场主体从"理性人"的沉重枷锁中解放并回归到每个人都可以为自己做主的新生活中来，是广义经济学的光荣使命。经济学正在回归到能确保每个人都将其放置在自己心中最中心的位置上。经济学必须成为能够为所有真实人，包括为企业和政府机构中的人提供有用知识和实用知识的经济学；而不再是像神学一般高高在上的、象牙塔式的经济学。西方范式经济学的最大软肋就在于，它已经无能为力，再也无法使自己能成为可为多数人服务的经济学了。总之，绝对贴近真实的广义经济学正协同"利益比较理性集合"大步登上经济学的新范式舞台。

第八节　共赢理性的新未来（理性多样化型真实人市场）

　　真实人在处理真实社会和真实经济时，仅有"利益比较理性"还远不够，还必须同时具备包括利他理性、整体理性和共赢理性等在内的其他理性能力。唯如此，每个真实人所生活在其中的社会及社会经济关系才能够确保是普遍繁荣和整体共赢的。由于"负价格经济"和"外部正负效应"的真实存在，仅凭价格机制来对资源进行配置的西方范式教义就已经被暴露出再也无法躲藏的严重瑕疵。市场经济因此再也不是价格经济了。把市场经济严重误解为系单纯价格经济的新古典过失，已经到了必须被纠正和修正的时候了。市场经济不是价格经济。这一显著的理论和事实一直以来始终被新古典集体所压制。不首先把市场经济从价格经济中解放出来，经济学的先进性就不可能有效转化成经济学的新范式。所以，新范式经济学必须大声疾呼的就是：市场经济远比价格经济宏大。新古典的一般均衡学说也只不过是价格经济的一种理论说教而已，根本不能代表市场经济。因为，只要是真实的市场经济，就必定包括"负价格经济"的显著活动在其中。无疑，连"外部正效应"都无法涵盖在其中的西方范式经济学，又如何能够容下"负价格经济"在其中呢？然而，在中国的大地上，"负价格经济"现象比比皆是。它构成了一道色彩绚丽的风景线。大量的资源配置是沿着"负价格经济"的原理指南行动和被付诸行动的。由此可见，中国的市场经济绝对不是价格经济；相反是真正的市场经济，或广义市场经济。在中国，无论是外部正负效应的广泛使用，还是"负价格经济"的广泛应用，都远远超过了西方所谓的市场发达国家。究其根源，当今世界上所谓的市场发达国家无一不是被西方经济学严重误导的国家，都把自己的经济视作市场经济了；可事实上都只不过是价格经济而已。正是在这种意义上讲，中国的经济很可能是包含有"负价格经济"和"外部正负效应"均在内的真正市场经济。当然，市场与否的问题，最终的争论也只是关于整体型市场和局部类型市场之间的争论而已。

第八章　西方经济学的绝对困境（五）

——目的齐次型市场与目的非齐次型市场及【目的多元化市场】

　　西方经济学未能发现的是，易货交换与货币型交换之间是潜藏着重大差别的。这种认识论上的缺陷直接导致了一个严重的后果，即，交换的目的在前者和后者之间是存在显著差别的，不能混淆在一起。换言之，在易货交换中，交换的目的是以追求消费为单一目的；但是，在货币型交换中，交换的目的不再仅只以追求消费为单一目的而做出选择了；相反，既以追求消费为目的，也以追求交换剩余为新的目的。简言之，在货币型交换中，交换的目的在悄然之间转变成为系有两种不同的目的了：消费和消费者剩余，或利润和库存剩余。这种潜藏在两种交换方式深处的交换目的的变化，是有重大经济学意义的。只是西方经济学在相对漫长的理论建设进程中始终没能够发现这种差别的重大含义，以至于白白错失了许多难得的历史进步机遇。换句话说，借助消费者函数所构成的市场主体行为都在自觉和不自觉之中假定了消费者的单一目的性，而没能揭示出消费者其实并非一定得是消费者，因为，当消费者在交换中的目的不是为了追求消费本身，而主要是为追求消费剩余时，"交换"的社会属性就必须得给予全新的认识。如此，建立在"交换双目的论"基础上的市场体制就将脱胎换骨，旧貌换新颜。

第一节　单目的交换理论的传统与困境（目的齐次型市场的绝对困境）

　　西方经济学在古典时代就遭遇了劳资收入总失衡所导致的"无产阶级大革命"。为此，马克思在《资本论》中揭示了这种收入分配失衡必然会导致社会解体和社会动荡的根源，但马克思经济学提供的解决之道却从根本上否则了以交换为基础的"市场经济体制"，以至于全面走向了纯计划经济的体制道路。为此，新古典又提供了截然不同的制度变革方向。即，借边际竞争加大全社会更大规模的产出，以便将物价水平和资方在边际均衡下的总收入降低到尽可能确保社会更显公平的状态。包括庇古所开创的福利经济学也都做出了相应的努力。但是，新古典经济学的这种边际市场愿望随着 1929 年股灾的爆发，逐渐陷入深度的危机之中，以致整个维也纳学派被抛离了主流舞台；尤其是随着凯恩斯经济学的诞生，新古典分析范式被彻底修正了一次。在市场中政府的地位和作用议题随之发生了深刻的变迁。首先，自由市场被证明是存在内生性失灵机制的，因此是无法仅凭自身的调节机制就可以恢复到正常状态的。其次，经凯恩斯修正后的自由市场仍然无法克服仅凭交换的一次性分配就可以克服市场内生性收入失衡的顽疾。那么，为什么始终如此呢？答案就在于，新古典经济学的自由市场从根本上被设计成了一种"仅只追求消费效用最大化"的"单目的型市场"。换言之，马歇尔所开创的分析路径将整个新古典分析范式都引入了这个歧途。让后来人在自觉和不自觉之中把关注度集中到了消费者函数和消费者理论的交换目的上了。其结果就是，新古典造就的市场学说从根本上讲是一个以"追求消费效用最大化为单目的型市场"。即使随着埃奇沃思的无差异曲线分析成为新古典的高级经济学分析工具之后，收入的问题依然是以外生性给定的方法来加以处理的。换句话说，收入本身从来没有被作为消费者的一种追求而在交换中被认真考虑过。这就使得"消费作为唯一目的的单目的型市场"从根本上忽略了人类个体生活在【广义交换】环境下不仅怀有消费目的，而且怀有收入目的的真实面貌被严重地扭曲和掩盖住了。即，没有收入作为前提条件，消费或追求消费效用的最大化将是不可能的。同理，倘若没有必要的消费作保障，从事获得收入的活动也是不可能的。所以，在任何现实条件下，给定任何人类个体，他或她在真实市场环境下都必须同时考虑"消费"和"收入"的关系问题。如果一个人的消费与其收入之比大于 1 的话，即 $[Pc/Pi] > 1$ 的话（相当于 $Pc > Pi$，其中 P 指人类个体，Pc 指个体消费，Pi 指个体收入），那么，该个体的"消费"和"收入"的关系为"透支型生活方式"。如果一个人的消费与其收入之比小于 1，即 $[Pc/Pi] < 1$（相当于 $Pc < Pi$），那么，该个体的"消费"和"收入"的关系为"剩余型生活方式"。而如果一个人的消费与其收入之比等于 1，即 $[Pc/Pi] = 1$（相当于 $Pc = Pi$），那么，该个体的"消费"和"收入"的关系为"均衡型生活方式"。假定如此，在真实市场环境下，每个人都会面临"消费"和"收入"之间的选择问题。而绝不像新古典分析范式所教化的那样，一个人是在给定收入约束的明确前提下才去"追求消费效用最大化"的。相反，每个人在真实市场环境下都无法回避在"消费"和"收入"之间需要进行比较之后再做出选择的理性任务和个体使命。为此，我们特把上述理性任务和个体使命，称之为【市场的双目的选择】或【市场的双目标选择】。事实上，即使在发达的自由市场环境下，一个人从事股票交易、其他证券交易、外汇买卖等一切与消费无关的营利性交易的根源，都在于他或她在追求除了消费目的以外还有收入目的需要追求的具体表现而已。当然，这种追求收入的交换是在消费交换之外独立进行的。为此，我们特将其称之为【独立收入型交换】。那么，市场主体的所有收入都来自【独立收入型交换】吗？显然，还有一种交换是与收入的增减相关联在一起的，即消费型交换项下的"交换剩余型交换"。例如，当市场主体在进行涉及消费品的交换时，如果该市场主体的交换计算除消费目的外还同时考虑其中的交换剩余的话，那么，这类交换就不再是纯粹的消费型交换。为此，我们特将其称之为【消费及剩余混合型交换】。

　　总之，人类个体生活在真实市场环境下的行为目的或行为目标，绝对不是单一的"消费"或"消费效用的最大化"，而是既兼顾"消费"或"消费效用的最大化"，同时也兼顾"收入"或"收入的最大化"。一言以蔽之，任何具有理性能力的人类个体，在市场环境下都是同时追求"消费"和"收入"均衡效用最大化的。假定如此，【市场的双目的选择】或【市场的双目标选择】就是对人类个体在真实市场环境下的真实写照。正因如此，传统经济学、古典和新古典经济学，都无法对"消费"和"收入"的关系议题进行可调节的制度安排。相比之下，一旦将"消费"和"收入"的关系彻底纳入经济学的统一分析框架之中，古典范式所遭遇的"供大于求的总危机"和新古典范式所遭遇的"需小于供的危机"就都可以获得全新的破解了。即，从此供需失衡的矛盾就都可以从内生性机制的层面上得到彻底的根治了。所以，新古典范式所潜藏的"单目的型市场"是危害巨大且必须加以根除的。有鉴于此，市场的制度安排到底选择"单目的型市场"，还是"双目的型市场"的问题就已经不再是小事一桩了，而是新古典经济学所面临的绝对困境之一。因此，建立在广义经济学基础之上的广义市场制度安排就必须彻底根除仅只关注"单目的"或"目的齐次性"的体制道路，而快速过渡到必须同时关注"双目的市场"或"目的非齐次型市场"的制度设计上来。唯如此，新古典市场体制所潜藏的绝对困境才能被彻底根除。否则，即"消费目的"和"收入目的"被分离的话，要想实现两者在整体意义上的均衡，或剩余或透支，将是十分不容易的。当前，国际经济呈现收支总失衡的现实就清晰地表明："全球总消费"和"全球总收入"之间的关系是处于缺失必要且有效调节机制状态之中的。唯有从个体行为、双边交换和市场交换均含双目的的层面上入手，破解"全球总消费"和"全球总收入"之间始终处于缺失调节机制状态的制度缺陷才是可能的。总之，西方经济学对人类社会经济属性的根本假定立足在所有人都必须进行"消费"的全称命题上。虽然命题假定的全称性确实得到了有效的保证，但是，该全称命题的完备性还远没达到，这使得其理论的构建无法不陷入必然的困境之中。

第二节　双目的交换理论的新发现（目的非齐次型市场的新未来）

　　市场经济的三次重大危机都与供需失衡有关。第一次供需失衡的危机是由马克思经济学揭示出的"总供给过剩"所导致的；第二次则是由凯恩斯所谓的"总需求不足"所导致的；第三次则是由 2008 年美国次贷危机所呈现的。三次重大危机的根源都与"目的齐次型市场"的制度缺陷之间存在无法推卸的必然联系。由于"目的齐次型市场"仅只由追求消费效用最大化的经济学方法论在制度安排层面上系将"消费"与"收入"之间本应存在内生性调价机制的原理人为分离后所形成，所以，真实市场本身所具有的可自为进行"消费"与"收入"调节的内生性机制被"目的齐次型市场"给彻底扭曲了。因此，要想从根本上克服因上述三大危机之供需失衡所导致的社会动荡，我们就必须得改造新古典的"目的齐次型市场"，将其改造成为"双目的非齐次型市场"。唯有如此，一个"消费"与"收入"在整体上实现总均衡的社会才是可能的。换言之，给定社会的总均衡，首先是在"消费"与"收入"之间实现的，其次才是在"供需"之间实现的。此外，"消费"与"收入"之间的总均衡是存在着微观基础的。即，只要让"消费"与"收入"之间总均衡的微观基础回归到真实市场内生性的自为状态，一个远比此前所有市场体制都更加健全和更完备的市场体制就将脱颖而出。因为，它意味着，回归后的市场体制将是一个从头到脚、每一个细胞里都充满这种微观调节机制的市场了。幸运的是，这种回归的本质就是将新古典的"目的齐次型市场"改造成"双目的非齐次型市场"。即，经济学的分析必须彻底摆脱当代经济学以给定收入作为约束条件之后再来分析市场主体追求消费效用最大化的跛脚工具。这个弱智的经济学时代必须被彻底超越而宣告它的终结。一旦确立以"消费"和"收入"为双追求的"双目的非齐次型市场"来兼容性替代新古典的"单目的齐次型市场"，或者说只要引入【广义交换】及【广义交换模型】，新古典分析范式的众多狭义性就会自动被彻底超越，包括其"目的齐次型市场"所辖的狭义性。

因为，给定【广义交换模型】，市场主体所面临的利益比较不再局限于交易双方标的物之间的利益比较了。向上的比较有："消费"和"收入"的比较，甚至收入本身的所得与成本的比较；向下的比较有：剩余的比较——是追求更多的消费剩余呢，还是追求更多的收入剩余？毕竟，任何交换剩余都存在有两种不同形式的：其一为"消费剩余"；其二为"收入剩余"。例如，一双袜子售价为5元人民币，但同质的三双袜子只售10元人民币，那么，任意的市场主体将怎样做出选择呢？自然，按照新古典价格规律的说法，单价下降时，需求会相应的增加，因此给定的市场主体应该必然会选择10元三双袜子去交易而不是5元一双去交易。否则，其价格规律或供求定律就会失效。但是生活在21世纪下的所有市场主体都知道，新古典的供求定律已经大规模失效了。因为，如果说10元三双同质袜子是给定市场主体的"零剩余交易"的话，那么，5元一双带给这位市场主体的就是5元的收入剩余；相比之下，10元三双带给这位市场主体的就是多出两双的消费剩余。因此，上述市场主体面临这种消费供给环境时，从本质上讲就是面临"5元收入剩余"和"两双袜子之消费剩余"的利益比较局面。利益比较之后选择的结果一定是因时间、地点、环境和市场主体的不同而不同的。遗憾的是，这种在两种不同交换剩余之间需做二次利益比较的分析并没有被当年的马歇尔所发现。否则，整个新古典分析范式就都可能旧貌换新颜了。因为，只有发现并揭示出交换剩余的两种不同形式之后，市场主体追求"消费"和"收入"的双目的论才会成立。一言以蔽之，由于在真实交换中是存在"交换剩余"的（为什么如此的根源，我们已在纯学术的分析中给出了更加基础性的完整解答），并且交换剩余是存在两种不同表现形式的，因此，交换的双目的论是对真实市场存在的一种真实的再构造。由于市场上所有的交换都无一例外地体现在如下三种不同目的的交换类别中：①纯消费目的型交换；②纯收入目的型交换；③消费与收入混合目的型交换，所以，我们特将其称之为【广义交换的三目的模型】。有鉴于此，将具有三种不同目的混合型真实交换仅只解读为系纯"消费型交换"，是马歇尔为新古典分析范式埋下的最大恶种。

　　给定如此，我们就会发现：①纯消费目的型交换，和②纯收入目的型交换，都只不过是③消费与收入混合目的型交换的特例而已。为此，我们特将①和②是③之特例背后的原理，称之为【广义交换之三目的的统一原理】。毕竟，即使远在 1776 年出版的《国富论》中，亚当·斯密就已经论证了"消费品"和"资财"之间的统一关系。例如，即使一只苹果，它也并不必然就是"消费品"。当唯有当它被当作消费品使用时，它才是消费品。而当它被当作"资财"用来产生更多收益时，它就只能是"资财"而不是消费品了。这便是【广义交换之三目的的统一原理】之亚当·斯密版。不无遗憾的是，西方市场的制度安排并没能将亚当·斯密的上述绝技承传下来。相反，他们主要将关注集中在上述①和②类型交换的制度安排上了。例如，消费者权益保护法和投资类权益保护法等，但很少有基于③之交换类别的制度安排。而这种将"消费"与"收入"分离进行制度安排，而后再在其外部进行调节治理的市场体制，已经被历史反复证明了是存在内生性缺陷和重大瑕疵的，必须进行彻底且统一的变革与治理。总之，在"消费"与"收入"是如何实现总均衡的议题上，到底是选择由外部机制来加以调节还是选择依靠内生性机制来加以调节的问题，正在成为整个世界都热切期待的经济学新议题。显然，对于新古典市场体制而言，它是无能为力的，但对先进市场体制——广义市场而言，则是大有作为的；是其可以为世界做出重大贡献的理论机遇和创新机遇之所在。由于新古典经济学的消费者理论和国民经济总账户理论都没将"消费"与"收入"对应在同等级别的关系之中，因此，关于"消费"与"收入"总均衡的治理就始终都在事实上处于混乱的状态之中而无法自拔。不仅如此，就连列昂惕夫的投入—产出分析也是将分离后的"纯消费目的型交换"作为其分析的支点来展开构造的。亦即，整个新古典经济学分析范式是离不开将市场当作仅只包含①纯消费目的型交换；②纯收入目的型交换才能构建起来的。所以，兼容性超越新古典市场的重要举措就是依据【广义交换的三目的模型】来构建广义市场。

第三节　消费与收入双目的型市场理论

　　每个人都面临着如何处理自己与市场之间关系的议题。借助真实市场每个人都可以获得远比自己所得能力多得多的消费品，前提是只要他或她拥有足够多的收入。那么，一个人的收入又从哪里获得呢？答案仍然是市场。亦即，一个人也同样可以从市场里获得远比他或她的个体消费需求大得多的可自由支配收入。换句话说，任何人类个体在面对市场时都必然遭遇消费和收入的两难选择：是先要消费呢，还是先要收入呢？为此，我们特把一个人在面对市场时首先需要在消费和收入之间做出选择的境遇，称之为【市场第一选择】。

　　给出【市场第一选择】之后，我们很容易发现，新古典经济学在考察一个人在面对自己与市场的关系议题时，是不会将消费与收入关联在一起的；相反它们更关注的是"消费"与"投资"的对应关系：新古典范式的理论家们是这样来理解"消费"与"投资"之间的关系的，即，给定一个社会的总收入之后，它要么被用于消费，要么被用于投资，二者必居其一。于是，[社会总收入＝社会总消费＋社会总投资]的公式就成为新古典范式理解市场整体运行机制的公认解读模型（至少在凯恩斯创建宏观经济学分析体系之前）。假定如此，"社会总收入"的议题就成为新古典范式所假定的绝对外生变量，而不是内生变量。与之不同的是，广义经济学则假定，任何社会都处于要么①总消费＞总收入；要么②总消费＜总收入；要么③总消费⇔总收入三者之一的实时状态中。由此可见，广义经济学对经济社会的基本理解和假定已经发生了根本的转变：不再以"均衡"作为经济社会的唯一优化方向；相反会以①总消费＞总收入、②总消费＜总收入和③总消费⇔总收入之三者中任何一种根据给定社会的具体初始条件，再来定夺社会发展的优化方向；然后再根据具体的发展现状来实施相关的调节。换言之，"均衡"绝非对任何社会及任何发展阶段都是最优的。为此，我们特把其称之为【均衡非通用性原则】。当然，事实也是如此的。毕竟，给定任何市场经济体，它不可能随时随地处于"均衡状态"，尤其不可能随时随地都是处于③总消费↔总收入之无差异均衡状态的。那么，当它不处于"无差异均衡态"时，它又处于什么状态呢？答案便是：要么①总消费＞总收入的状态，要么②总消费＜总收入的状态，二者必居其一。这一事实清晰无比。为此，我们特将其称之为【市场经济体的三态原理】。当然，我们以后还会逐步证明，【市场经济体的三态原理】其实可以广义化扩张为适合于所有经济体的一个通用原理，即可以扩张为【经济体的三态总原理】。总之，【市场经济体的三态原理】或【经济体的三态总原理】是所有经济体的基本状态。

总之，一个人是不能够在供需关系中做出选择的，但却可以在"消费"与"收入"之间做出选择。所以，在整体层面上的供需均衡是没有微观基础的。而"消费"与"收入"之间的关系则不然。不仅如此，供需关系即使处于均衡状态时，它也不涉及"收入"在其中的分配关系。这种缺陷只有在国际收支体系中才能得以较为完整地呈现出来。即，国际经济关系的整体关系系"消费"与"收入"关系的最完整体现。换言之，在国际经济关系中是不存在供需关系，而只存在"消费"与"收入"关系。如此一来，或者说，如果按照国际经济关系中的国际收支关系再来理解或解读这种整体关系，那么，"消费"与"收入"的概念就被同时赋予了全新的内涵，即，所有的"进口"都对应着"消费"，而所有的"出口"又都对应着"收入"。假定如此，给定市场的主体，他或她不仅在身处"真实消费品交易"时会面临"消费"与"收入"的选择，而且即使身处"投资交易"时也会面临"消费"与"收入"的选择问题，因为，所有的投资都是至少需要二次交易才能获得利润收入的。因此，第一次的投入一定是以占有非货币形态的物品或资产为对象和前提的，这与占有消费品如出一辙。因此，只要是占有非货币形态的对象，交换剩余的两种形式就都有可能会出现。当然，由于投资类的交易往往都不是以单价乘数量的形式来构成交易之价格形态的，故其交换剩余的两种不同形态就会相对隐蔽一些。但由于存在交换剩余的单边形式，即，纯消费剩余或纯收入剩余，所以投资类的交换剩余，在第一次交易中至少可以表现为"纯消费剩余"，而在第二次交易中再表现为"纯收入剩余"。因此，投资的计算无论如何是绕不开两次交易中的交换剩余之比较和选择的。因此，即使在给定的国民经济体之中也是可以由"消费"与"收入"的关系来替代"供需关系"的。于是，只要将"消费"的概念以"进口"的概念加以替代或广义化，即转变为"消费、投资"与"收入"之间的关系，则国民经济和国际经济以及全球经济的总关系（平衡关系、剩余关系、透支关系）就都可以一目了然了。相比之下，"消费"与"投资"的关系随之转变为总关系项下的子关系了。

　　引入【市场第一选择】，市场总均衡的概念和机制，就再也不是所谓的"供需均衡"了。资源配置最优的条件是否仍然以"供需均衡"作为约束，也已经随之发生了相应且深刻的变化。显然，在同时存在货币与实物的经济世界里，所有人与实物之间的关系是靠收入与消费之间的关系决定的。国民经济的总消费和总收入之间必须建构新型关系和调节机制。传统外生性的调节机制已经被反复证明系过时了，而内生性的还没有开始全面实施。每个人均可以参与其中的"两种交换剩余之间"的均衡（包括过渡消费［透支消费］和收入剩余）是任何社会之所以可以确保稳定发展的新稳定器。总之，建立在【市场第一选择】基础和制度安排之上的社会，将步入"总消费与总收入均衡导向"和"总消费大于总收入导向"以及"总消费小于总收入导向"的可治理型社会。其确切含义就是：一个社会无论初始条件如何，只要实施以【市场第一选择】为基础的市场构建，就都可以获得可增长型的发展。这种发展模式的最大好处就是：它可以有效避免一个社会的总消费和总收入一旦陷入不可控的失衡之后，唯有借助危机爆发的形式才能最终实施有效调节的被动局面。

第四节　双目的型市场与实体财富及货币财富

毋庸置疑，现代市场经济所面临的最大问题是"实体财富"与"货币财富"之间的关系议题。广义经济学引入"消费、投资"与"收入"关系的重大意义就在于，它将在市场经济运行的整体维度引入一个全新的更大宏观关系，从而彻底治理"实体财富"与"货币财富"之间始终存在不稳定，甚至常常诱导各种危机爆发的跨世纪顽症。这一顽症已经十分古老，远比古典经济学和新古典经济学产生的时间早，是一个古典范式和新古典范式理论家们均不敢问津的重大经济学议题。因为，它直接要求一个统一的货币学理论，而不是从历史中延续至今、已老态龙钟的"数量论货币学"。人类当前身处其中的"国际收支总失衡"以其存在的事实已清晰表明，建立在弗里德曼自由浮动汇率理论基础之上的所谓的牙买加体系是根本无法确保国际收支总平衡的。亦即，靠弗里德曼所主张和宣称的自由浮动汇率制是根本克服不了国际收支倾向于总失衡，而不是总平衡的内生性趋势的。不仅如此，之前的布雷顿森林体系和金本位制也都同样如此。有鉴于此，构建一个能够在"实体财富"和"货币财富"之间扮演调节机制的新制度安排，很可能将是有效破解现行国际收支失衡的最有力举措。毕竟，新古典范式在构建市场经济总平衡时仅只采用了与货币无关联的供需关系。之所以说"供需关系"与货币是无关联的，是因为在物物交换中也是一样存在"供需关系"的，即，把需求有剩余的物品拿出来与他人进行对自己有需求的交换。所以，供需关系与有无货币的介入并不存在必然的关系。即使存在，就像瓦尔拉斯和德布鲁在构建各自"均衡体系"时所假定那样，货币也是中性的。因此，新古典的供需均衡仅只是"货币中性型供需均衡"。然而，进入 21 世纪，货币的性质和功效再也不是中性的了。货币也不再是交换所需的"等价物"或价值尺度这类传统货币学的说教了。在广义经济学范式下的广义货币理论中，货币是交换剩余的积累机制。一旦如此，"实体财富"与"货币财富"之间的均衡，就再也不是"中性货币型均衡"了。

　　不仅如此，供需关系也没有微观基础，即任何个体都只能在其中发挥要么供给作用，要么需求作用，而无法发挥迫使供需之间必然发生交换关系的作用。换言之，一个人是无法左右哪怕是自己的供需平衡，甚至供需关系的。例如，一个人是不可能左右自己消费多、供给少的；同时也是不可能左右自己供给多、消费少的；当然更不可能左右自己的供需关系是平衡的。尤其，在存在失业的市场条件下，一个人即使有供给能力，也并不一定就可以发挥出来。所以，建立在如此不稳定基础之上的供需关系，不可能经过加总就可以形成稳定的均衡状态。除非像新古典一般均衡论所主张的那样，走一条远离真实经济的数学解路线。唯如此，"供需关系"才可能在市场的整体层面上被构造出来。这就表明，供需关系是缺乏微观基础的，有的仅只是【广义交换关系】中那些能够获得成功进而形成价格关系的部分；但绝非"边际交换"所形成的边际价格关系。正因如此，由"供需关系"所构造的宏观治理体系才会如此不堪一击，每每败下阵来。究其根源，核心的问题就是，新古典范式像古典范式一样，都没有搞明白"货币财富"与"实体财富"之间的关系议题。因为，说到底或说破天，市场经济的最大奥妙就在于"实体财富"和"货币财富"之间的关系议题上。具体到微观层面上也就是："消费、投资"和"收入"的关系，其实也就是"实物财富"与"货币财富"之间的关系。重要的是，这一关系的微观基础直接与个体行为关联在一起，是比"双边交换"更加微观的微观基础。无论如何，在微观层面上引入"消费、投资"和"收入"关系，是对传统建立在"消费"基础之上的西方经济学的一种基础性的超越。因为，能够体现"消费、投资"的市场主体必定不再是消费者。同理，能够完全体现"收入"的市场主体也不必然一定是厂商了。所以，市场目的的不同和改变已经必然导致市场主体的不同和改变。总之，一旦引入广义经济学之【广义交换】项下的"消费、投资"和"收入"关系，一个比新古典宏观更宏观、比新古典微观更微观的经济学分析体系将会脱颖而出。人类即将进入的广义市场型社会将是一个远比史前所有市场型社会都更加健康和更光明的社会。

第九章　广义经济学的范式革命（一）

——广义交换理论项下的广义市场理论

"交换"是所有经济学的灵魂。不同的交换理论奠定不同的经济学分析范式。传统的经济学，尤其西方经济学，因其交换理论系潜藏着巨大的方法论缺陷，所以无论如何都是要被彻底超越的。究其根源，古典经济学在考察交换现象时所采用的方法论是纯客观的，即，交换现象的全部信息被假定是可被第三方以客观方法论所无遗漏掌握的。其重大缺陷就在于，交换不仅是物与物之间关系的描述和概括，而且还必须是两个交换当事人之间关系的具体体现。亦即，交换不仅伴随物与物之间关系的发生，同时还必须伴随"交换剩余关系"的同步发生。后者即是人与人之间在交换现象中发生特定关系的具体体现。所以，任何先进的交换理论都必须得是能够同时体现"物与物及人与人"之间关系同时并存的交换理论。古典经济学之所以被新古典经济学所彻底超越的核心根源也正在于此。虽然，新古典经济学进行了适当的改良，但是同样受其方法论的局限，也无法构造出既包含"人与人"之间关系，又包含"物与物"之间关系同时存在的"完整型交换理论"出来。毕竟，仅只依靠"效用"的纯主观方法论，是无法解释包括物与物之间存在关系的客观现实的，即使加上边际的方法论也无法改变这一切。

第一节　传统交换理论与广义交换理论

"交换"，是人之物种之所以群居在一起组成社会的最古老现象之一。事实上，整个人类社会都是在交换机制基础之上逐步建立起来的。即，交换机制越发达，则相应的社会组织就越发达。换句话说，一个社会的先进性是由这个社会的交换机制的先进性所决定的。一言以蔽之，交换，决定着一个社会，乃至人类文明的方向和进程，是所有其他社会属性缘起和进步的基础。无论政治的、军事的、宗教的、道德的、经济与财富的、文化和习俗的等所有的社会属性，均缘起于交换。交换的不发达和落后必然导致给定社会的组织机制和形态是落后的。因为，广义经济学将要阐述的一个重要新原理就是，比人与人之间的生产关系更加重要的是人与人之间的广义交换关系。随着【广义交换】和【广义交换模型】的被发现，生产和交换之间的关系已经不再是传统意义上的生产在先、交换在后的因果关系了；相反，两者互为因果且享有共同的基础：更有利益之【个体比较原理】项下的三种可能性之一。有鉴于此，关于交换学说的理论是关乎整个社会进步的理论。

众所周知，交换在人类文明的进程中从未中断过，而且规模越来越大。但这种交换规模不断扩大的历史进步是与给定社会对交换的不同认知关联在一起的。每一次重大的社会进步都必然与交换进步关联在一起。没有交换的进步就不会有社会的根本进步。当前人类文明正遭遇重大的整体变革压力和挑战，唯有从交换原理的层面取得重大的变革和兼容性超越，迈向全球治理的脚步才能落地踏实。自1776年亚当·斯密出版《国富论》以降，交换到底为什么会生成的理论就已经层出不穷，但归根结底都可以统一到一个共同的追问上：是什么决定了交换可以实际发生呢？从亚当·斯密以降，受自然科学及其方法论获得巨大成功的影响，借助因果关系来考察社会现象的热浪遂成历史大趋势。此外，将历史关系当作因果关系的权威者瑕疵也被不加反思地继承了下来。

在交换的认知和理论构建领域中尤其如此。毕竟，因果决定论的直接结果就是，交换之所以实际发生的根源被人为地首先假定为系由一元要素所决定的，例如，系由价值要素所决定，或由边际价值所决定的。这样一来，整个的交换理论或交换规律理论就被局限在"一元决定论"的紧箍咒之中而无法自拔。整个古典分析范式因此陨落了。紧随其后的新古典范式也同样在不自觉中成为了井底之蛙，只见树而不见林。一言以蔽之，受自古希腊以降的西方哲学的深刻影响，关于交换原理的认知，无论是古典范式前的分析范式还是其本身，以及新古典范式，乃至之后的凯恩斯经济学、科斯经济学等，都在理解和构造交换原理时掉进了狭义性的陷阱之中，即，交换仅只被理解和解读为系可以由第三方的观察而全部认知到的。为此，我们特把建立在这种借第三方考察而可以获得关于交换原理全部认知方法论基础之上的交换原理，称之为【外生性交换原理】或【西方式交换原理】。假定如此，传统的交换原理其实无一例外都是【外生性交换原理】或【西方式交换原理】。例如，所有经济学理论家们此前通过第三方的考察所描述或论述的交换现象就都是"外生性交换现象"。之所以如此是因为，根据之前给出的【广义交换】和【广义交换模型】，能有价格形成的成功交换只有如下四种可能：

P1（有正交换剩余）＜＞P2（有正交换剩余）——[9.1-1]

P1（有正交换剩余）＜＞P2（有零交换剩余）——[9.1-2]

P1（有零交换剩余）＜＞P2（有正交换剩余）——[9.1-3]

P1（有零交换剩余）＜＞P2（有零交换剩余）——[9.1-4]

其中，P1和P2分别表示交换的双方。显然，在这四种情形下成功型交换都是可能的。那么，站在第三方的立场上，如何识别出可以确保价格形成的成功型交换到底是由上述四者中的哪一者所代表或决定的呢？为此，所有传统的交换原理都只能束手无策、无言以对。这种无能为力，无法通过第三方外部观察的立场来解答上述问题的原理即是交换为什么被界定成"外生性交换现象"，进而导致关于对其原理性的认知只能得出【外生性交换原理】或【西方式交换原理】的根源之所在。总之，交换在西方哲学的语境下只能被局限在古典范式的"客观论方法论"或新古典范式的"主观方法论"之中而无法自拔。

当然，这种差别的直接结果就是，【外生性交换原理】或【西方式交换原理】是无法提供关于"交换剩余世界"的详尽认知的。而广义经济学整体论的"交换剩余"却潜藏着整个新世界的大门。不过，"交换剩余"只是借来用于沟通的一个便利概念，因为它是可以由更加基础的【广义交换】推导出来的。

给出【广义交换】和【广义交换模型】，不仅历史上所有的交换概念都被包含在其中，而且之前众多处于分散型的概念，包括生产概念在内都已经可以经由【广义交换】推导出来了。【广义交换】不同于传统或新古典交换概念的最显著特征就在于，【广义交换】是基于【个体比较原理】组合而来的整体。因此，在历史上它第一次给出了关于"交换"系如何缘起的边界条件，并且由于【广义交换模型】的如下具体内涵：

$$[\text{Pa1}] \quad \wedge \quad [\text{Pb1}]$$
$$[\text{Pa2}] \quad \wedge \quad [\text{Pb1}]$$
$$[\text{Pa3}] \quad \wedge \quad [\text{Pb1}]$$
$$[\text{Pa1}] \quad \wedge \quad [\text{Pb2}]$$
$$[\text{Pa2}] \quad \wedge \quad [\text{Pb2}]$$
$$[\text{Pa3}] \quad \wedge \quad [\text{Pb2}]$$
$$[\text{Pa1}] \quad \wedge \quad [\text{Pb3}]$$
$$[\text{Pa2}] \quad \wedge \quad [\text{Pb3}]$$
$$[\text{Pa3}] \quad \wedge \quad [\text{Pb3}]$$

所以，真实交换的实际过程就在历史上第一次被清晰地揭示出来了。最关键的还在于，在上述的交换过程展开中，交换从开始经过中间过程之后，是既可以形成价格而获得成功的，也可以形成不了价格而没能获得成功。由此，现实生活中大量交易经过艰苦卓绝的努力之后仍有可能无果而终的事实就第一次获得了统一的解说。交换从此得到了大幅度的广义化扩张，再也不是"成功形成价格的结果型交换"了。

一旦广义经济学彻底揭开"起始—过程—双结果型交换"的庐山真面目，传统或新古典之"单结果型交换"的狭义性就再也无处可躲了。交换从此有过程的重大意义就在于，"讨价还价"作为交换过程的组成部分的自主和自由性才真正具有实在的可实证基础，否则"讨价还价"为什么一定会必然成功的潜在假定就会荒谬无比。换言之，只有在"起始—过程—双结果型交换"的广义分析范式下，"讨价还价"才具有既可以成功也可以不成功之作为交换组成部分的价值，否则，"讨价还价"就根本不能够作为交换的有机组成部分而存在。亦即，"讨价还价"是市场经济之所以具有自由性的核心标志，因为它意味着交换主体是具有自主决定是否进行交换以及以怎样的价格执行交易的核心权利。相比之下，竞争或参与价格竞争的自由性乃是第二位的。因为，价格竞争者是不能选择是否可以退出交易的。为此，我们特把拥有"讨价还价"的权利，称之为【市场主体的第一自由权】。相比之下，我们把拥有参与"价格竞争"的权利，称之为【市场主体的第二自由权】。因此，对真实市场经济而言，比自由竞争更重要的是"讨价还价的自由"，即"交换与否的自由"。如果连"讨价还价的自由"或"交换与否的自由"都没有，而只能无自由地被动进行交换但可主动进行价格的自由竞争的话，那么，这种市场已近乎无自由可言。非常遗憾的是，新古典范式的理论家们在自觉和不自觉之中正是这样将自由的本质悄然藏匿起来，然后煞有介事地宣称自己为"自由市场体制"的。这种"自由市场体制"，无疑是将真实市场的主体权利——【第一自由权】彻底掩埋之后，再假装倡导竞争自由而来推行其"虚伪型自由市场体制"的。如果说一个人连拒绝交易与否的权利都被剥夺了，然后在被迫参与交易的前提下再被赋予享有参与价格竞争的自由权，那么这种自由与奴隶主授予奴隶的某些自由之间又有何区别？总之，新古典范式的自由市场体制地地道道是一种"第二自由权市场体制"。故，我们特将其称之为【新古典自由市场体制】或【第二自由权市场体制】。由此可见，广义市场必定是一个可兼顾【第一自由权市场体制】和【第二自由权市场体制】于一身的先进型市场体制。

第二节　【第一自由权市场体制】与【第二
　　　自由权市场体制】

"自由市场经济"既是市场经济的正统，也是现代国际经济体系的法条。例如，中国遭遇的就是"非市场经济国家"的教义约束和被歧视。但是，随着【广义交换】和【广义交换模型】的被发现和建立在其基础之上的广义经济学分析范式的不断完善，"自由市场体制"的确切含义越来越成为整个世界都关注的焦点。因为，借助【广义交换模型】我们不难发现，【广义交换】实际上是一个集"起始—过程—双结果"于一身的三位一体化交换，即，"讨价还价"终于被内生化地内置于【广义交换】之中了，而不再是外生于"交换"之外的一种市场现象。因为，讨价还价的直接结果就是：交换既可能成功，也可能无疾而终。为此，我们特把"讨价还价"并不必然就意味着"交换"的必然成功的原理，称之为【讨价还价双结果原理】。有鉴于此，"讨价还价"作为【广义交换】的内生性过程，是既可以导致交换的缘起经必要的中间过程而走向成功，也可以导致交换的缘起经必要的中间过程最终无法走向成功。换言之，一旦赋予市场的主体都拥有"讨价还价"的权利，那么市场主体就可以要么拒绝一项交易的成交，要么接受一项交易的成交，要么继续进行讨价还价，三者必居其一。无疑，这项权利是更基本的权利，是远比参与价格竞争的权利更为基本的权利。因为，如果说都不准备去接受某类交换的话，那么再优惠的价格也没必要去竞争。所以，市场主体是否拥有"讨价还价的权利"是他或她的第一自由权。故，真正的自由市场必须是市场主体拥有"讨价还价之绝对权利"的市场。讨价还价的权利越大且越完备，则该市场的自由度就越大，否则就越小。为此，我们已把一个人可以拥有的"讨价还价的权利"称之为【市场主体的第一自由权利】（简称【第一自由权】，参见第九章第一节）。然而，我们必须指出的是，【第一自由权】是与新古典分析范式彼此不相容的，且与一般均衡论也不相容。因为后两者所指的"自由"主要指"边际价格的竞争自由"，是在市场价格被假定无法讨价还价、先验给定之后的竞争自由。

　　换句话说，由于建立在新古典范式基础上的现代经济学之一般均衡论系假定市场主体无法影响市场价格的形成和变动，交换不经讨价还价而自动形成所谓市场价格的假定，就将【第一自由权】从其市场中自动根除出去了。于是，"一般均衡型市场"就被揭示出，其实地地道道是一个全面排斥【第一自由权】的市场体制。其酷似科学化所宣称的自由性只不过是一个在市场价格先验给定之后才允许市场主体参与其价格竞争的自由权，因此由这种自由权所构造的市场体制最多或仅只是"价格自由竞争型市场体制"罢了，根本与"讨价还价自由权市场体制"无关。因此，它构成了新古典和现代西方经济学关于"自由市场体制"的最大一个悖论：如果市场主体像真实市场中的主体一样也都享有可讨价还价的自由权利的话，那么，"一般均衡论"就得被迫彻底放弃，否则两者是无法自洽的；而如果说市场的主体并不能被赋予讨价还价的自由权利的话，那么，由此高度被限制的自由权所构成的市场体制就没有资格宣称自己是"自由市场体制"。如果非要说自己是"自由市场体制"的话，那么，最多也仅只能够宣称自己是【第二自由权市场体制】，是不包含或无法兼容【第一自由权市场体制】的狭义市场体制。为此，我们特将其称之为【新古典市场体制的自由悖论】或【一般均衡型市场体制的自由悖论】或【西方自由市场体制的自由悖论】。

　　显然，市场主体无法介入是否促成交易的讨价还价过程意味着：这种市场主体根本不是按照【广义交换】来在市场体制下进行交换活动的。从"个体利益比较"开始，经由"讨价还价"，再到"价格竞争"，三个过程无一不需要自主和自由权利的到位和合法化。一个完整的"市场经济"或完备的"真正自由市场经济"才能具备，进而脱颖而出。为此，我们特把包含"个体利益比较"、"讨价还价"和"价格竞争"均在内的市场体制，称之为【三段论市场体制】。与之相比，一般均衡论市场只不过是一种"价格自由竞争型市场"罢了，且很可能是"伪价格自由竞争型市场"罢了。因为，缺失"个体利益比较"和"讨价还价"的市场体制是无自由可言的。

　　无论如何，广义市场体制是一种全面包含"个体利益比较"、"讨价还价"和"价格竞争"均完整内置其中的市场体制，是彻底兼容性超越了史前所有市场体制的一个大统一市场体制。其微观基础远比古典、新古典和西方所有经济学体系的都更微观，因此更基础。此外，其所主张和宣称的自由性和自由权利也远比古典和新古典，乃至奥地利学派的更自由。其借由"消费与收入新关系学说"所主张的宏观性也远比新古典和现代一般供需均衡论的宏观性更宏观和宏大，以致在这种更加宏大的体系内，供需失衡和收支失衡的困境即将获得彻底的破解。总之，由于【三段论市场体制】的简装登场，我们还无暇顾及"个体利益比较"的自由权利议题。即便如此，我们已经可以证明，新古典范式的一般均衡论市场体制，几乎可以肯定根本不是什么"自由市场体制"。最多可以勉强被认定为是一种"价格自由竞争型市场体制"，但是由于市场的价格被假定为系先验给定的，所以，由谁或由什么来决定这种先验给定的市场价格就会成为有必要重新审视其"自由性"的关键议题。而这个议题又被新古典的理论家们像述说上帝的存在一样，将其存在性述说成了一种理性无法企及的神秘境界。不言而喻，与"可讨价还价市场体制"相比，新古典的"价格自由竞争型市场体制"就仅只够资格称自己为【第二自由权市场体制】。而一旦将"个体利益比较机制"引入市场体制的再造之中，那么，"可讨价还价市场体制"和新古典的"价格自由竞争型市场体制"就会分别降级为【第二自由权市场体制】和【第三自由权市场体制】。取而代之的是，"个体利益比较型市场"。为此，我们顺便将其称之为【第一自由权市场体制】。由此可见，当只有当一种市场体制可以将上述三种不同级别的自由权都内置其中时，该市场体制才可以被称之为【完全自由权市场体制】或【完整自由权市场体制】。三个自由权缺一不可；否则的话，就一定不是【完全自由权市场体制】或【完整自由权市场体制】。毋庸置疑，这种分析和结论一旦成立，什么是市场经济体制的问题就可能会水落石出。一个全球可通用的自由市场定义将随之脱颖而出，成为全球治理体系的基础保证。

第三节　广义交换剩余理论与广义市场体制

交换理论决定着市场理论。有什么样的交换理论就会有什么样的市场理论。但在历史上，所有的交换理论都与"交换剩余"擦肩而过，没能将其内置成交换原理的有机组成部分。即使马歇尔最早以消费者剩余的分析第一次引入了"消费者剩余"的概念，但是，"消费者剩余"的概念既不与古典范式的"等价交换原理"相兼容，也不与新古典范式的"MC = MR 交换原理"相兼容。与古典范式不兼容是显而易见的，因为如果交换是等价的，则交换过程中就不可能出现交换剩余现象。与新古典范式不兼容是因为，即使在 MC = MR 的交换中是存在利润或交换剩余的，但由于交换是以边际价格或单位价格形式成交的，所以交换剩余是无法体现为两种不同表现形式的。因此，边际范式下的交换剩余是与广义分析范式项下的交换剩余有所不同的。那么，在交换中潜藏交换剩余的根源到底源于何处呢？为此，我们的答案是：源于利益的私人主张。即，所有的利益都是相对个体而言的。而在个体的利益主张中是包含有利己利益、利他利益和利整体利益之分的。当然，私人利益的主张能够获得充分体现的前提是，享有进行广义交换的充分自主权。有鉴于此，不仅"讨价还价"意味着一种必要的自主和自由性权利，而且不必遵守"边际原则"来进行理性计算的权利同样是一种必要的自主和自由权利。因此，一个人只有拥有了以【广义交换】和【广义交换模型】进行交换的权利之后，才有可能拥有借"完全交换剩余型交换"来追求自身利益最大化的可能性。为此，我们特把唯有【广义交换】才会内生"完全交换剩余"，进而可以确保市场主体获得自身利益最佳组合的原理称之为【交换原理的价值最大化原理】。即，不同的交换原理具有不同的价值。因为，不同的交换原理决定着不同的市场机制和市场体制，进而带给相应市场主体的权利和利益也就自然有所不同。所以，并不存在一种可以独立于所有市场体制之外的客观性市场主体权利，而仅只存在着随不同市场体制的不同而不同的市场主体权利。

有鉴于此，市场体制的先进性是至关重要的。毕竟，我们的分析已经表明：不同的交换原理必然导致不同的市场体制；而不同的市场体制又赋予市场主体以不同的自主权和自由权。所以，市场体制的先进性与否直接与市场主体的权力和利益关联在一起：越先进的市场体制，参与其中的主体可以享有的权力和利益就越多；相反，越落后的市场体制，参与其中的主体可以享有的权力和利益就越少。由于广义市场体制是一种【三段论市场体制】，即在三个不同的市场阶段："个体利益比较阶段"、"讨价还价阶段"和"价格竞争阶段"都将赋予市场主体以自主权和自由权，所以，广义市场体制可以说是远比新古典市场体制更为先进的市场体制，故能给其主体带来的权力和利益也将是更多，甚至是最多的。因为，建立在【广义交换】和【广义交换模型】基础之上的广义市场体制，是一个已经可以涵盖所有真实交换在内的市场体制，因而已经可以赋予其中的主体以全部的自主权和自由权。当然，广义市场体制之所以很可能是最先进的市场体制，最主要的根源来自它是最大化解放"交换剩余"之决定权的市场体制，因此是最先进的市场体制。一言以蔽之，"交换剩余"的最大化解放不仅标志着市场体制的先进性与否，而且标志着给定市场体制的货币基础是不是最先进的。因为，唯有"交换剩余"的最合理化构造才能确保给定市场体制所对应的货币体制的稳健型和先进性以及可持续性。史前所有关于货币现象的认知都是基于实物锚为基础的数量论货币学说而衍生出的货币理论，但自 1971 年 8 月 15 日美国尼克松政府正式宣布美元与黄金脱钩之后，货币的实物锚彻底消失了。货币是什么或由什么来充当锚的议题再次风起云涌。殊不知，这一切又都被证明是与"交换剩余"之间存在直接且必然联系的。总之，广义市场体制的核心基础是"交换剩余原理"。由于关于"交换"的认知已经升级到了"广义交换"，所以，交换剩余的含义也随之自动升级为"广义交换剩余"。其差别的含义就在于，包括"生产剩余"的概念也可以统一在"广义交换剩余"的分析范式下进行一体化的分析和推演了。

第四节 中国市场与广义市场体制之间的关系

看待从计划体制向市场体制转型而来的中国经济，需要有理论的样板或范式才可以做出它到底是不是市场体制的判断。即，带上不同原理的眼镜，中国经济所呈现出来的运行机制及面貌将随之不同。中国经济体制被美国等市场发达经济体的国家看作"非市场经济国家"的合理性，因此仅只相对这些国家所采用的市场体制而言是成立的，并不代表其本身真的就是"非市场经济国家"了。除非依据所有市场理论判断之后中国经济体制依然被认为是"非市场经济国家"才可以算数。那么，中国经济体制到底在绝对意义上是"非市场经济国家"呢，还是仅只相对于个别的市场理论而言而被视为"非市场经济国家"？显然，就【三段论市场体制】而言，即，相对"个体利益比较—讨价还价—价格竞争"的市场模型而言，中国的经济体制是更加市场化的。因为，除边际价格竞争之外，在中国讨价还价机制或功能是普遍存在的。这种市场现象是体现经济活跃程度最高的市场行为。例如，中国各级政府为抢占经济优势和市场优势都积极在各自管辖区内创办种类繁多的专业化市场：深圳华强北电子配套市场、深圳市农产品丰湖干货特产批发市场、广州白马服装批发市场、广东普宁流沙布料市场、义乌中国小商品市场、天津塘沽洋货市场、温州永嘉桥头纽扣市场等到处是专业市场和批发市场，即凡有商品的就都会有相应的批发市场和专业市场；而且在这种市场里，并不会发生新古典范式理论家们所阐述的价格竞争；相反，在价格竞争的表面，实际上潜藏着形式迥异但花样繁多的竞争。例如，以次充好的竞争、以国产充当进口的竞争、以 A 货充当原装的竞争、以偷扣零部件利用信息不对称的竞争、以低价承诺抢夺客户然后重新议价的竞争。总之，竞争在中国批发市场和专业市场上的实际表现绝对不是依据新古典范式所宣称的那样在进行。换言之，这一切之所以可以真实地发生，其根源就在于"讨价还价"在中国市场体制下是自觉和不自觉地被高度默认的一种市场行为。

　　所以，中国市场体制更多的是在践行着"广义市场"的基本原则，而与新古典或所谓的自由市场体制相距甚远，甚至越来越远。而且，中国经济体制还在践行着更为重要的市场行为，即【个体利益比较原理】。中国人作为市场主体，从来不受西方理性假说的制约和限制；所有与其"个体利益比较"相关的事情都借助或可以借助交换来推进或辅以实施。因此，中国人借助广义市场所自愿实施的交换种类和规模，已远远超过西方发达市场经济项下的市场主体所能实施的交换种类和规模。因为，"更有利益分析范式"对任何个人来说，都是一个可以应用于生活中任何领域的"行为指南"。从政可以如此，从军也可以如此，从商更可以如此。总之，它远不限于经济行为。事实上，"更有利益行为原理"是一个可通用于人类所有个体之一切行为的理性原理。即，"更有利益行为原理"可以应用于社会生活的所有方面，因此地地道道是一个无异于社会学原理的原理。正因如此，借助它所产生的交换种类因人而异。即，即使是成功的交换最终也可能并不形成价格或并不必然形成实物价格，而很可能形成服务价格。而一旦指出"服务价格"，新古典范式下的一般均衡论市场就会被发现是潜藏巨大漏洞的。即，在一个服务经济占比越来越大的经济体之内，无论如何交换都是达不到一般均衡状态的。因为，不可能同时存在着"无限多同质服务的供给者"和"无限多同质服务的需求者"。相反，像洗头、足疗、美容、桑拿、歌舞厅、餐饮业、旅游业等均无法在边际价格上达成一般均衡，而只能在张伯伦所倡导的"垄断竞争"中，或同类差异性竞争中形成广义交换的 Core 状态。同类差异性之垄断竞争，而不是同类同质性之完全自由竞争，才是更加接近真实市场的竞争理论，也是更加接近中国市场的真实现状。总之，中国的市场经济很可能是目前世界上最接近广义经济学之广义市场体制的经济体，其交换事业和价格事业因此都最接近【广义交换原理】和【广义价格原理】（【利益比较价格原理】）。由此所呈现出的市场活跃度和自由度，包括使用"负价格"在内的自由度都是最普遍和最具规模的。因此，中国的市场事业很可能是当今世界上最先进的。

第十章　广义经济学的范式革命（二）

——广义供需理论项下的广义市场理论

交换是伴随"交换剩余"而一同发生的。这一事实一直未能被概括到西方经济学的分析范式中。一旦在交换原理中引入"交换剩余"的概念，交换的任何一方就被发现是需要面对两种不同形式的交换剩余而需做出选择的。换言之，任何市场主体都不仅只要么是单一追求消费的"消费者"，要么是单一追求生产的"供给者"。相反，交换的任何一方都既追求"消费"及"交换剩余"，同时也追求"收入"或"交换剩余"。即，自货币起源之后，货币型交换项下，任何一方交换者都要么追求实物及"实物剩余"和"货币剩余"之间的平衡，要么追求"货币"及"货币剩余"和"实物剩余"之间的平衡。至于，其中追求实物的目的是为了消费还是为了从事生产获利，在交换中是无法进行有效判别的。同理，追求货币的目的到底是为了追求生产获利还是为了追求消费，同样是无法在交换中获得有效判别的。有鉴于此，包含交换剩余在交换原理中的市场构造，就会呈现出重大的不同。即，市场的核心均衡不再是关于总需求与总供给之间的所谓"一般均衡"，而是"总实物追求"和"总货币追求"均衡之外"总实物剩余追求"和"总货币剩余追求"之间的同步均衡。换言之，必须得是二阶同步均衡，市场才能真正呈现出均衡状态来。

第一节　广义需求理论与广义供给理论

"需求"，恐怕是人类社会生活中最有意思的一个属性。因为，人人有需求，从生理必需的吃喝穿住需求到吸烟、酗酒、品茶、喝咖啡、吸食毒品等与生理需求无关的行为，无一不是因需求而引起的。但是，人类个体的需求还远不止如此，例如，一个人想当国王或皇帝等人人拥有梦想之类的行为，也是需求的结果，要不又如何来区分它们之间的差别呢？即，需求和欲望之间的差别到底何在呢？如果找不到的话，是否就可以认定需求和欲望是一回事呢？为此，争论和主张多如牛毛，众说纷纭。直到凯恩斯引入了与货币有关的需求概念——"有效需求"。至此，凡是涉及需求的议题，经济学家们至少都会使用"有效需求"来谈论"需求"了。当然，只要稍微细想一下，我们仍然很快就会发现，即使是"有效需求"也仍然潜藏相当程度的模糊性：因为它仍然无法将一个人用来进行消费的"有效需求"和用来进行获得收入的"有效需求"区分开来。例如，一个人生产了一个机床零部件，就消费而言，这个零部件毫无实用价值，但却可能为其带来货币性收入。所以说，即使凯恩斯已经很伟大地区分出了"漫无边界的需求"和"货币基础上的有效需求"之间的区别，但他并没能够进一步地将"消费性有效需求"和"收入性有效需求"之间的差别揭示出来。之所以如此，是因为新古典分析范式是将"需求"与"供给"对立在一起，因此，如果说从"有效需求"中再区分出"消费性有效需求"和"收入性有效需求"，那么，供给者在提供供给时就也是具有"收入性有效需求"的。果真，又如何对需求和供给关系做出进一步的研究呢？所以，新古典范式是不敢面对供给者是否在提供供给时也是具有"收入性需求"之问题的。总之，凯恩斯和新古典范式之所以都没能进一步将"有效需求"区分成"消费性有效需求"和"收入性有效需求"的根源，是因为其分析方法无法将"有效需求"转化为"广义需求"的缘故。为此，广义经济学特把凯恩斯最先发明的"有效需求"概念，广义化地定义为：一切欲通过支付货币来有所得到的需求即为【广义需求】。由此，"消费性有效需求"和"收入性有效需求"显然共同构成了【广义需求】的两个组成部分。换句话说，给定交换剩余的两种不同表现形式，即，无论支付10元人民币购买三双袜子，还是支付5元人民币购买一双袜子，该支付货币力求得到袜子的行为都体现为一种【广义需求】驱动下的选择行为，故两者都是【广义需求】。其中，前者为"消费性有效需求"，因为与后者相比多出一双袜子可供消费；而后者则为"收入性有效需求"，因为与前者相比省出了5元人民币作为收入可用于其他支付选择。由此可见，从"需求"到凯恩斯的"有效需求"，再到广义经济学的【广义需求】，需求的概念发生了重大的变革。"需求"不再主要和"消费"必然关联在了一起，而主要和"货币"关联在一起了。而这种定义"需求"的结果就是，在供给侧或供给端，我们再也发现不了【广义需求】的影子了。因为，所有的供给都在追求所得货币，而不是支付货币。这意味着，【广义需求】的定义方法论已经彻底超越了凯恩斯在构造"有效需求"概念时的方法论，即，【广义需求】既有一个人对"实体财富的需求"，也有对"货币财富的需求"，进而将传统的"需求"概念转化成了"消费"与"收入"的交换剩余选择关系。那么，这种方法论也同样有效于"供给侧或供给端"吗？

为此，答案是肯定的。我们借用相同的方法，把一切欲通过出售实物或服务（即非货币类的东西）来力求得到货币所得的供给，定义为【广义供给】。一个商家，无论以10元人民币出售三双袜子，还是以5元人民币出售一双袜子，该商家从出售袜子的行为中都体现为一种【广义供给】之更有利益行为，故两者都是【广义供给】。其中，前者为"当期收入供给"，因为与后者相比能多得5元的人民币收入；而后者则为"远期收入供给"，因为与前者相比虽然只得了5元人民币作为当期收入，但另外两双袜子在本次的当期之后很可能换回10元人民币的更多利益所得。因此，像【广义需求】一样，【广义供给】同样包含了"当期收入供给"和"远期收入供给"之两部分。当然，值得庆幸的是，在【广义供给】之"当期收入供给"和"远期收入供给"两部分中，"当期收入供给"可代表"货币性收入"，而"远期收入供给"可代表"实物性所得"。于是，经过这种对"供给侧或供给端"的仔细剖析和解构，【广义供给】之"当期收入供给"和"远期收入供给"两部分，其实就是供给端交换者在面对"实物财富供给"和"货币财富供给"时所必须做出的艰难选择而已。亦即，无论需求端还是供求端，经过广义经济学之交换剩余改造之后，就都被转化为"实体财富"与"货币财富"之间的关系和选择了。亦即，人之物种的需求，经过历史进化之后已经成为这样一种物种，其需求不仅有诸多吃喝穿住的边际效用递减型需求，同时也有获得货币这种边际效用递增型需求。否则，假设人之物种的需求都系边际效用递减的话，那么人类的行为就会像狮子、老虎等一样，捕捉到猎物并美食之后就去睡大觉好了，等生理性新陈代谢进入饥饿周期时再去捕猎，否则为什么饱了，或已经储备了足够多的生存资料之后仍然有欲望或需求去获得更多的货币性收入呢？为此，我们特把人之物种进化到现代文明之后既具有边际效用递减型需求同时也具有边际效用递增型需求的假定称之为【需求完整性假定】。

一旦给出【需求完整性假定】，我们就会发现，新古典的供需市场观是一个地地道道过时了的市场观。因为，借助供需均衡来构成市场经济的宏观治理模型，是一个极其错误的方法论。因为，即使在供给侧或供给端也是同样存在"需求"。如果不是，供给端的行为又是由什么来驱动的呢？简言之，一旦揭示出【广义需求】乃是需求端和供给端共同拥有的行为驱动力的话，交换双方的差别就仅只能体现为传统的需求端是支付货币的一端，而传统的供给端则是收取货币同时让渡出实物的一端，其界限如此分明系一目了然。所以，自从货币诞生以降，交换已不再是物物交换，而是物与货币之间的交换，即，是实体端和货币端之间的交换。传统的供需型市场体系已经无法不被改造成"实物与货币交换的广义市场体制"了。这才是市场经济体的最大宏观总架构。

第二节 超越供需型市场的"实物与货币交换型市场"

身临其境，不知其所的情形是人类历史的常态。时至今日，我们人类仍然不知晓自己身处的宇宙之整体面貌到底如何。即使是我们每一个生活在当下的人对其脚下大地的认知，在 1500 年之前也没人知晓它是椭圆形的，进而我们生活在其中的世界是相通的。同理，我们一直天天都在乐道的市场本身，其整体面貌如何也一直是被西方经济学蒙蔽在鼓里而处于黑暗或至少是灰暗之中。当广义经济学彻底揭露出新古典范式的狭义性，尤其是其供需均衡型市场体制的狭义性之后，同时由广义供需型市场体制取而代之之后，"真实型市场"的庐山真面目，即"实物与货币交换型市场体制"才在我们的眼前展现出它的完美与和谐。简言之，借用供需关系构造出的一般均衡型市场体制，是在西方哲学范式陷入无法找到破解整体认识论困境下的一种无意识选择，亦即，西方经济学范式系在无法破解货币到底是如何起源和其锚到底是什么的状态下所给出的一种分析与构造，因此，是其方法论的一种必然。故，当广义经济学项下的广义货币理论获得了根本性突破之后，整个市场体系的完整图像便随之获得了全方位的呈现。即，市场的本质就是"实体财富与货币财富之间进行交换所构成的经济体系"。从微观到宏观无一不如此。由此，一个在微观层面上可以兼顾双边交换、兼顾个体生产、兼顾个体利益比较均在内，同时在宏观层面上还可以兼顾实物财富和货币财富之间发生广义交换、收入与消费之间均衡、供给与收入之间均衡都在内的"完全型市场体制"或"整体型市场体制"已经是可能的了。无疑，给出【广义交换】和【广义交换模型】，双边交换已必然是"实物与货币之间的交换"了。这一事实根本无须再被新古典范式解释成"供需之间的交换"了。当然，采用【广义交换】再来看待市场时，即使讨价还价后的交换是以不成交为其结果，接下来的生产也仍然是可能的。总之，微观和宏观相通，同时国际和国内收支调节机制也相同，且全球经济整体具有统一调节机制的广义市场体制已经具备。

　　众所周知，远在欧洲的重商主义和重农主义之前，人类的社会进步就已经达到在任何地球的文明区域，都已经实施的是实物或服务与货币之间的交换了。这一事实如此的广泛和普及，以至于我们很难找到不是如此的文明遗迹。遗憾的是，这种具有清晰边界的可实证交换却被古典和新古典，乃至现代经济学的理论家们忽视在了无形之中。他们无法就一边手持货币，一边手持实物或服务的交换进行理论概括，而非要根据其事先预想的认知和概念来进行重新解读和构造。结果是，无论古典的"等价交换"解说也好，还是新古典的"边际等价交换"也罢，都无法一目了然地直接命中要害，即明确指出：所有的交换，要么是依照"物物交换原理"进行的，要么是依照"货币和实物或服务交换原理"进行的，且二者必居其一。无疑，就现代经济而言，交换的实证基础就是，或只能是："实物或服务和货币之间的交换"，而不再是"物与物之间的交换"。然而，这一清晰的事实不仅没有被亚当·斯密揭示出来，而且也没被瓦尔拉斯、杰文斯和门格尔等新古典范式的创始人，以及马歇尔、凯恩斯、科斯等人所揭示出来。对此，最好的例证就是，从古典范式到新古典范式，关于经济学的构造问题都陷入了不得不将货币问题无奈地从中分离出来成为一个单独的问题，即"货币中性与否的问题"。这样一来，就将两种不同交换形式的问题给彻底模糊了。但是解答不了"什么是货币"或"什么是货币锚"的问题，并不意味着新古典经济学的理论家们就不可以进行分析范式的理论构造了。经过几代人的杰出贡献，新古典范式终于完成了"一般均衡论的市场构造"。然而，这一市场构造已经千疮百孔、四面楚歌，行将走入历史的坟墓。因为人类交换经济的核心机制，不是解决供需均衡的问题。因为，自给自足是最好的供需均衡体系，自然界的生物链体系正是基于这种原理而实际存在的。相反，人类市场经济的核心机制已经不再是供需均衡机制，而必须是"实物财富与货币财富一体化之可持续增长机制"。无疑，后者已经远远超越了新古典的"一般均衡论之市场构造"，因为供需均衡早已实现且被超越。人类人口总数不断增长的事实就是最好的例证。

第三节 实体财富与货币财富一体化的全球共赢型市场

人类今天的经济生活面临越来越多的问题。全球收支总失衡的困境自 2008 年美国次贷危机爆发以来，不仅没能进一步收窄，相反越来越呈现出不断恶化的迹象。为了应对这种危机，即使创建了已经超越了传统上仅由发达市场国家所构成的 G7 集团之更具全球治理代表的 G20 体制，但到 2016 年，8 年的时光已经飞逝而去，全球收支失衡的总困境不仅没有获得有效的改进，相反在美国 QE1、QE2 和 QE3 政策的启示下，欧盟的 QE 政策随后出台。日本不甘寂寞，也借安倍经济学和钓鱼岛事件很快实现了后发优势的大跃进冲刺，也同样确保自己步入了 QE 化的行列，实现了与发达市场国家的同步联盟。世界由此进入了史无前例之"货币财富大稀释"的全球调整时代。不论我们同意与否，世界已经进入告别旧体制、迈向新未来的重大转折期。由此所引发的问题和迷茫是全方位和系统性的，因为建立在西方经济学范式基础之上的传统市场体制正在分崩离析，处于不断快速解体的历史进程中。虽然整体处于无法自救的塌陷状态，但所有问题都越来越清晰地指向一个统一的方向和议题——实体经济和虚拟经济之间的关系议题上。换句话说，这个问题的本质，换作广义经济学来表达和揭示也就是，实物财富与货币财富之间到底是怎样的一种关系呢？真的是实物财富或实体经济更重要吗？抑或货币财富比实物财富或实体经济更重要？毋庸置疑，这个问题已经上升为当今人类经济整体所面临的各种挑战中最关键的问题。由于缺失实物财富与货币财富之间的全球统一机制或原理，致使各国政府均以央行具有货币政策独立性原则为借口来大肆干预和破坏实物财富与货币财富之间的内在统一性。全球及各国的金融动荡和市场失灵随之频发。所以，在全球范围内进行实物财富与货币财富之间关系的有效治理已经刻不容缓，必须给予最高级别的热点关注。因为，不解决所谓实体经济和虚拟经济之间的关系议题，世界就会在两者关系的博弈中丧失共赢变革的良机，让事态最终走向满盘皆输的调整。

　　破解实体经济和货币财富之间关系的经济学原理，是当今世界最重大的议题。为此，广义经济学已借助广义交换、广义价格、广义剩余、广义理性、广义市场等一系列广义化理论完成了对"实物利益"和"货币利益"之间超宏观市场体系的构造。不仅如此，借助于广义货币理论，我们很可能已经找到了关于"货币锚"的大统一理论。由此，建构全面兼容性超越新古典和现代市场体制的"广义市场体制"或"大统一市场体制"已经成为可能。其中的必经途径之一就是彻底揭开新古典市场体制之狭义性的面纱，同时让世界看到一个更加完善的、可破解当代众多问题的市场新体制。不仅中国的市场体制需要完善这种转变，更重要的是，整个所谓发达国家的市场体制同样需要完成这种转变，因为，这将是一场全球市场体制的真正一体化进程。全球的一体化进程虽然在多种意义上推行了许多，但其真正的开始必须依赖一种全球的统一体系的构造方为可能。而由"实体经济和货币财富之间关系所构成的新市场体制"，无疑是需要全球统一货币锚体系作为必要条件才方便推进的。换言之，虽然全球治理体系今天仍然处于大国博弈的混乱状态中，但未来的新方向已经毋庸置疑，那就是：人类需要创建"全球统一货币锚体系"。唯如此，国际收支失衡的困境才能获得真正的破解。否则，货币战争的博弈就是不可避免的。

　　当然，伴随1944年创建布雷顿森林体系而诞生的国际货币基金组织，由于是当下世界公认的，用来挑战上述议题的权威机构，所以，世界对其方案充满了期待。不过，由于缺失必要的大统一理论，故不仅该组织的原始章程已被弗里德曼的自由浮动汇率理论所击败，而且即使进入所谓的牙买加体系之后，国际收支失衡的发生仍然是无法阻止的，其程度之严重以至于连美国次贷危机的重大事件都无法有效预防。究其根源，我们不难发现，西方经济学根本没有搞懂，供需均衡型市场体制与国际收支型平衡体制之间的关系议题。当然，更谈不上关于破解全球大统一货币锚的理论构建了。

第十一章　广义经济学的范式革命（三）

——广义交换及广义调节机制和广义增长机制项下的广义市场理论

　　包含"交换剩余"在其中的广义交换原理表明，传统的、未包含有"交换剩余"的市场供需调节机制是借助狭义的"物物价格关系"来加以实施的。相比之下，包含有"交换剩余"的广义的"人与物一体化价格关系"则提供了一种全新的广义供需的调节机制。即，真正有效的市场调节机制不是"物物价格调节机制"，而主要是"人与物一体化价格调节机制"。因为，伴随着狭义的"物物价格"被广义化成"人与物一体化价格"之后，传统的供需关系不再由"物的稀缺性"在交换双方的均衡与否所决定了。相反，供需关系主要由"交换剩余"的两种不同形式之间的均衡所决定。换言之，这种均衡观不仅有效于"完全自由竞争型市场"，而且有效于所有不同的类型化市场。即，它也有效于"垄断型市场"。无疑，垄断均衡的概念在传统经济学中是没有的。但垄断为什么会形成一种稳定的状态则很少被西方经济学所分析。从垄断到双寡头、再到多寡头的转变，其实正恰是市场供需双边参与者数目之均衡状态的相对变化。即，市场的均衡不仅是物与物之间的双边均衡，同时也是人与人之间的双边均衡；更确切地说，是人与物一体化之间在供需双边的均衡。总之，市场的总均衡既是物与物的均衡，同时也是人与人之间的均衡。

第一节　广义交换关系及调节理论

自新古典经济学三大创始人之一的瓦尔拉斯开创联立方程组的均衡市场之雏形以降，经济学就被逐步引入了一个歧途的方向在发展，即，市场内所有主体之间的均衡关系。市场由此被述说成是在其一般均衡关系形成时是稀缺资源配置效率最佳的状态。于是，首先需在理论上证明市场体制是存在内生性的均衡解的议题就成为新古典经济学的核心议题。在这种证明最终被阿罗－德布鲁等人经数学方法获得严格确认之后，整个世界都将市场的一般均衡状态信奉为最优状态，并且无条件地推行相应的制度安排和政策实施。然而，自广义经济学以降，市场主体之间的广义关系议题，即，并非一定是"均衡关系"的议题逐渐成了新焦点。不仅如此，广义经济学发现，由【广义交换模型】所呈现出来的【广义交换】关系，是真实市场项下所有主体之间每时每刻都真真切切存在的关系。在此，我们特将其称之为【广义交换关系】或【双边利益比较组合关系】。如此一来，给定任何真实市场，由其所有主体组成的关系，就主要体现为【广义交换关系】或【双边利益比较组合关系】，而不是新古典的一般均衡关系。或者说，在给定市场项下，其所有主体之间的关系并不主要是"新古典的一般均衡关系"，而是【广义交换关系】或【双边利益比较组合关系】。换言之，把市场体制仅只或主要看成一种"一般均衡关系"的观点或方法，是包含巨大误区的。毫无疑问，给定一个国家，其经济成就所呈现出的面貌，包括城市、铁路、公路、航空运输、通信等一切基础设施的建设和落地，都不会受"一般均衡论"的左右而如此；相反却受建立在【双边利益比较组合关系】基础之上的广义市场体制的制约和左右。因为，在【双边利益比较组合关系】和广义市场体制的共同驱动下，市场主体之间的更有利益关系才是给定社会所需要的。它意味着，人与人之间的所有广义交换，或个体利益项下的生产行为，都会呈现出"交易成功"的广义交换关系。所以，如何确保人与人之间都拥有更有利益关系是远比都拥有一般均衡关系更加重要的。就实证基础而言，现实中的每个人都时刻盘算着如何处理与他人之间，或与自己之间的"更有利益关系"，而不是边际均衡关系，即，既不是

"MI = MO"关系，也不是"MR = MC"关系。由于关于"利益"的分析已经在【个体比较原理】和【广义交换模型】中得到了形式化的逻辑构造，所以给定一个社会，生活在其中的每个人之间的关系：要么是没有发生任何关系，要么就是发生有【广义交换关系】的，且二者必居其一。为此，我们特把该原理称之为【广义社会关系原理】。

给出【广义社会关系原理】，我们不难看出，"没有发生任何【广义交换关系】"和"发生有【广义交换关系】"之间也是存在某种关系的。即，"没有发生任何【广义交换关系】"的数目或规模比"发生有【广义交换关系】"的数目或规模：①更多；②更少；③一样多。这样一来，根据①、②、③，我们就可以将给定社会描述为：ⓐ交换落后国家；ⓑ交换发达国家；ⓒ交换中游国家。

毫无疑问，人类不断建构和改善市场体制的初衷和目的就是：根据【广义社会关系原理】，在"没有发生【广义交换关系】"和"发生【广义交换关系】"之间进行多种干预和调节，力求使"没有发生任何【广义交换关系】"的数目或规模逐渐缩小，而"发生有【广义交换关系】"的数目或规模在原有的基础上变得更多或更大，从而促进给定社会朝着能创造出更多"更有利益"的方向去发展，即促进给定社会朝着更多【广义交换关系】能发生的方向去转变。那么，这种关系的转变具有调节机制吗？为此，我们只能说既有，也没有。之所以有，乃是因为虽然说它不是人人都关心的一种利益关系，但却是主导国家政策走向的人所关心的一种利益关系，因此属于政策调节机制的范畴。之所以说没有，乃是因为当它不能受到政策界的关注时，它既不是人人关心的利益关系之市场调节机制，也不是政策关心的调节机制。总之，只要存在利益关系，就一定存在利益调节机制。因为，所有的利益关系都可以概括为【广义交换关系】。假定如此，【广义交换关系】项下的九种关系之间就都可以划分出如下两大类：

P1（有正交换剩余）＜＞P2（有正交换剩余）
——［11.1 - 1］

P1（有正交换剩余）＜＞P2（有零交换剩余）
——［11.1 - 2］

P1（有零交换剩余）＜＞P2（有正交换剩余）
——［11.1 - 3］

$$P1（有零交换剩余）\ <\ >\ P2（有零交换剩余）$$
$$———\ [11.1-4]$$

$$P1（有正交换剩余）\ <\ >\ P2（有负交换剩余）$$
$$———\ [11.1-5]$$

$$P1（有负交换剩余）\ <\ >\ P2（有正交换剩余）$$
$$———\ [11.1-6]$$

$$P1（有零交换剩余）\ <\ >\ P2（有负交换剩余）$$
$$———\ [11.1-7]$$

$$P1（有负交换剩余）\ <\ >\ P2（有零交换剩余）$$
$$———\ [11.1-8]$$

$$P1（有负交换剩余）\ <\ >\ P2（有负交换剩余）$$
$$———\ [11.1-9]$$

显然，在前四组利益关系中若要其中之一发生的话，即交换发生的话，只要 P1 和 P2 中的任何一者不拥有负的交换剩余即可。同理，在后五组利益关系中若要使其中之一不发生的话，即交换不发生的话，只要 P1 和 P2 中的任何一者拥有负的交换剩余即可。为此，我们特把可以确保前者发生的条件的调节原理，称之为【更有利益关系调节原理】。此外，我们顺便把可以确保后者一定不发生的条件之调节原理，称之为【更无利益关系调节原理】。当然，我们可以在【更有利益关系调节原理】的基础上，进一步把可以确保 [11.1-4] 发生的条件之调节原理，称之为【利益无差别关系调节原理】抑或【利益均衡关系调节原理】。那么，上述三个调节原理之间是否具有利益关系，进而也可以有调节机制呢？无疑，假如有，这种调节就不再是利益调节了，而转变为"原理调节机制"了。于是，在不同原理之间如何做出选择的问题就成为涉及调节机制的新议题。当然，不难想象，任何原理本身也存在着对特定个体是否有利的利益比较问题，因此仍然可以按上述三个不同的调节原理来进行。有所不同的是，对调节原理之利益的比较不再是为私利所得了，而主要是为外部正效应之公共利益在谋福利罢了。总之，有关"调节机制"的理解，经济学必须给出完整的揭示。唯如此，"调节机制"本身才会成为人类先进制度的重要建筑和运营工具。

第二节　人为调节机制与自动调节机制

人与人之间的所有利益关系都是可以调节的，除了支撑人类历史进程的必然性规律，例如，【广义交换】或【广义交换模型】。但是，调节人与人之间的利益关系的【更有利益关系调节原理】、【更无利益关系调节原理】和【利益均衡关系调节原理】并不会自动发生。一个人的利益再多也不会自动减少而给那些利益相对较少的人。同理，一个人的某类实物财富再多也不会自动与另外一个拥有别类较多实物财富的人之间进行交换。总之，人与人之间的所有利益关系都不会自动进行调整或交换。有鉴于此，我们特把那些必须得通过或借助人与人之间亲自参与才能进行的调节之机制，称之为【人为调节机制】。显然，正是存在【人为调节机制】，国家组织权力集团、政府组织行政体制、企业组织生产管理等才会成为可能。否则，整个社会的组织架构都很难获得实施。因此，【人为调节机制】是所有社会之所以能够获得组织的根本保证。无疑，【更有利益关系调节原理】、【更无利益关系调节原理】和【利益均衡关系调节原理】都是【人为调节机制】的具体表现形式。给定不同的环境和利益目标，如何在这三个调节原理之中做出选择是因人、因事、因具体条件而定的。一个社会实施法律制度安排之所以效果更佳的根源就在于，每一项法律制度的具体安排其实都在践行【更无利益关系调节原理】。此外，在国际关系中，均势概念和理论的实施之所以可能主要是依据【利益均衡关系调节原理】来加以保证的。否则，稳定的国际体系就是不可能或不可想象的。因此，在一切人类文明所取得的组织性建构的背后都可以发现上述三大类调节原理之【人为调节机制】的影子和存在。换言之，只要人与人相处就一定会涉及【人为调节机制】的使用。有人更多地使用【更有利益关系调节原理】、有人则更多地使用【更无利益关系调节原理】、有人无疑更多地使用【利益均衡关系调节原理】来建构自己的人际关系。总之，个人与社会的关系主要是由【人为调节机制】的三大调节原理所决定的。

　　当然，【人为调节机制】并非经济学所说的调节机制。相反，休谟关于金属货币在国际贸易中随顺逆差的出现而使当事国之间的物价总水平发生升降变化，随后又自动导致顺逆差关系反向调整的机制，为自动调节机制。这个机制在《蒙代尔经济学文集》第一卷中被蒙代尔大力宣称为"国际收支自我调节的均衡机制"。显然，新古典市场的供需关系也是一种具有自我调节能力的均衡机制。即，供大于求时，单价就会下降，从而导致新的供给开始减少；反之，当供小于求时，单价则会上升，从而导致新的供给开始增加。因此，市场的供需关系总趋势是维系均衡状态的；而任何偏离这种均衡状态的力量一旦发生时，则反向的力量就会随之出现。所以，这种调节机制一定是内生于自我力量之源泉的，也一定是为维系均衡状态才会发生自我调节的。为此，我们特把所有为维系均衡状态才会发生自我调节的机制，称之为【自动调节机制】或【自我调节机制】。

　　给出【自动调节机制】或【自我调节机制】，我们不难发现，除了休谟的国际收支自我调节机制和新古典的供需自我调节机制之外，事实上还有许多符合【自动调节机制】或【自我调节机制】的案例可供考察。例如，国际关系中的"安全悖论"则地地道道也是受【自我调节机制】所制约的。此外，弗里德曼的自由浮动汇率制其实也是借助【自我调节机制】来进行建构的。总之，【自动调节机制】或【自我调节机制】在人类社会生活中还是屡见不鲜、普遍存在的。换言之，几乎所有的互为因果关系都潜藏着【自动调节机制】或【自我调节机制】。为此，我们特地进一步把它称之为或假定为【互为因果自动调节机制】或【互为因果自我调节机制】。由此，我们进一步揭开了【自我调节机制】的神秘面纱。即，在因果关系生效的情况下，因与果之间关系的调节或调整很可能只需【人为调节机制】即可。但是，在互为因果关系生效的情况下，因与果之间的关系是处于动态转换过程中的，因此调节就是来自【自动调节机制】的，而无须再借助【人为调节机制】了。

第三节　均衡增长与超均衡增长

经济的目的，如果说仅只是为了确保"供需均衡"或"总供给和总需求均衡"的话，那么，像自然界中所有其他物种的生存方式那样，人类只需采用自给自足的经济模式不就足够了吗？当然，新古典的理论家们会立刻辩称道：如果资源不是稀缺的话，人类的生存方式自然是可以采用自给自足之经济模式的。如此看来，新古典分析范式的核心支点就在于所谓资源的稀缺性了。这个观点或说教无疑已经被新古典经济学信奉为绝对真理、贡祭在神台上了。不过，我们需要在此立刻指出的是：除了在专业论文中我们将会进一步揭开"稀缺性"的庐山真面目之外，我们在此可以简约证明的就是，如果存在"资源稀缺性"这回事的话，那么它与人类的人口总规模以及凯恩斯后来所揭示的"有效需求"之间又存在什么关系？如果说某种资源相对80亿人口是稀缺的话，那么相对10亿人口时它还是稀缺的吗？这种稀缺性和有效需求之间又是什么关系呢？如果说稀缺的资源对应着较高的市场价格，那么资源的稀缺性在已经体现为高价格之后，还仍然会造成"供需失衡"吗？因此，资源稀缺到底是对应人口规模所带来的需求过剩呢，还是对应着所谓的"凯恩斯有效需求"而言的？如果说是前者，那就不应该是后者；而如果说是后者，那就不应该是前者。反正，二者必居其一，而不能二者同时生效。为此，我们特把资源的稀缺性，要么对应因人口规模所带来的需求过剩，要么对应所谓的"凯恩斯有效需求"，但不能同时对应两者的困境，称之为【资源稀缺性的二律背反】或【资源稀缺性的二难困境】，简称【稀缺性悖论】。

不仅如此，如果说经济的目的乃因资源是稀缺的，因而需要克服这种稀缺性，进而保证给定的人口不再受这种稀缺性的制约，所以经济的目的才是要改变因资源稀缺性所带来的供需失衡，从而变供需失衡为供需均衡的话，那么经济的目的被描绘成追求"均衡"就是理所应当的。否则，把经济的目的说成唯一为了苦寻"均衡"就大错特错了。毕竟，人类的人口处于不断增长的事实表明，无论经济的目的是否是为了破解资源稀缺所造成的"供需失衡困境"，增量人口不断扩大的事实清晰地表明：人类实施经济制度安排的目的或目的的结果，不仅可以保证"因资源稀缺造成的供需失衡困境"的破解，而且还可以在此基础之上实现超均衡的经济增长。当然，假定如此，它会立刻引出一个非常有意思的新问题，那就是：如果说，任何经济制度的安排除了能够实现"因资源稀缺造成的供需失衡困境"的破解之外，还可以实现超均衡的经济增长的话，那么，这种超均衡之外的增长是可以逐年都能够实现的吗？换言之，这种逐年都会有的超均衡增长是可持续的吗？抑或，这种逐年的超均衡增长是有极限的吗？显然，如果是有极限的，那么它假定因资源稀缺性所带来的"终极整体供需失衡"就是不可破解的；而如果说这种逐年的超均衡增长是无极限的话，那么它将证明：假定资源稀缺性必然引起"供需失衡"的初始立论就是有问题的或绝对错误的。对此，这不能不说是新古典分析范式在"稀缺性"议题上的一个重大瑕疵或失误。为此，我们特把它称之为系【稀缺性的第二疑难】。

　　假定如此，即给定【稀缺性悖论】和【稀缺性的第二疑难】，实施经济制度安排的目的肯定不再限于破解"供需失衡"，同时苦寻"供需均衡"，而是追求比"均衡"更重要的"增长"议题了。即，一切经济制度的目的在自觉和不自觉之中都是为了首先实现均衡，然后追求超越均衡之后的增长。当然，这个目的到了现代就上升为不仅要追求增长，而且要追求可持续增长。一言以蔽之，增长才是市场体制的唯一永恒目的。就广义经济学的分析范式而言，"增长"的核心含义就在于，它系体现实体财富与货币财富之间必须呈现"货币收入更有利益"的整体特征。只有当"货币财富"在整体意义上比"实体财富"更有利益时，即，所谓的GDP是有正值时，给定的经济体就必然是有增长的。唯如此，给定的经济体才是既能实现供需均衡，同时又能获得"整体正值交换剩余"的。换言之，供需均衡可以进一步划分为："增长型供需均衡"和"零增长型供需均衡"以及"负值增长型供需均衡"。

第四节　超越失衡的增长、超越均衡的
增长与超越增长的再增长

西方经济学的一个重大瑕疵和失误就是，他们把经济制度的设计目标锁定在了改善他们共同的一个错误认知上了。即，他们的方法论促使他们认为资源是稀缺的。然而，遗憾的是，他们没能搞明白，资源稀缺的稀缺性到底是相对什么才成为是稀缺的呢？是相对人类总规模所引起的需求过多，还是相对人类总规模的"有效需求"过多？抑或是相对给定年度内的边际最大产出呢？故，资源的稀缺性一旦给出对应的参考物之后，资源稀缺性的含义就不会再人云亦云了。不过即便如此，【稀缺性悖论】和【稀缺性的第二疑难】的发现还是给新古典的一般均衡论当头一棒。因为，只要"资源稀缺性"概念遭遇解体，那么，将"均衡"的概念放置在整个市场体系最高位的新古典做法，就将随之四面楚歌、摇摇欲坠，最后不得不走进历史的垃圾堆。为此，我们特把"资源稀缺性"遭遇解体，必将引起以"均衡"为核心导向的新古典市场体系会随之解体的原理，称之为【稀缺性与新古典均衡的共生原理】。有鉴于此，只要击破"稀缺性概念"，新古典范式的核心基础———一般均衡论就会灰飞烟灭，最终消失在历史的尘埃之中。

与新古典和现代经济学范式在解读经济的本质时有所不同的是，广义经济学主张，安排经济制度的核心目的就是确保"增长"的发生和可持续发生。"增长"才是经济体制的唯一本质，或最大的驱动力。因为，实施制度安排的核心目标被发现是【广义交换】或【广义交换模型】。而其支点就是"更有利益"。此外，在广义经济学的语境下，由于更有利益的实质是"交换剩余"，所以，只要确保"更有利益"的发生，那么超越"交换剩余均为零的均衡状态"之后，经济体仍然是有"增量"或者"增长"发生的。所不同的是，在两种不同的交换剩余表现形式中既有实物财富的交换剩余，也有货币财富的交换剩余。所以"增长"的质量，因存在两种不同形式的交换剩余而得到可持续的有效保证。因此，超越交换剩余为零的均衡状态的"增长状态"是经济体制的根本之所在。当然，这不代表"增长状态"只能以超越"均衡状态"为前提条件。事实上，即使在失衡状态下，增长也是可能和至关重要的。毫无疑问，给定任何经济失衡的状态，其重归均衡的调整都涉及三种不同的路径：①原有总量保持不变情况下的调整；②原有总量缩小情况下的调整；③原有总量获得增加情况下的调整。为此，我们特将其称之为【经济失衡的三种调整路径】或者【市场经济失衡的三种调整路径】。有鉴于此，"增长"并不局限于"失衡条件下的增长"以及"均衡状态下的增长"，而且涉及"增长条件下的再增长"。那么，为什么"增长"在三种不同的情形下都是可能的呢？

给定人类的交换原理是建立在【广义交换】或【广义交换模型】基础之上的，并且其微观驱动机制为"更有利益原理"，超新古典宏观的整体架构就转变为由"实物财富"和"货币财富"之间的关系所构成。于是，如果所有微观个体对"货币收入之交换剩余"的选择如果大于对"实物财富之交换剩余"的选择，那么，"货币收入之交换剩余"的总量净值作为增量收入就是当期的。相比之下，"实物财富之交换剩余"的潜在总量净收益作为可能的增量收入就将是远期的。反之亦然。当然，除上述两种情形之外，即，既不追求当期的货币收益优于晚期的，也不追求远期的货币收益优于当期的，而是追求当期和远期无差异的货币收益，则增长将是均衡型增长。否则，前者的增长将是先发制胜；而后者的增长将是后发制胜。有鉴于此，我们特把上述三种不同的增长路径称之为【经济增长的三种路径】或【市场经济增长的三种路径】：【均衡型增长】、【先发制胜型增长】和【后发制胜型增长】。总而言之，增长是可以不受市场的初始环境给定而遭制约或影响的。相反，增长在任何市场条件下都是可能的。不仅如此，增长也是不受调整政策的存在与否而可以独立发生的。为此，我们特把它称之为【增长与调整的独立性原则】或【调整与增长的同时并举原则】。假定如此，其含义将是重大的。因为，它意味着，调整本身和交换一样是可以对经济的增长产生直接贡献的。

第十二章　广义经济学的范式革命（四）

——广义均衡与配置论项下的广义市场理论

市场的广义均衡是多阶均衡，而不是西方新古典经济学分析范式所谓的单阶或线性均衡。在多阶均衡条件下，资源的配置概念随之会发生重大的变迁。在所谓一般均衡的意义上，资源的配置含义不再是关于最优与否的判断，而转变为这种均衡下的资源配置是否可以有效确保整体均衡或广义均衡的最终实现。当只有当整体均衡或广义均衡获得实现的条件下，资源的配置才会涉及最优与否的问题。因此，比一般均衡更重要的是多阶的整体均衡或广义均衡。一旦多阶广义均衡获得实现，不仅物与物之间的关系得到有效的配置，同时人与人之间的关系同步得到有效的安定。即，收入与消费的关系将第一次得到同步的改进，进而彻底避免"供需失衡"的发生。换言之，供需失衡的本质其实是"收支失衡"。因此，解决古典范式之"生产过剩总危机"和新古典范式之"有效需求不足总危机"的有效途径并不主要在于如何确保供需均衡，而主要在于如何破解"收支不失衡"或实现"收支均衡"的问题。不解决"收支失衡"，而去解决"供需失衡"是一种治标不治本的方法论。总之，收支均衡和收支调节机制是比供需均衡和供需调节机制更重要的市场功能。故，广义市场比西方市场具有更加强大的调节机制。

第一节　资源配置与市场的初始和边界条件

当代经济学已经把世界驯化成了"市场配置论"的拥戴者。无疑，这既是好事，也是一桩值得反思的大事。之所以是好事，是因为它的确为探索出一条更佳有效的市场道路开辟了一个新的维度和方向。此外，之所以同时还是一桩值得反思的大事，乃是因为新古典范式并没能彻底揭示市场配置论的庐山真面目。从瓦尔拉斯到阿罗和德布鲁，其实他们的努力并没有揭开市场为什么需要"配置机制"的真正根源之所在。在广义经济学角度看来，"配置"或"配置机制"对市场而言之所以重要，其根源就在于，市场不同于交换是潜藏重大玄机的。即，市场并非是交换的简单叠加。换言之，由双边条件所构成的交换之交换原理并不能直接应用于所谓的市场环境。因为，市场是由两两进行交换所构成的多边体，即市场至少要有三个或三个以上的交换主体才有可能生效。例如，给定市场的多边体数目为 N = 3，P1、P2 和 P3，于是，世界上最小的市场便由，P1 ∧ P2，P2 ∧ P3，以及 P3 ∧ P1 所构成（同时假定，每个人只有一件商品用于交换）。给定如此，针对 N_3 型市场进行交换探讨，包括瓦尔拉斯的联立方程，以及阿罗和德布鲁的新构建及新证明就都只不过是对市场之整体进行的一种构造罢了。因为无论构造 N_3 型市场或 N_n 型市场，要想找到其整体的交换解，或所有在其中的双边交换的统一解的话，其努力都需要在双边交换原理之外再找出"多边交换原理"才行。否则，要想确保市场作为多边约束条件下所有的双边交换都能够享受到统一的交换原理或原则的话，将是绝对不可能的。为此，瓦尔拉斯想借助 N 个联立方程组的路径来实现如此，但后来才发现这在数学逻辑原理上是行不通的。即给定 N 个未知数，想仅只通过 N 个联立方程就得出该联立方程组的解是不可能的，除非得有 N + 1 个联立方程组才行。瓦尔拉斯由此可谓失败了。于是，后继者们又继续努力，直到德布鲁之《价值理论》的问世，此议题总算尘埃落定了。但是，沿着德布鲁对"均衡"的历史综述，我们不难发现的是，A. 瓦尔拉斯第一次严格地分析了"均衡问题"。

但真正的突破还是与冯·纽曼的博弈论之 Matrix 数学新工具有关。换言之，只有当数学从古典分析范式过渡到康托尔的现代集合论之后，奈什才有机会借助冯·纽曼开拓出的不定点理论成功证明：N 人博弈庇古均衡点的结论是成立的。亦即，对市场进行整体描述的努力，由此被证明仅只借助古典数学的构造是不可能获得实现的。只有当集合论数学彻底兼容性超越了古典数学的逻辑基础之后，对市场整体构造的数学解才成为了可能。所以说到底，所有关于市场均衡的问题，从根本上讲都首先是关于如何构造"市场整体性"的问题；其次才是关于该整体性如何有解的问题。之所以如此的真正根源乃是，市场作为一个可投入和可产出的系统或体制的初始条件，始终都是古典市场理论和新古典市场理论的一个突出的历史原罪问题。要想证明市场是有效的，或更优，或较计划体制更优的，就必须得证明如此。而要证明如此，市场就必须得首先具备初始条件和边界条件，否则，市场优越性的说教就将毫无科学基础而言。为此，我们特把构造"市场体制"之整体需要初始和边界条件的原理，称之为【市场构造的初始和边界条件】。不如此，又如何能获得关于"市场整体"的完整理解呢？毫无疑问，历史上，市场的建立，无论其边界条件还是初始条件都不是沿着或按照瓦尔拉斯、帕累托、瓦尔德、冯·纽曼和奈什，以及阿罗、德布鲁等人所规划的条件发生的，那些条件除了私有化之外，几乎既谈不上边界条件也谈不上初始条件，根本离市场的整体性相差甚远。即，历史的逻辑根本不把市场作为具有先验假定条件才能成立和存在的事物来对待。历史的逻辑仅关注"从无到有的市场建构"，而不关心充当"人为市场蓝图"的建筑师。换言之，市场不需要从"新古典的市场蓝图"出发来构建，而只需从最真实的【广义交换】或【广义交换模型】出发即可。因为，【广义交换】或【广义交换模型】允许交换并不都是具有价格结果的。唯如此，市场才可以"从无到有"地在人为可干预的调解下逐渐被建立起来。所以，"均衡"的概念根本没有绝对的独立性，而必须附属于给定的交换体系才能具有自身的意义和价值。

　　有鉴于此，"均衡"的概念并不可能独立于不同的经济学分析范式之外而具有客观含义。相反，"均衡"都只是构建"市场"概念时的一种附属物，并不能单独存在。无疑，没有市场，如何会有市场均衡呢？那么，什么又是市场本身呢？为此，因受本书定位的约束，我们直奔主体而不专注于逻辑的丝丝相扣。简单而言，构造市场，从大局来说主要分两大类。第一类是依托"价格理论"，即"相对价格"概念来推进，从瓦尔拉斯以降，到德布鲁都是如此来构建"市场体系"的。为此，我们特把它称之为【价格型市场体系】或【价格型市场理论】。第二类是依托【广义交换】或【广义交换模型】来构造的"市场体系"。为此，我们一并将其称之为系【广义交换型市场体系】或【广义交换型市场理论】。给定如此，"市场"的概念就会出现巨大的不同：前者，即【价格型市场体系】是由均展现价格现象所构成的；而后者，即【广义交换型市场体系】则是由既展现价格现象，同时也可以展现无价格现象之两者同时存在的更具广泛含义的内容所构成。假定如此，构造两种如此不同市场体制所需要的边界条件和初始条件就会随之非常不一样。新古典的市场观，从瓦尔拉斯以降，再一直到德布鲁，无疑始终沿着【价格型市场体系】进行市场的构造。所以，由其设计的边界和初始条件自然都是为了能够与其假定的"价格理论"相匹配才被选中的。为此，这种为了满足能够实现与"价格理论"相匹配才被选中的边界和初始条件，就是为了建构相应的市场模型而配置出来的。换言之，市场体系与其边界条件和初始条件是存在配置关系的。为此，我们特把其称之为【市场模型的配置原理】或【市场模型的配置机制】。例如，德布鲁就是首先构造了一个关于价格的超常规定义："商品的价格是人们对得到一单位（未来的）这种商品，现代必须付出的数额"（显然，这是一个典型的 $MR = MC$ 的翻版式定义），然后，给出消费者、生产者和总资源定义后作为其边界条件，然后再以先验假定的方式："这样定义的商品日期是第一日"设定了其初始条件（一个根本不具备实证基础的初始条件），来完成彼此之间的相互配置。显然，市场模型与其初始和边界条件之间的配置关系是真实存在和一目了然的。但是，这种配置论的潜在问题就在于，市场模型与其初始和边界条件之间是否存在因果关系呢？如果存在，孰者为因，孰者为果呢？显然，新古典的【市场模型的配置原理】或【市场模型的配置机制】是不讲究因果关系的。问题是，即使他们想讲究，恐怕也是竹篮子打水一场空。因为，新古典在构造市场模型时的方法论，从瓦尔拉斯以降到德布鲁，都是采纳第三方的方法论，即客观方法论来建构的。因此，市场模型的功能在构建之前就是透明的，即对所有第三方而言都是可知的，当然，构建它的边界条件和初始条件也都是透明的。总之，新古典的市场模型，无论怎么变换，其方法论的结果对第三方而言，都是可知和完全相同的。无疑，这从根本上决定了其静态结构的先决给定。因此，没有起始、没有过程，只有价格被先验性给定的新古典市场模型，是没有多少实际功效的。一言以蔽之，如果说一个市场模型是配置出来的话，那么，这种市场模型的运行就是可受他人实际操控的。亦即，市场的结果与市场的初始和边界条件之间是必须存在因果关系的。否则，市场的结果倘若反过来又是市场初始和边界条件之存在根源，市场存在的必要性就会遭到强烈的质疑。所以，配置型市场的一个重大缺陷就是：其人为性很可能过强，以致虽然一个市场体系因此可以被创建起来，但距离真实市场模型到底有多远仍然是一个不小的问题。有鉴于此，我们更主张初始条件和边界条件与市场体系之间是存在因果关系的，因此不能依靠配置来构建市场体系。亦即，初始条件和边界条件必须建立在真实性的基础之上，然后依据层层递进的因果关系来创建出与给定的初始和边界条件相符的市场体系。既然已经证明：人与人之间存在着【广义交换关系】，而这种关系又是可经由【人为调节机制】和【自我调节机制】来调整的，那么，资源配置的必要性到底何在呢？所以，资源配置的必要性仅只存在于"初始条件和边界条件"与市场模型的关系之中。那么，是否真的存在一组初始条件和边界条件的最佳组合，以至于借助它就可以确保市场模型的创建会自动实现"一般均衡"呢？

第二节　是一般均衡确保资源配置最优还是
资源配置最优确保一般均衡?

新古典经济学最玄妙的一个教义就是，市场在"一般均衡"获得实现的情况下，其中稀缺资源的配置将是最优的。无疑，这个教义在现阶段仍然占据着主流和正统，但其说法却潜藏着令人难以琢磨的闪烁其词。首先，即使不论这个教义中所刻意埋伏的"稀缺性"定义是如何界定的，或者说市场中除了稀缺性资源之外是否再没有其他资源了呢？如果有，那么，稀缺性资源和非稀缺性资源之间的关系又将如何处理呢？是否在一般均衡条件下仅只稀缺资源的配置是最优的，而非稀缺资源的配置则根本不再是最优的了呢？显而易见，沿着这种追问继续下去的话，"一般均衡论市场"是否必须假定所有的资源都必须是"稀缺性"的吗？如果并非如此，那么，稀缺性资源和非稀缺性资源之间的关系议题就是不可避免的。果真，"一般均衡论"的市场体系也将意义不大。当然，即使我们再宽容一些，允许"稀缺性资源"被解释成"边际效用递减性资源"，那么，"一般均衡论市场"还是无法摆脱自身逻辑的狭义性和困扰。除非新古典的"一般均衡论市场"从根本上讲就是一个或者说只不过是一个地地道道的"资源边际递减一般均衡型市场"。由此可见，一般均衡论市场很难经得起仔细推敲的追问。当然，它的问题还远不局限于如此。其中最大的问题是，到底是一般均衡实现时作为原因在先而导致稀缺资源的配置可以实现最优呢，还是稀缺资源按照边际产出最大化原则作为原因配置在先而导致新古典市场是可以实现一般均衡？显然，如果稀缺资源不是首先被配置成按 $MC = MR$ 的方式进行支配的话，那么，市场主体的行为就更多的是按照"更有利益原则"去行事，而不是边际产出最大化的方式去行事。果真，这种市场的一般均衡就是市场主体事先按照 $MC = MR$ 方式行为的必然结果，而非其根源。那么，到底是市场体制作为宏观层面上的根源导致了微观层面上的市场主体在稀缺资源的使用和支配上变得最优呢？还是市场的主体在微观层面上集体自发性地按照某种

特定含义最优的方式进行稀缺资源的使用和支配在先，而导致市场的
状态会出现一般均衡呢？显然，无论是上述问题中的哪一者，其答案
都意味着，"一般均衡论"的说教都更接近于神学而非科学。亦即，
市场的一般均衡为什么必然导致稀缺资源配置的最优化，是新古典经
济学根本没能解答清楚的一个理论议题，因此是一个根本不足以取信
的理论分析。那么，新古典分析范式为什么会做这种无谓的论证呢？
为此，我们的理解和解读是，新古典经济学的理论构建是存在诸多
问题的：首先是无法构建出市场的整体表达方式。其次市场只能借助
不同的初始和边界条件来构造不同的市场模型，即只能构造单类型
市场模型，而无法构造出具有统一分析框架的整体市场模型来。在
这种大的方法论背景和范式基础约束下，新古典必须要找到一个貌似
科学的分析体系来，否则，这个体系就无法占有正统和主流位置。
这在库恩的科学哲学中关于"知识共同体"的分析和界定都有更为
详尽的论述。所以，新古典借助"一般均衡论"所带来的分析方向是
一个意义极为有限的范式方向。因为，如果说真的存在市场最优
状态———一般均衡状态的话，那么给定的经济体倘若果真实现如此的
话，在其之后发展和增长还是可能的吗？如果一般均衡实现之后，
发展和增长仍然是可能的话，那么其最优的含义又到底指什么呢？
换言之，只要增长不像罗马俱乐部当年在《增长的极限》报告中所
宣称的那样，是有极限的话，那么，说市场是存在最优状态的理论
主张和研究方向就是存在巨大瑕疵的。毋庸置疑，只要增长不是有
极限的，即每一年增长都是可能的，那么怎么会存在对应稀缺性资源
配置最优的一般均衡状态呢？显然，如果"一般均衡状态"是可以被
增长所打破或突破的话，稀缺资源的最优配置又是怎么可能的呢？
或者说，新古典分析范式之一般均衡状态所对应的稀缺资源最优配置
的含义到底是什么呢？稀缺资源的配置都是最优的了，增长怎么还是
可能的呢？有鉴于此，新古典的一般均衡分析是存在过多缺陷和瑕疵
的。即，均衡的分析方向，对市场体系而言，并不是最重要的。相比
之下，增长的分析才是比均衡与否的属性都更加基础和更重要的。

第三节　一般均衡及资源配置最优与增长之间的悖论

　　增长是否有极限的议题是经济学最核心的议题。偏离了这个核心，经济学就无法走向未来。新古典经济学犯下的最大过失莫过于偏离了这个核心。当它把一般均衡态作为条件假定存在稀缺资源配置的最优机制时，增长的议题在有意或无意之中被设定为是存在极限的，即，稀缺资源的最优配置即是增长的极限。否则，最优配置为什么会允许在一般均衡之外继续存在可以确保新增长的其他资源配置之可能呢？为此，我们特把资源最优配置和增长之间的两难困境，称之为【增长与资源最优配置的二律背反】或【增长与资源最优配置悖论】。亦即，只有增长是有极限的，资源的最优配置与增长之间才会是不发生冲突的。否则，必然导致【增长与资源最优配置的二律背反】或【增长与资源最优配置悖论】。反之，只要增长是无极限的，那么，要么资源的最优配置是不存在的，要么增长就不可能是无极限的。遗憾的是，这个议题从来没有被新古典理论家们所认真关注过。总之，增长与均衡、增长与资源的最优配置之间是存在重大理论关系的。由于新古典范式的核心关注被集中到了产出的最大化或生产可能性的最大化这类如何破解"短缺经济约束条件"的议题上了，所以，增长的问题和相关议题从一开始就不属于新古典范式的理论目标也就实属自然了。除此之外，新古典的方法论也不允许它关注增长的问题。因为，无论产出最大化还是生产可能性的最大化，都在初始议题上与增长的议题相冲突，甚至相矛盾。不难想象，以边际方法逼近产出的最大化或生产可能性的最大化，实际上从一开始就已经触及了增长可能性以及增长是否存在极限的深层次问题。当然，他们最无法摆脱的深层次上的约束其实是，边际方法论。因为，只要不放弃或不超越边际方法论，产出的最大化或生产可能性的最大化就是新古典经济学所能够为社会和世界做出的最好甚至是最伟大的经济学理论贡献。即，在产出最大化或生产可能性最大化的领域，新古典范式是人类最杰出的理论体系。

第四节　一般均衡与多种市场模型之间的悖论

众所周知，新古典经济学范式的一个最大阳谋就是，将"一般均衡论"的教义故意当成市场的通用型状态来加以大肆推广。然而，事实上，"一般均衡状态"只不过是特定市场模型所对应的一种状态罢了。亦即，"一般均衡状态"既不是所有不同市场模型所共有的状态或统一状态，也不是集所有不同类型市场于一身之真实市场项下可实际存在的状态。因此，建立在远离真实市场条件之外的一般均衡型市场模型或其体系，根本无资格混淆视听地来故意冒充"市场的理想状态"或"市场理想状态的标准"。整个世界有必要从这蛊惑人心的新古典偏好中快速警醒过来。否则，要想低代价地渡过历史积累至今的国际收支失衡的总困境将是可望而不可即的，因为导致如此的主要根源来自新古典理论家们的自私。

例如，就【市场模型的配置原理】或【市场模型的配置机制】而言，给定特定的初始和边界条件，相应的市场模型就可以随之被创建起来。古诺不就是这样创建起最早的"垄断型市场模型"的吗？张伯伦和琼斯夫人不也同样是如此创建起业界著名的"垄断竞争型市场模型"和"不完全自由竞争市场模型"的吗？故，市场模型和其初始条件及边界条件之间的配置关系并不存在什么特殊的议题而值得我们大费周章地去关注。反倒是，借由不同的初始及边界条件所创建起来的不同市场模型之间是否存在统一的基础或统一的市场功能，成为更有必要关注的新议题。显然，就问题中的第一部分而言，答案是异常清晰的。即，无论怎样不同的初始和边界条件，所有不同的市场模型都拥有共同的统一基础，那就是：它们都必须建立在交换的基础之上。为此，我们特把不受初始和边界条件的制约而共同拥有统一基础的原理称之为【所有市场模型的统一基础原理】。此外，就该问题中的第二部分而言，答案则随市场模型的不同而不同。即，不同的市场模型具有不同的市场功能，而不可能共同分享统一的市场功能。

例如，给定古诺的垄断型市场模型，和瓦尔拉斯的市场模型以及阿罗—德布鲁的市场模型，它们的价格机制肯定遵循不同的价格变动规律而不可能相同。之所以如此，乃是因为这些市场模型是建立在不同的初始和边界条件之上的。即，价格变动的机制及其相关的功能是随创建市场模型时的初始和边界条件的不同而不同的，因此并不能独立于它们而统一存在。为此，我们特把受初始和边界条件的不同制约才能相应存在的市场功能之原理，称之为【市场模型的独立功能原理】。

给定如此，新古典一般均衡论市场模型所对应的"一般均衡状态"就被证明是与其初始和边界条件相对应的，即离开相应的初始和边界条件，"一般均衡状态"将会随之消失。换言之，"一般均衡状态"不可能在古诺的"垄断型市场模型"中也被证明是存在的。同理，在张伯伦和琼斯夫人的"垄断竞争型市场模型"和"不完全自由竞争市场模型"中也不可能发现和证明其存在性。所以，我们可以下结论说：自瓦尔拉斯以降至阿罗—德布鲁所完善的"一般均衡论"并不是所有不同市场模型的共同功能。其有效性仅只对"完全自由竞争型市场模型"是有用的，除此之外，一概无用。换个说法也就是，倘若一般均衡状态是所有市场模型的通用属性的话，那么，不同市场模型存在的必要性随之解体（即，古诺、张伯伦和琼斯夫人等人所创建的不同市场模型将随之解体），但是，倘若不同市场模型是存在的话，那么，一般均衡状态就不可能是所有不同市场模型的通用属性。二者都与新古典的阳谋教义不相符。所以，"一般均衡态"最多可以成为不同市场模型中那个可对应新古典边际型市场模型项下的属性而已，根本没有任何基础及理由宣称自己是"通用市场的理想属性"。将自己本来只是一个特定类型市场项下的属性，非要谎称为"通用市场的理想属性"的这种学派或范式的偏好，实在很难被人恭维为科学和正统。好在，市场与不同类型市场之间关系的屏障已被广义经济学推倒，随其而来的多米诺骨牌效应必将一发而不可收，进而掀起一场有关市场与不同市场模型之间关系的理论大变革。

第五节　稀缺资源之市场的二难配置

新古典经济学具有瞒天过海术。明明越稀缺的资源越是通过垄断抑或寡头的方式从市场竞价中来获得，例如，全世界关于孤品的交易机制都是采用拍卖竞价的方式来获得，包括工程发包、政府采购也都如此；但到了新古典那里，一切都发生了改变。"一般均衡论"反而成了取代拍卖机制，宣称可以确保稀缺资源能够获得最优配置的替代型机制了。这种公开的矛盾居然可以长期隐藏在新古典经济学的分析范式中安然无恙。为此，不能不说新古典经济学真是艺高人胆大，无所不用其极。不过，时过境迁。毕竟，人类今天所处的时代环境和面对的困境已经不再是新古典范式过往优势的长处之所在了。世界不会再因其贡献而包容它的缺陷和瑕疵了，尤其不会再包容它那些直接构成阻碍经济学进步的过时教义和体系构造了。新古典分析范式必须向世界交代的是：市场配置稀缺资源的方式为什么不是以拍卖竞价为最优呢？反而却说是以一般均衡价格机制为最优呢？毫无疑问，价高者得是市场体制的核心原则。那么，为什么不让垄断型市场体制来发挥稀缺资源的配置作用呢？为此，古诺在其1838年出版的《财富理论的数学原理的研究》小册子中给出了惊人的答案："据说一位出版商，有一批受人赏识的，相当有用但又卖不完的存书。因为现有的数量对有意购买它的读者来说是太多了。他竟决定将存书销毁三分之二，以期从剩下的部分获取比全部印数更大的利润。"

"毫无疑问，会有这样一种书，以每本60法郎的价格销售1000本，要比以每本20法郎的价格卖掉3000本容易得多。正是出于这样的计算，荷兰公司销毁了它所垄断的桑得岛出产的部分香料。在此，确实可以说是彻底地破坏了可以称之为财富的实物。因为被销毁的是大家都在寻求而且不可多得的事物。这也确实是一种令人痛心的自私行径，明显地危害了社会利益。但同时不可否认的是，这种利欲熏心的行径、彻头彻尾的破坏，却创造了财富——商业意义上的财富。出版商销毁后剩余的存书，使他的资产有了更大的价值。在这些书或整批地，或者一份份地脱手后，只要每个人仍以商业的眼光看待自己手里的货物，无论是归总在一起还是编制一份在流通中财富的'资产负债表'，都会从这些财富项的和数中发现价值的增加。"

"反之，假设某种稀罕的书只剩下了 50 本，奇货可居使每一册的拍卖价高达 300 法郎。某个出版商添印了 1000 册，每册售价 5 法郎，致使其他几册的价格，也从极端稀缺造成的过高价格，下跌为同样的价格。这 1050 册书在账面上只能构成价值 5250 法郎的财富，由此造成的财富总值的损失则为 9750 法郎；假设（而且也确实应该），把重印该书时耗用掉的原材料考虑进去，财富的减少量甚至更大。此处所发生的工业运作或者说物质生产，对进行生产的出版商，对受雇的员工，甚至对社会公众（只要书里确实含有有用的信息），都是有益的话，但从财富一词的抽象及商业的意义上说，它又无可否认地是财富的真正的破坏。"

很显然，这种情形很可能是最主要的根源，以至于如果认可稀缺性被垄断势力操控的话，社会整体的普遍繁荣就会遭到遏制，甚至是扼杀，所以才不能把稀缺性资源交于垄断型市场体系来加以处理。果真如此，新古典经济学不把稀缺性资源交给垄断型市场加以处理的决定和主张就是有理由和依据的；但是，由此就把稀缺性资源交给一个纯凭主观臆想而杜撰出来的市场形态——"完全自由竞争型市场"，也是存在重大问题的。因为，资源的稀缺性假定是与"完全自由竞争"条件的定义相互矛盾的，即，完全自由竞争之所以可能的必要条件是，假定供给端和需求端均系由数量无限多的供给者和需求者所构成的。如此一来，就会遭遇如下一个问题：既然资源被假定是稀缺的，那么稀缺的资源又如何能够让数量无限多的供给者同时占有而为无限多的需求者提供供给呢？即，稀缺资源和无限多的供给者之间是相互矛盾的。二者不可彼此兼得和兼容。有鉴于此，稀缺资源借助于"完全自由竞争型市场"进行配置系最优的说法，即使在逻辑构造上也是难以成立的。总之，"稀缺资源"

借助市场配置，无论通过垄断方式，还是通过完全自由竞争方式，都是存在实际缺陷的，而且并非是最优的。当然，如果继续深究的话，我们还会发现，资源稀缺的说法本身是存在重大瑕疵的。一种资源是相对全体人类而言是稀缺的呢，还是相对个人而言是稀缺的？换言之，资源的稀缺属性到底是由何而来的呢？抑或，真的存在资源稀缺这回事吗？

　　毋庸置疑，"资源稀缺性"的提法本身，就逻辑而言，就自动存在如下一个相互关联的问题：相对什么而言资源被认定为是稀缺的呢？否则，凭什么说"资源是稀缺"的呢？毫无疑问，无论相对什么而言得出这种判断，都会在逻辑上同时存在另外两种逻辑的可能性：资源的过剩和资源的既不稀缺也不过剩或资源的均衡。因此，只要使用"资源稀缺"这个概念，就会必然存在"资源过剩"和"资源均衡"这两个无法相互分离的概念。否则，"稀缺资源"或"资源稀缺性"的提法就是虚无缥缈、毫无依据的一种空泛传说。这样争论的必要性就在于，新古典市场的供需关系，实际上本身就是一种判定"稀缺、过剩和均衡"的识别机制，而根本不再需要也不必要在其之外另外存在一种虚无的判定稀缺与否的识别机制。因为，当市场出现"供小于求"时，其本质实际上就是资源或产品相对需求而言出现了稀缺状态。所以单价就会出现上升。同时，当市场出现"供大于求"时，实际上表明资源或产品相对需求而言出现了过剩的状态。此时，单价就会呈现下降趋势。当供给既不大于需求也不小于需求时，资源或产品的状态相对需求而言，简单讲就是所谓的"均衡状态"。因此，在借助价格机制来识别"稀缺、过剩和均衡"状态的动态分类法之外还有必要再存在另外一种有关资源稀缺与否的识别机制吗？如果假定是不必要的，那么，在价格机制发生作用之前就能够事先判定出资源稀缺与否的原理到底存在吗？还是这种说法只不过是历史上对这类现象的一种过时的模糊说法而已，故有了经济学的价格机制作为对其的有效识别机制就不再必要了呢？

第六节　广义市场均衡与共赢配置

"配置"一词在经济学中的出现是一件很有意思的事。因为，就中文语境而言，它带有浓重的计划或规划的味道，因此带有显著的超越个体意志之上的"中央意志"色彩。当然，配置这个词在英文语境中的含义可就大不相同了。Resource Allocation 是配置这个词的原英文表达式。但它并不凸显超越个体意志之上的"中央意志"色彩。相反，它更接近中文语境的"资源分布"。在广义经济学分析范式看来，"配置"一词在经济学中只能与创建市场体制时的"初始和边界条件"关联在一起，即经济学中只存在"市场的初始和边界配置论"，而不存在所谓的"资源配置论"。亦即，凡是涉及市场体制整体的，包括其初始和边界条件，市场目标以及为了确保市场体制能有效运行所实施的法律制度安排等，均涉及配置论议题，否则，并不涉及"配置"一词。为此，我们把这个原则称之为【市场的配置原则】。至于给定市场体制之后，所有市场主体在处理各自所占有的资源和利益时所涉及的配置一词，我们不妨将其称之为【个体的资源配置论】。如此界定之后，我们就不难发现，配置论议题实际上涉及市场整体的公共利益和市场主体的私人利益之分别。由此，我们发现，新古典经济学中的"资源配置最优论"，其实就配置而言，主要意在强调"一般均衡态市场体制"是最优的市场体制，因此值得为创建这样一个市场体制而努力实施相应的初始和边界条件。此外，倘若这种解读仍与其初衷存在距离的话，那么让我们回归配置在英文语境下之 Resource Allocation 的含义再来解读，即，当"一般均衡态市场体制"能够确保实现的话，那么，给定社会下资源的私人占有或市场主体占有之秩序将是最优的：既不会出现生产的总过剩危机，也不会出现总有效需求不足的危机。为此，我们特把前者称为【新古典的最优市场配置论】。相应地，我们特把后者称之为【新古典的市场秩序最优配置论】。显然，无论哪一者都符合【市场的配置原则】，而不符合【个体的资源配置论】。

当然，新古典范式肯定会辩解称，"资源配置论"的核心是"资源最佳效率论"，即，在一般均衡状态实现的情况下，资源的配置或资源的分布将处于效率最佳的状态。但假定如此的话，那么，这种效率状态最佳的定义或界定又是怎样给定的呢？是指资源的整体效率最优吗？还是指所有资源在个体或市场主体占有下的私有效率最优呢？所有资源在个体占有下的私有效率最优是否就是个体利益最大化的具体体现呢？如果是的话，那么这是否意味着，给定市场的一般均衡状态，此时所有的个体都可以同时实现各自利益的最大化了呢？即，所有个体同时实现各自利益的最大化是可能的吗？显然，这个问题即使借助帕累托最优来解答也是徒劳的。因为，"帕累托最优"的本质是"帕累托更优"，而非帕累托最优。换言之，在衡量经济效率方面，不可能有最优，只可能有更优。本来 Pareto Optimality 的英文原意就是"帕累托更优"而非"帕累托最优"。由于中文的翻译家们确实存在着理解的差距导致中文读者在理解和在分析的过程中需要付出更多的努力和代价。无论如何，如果资源配置论的核心是关于经济效率的，那么不如直接把它改为"资源效率论"，恐怕对建构理论体系会更好。即，当一般均衡状态实现时，资源的效率是最优的或更优的。但，经济的整体效率这个词到底意味着什么呢？是由 GDP 所反映的经济增长率吗？如果是的话，需要扣除经济整体之总的外部负效应部分之后的 GDP 净值吗？总之，即使是关于经济效率方面的，"效率配置论"也是有问题的。相比之下，为了追求市场所能实现的社会目标，比如说"普遍繁荣""全民小康""社会共赢"等，市场体系需要在初始和边界条件被配置之后不断进行动态性的再配置。此时是需要引入"配置机制"的。为此，我们特把它称之为【市场的社会目标再配置】，简称【市场的再配置】。有鉴于此，我们顺便把创建市场的初始和边界条件之配置，称之为【市场的体系目标配置】，简称【市场的原始配置】。如此一来，市场的配置就随之分为：【市场的原始配置】和【市场的再配置】。"资源配置"或"资源效率配置"的说法从此将被彻底超越和取代。

第十三章　广义经济学的范式革命（五）

——广义竞争理论所对应的广义市场理论

　　竞争理论，尤其完全自由竞争理论是西方经济学的核心理论。经济的市场化程度几乎就是不可行的。垄断型经济只能确保少数人从中受益。相比之下，只有竞争型经济或完全自由竞争型经济，每个人才可以参与其中。这种观点和判断自亚当·斯密以降就一直引导着西方经济学的理论构建。然而，不无遗憾的是，"竞争"或"竞争机制"在新古典经济学的分析范式中被高度狭义化成"价格竞争"这一极为偏颇的狭小含义，因此无法揭示出"竞争"的博大与广泛。众所周知，生产之间也存在着竞争，发明之间也存在着竞争、劳动生产率、管理水平、乃至于在几乎所有的领域，人与人之间都存在着竞争关系，而绝不局限于"价格竞争"。假定如此，我们必须找出全景式和全方位的"竞争"，并以新的竞争原理和相应的制度安排向全社会开放。换言之，开放型社会的本质就是多元化的"竞争"，竞争的程度和多样化规模越大，社会的开放性也就随之越大。反之亦然。然而，竞争的结果是会出现"知识垄断"或"非行政性垄断力量"的。即，"垄断"并非与"竞争"是必然不相同的。除了"行政垄断"之外，此外"自然垄断"除外，所有其他形式的垄断都是基于"知识垄断"而衍生出垄断力量。例如，艺术品垄断就是自由创作的竞争结果。

第一节 生产与交换之间的竞争

西方经济学的一个重大进步主张就是反垄断。这一主张在西方近代史上既代表了新兴资产阶级反对封建统治的进步性主张，同时也代表了资产阶级取得政权之后为维护自身利益所袒护的垄断型殖民贸易体系遭到进步力量以及北美殖民地最先的反抗，直到"二战"结束之际由美国牵头所发起的创建关贸总协定的反殖民贸易垄断的进步主张。然而，反垄断的核心目的是让人人享有参与市场经济的平等机会，而不必然是反对"垄断型市场机制"或"垄断型市场功能"。其结果就是，与垄断相对立的竞争脱颖而出，被推崇为时代的先锋主张。不过，关于竞争的认识，无论是古典范式还是新古典范式，乃至现代经济学分析体系，都没能给出过精准的界定或定义，都简单地把"竞争"等同于"单价竞争"来看待了。无疑，一般均衡论项下的"完全自由竞争"就是如此，即，竞争就是单价之价高者得的优胜原则。当然，如果更具体一些来描述的话，新古典的竞争理论其实就是边际价格竞争理论。之所以如此，显然，"价高者得"的竞价原则并不适用于批发商与厂家之间的交易关系。因为，就批发而言，单价竞争并不重要，相反主要是批发订单的数量更重要，即，批发订单的规模越大越具有竞争性。在这个过程中，单价反而会随着批发规模的增加而降低。因此，价格竞争的竞争原理："价高者得"仅只适合"边际型市场体制"，而不适合"边际型市场体制"以外的任何其他类型市场体制。由此可见，"竞争"，即使在价格领域也存在着不同的竞争机制，因此，竞争并不是唯一的，而是形式多样的。有鉴于此，谈市场竞争就不能被新古典范式带入歧途，误认为只要是竞争就都是所谓的"完全自由竞争"意义上的边际价格竞争，而忽略了真实市场中的竞争其实是形式多样化的，而且不限于"价格竞争"。例如，交换经过讨价还价之后如果出现不成功情形的话，其中的根源之一就是由于"生产竞争"或"生产价格竞争"的缘故。因为，交易的一方可能会认为对方欲交换出的标的物是自己可以以更低价格生产出来的。

即，对方的欲交易物之生产价格是高于自己来生产其生产价格的，而且其差额的数目扣除交易成本之后仍有净值。为此，我们特把交易过程中那些因拥有更优生产竞争力而终止或不去使交易成功的原理，称之为【交换的生产竞争原理】。换句话说，一个人倘若在生产 A 物品方面拥有绝对比较优势的话，那么这个人是不会用 A 物品来与那些在生产 A 物品方面不拥有绝对比较优势的人进行 A 物品交换的。例如，一个人生产 A 物品的代价若是 Ca 的话，同时这个人拥有 B 物品的代价为 Cb 的话，那么，这个人愿意拥有 A 物品的代价要么是 Ca，要么可以是 Cb（此时可用 B 物品从别人那里借助交换而得到 A 物品）。那么，这个人到底会用 Ca 为代价而来得到 A 物品呢？还是会用 Cb 为代价而来得到 A 物品呢？显然，Ca 和 Cb 哪者小就会用哪者来获得 A 物品。当 Ca 比 Cb 更小或更低，并被当事人选择直接生产 A 物品的方式来获得 A 物品时，我们称其为【直接所得】，并将其背后的原理称之为【直接所得原理】。而当 Ca 比 Cb 更大或更高，并被当事人选择以与他人交换的方式来获得 A 物品时，我们称其为【间接所得】，并将其背后的原理称之为【间接所得原理】。有鉴于此，在任何一项交易进程中，交易的双方实际上都必然会在【直接所得】和【间接所得】之间进行比较和选择。无疑，这便是【交换的生产竞争原理】的完整表述。由此可见，"竞争"绝非仅只在边际价格的竞价中发生，也不局限于价格之间的竞争（包括批发价格之间的竞争）。亦即，竞争还可以在【直接所得】和【间接所得】之间发生。当然，明眼人一看便知，这实际上就是李嘉图之相对比较优势理论的改进版。之所以如此，乃是因为，李嘉图在其相对比较优势的分析中实际上在不自觉之中引入了关于一个物品在两个或两个以上不同的个体之间生产的比较之可能性的假定。但由于在个体的生产行为中是不需要引入货币因子的，所以对其的分析就必须引入其他可用于生产的可比较要素方可展开比较，为此，只能是"劳动生产率"。然而，我们知道，生产从来都不仅只是凭借劳动就可以完成的；往往还需要引入相应的生产设备、知识产权或 know – how，以及边际收益等综合理性计算。故，仅凭"劳动生产率"是不可能完成【直接所得】和【间接所得】之间的"利益比较"的。为此，我们特把在【直接所得】和【间接所得】之间进行"利益比较"时，仅只依靠"劳动生产率"就可以得出到底【直接所得】比【间接所得】是更有利益，还是更无利益或利益比较无差异的原理，称之为【交换之生产的李嘉图竞争原理】。同时，我们顺便把【直接所得】和【间接所得】之间进行"利益比较"时，除了需要借用"劳动生产率"以外，还需要借助其他更加真实且复杂的综合要素的原理，称之为【交换之生产的广义竞争原理】。

显然，只有引入【交换之生产的广义竞争原理】之后，我们才可以对世界范围内大量的进口替代现象给予必要且合理的解释。因为，绝大多数的进口替代案例都不是依据"劳动生产率"作为唯一比较标准而实施的。有的不仅劳动生产率无比较优势，甚至比进口所得在价格上更无利益。有鉴于此，比"价格竞争"更原始的竞争来自于"生产竞争"，即来自于交易主体自身在【直接所得】和【间接所得】之间进行"利益比较"的自我竞争。给出这种自我竞争的分析和概念以后，我们就会发现，亚当·斯密的社会分工理论是具有内生驱动力在发挥作用的。任何人只要具有"更有利益理性"，那么，他或她就一定会实施自我竞争的。否则，一个人的生产模式就会陷入以"自我使用价值"为导向的传统路径上去。亦即，在自给自足的经济环境下，任何生产者都是不需要进行自我竞争的。但在货币起源的经济环境下，一个人安排生产的利益比较方式就不再仅只根据"自我使用价值"来进行了。相比之下，由于一个人可以在【直接所得】和【间接所得】之间进行利益比较和利益比较之后的所得选择，所以，一个人以及更多的人会越来越学会通过【间接所得】的方式来获得自己所需要的物品，而不再局限于全部的所得都必须依赖【直接所得】而获得。一言以蔽之，在自由选择的交换经济中，人类的所得并非一定是沿着交换的路径来获得实现的，而永远是沿着"更有利益"的路径在向前演进。

第二节　交换与交换之间的竞争

给出【广义交换】和【广义交换模型】之后，我们知道，交换是既有起始，也有过程，还有两种不同结果的。其中的两种不同结果，一种是成功的、最终形成了价格的结果；另一种则是不成功的、最终没能形成价格的结果。因此，就欲达成或实现有价格结果的一方而言，其首先要竞争的就是如何避免交易的对方经过交换过程之后不去选择达成有价格的结果，而去追求没有价格的结果。所以说，参与交换能否成功的首要竞争是确保成功。为此，我们特把它称之为【交换的能否成功竞争原理】。有鉴于此，确保交换可以获得成功的途径就有两条不同的道路：其一是"交换剩余为零时的价值"（即古典经济学所谓的使用价值）；其二是"交换剩余为正值时的价值"（即广义经济学所定义的收入价值）。为此，我们特把前者称之为【交换的使用价值竞争原理】，同时特把后者称之为【交换的收入价值竞争原理】。

然而，"竞争"并不仅只发生在交换的当事双方之间。虽然说，【交换的能否成功竞争原理】已经比【交换的生产竞争原理】更加广泛了，但仍然仅只局限于发生在交换的当事双方之间，并不涉及交换当事双方以外的第三方。即，如果考虑存在第三方的话，【交换的能否成功竞争原理】的边界就会受到新的挑战，即，即使经过竞争之后，双边交换可以达成了，但突然出现第三方的话，本可达成交换的交换又有可能出现变故而与第三方进行交易，因为有可能第三方参与交换的条件比原本可达成交换的当事双方中的一方所提供的交换条件更优惠与另一当事方。果真如此的话，一个交换能够最终获得成功交易，将不仅取决于交换双方当事者之间的成功与否竞争（已包括了生产竞争），同时还与可能存在的第三方之间进行交易可成交的价格竞争。唯有同时战胜第三方或可能存在的所有第三方之价格竞争以后，一个交换才有可能最终获得成功。为此，我们特把此项原理，称之为

【市场交换的能否成功竞争原理】。当然，与之相对应的【交换的能否成功竞争原理】则自动转变为【双边交换的能否成功竞争原理】。

如此一来，生产与交换之间的竞争原理，最高的原理境界就是【双边交换的能否成功竞争原理】，由此可以引申出许多枝节竞争原理。当然，这也意味着，交换与交换之间的最高原理境界就是【市场交换的能否成功竞争原理】。显然，给定如此，边际价格竞争原理只不过是【市场交换的能否成功竞争原理】项下的一部分或一个小分支而已。无疑，一个人为了确保自己在双边交换已可以获得成功的前提下，还必须战胜第三方才能最终获得交换成功的话，那么，此时他或她所面对的竞争就必然只能是与第三方之间的竞争。为此，我们特把在双边交换已可获得成功的前提下，还必须战胜第三方才能最终获得交换成功的竞争，称之为系【市场竞争】。无疑，给出【市场竞争】，所有的价格竞争都是【市场竞争】中的分支表现形式。因此，为了能够战胜第三方的双边交换优势，任何市场的参与者都必须在拥有双边交换优势的同时，再进一步拥有市场竞争优势。例如，以追求边际产出为竞争方法就是一种获得市场竞争优势的有效路径。因为，只要生产者的 MC 比对方的 MC 更低，则其市场的竞争力就越强。因此，MC 之竞争优势是确保 MC = MR 交易可以获得成功保证的有效路径。此乃成本型竞争优势。此外，还有以规模产出为竞争方法的市场竞争路径。此种竞争路径需要在规模效应方面获得竞争优势。规模效应越强者，其市场竞争的优势也就越强。此乃收益型竞争优势。另外，还有以使用价值为竞争方法的市场竞争路径。此种路径需要在使用价值的创新方面获得优势。创造出的使用价值越受欢迎和受越多人的欢迎，其使用价值的创新优势就越强，随之其市场竞争力也就越强。总之，【市场竞争】至少还可以划分出三种不同的类型出来。三种不同类型的市场竞争都能同时最大化地得到自由体现的市场，才是相对而言先进的市场体制，而不是仅靠边际价格竞争的最大化就可以标志其自由化程度最高的。

第三节　两种交换剩余之间的竞争

市场竞争绝不是仅以"交易成功与否"为衡量标准的；相反，即使市场竞争最终获得了成功，即实现了交换的成功，竞争也并没有因此就结束了。这是新古典范式和现代经济学根本没能搞懂的一个重大秘密。因为，获得市场竞争成功之后，企业还要在两种不同的交换剩余之间进行自我均衡和可持续的再次竞争。例如，可口可乐企业已经是世界级的碳酸饮料企业，家喻户晓、人人爱之，但是，可口可乐企业仍然需要提供不同容量和包装的自我竞争。换言之，无论容量和包装如何不同，其中所罐装的都是同质的碳酸饮料——可口可乐。但是，单位价格却随不同的包装而发生了变化，例如，300 毫升塑料瓶包装的 2.2 元人民币，330 毫升易拉罐包装的 2.3 元人民币，600 毫升塑料瓶包装的 3 元人民币，1 升塑料瓶包装的 4.5 元人民币，2 升塑料瓶包装的 6.8 元人民币。容量越大，单价越便宜。那么，为什么可口可乐企业要向市场上的购买者提供单价自我竞争的不同容量和包装的产品呢？答案就在于，购买者根本不是按照新古典边际范式所宣称的那样是以单价的比较来做出包括消费在内的选择的。之所以如此，是因为即使市场交易可以取得成功了，但因购买者在市场条件下是面临两种不同交换剩余之选择的，所以，像可口可乐这样的企业就需要为争夺需要在两种但多样化交换剩余之间做出进一步选择的购买者，提供新的差异化产品。可口可乐在全球市场均随处可见的市场产品线策略（如上所述）即源于如此。有鉴于此，交换成功仍然不是企业在市场竞争的终点，而是继续竞争的新起点。为此，我们特把这种竞争称之为【市场交易成功后的再竞争】或【市场交易成功后的二次竞争】简称【市场的再竞争】或【市场的二次竞争】，同时把决定这种竞争【市场的再竞争】的原理，称之为【市场的再竞争原理】或【市场的二次竞争原理】。毋庸置疑，只要给出【市场的再竞争原理】或【市场的二次竞争原理】，新古典的一般均衡论就被证明是不可以相互兼容，而只可以被兼容的。

无疑，给出【市场的再竞争】或【市场的二次竞争】，新古典分析范式的一般均衡论体系将会遭遇巨大的挑战。以上述可口可乐企业的例子，2016年10月6日笔者亲自在深圳高尔夫花园乐购实体店采集了如下数据：300毫升塑料瓶包装的，2.2元人民币，330毫升易拉罐包装的，2.3元人民币，600毫升塑料瓶包装的，3元人民币，1升塑料瓶包装的，4.5元人民币，2升塑料瓶包装的，则是6.8元人民币，其分别对应的单位价格为：0.73元人民币/100毫升；0.69元人民币/100毫升；0.5元人民币/100毫升；0.45元人民币/100毫升；0.34元人民币/100毫升。这一事实清晰地表明：无论新古典一般均衡论所定义的"完全自由竞争"完全到怎样的程度，和自由化到怎样的程度，上述单位价格处于非集中于一个点的事实表明：市场受"再竞争"或"二次竞争"所导致的实际状态绝不可能是一般均衡论所要求的边际状态；相反，由它所呈现出来的真实存在表明，市场一定是"Core结构状态"的，即，它同时是有不同解之成交路径的。换言之，即使是交易成功的状态，由于实际存在【市场的再竞争】或【市场的二次竞争】的缘故，真实市场也不可能呈现为仅只趋同于唯一的边际价格之齐次状态。多单价状态作为交易均获成功的实际存在表明：新古典的一般均衡论市场，即所谓的"完全自由竞争型市场"是【广义市场】项下的一种特殊状态，而绝对不是一般常态。相比之下，能够兼容上述可口可乐价格现象存在的真实市场，是【广义市场】的真实体现。这种差别主要集中体现在一般均衡只是"点均衡"，而【广义市场】的均衡则是"Core均衡"。故，新古典的方法论只能研究市场的同质现象或齐次现象，而根本无能力兼容可涵盖或辖属多元化要素同时存在的经济体系。有鉴于此，关于"两种交换剩余之间的竞争"理论就变得格外重要了。因为，一旦证明，市场除了价格竞争（包括边际价格竞争和批发竞争）之外，向下还存在有生产竞争，而向上还有"两种不同交换剩余之间的竞争"的实际和理论存在，新古典关于竞争驱动一般均衡出现的故事就会惊醒梦中人。此外，市场体制的核心标志到底是什么的问题也将随之迎刃而解，最终露出自己的庐山真面目。

第四节　广义竞争原理

市场经济，在西方经济学的分析范式下，是以实现交换为终极目标的，在此前提下再去探讨实现了交换之后的均衡与否的系统性问题。然而，给定以【广义交换】为基础的【广义市场】之后，市场体制的核心目标已经不再是以交换成功与否为标志了；相反，取而代之的是以"更有利益之所得与否为终极目标的"。所以，【广义市场体制】与西方市场体制之间是存在重大差别的。前者允许在交换之外来实现更有利益的所得。但在后者，所有的所得都必须得以"交换方式"来获得。这种不同的重大结果就是，西方市场体制是存在交换之均衡解的，而【广义市场体制】则是由生产所得解和交换所得解共同构成的；而且其中的交换所得解也不再是单一结果解所构成的，而是由九种不同的结果解所共同构成的。总之，西方市场体制和【广义市场体制】之间是存在巨大差别的。这种巨大差别体现在竞争方面就是，新古典的边际价格竞争和广义经济学范式下的"广义竞争"之间的巨大差别。后者是经济主体经由①生产竞争；②双边交换成功与否竞争；③市场竞争；④交换剩余竞争；⑤市场体制竞争等不同层级的竞争所共同构成的。有鉴于此，【广义市场体制】项下之广义竞争的结果不会像新古典市场体制那样，即将使 Aggregated Demands 与 Aggregated Supplies 之间是相等的；相反将是立体型的 Core 之多层次均衡。总之，【广义竞争】是多层次竞争，多势力均衡，而非双边竞争或双势力均衡（如总供给与总需求之间的均衡）。由此可见，新古典竞争仅只是【广义竞争】中的一个特例，是不可能代表市场竞争之全部含义的。假定如此，衡量一个经济体是否是一个让"完全自由竞争"可以获得充分体现的经济体，并不能够仅只凭借新古典的完全自由竞争标准来加以评判；相反乃是需要凭借【广义竞争】是否得以获得充分展现而来加以评判的。总之，市场体制到底由新古典分析范式来决定，还是由广义经济学范式来决定已经至关重要，但更重要的是后者的已经可以全面兼容前者的了。

第十四章　广义经济学与广义政治经济学

　　传统上，经济学与政治经济学之间的界限，至少无法实现被构建在一个统一的分析框架下而给出界定和呈现。但是广义经济学和广义政治经济学打破了这种现状。基于【个体比较原理】而建构的【广义交换原理】第一次实现了包括人与人之间关系均可以被涵盖在其中的完整构造。即，人的行为不仅基于"更有利益法则"来呈现，同时还基于"更无利益法则"来进行策略性调整。亦即，人的行为绝非仅只基于"单一比较原理"而实施；相反，更多时候是基于"系统性比较原理"抑或"整体性比较原理"而实施的。换言之，整体性越强，一个人凭借"更无利益法则"做出选择的可能性就越大。但是，当一个人的整体利益比不大于其具体的个别利益时，这个人的行为肯定是被迫的。相反，在自愿前提下，任何人的整体利益都是大于其具体的个别利益的。唯如此，政治，尤其是权力政治才是可能的。即，如果说每个人都必然是依据"更有利益法则"来呈现自我行为的话，政治，尤其权力政治又怎么是可能的呢？传统上，借助"被动与否"或"自愿与否"来区分政治与经济行为的方法论无疑已经过时。换言之，如何识别一个人的行为是自愿的呢还是被迫的呢？或者说，基于什么原理，一个人"不情愿但又会去做一事件"呢？如何揭示或判定人类个体的"不情愿"呢？

第一节　西方自由市场的终结

西方经济学的狭义性已经四面楚歌，已经无力承受无数次内部革命之后的再次重大革命。不兼容性淘汰西方范式的狭义性，经济学为人类共同福祉服务的核心宗旨就不能够得到有效的弘扬和践行。世界经济已经到了很可能是历史上最大一次的转折点。人类的文明，无论包含哪些内容，但自历史起源以来都始终受一个巨大无比的条件制约着。这个隐藏在无形之中但又时时刻刻都近在咫尺的巨大约束条件就是，整个世界的文明进程都是受"短缺型经济"所制约的。无论怎样古老的文明或后来居上的先进文明，都无法摆脱"短缺型经济"的无情制约；否则的话，人类当前的社会就会呈现出不一样的面貌与形态。总之，人类的文明在整体上正进入一个重大的历史转折点，正在从"短缺型约束"向"均衡型约束"和"过剩型约束"之三种约束并存的混态约束转变。假定如此，历史上一切有价值的传统和承传都不再可能继续沿着线性的轨迹来发挥作用。告别传统，告别历史，已是人类别无选择的必然。人类的文明方式正在告别"短缺型的单态约束"而进入混态约束时代。正是这种三态合一的约束时代的到来，以产出最大化为宗旨并借边际主义为分析范式的现代西方经济学，就再也无法撑起市场体制的天空，来为三混态型社会提供必要的经济学服务了。亦即，西方的经济学，尤其新古典经济学主要是为受"短缺型约束"的社会提供经济学服务的。一旦这种外部的约束发生转变时，西方经济学赖以成立和发挥效力的被假定前提就在无奈之中眼看着陷入越来越难以自拔的绝对困境之中。因为，此时的人类经济已经不再主要追求产出的最大化了。取而代之的是，人类更需要追求"全体共赢的最大化"。伴随产出最大化的落幕或被去中心化，力争与产出最大化之间实现均衡的需求效用的最大化也将不复存在。那么，如此一来社会经济的最大目标又到底是什么呢？是多边财富的最大化，还是社会总效用的最大化？抑或是其他的什么呢？答案就是：社会个体利益、集体利益和整体利益同时共赢的最大化。

第二节　整体市场理论的再崛起

如果市场是整体的话，那么，其交换原理就必须是完整且统一的。例如，古典经济学的"等价交换原理"所对应的市场就是"整体型市场"。但是，当新古典经济学将"等价交换原理"弃之不用时，进而转向宣称"不等价交换原理"时，"整体型市场"彻底消失了。因为，只要新古典的分析范式坚持"不等价交换原理"，即"价格可发生变化的交换原理"，那么，每一个交换价格不同的背后难道也存在着相应数量的交换原理吗？所以，如何为价格可发生变动的不同交换提供相应的交换原理就自动成为了新古典分析范式的核心挑战。亦即，无法为每一个单独的微观交换提供出合理且统一的交换原理的显著缺陷，最终迫使新古典范式的理论家们不得不在市场条件方面寻求突破。因此，寻找交换原理的古典追问从此被暗度陈仓地转换为关于市场类型的新古典追问和求解。因为，只要能界定出某个特定类型的市场条件的话，一组对应的不同交换就可以被归纳成系符合该组价格规律的。例如，古诺的垄断市场就是这样构造的。同理，瓦尔拉斯的"交换联立方程组"也是这样被构造出来的。一言以蔽之，由于无法提供出关于所有微观交换都可以被涵盖在其中的通用型交换原理，所以，新古典经济学无法构造整体型市场体制。这不能不说是新古典经济学的最大缺陷或软肋之所在。因此，无法构造整体型市场体制，是新古典分析范式的第一绝对困境之所在。当然，这也从根本上宣告了新古典分析范式的彻底终结。整体市场，还是类型化市场，已经成为新古典分析范式最恐惧无比的难缠噩梦。不过，值得庆幸的是，在新古典经济学和现代经济学再也无力挣脱的地方，广义经济学却发现了一个潜藏着无数真宝库的新世界，一个可以确保整体市场被完整创建起来的新世界。随着【广义交换模型】的被发现，一个全世界和整个人类历史都通用的交换原理被彻底发现了。换言之，我们已经发现并找到了可以通解一切人类交换现象的【广义交换原理】了。由此，一个无法不再完整的"全类型整体市场"即将水落石出。

第三节 广义交换理论与广义市场理论

广义交换理论是广义经济学的核心基础，同时也是构造广义市场理论的基础理论。其最显著的特点就在于，它将经济学的分析范式从"交换"开始的传统微观基础彻底推进到从"个体利益比较"开始的更加贴近于交换真实起始的个体微观层面上了。这种微观基础的转变有效地确保了经济学全面回归以"真实人"为实证基础的新微观经济学。一旦实现了旧微观基础之双边交换向新微观基础之个体利益比较分析范式的这种转变，其最深刻的哲学意义就在于，它首先从认识论的层面上清除了个体认知存在与全体认知存在之间的西方哲学困境。即，广义经济学的广义交换原理第一次有效地将真实且特定的交换者本身回归到了其在真实交换中本来就应具有的主体地位上了。亦即，真实的逐利行为，包括个体和双边交换式的都不再是由经济学家所指挥的，而是由具体当事人经由利益比较和选择所实际决定的了。即，在任何具体的逐利行为中——个体或双边交换中，虽然第三方可以观察到"交换现象"或"价格现象"的发生，但却无法知晓其所观察的"交换现象"或"价格现象"到底有无"交换剩余"的真实或实际存在与发生。无疑，无论借助古典价值论的交换原理，还是新古典边际效用论的交换原理，我们都无法获知一项成功的交换到底是在双方都有"正值交换剩余"的情形下完成的，还是在其中仅有一方享有"正值交换剩余"的情形下完成的，抑或在双方都没有"正值交换剩余"的情形下完成的。有鉴于此，是否将具体真实的市场主体回归到本属于他或她的真正主体地位上来，从而在更加微观的个体认知存在层面上揭示出"交换现象"的庐山真面目，已经成为经济学到底要选择哪一种科学道路的大是大非议题。毕竟，只有个体本身才可以对"交换剩余"发生与否的存在认知做出有效判断。一言以蔽之，古典和新古典的交换原理都无法揭示出潜藏于交换现象和相对价格背后的"交换剩余"是否存在，以及如果存在与交换者之间到底存在何种关系的议题。相比之下，唯经济学的广义范式才可以。

　　一旦如此，这种起始于人类个体首先进行"个体利益比较"，然后再在九种不同利益比较结果之中做出选择（很可能会进一步做利益比较），再然后再将选择结果与交易之外的其他同类做价格比较的广义经济学分析范式，已经可以将关于双边交换原理的西方哲学困境有效地化解在"广义交换原理"的统一范式之内了。由此，"水与钻石"的古典经济学悖论就将可以获得远比新古典解说更加完美的广义化统一。由于破解"水与钻石悖论"不再采用潜藏本体论假定在其中的新古典边际方法论，而是采用了能兼顾边际方法论在其中的"利益二元论"——价值利益和成本利益于一体的二元整体方法论，所以，广义交换原理不再构筑在诸如像"价值"或"效用"这种无法摆脱客观论或主观论的西方哲学困境中。不难想象，一旦交换原理发生从诸如"价值"或"效用"单要素向"价值和成本"双要素的微观基础转变，且相对价格本身从不包含交换剩余因子到包含交换剩余因子的哲学转变，西方经济学的狭义性和无法构造出统一或整体市场的绝对困境，就将被彻底暴露在阳光之下而一览无余。

　　西方经济学的狭义性和理论缺陷比比皆是，数不胜数。不过，其中在此值得一提的是，它将双边交换原理直接应用到多边交换体系之中的无知假定，是使其受害最深的致命过失之所在。从古希腊以降，一直延续到亚当·斯密，再延续到当今的现代分析范式，经济学的西方范式都假定双边交换原理（无论古典范式还是新古典范式）所依赖的理论前提是不需要进行增补或做任何前提条件扩充就可以直接应用于多边交换之中的。但是广义经济学的分析范式却发现，从双边交换到多边交换的利益比较转变将必然首先遭遇"皆亏现象"或"皆亏困境"的出现和存在（这是导致"水和钻石悖论"的真正根源之所在），因而是不可能仅经由双边交换原理就可以构建出市场交换原理（即"多边交换原理"）的。换言之，在双边交换和多边交换的问题上，无论古典范式还是新古典范式的方法论都没能发现它们之间所潜藏的深层次困境，以及由这种困境引发出的人类个体之间交换关系的根本变化，即市场关系的最初起源。

让古典经济学和新古典经济学都不得不后悔的是，正是在如何处理双边交换和多边交换之间关系的问题上，市场才获得了必要的起源。换言之，市场根本不是"双边交换"的集合体。相反，如何组织多边交换体反而成了经济学真正的核心议题之所在。当然，在市场如何起源的议题上，即，在如何破解"皆亏现象"或"皆亏困境"的议题上，古典经济学选择了以"等价交换"的方式来全盘否定在交换中是含有"交换剩余"之个体认知存在的，进而凭借它来根除"皆亏现象"或"皆亏困境"的人体认知存在。相比之下，新古典的奠基者们则选择了承认"皆亏现象"或"皆亏困境"之存在的合理性但主张它们是可以在"完全自由竞争"的假定条件下逐步过渡到一般均衡状态而被克服的。之所以如此的根源就在于，无论是古典范式还是新古典范式都没能意识到，破解"皆亏现象"或"皆亏困境"的关键就在于"货币的起源"。即，古典分析范式和新古典分析范式都在自觉和不自觉之中把货币的存在当作先验的给定而自动使用了。这是导致他们无法意识到或无法发现"皆亏现象"或"皆亏困境"存在的根本原因之所在。当然，与古典和新古典主张力求根除"皆亏现象"或"皆亏困境"不同的是，广义经济学的分析范式主张，交换型经济最合理的基础就在于有"交换剩余"的个体认知存在和积累。亦即，不仅不能限制和根除"交换剩余"的个体认知存在，而且还要借助破解"皆亏现象"或"皆亏困境"时所引入的化解机制最大化地积累发生在每一个独特双边交换之中的"交换剩余"；而积累不同"交换剩余"的机制性载体便是现代人类社会已经耳熟能详且被称之为"货币"的完全等效物。假定如此，一个重要的结论就是，市场型经济（多边交换体经济）的必要条件就是必须有"货币机制"，即积累交换剩余机制的同步存在。否则，超越双边交换的市场型经济是不可能实际运行的。也就是说，从松散型的双边交换到彼此关联在一起的多边交换，即市场交换，缺失货币的起源和存在是行不通的。因此，货币的起源是市场起源的前提条件。没有货币的起源就不会有市场的起源。即，货币体系决定市场体系。由于广义交换理论本身是一项超过1100多页的纯分析性著述，所以我们在此暂不做过多的论述。

　　第二，受新古典边际分析局限性的误导，新古典经济学从一开始就在不自觉之中被误导到了将"完全自由竞争型市场"当作真实整体市场来教义化看待的自我言说之中，进而将最简单的事实也排斥在了自己的分析范式之外。这个最简单且一目了然的事实就是，即使在西方范式的经济学教科书中它也承认，在"完全自由竞争型市场"之外还存在有除自然垄断模型以外的其他类型市场。例如古诺的"单垄断型市场"和数目众多的"单寡头型市场"，以及张伯伦的"垄断竞争型市场"和琼斯夫人的"不完全自由竞争型市场"。换言之，真实整体市场是由所有不同类型的市场所共同组成的，而不是由其中任何单一类型的市场所组成的，包括不是由"完全自由竞争型市场"所组成。其深刻的含义就在于，它证明了：经济学的西方分析范式是无法将所有不同类型的市场都涵盖到一个具有统一交换原理的范式体系之中的。因此新古典的市场理论和市场体制是一种"单一类型市场的分析体系"。毕竟，从"完全自由竞争型市场"的理论前提中，新古典经济学和西方经济学都无法推演出其他不同类型的市场。一旦揭开新古典市场的皇帝新装，整个新古典经济学和建立在其基础之上的现代经济学都被发现：根本不是关于整体市场的理论构建和制度安排，最多也只不过是特定类型的市场理论而已。因此，自新古典经济学以降的西方经济学正陷入绝对的困境之中。令人欣慰的是，与这种境遇不同的是，广义经济学的分析范式已经是一个能够有效涵盖所有不同类型市场于一体的统一型分析范式了。大统一市场之所以可能的经济学原理就在于，迄今为止所有不同类型的市场都遵循完全相同的交换原理——广义交换原理。换言之，一切交换，无论遵守完全自由竞争型的交换，还是遵守垄断型的交换，抑或遵守寡头型或垄断竞争型的交换，无一例外地不都是遵守相同的广义交换原理的。亦即，不存在任何形式的交换是如此的特殊以至于它是不需要遵守广义交换原理的。正因如此，从广义交换原理出发，经由广义加总原理，所能构造出的市场模型已呈现出较西方市场模型完全不同的如图 14－1【广义市场模型】（统一市场模型或整体市场模型）：

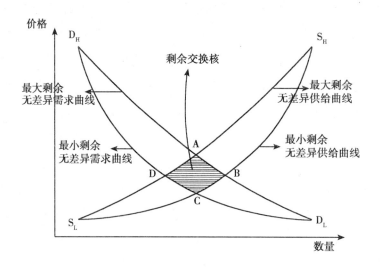

图 14 - 1　　[广义市场模型]

　　第三，一旦给出建立在广义交换原理基础之上的【广义市场模型】或"全类型统一市场模型"，一个关于真实整体市场的庐山真面目就会立刻呈现出来。那就是，经由"全类型统一市场模型"或【广义市场模型】所反映的真实市场不再仅是片面的"纯边际量型市场"了，而转变为边际量加非边际量兼而有之的全能交换型市场了。换言之，广义市场较西方市场的另一重大区别就在于，前者是允许非边际量存在的市场，因而不仅需要边际分析，同时也需要非边际分析。亦即，广义市场是一个必须借助"边际分析"和"非边际分析"于一体的新方法论才可以触及的市场形态，因此，是一个已兼容了西方市场在其中的广义化市场。

　　第四，一旦承认并接受【广义市场模型】或"全类型统一市场模型"系非边际齐次型市场的事实，"价格歧视"等辅助边际分析的陈规旧俗就被证明是极其可笑且毫无意义的。广义经济学较西方经济学更能够反映真实市场的显著特征之一就在于，它有效地揭示出了这样一个新事实，那就是，存在三种不同形式的交换剩余表达方式：①给定支出条件或成本条件不变的情况下如何获得更多所得的交换剩余；②收入或所得条件不变的情况下如何更少支出或节约成本的交换剩余；③支出或成本更少且收入或所得更多的"双交换剩余"。假定如此，这是广义经济学范式的重大理论突破。因为，在西方分析范式下，借助 MR 与 MC

之间相互比较来分析消费者和厂商行为的方法就被证明是无法允许两种或三种不同形式交换剩余之差别存在的。毕竟，一旦允许上述差别的存在，无论消费者还是厂商就都会随之被揭示出是需要在交换标的物之间做出第一次选择之后，还必须在两种或三种不同形式的交换剩余之间再进一步做出新选择的。如此一来，仅只依靠 MR 与 MC 之间单次的利益比较就来揭示市场运行规律的西方经济学就被证明是建立在极为狭义方法论之上的。正因如此，所有批发行为和贸易行为的市场存在都是西方经济学所极力回避的议题和理论疑难。例如，同样是一万台电冰箱的增量需求，如果是由一万名消费者向生产厂商购买的话，按西方范式的供需定律，单价就会上升；但是，如若由一个批发商来向相同的生产厂商直接订购的话，众所周知，单价则会下降。所以，市场上的价格机制绝对不会只是按照边际原则来运行的。亦即，真实市场的价格运行机制绝对不会仅由单一类型的供需定律所决定的，而是由各种不同类型市场所对应的多样化供需定律所共同决定的。

第五，一旦揭示出新古典市场只不过是一种单类型且纯边际化，因此不能揭示出存在两种或三种交换剩余形式的狭义市场的话，真实市场能否实现新古典经济学所教义化主张的一般均衡就会成为一个问题。换言之，真实市场的一般均衡含义到底何在？或到底意味着什么呢？由于交换剩余在交换原理和传统相对价格中的被发现，故，整个广义市场必定是一种由交换剩余在其中发挥独特作用的运行机制和规律。这意味着，新古典范式所谓的总供给和总需求之间所实现的一般均衡，由此必须被拆分为【总消费需求＋总消费者剩余】和【总消费供给＋总生产厂商剩余】之间的整体均衡。果真如此，真实市场的"总均衡"就将呈现出完全不确定的非唯一性状态。因为，上述整体均衡既可以意味着【总消费需求】和【总消费供给＋总生产厂商剩余】，也可以意味着【总消费需求＋总消费者剩余】和【总消费供给】，还可以意味着【总消费需求＋总消费者剩余】和【总消费供给＋总生产厂商剩余】等不同组合的多种形态。由此可见，真实市场是一个整体状态多样化的动态体系。因此，其总均衡被证明是不具有唯一整体性解的。反之，如果真的想确保真实市场的整体均衡是具有唯一整体性解的话，那就必须确保"总消费需求"和"总消费供给"之间在实现均衡的同时，"总消费者剩余"和"总生产厂商剩余"之间也是可以实现均衡的。唯如此，真实市场或广义市场才能够实现唯一确定的整体均衡解。此外，由于存在两种或三种不同形式的交换剩余，所以，具有唯一性之真实市场整体均衡解的不仅是由二阶均衡所构成的，而且还是由多阶均衡所构成的。换言之，广义经济学的广义均衡理论远比新古典经济学一般均衡理论更加具体和更加有效。它不仅涵盖了全类型市场、双变量（边际和非边际）市场以及多阶均衡市场，而且同时预示着多阶配置体系之市场的实际存在。

　　第六，一旦揭示出全面反映真实市场的广义市场并非像新古典范式所主张的那样仅只是总供需的一般均衡，而且还必须是多阶同步均衡，整个新古典经济学的资源配置论就随之成为了一种望梅止渴型的空洞说教。因此，只有确保真实型广义市场的多阶同步整体均衡解的有效实现，市场发挥资源配置的机制才有可能达到最优。否则，仅只根据单一类型市场的均衡——完全自由竞争型市场均衡，就试图得出结论说市场由此可以实现资源配置的最优解，是新古典分析范式最为武断的方法论缺陷。不仅如此，由单类型市场的均衡来决定资源配置最优解的新古典分析范式，仅只关注的是效率的最优，而不涉及收入公平与否的最优考量。而一旦真实型广义市场的资源配置体系不仅是建立在单类型市场均衡基础之上的，而且是建立在多阶同步整体均衡基础之上的，则"资源配置最优"的含义也将随之发生根本性的转变。毕竟，只有广义市场项下的整体均衡解才是具有唯一性的。此时的最优不仅是单一效率的最优，同时还是包含收入公平最大化的最优。因此，广义经济学项下的广义资源配置理论，无疑已经有效超越了新古典教义的"资源配置观"，是一种可以兼顾效率和收入分配公平于一个整体之中的"共赢配置体系"。换言之，如果让广义市场来主导资源配置的话，那么，其结果绝对不可能出现新古典经济学所主张的由 MR = MC 来决定效率结果的论断。相反，资源的配置原理一定是沿着"交换剩余最大化"的轨迹来获得实现的。否则，连反垄断的必要性都不复存在了。

第七，一旦真实型广义市场的整体均衡原理和资源配置原理都不再局限于新古典分析范式下的传统教义主张，而以"多阶同步整体均衡"和"多阶同步共赢配置"的崭新面貌展现出来的话，人类关于"市场型经济体制"的理解就会发生翻天覆地的变化。因为，在广义经济学的新视野下，一幅崭新的、有效超越新古典经济学狭义市场观的制度景象已经跃然于纸上。广义市场不再仅只是关于要么追求"消费效用最大化"，要么追求"企业利润最大化"之单一类型交换剩余的"交换型经济体制"了，而更加真实的是关于追求两种不同类型交换剩余的"双追求交换型经济体制"。即，每一个参与市场的主体都在追求两种不同交换剩余最大化的同时，同步追求着两种交换剩余最大化之间关系的最优化。通俗地说，每个人在市场中都既追求消费效用最大化的满足，同时也在追求收入所得最大化的保障。毕竟，没有收入作为保障条件，追求效用满足是不可能的。因此，真实型广义市场是关于双追求最大化之后再最优化的一种"市场型经济体制"，是可以确保给定社会追求"共赢型发展"的新型市场体系。它从根本上实现了对新古典市场始终遭遇"社会收入整体失衡"之马克思困境和/或凯恩斯困境的有效克服。因此，广义经济学已经从根本上扩充了人类关于市场体制的基础性解读。广义市场不再仅只是关于效用的"单追求交换型经济体制"，而回归为还是关于效用与收入组合整体最优化的"双追求交换型经济体制"。一旦"双目的交换型经济体制"的创建成为可能，自古典经济学以降，西方经济学所始终遭遇的"供需失衡困境"，包括所谓的"市场失灵"，以及由其所必然引发的市场不稳定性，就都将从此可以得到有效的破解了。

第八，一旦认清广义经济学对古典和新古典经济学之分析范式的超越，不仅是整体性的，同时还是基础性的，是在基础数学和哲学方法论等层面上所取得的，因此是一种根本性的科学超越，整个经济学的面貌就将随之发生恐怕会比库恩所主张的范式革命还要重大的经济学革命。这种革命的根本性就在于，"市场"或"整体市场"或真实型广义市场不再是缺失人之主体性的"被主体化市场体系"了，同时也不是人之主体性任意泛滥的"无政府型市场体系"或"哈耶克市场体系"了。相反，由于"交换剩余"的个体认知回归，"市场"或真实型广义市场是以市场参与者从传统经济学理论家们手中夺回主体权为新主体的"主体间性市场"了，是由完整人与完整人之间广义交换关系所构成的经济体制了，而且是追求两种交换剩余形式的"双追求交换型市场"了。这与新古典经济学的市场理论之间无疑形成了最鲜明的反差。正是基于上述重大的理论变革，广义经济学的广义市场理论才会自然而然地被发现是可以兼顾效率与收入双公平且最优于一体的"共赢型市场理论"了。

　　"共赢型市场理论"不同于"新古典一般均衡市场理论"的最大差别就在于，前者是不需要借助"收入齐次性假定"就能构筑市场理论的，而后者则必须如此，否则，其分析范式将无法自圆其说。除"收入齐次性假定"之外，"共赢市场"的配置论无须建立在"竞争原理"之上。因为，全类型的共赢市场结构已经表明，即便是"垄断"也具有平等的资源配置机制和作用。由此，资源配置不再成为"共赢市场配置论"的唯一追求对象。因为，除稀缺资源需要进行配置之外，以"货币"表示的收入本身——包括社会的总收入（新增货币量）和企业及个人的收入，也都是需要进行配置的必要对象。毕竟，全类型的共赢市场是会首先以不同类型市场的结构进行资源配置的，其次才会轮到各种不同类型市场项下的价格机制对资源所发挥的配置功能。一言以蔽之，全类型共赢市场的结构性配置，乃是确保共赢市场可以实现双最大化配置之后再最优化配置的有效保证机制。至此，市场的配置理论就获得了不同于新古典一般均衡配置论的重大突破。即，失衡型增长、均衡型增长和增长型增长所对应的配置机制是不尽相同的。有鉴于此，资源配置机制不再是市场机制扮演社会正义的核心基础了。相反，增长与共赢机制正在成为取代均衡与资源配置机制的重要导向力机制。因为，资源配置论的核心思想是一种围绕"产出最大化"而展开的生产资料配置论，因此仅只为"短缺型经济"服务。此时，与收入和产品相关的配置机制都被假定是自动最优的，因为一般均衡已经同步实现。

第四节　广义经济学与广义经济学原理

广义经济学系一套拥有自己独特方法论且自成体系的经济学分析范式。它由私人经济学、双边交换经济学、市场经济学（多边交换经济学及货币经济学）和货币间经济学（国际贸易经济学）以及全球 N+1 货币体系经济学五大部分组成。它涵盖了包括广义交换理论、广义比较理论、广义价值理论、广义成本理论、广义价格理论、广义剩余理论、广义需求理论、广义供给理论、广义竞争理论、广义货币理论、广义市场理论、广义均衡理论、广义配置理论、广义增长理论、广义最大化理论等当代经济科学所涵盖的主要理论体系。

由于从方法论上获得关于整体构造的新路径，广义经济学终于有机会将古典"价值论"的客观方法论和新古典"效用论"的主观方法论彻底融合在一个统一的分析范式下了。传统上，整体的方法是由外部理性对被观察对象实施加总而来获得，国民经济的统计方法即是如此，但是，经加总而获得整体的方法由于受到基数理论要求同质性前提的制约，因此，新古典的"效用理论"到庇古时代就再也无力支撑起加总的大局了。殊不知，任何主观对象的加总都会遭遇外部理性与被加总理性之间关系议题的重大挑战。所以，如何进行主观范畴之"效用"的加总无疑是潜藏重大方法论挑战的。毕竟，归属个体范畴的"效用"本身是不会自我进行加总的，而必须经由外部理性的介入方可获得实现。但是只要引入外部理性，由主观对象构成的整体性本身就会遭遇外部理性本身是否也应属于主观对象整体本身之组成部分的逻辑挑战。这与康托尔当年遭遇罗素的"集合幂指数悖论"之挑战如出一辙。所以，基数效用的失败是新古典分析范式的内生性必然，是其绝对的困境之一。那么，对客观方法论的"价值"进行加总是可能的吗？为此，答案仍然是否定的。因为，古典数学遭遇集合论数学全面挑战和替代的事实已经表明：即使古典数学本身也是瑕疵良多，充满着无数逻辑困境和各种悖论的。从罗素 1897 年《论几何学的基础》和1903年《数学的原理》以降，基础数学作为一个全新的数学领域问世了。继罗素的逻辑主义之后，希尔伯特又开创出了"公理化的新方向"。但当公理化的努力被哥德尔的证明终结之后，传统的数学或者说古典数学的糗事一桩接着一桩地被抖搂出来了；所以整个人类知识体系都处于不得安定的境地。因此，即便是关于客观方法论之"价值"的整体构造，也同样面临着诸多无法摆脱的加总困境。当然，这不仅是当代经济学和古典数学正在遭遇的时代大背景，而且是所有分科型知识体系和人类知识整体的共同遭遇。

假定如此，由整体方法论获得突破所带来的经济学范式革命，无疑将具有重大的时代意义。因为，每一次关于整体性的构造，都必然涉及人类知识整体的统一性基础是否又一次获得了更加完善的改进。果真，由其所能带来的变革很可能不仅只局限于经济学的构造范畴。事实上，广义经济学的整体方法论很可能就是这样的一种可以应用于诸多领域的方法论。发现存在着个体认知与全体认知之间的重大差别就是一个最好的说明。毫无疑问，只有身临其境作为交换当事人的个体自己才是唯一有资格判定属于自己利益范畴的"交换剩余"之存在性及其存在程度的。任何这个唯一真实的当事人自己以外的第二方或第三方都是不可能获得关于这种"交换剩余"之存在性及其存在程度的。为此，我们特把这种原理称之为【存在的个体认知原理】。显然，一旦这样给出关于"存在性"的认知探讨及结论，不仅传统意义上的主观存在性议题可以获得有效的再定义，而且普遍存在性的议题也可以获得相应的再定义了。由此，西方哲学史上关于存在议题的诸多困境就都可能真的可以获得有效的构造解了。即，所有关于"存在"的议题就都可以借助"个体认知存在"，而构造出"集体认知存在"和"全体认知存在"了。即，所谓的客观存在只不过是"全体认知存在"罢了。假定如此，所有关于"存在性"的哲学争论，包括普遍存在和个体认知存在之间关系的议题，就都可以得到全新的化解和破解了。果真如此，西方经济学的各种有关客观议题和主观议题的相互统一的问题就将迎刃而解了。人类的经济学从此将步入整体论的新时代。

第五节　广义经济学与中国市场体制的再深化改革

中国面向市场经济的体制改革，经过 38 年的探索与实践，已经取得了令世界瞩目的比辉煌更为辉煌的成就。但是，中国的市场化改革是在特定历史条件下经由改革计划经济体制作为初始条件而一路摸着石头探索过来的。这使得中国的市场体制在无形之中具有了浓厚的中国色彩。当然，中国市场体制的核心特色仍然与引领中国走向改革开放的执政党对"市场体制"的国家定义和政治解读是分不开的。所以，中国的市场体制之所以在 38 年之后演变成如今的样子和形态，是由多方面原因所促成的。但是，正因如此，其背后的原理和机制以及各方势力到了当下中国已取得辉煌总量成功之后，就出现无法避免的不协调或不一致性。如何协调中国市场化进程中所遗留下的深层次社会矛盾，以及在这一进程中所激发出的新型社会矛盾，比如说收入差距两极化程度显著且不断加剧等，都越来越成为制约和威胁中国经济走可持续发展道路的重大障碍和阻力。为此，中国已经清楚地意识到了问题的存在及其严重性，并且已经全面开始了市场体制的深化改革，希望能将国有经济在中国市场体制中配置资源的比重和显著优势尽可能地向私有经济部分进行必要的转移。即，希望让"市场"来发挥更大的资源配置作用，以便缓解不断增长中的社会老龄化问题、新生代就业问题、经济增长乏力等一系列相互关联在一起的系统性问题。但是，仅提出深化市场体制改革的口号是容易的，但在市场化导向的初期改革已获得辉煌成功之后要改弦易张再度进行"市场体制的深度改革"的话，那么"可以继续深化改革的市场方向"到底在哪里呢？早期的双轨过渡性价格体制早已销声匿迹，已被单一的市场价格体制所取代。就连最基础的煤炭价格的双轨制也已经彻底被终结。不仅如此，作为竞争型市场体制，这是吴敬琏老一辈经济学家引领中国决策层关于创建市场体制到底该如何迈出第一步的核心建议，恐怕全世界都没有比中国做得更好的了。因为，中国制造给全球消费者带来的消费者剩余是世界一致性公认的。竞争与否不主要从供给端来看。能否给消费者带来最大化的消费者剩余乃是一个更加关键性的衡量指标。因此，就竞争性而言，中国市场体制的现状不是缺少竞争机制，至少局部不缺少，甚至在许多已全面开放的行业领域中都普遍存在着很可能应该被称为"过度竞争"的竞争。所以，"完全自由竞争"的西方经济学说教，在中国的实践要么可谓已经很成功了，要么可谓根本不可依赖。毕竟，之所以成功是因为中国制造已具有高度的全球竞争力。同时之所以不成功乃是因为获得这种竞争力的代价是环境与制度的过度透支。之所以如此模棱两可乃是因为，西方经济学实属外强中干、纸老虎一只，在连什么是"完全竞争"、什么是"过度竞争"都搞不清楚的情况下，拼命来搞阿罗—德布鲁方向的数学化证明。借中国的老话讲就是，此地无银三百两。越是软肋，越想掩盖。到头来如何能够挽救一般均衡论，包括新古典分析范式的最终命运呢！可是，如果说连看上去威严无比的一般均衡论都会遭遇重大挫折的话，那么，我们又有什么理由来把资源配置这件事一股脑儿地全都盲目地交给不知何为"市场"的市场体制来支配呢？有鉴于此，中国市场体制的深化改革绝对不可能沿着现代西方经济学的狭义教义去推动。真要那么做的话，只会越改越糟糕！因为，整个西方经济学所建构的市场体制都已经像秋后的蚂蚱，没几天可折腾的了。换言之，西方经济学的整套说教都已经过时。虽然它留下的遗产仍然颇为丰厚，但是经济学的未来已经远离新古典和西方而去。毋庸置疑，中国需要对自身已获得成功的市场体制进行深化改革，但绝不是沿着自由主义或新自由主义的方向大胆尝试。毕竟，自由主义和新自由主义的历史使命已经终结。任何市场体制，毫无疑问，都需要个体的完全被解放而成为完整的可以支配自己命运的自由人，但是，这种个体权利一旦进入双边交换体系时，尤其是进入多边交换体制时就会首先引起"皆亏现象"的必然发生。于是，交换，尤其是广义交换绝对不可能像哈耶克好似在梦游中想象的那样是受"平等和自愿"所约束的。相反，自愿和平等的相处条件将会自动消失。取而代之个体之间弱肉强食的法则的回归。伴随而来的将必然是人类政治文明的崛起。由此可见，奥地利学派或维也纳学派的自由主义，是一种纯粹的幻想主义。幻想着在人类社会能够全面实现"去政治化"。一言以蔽之，哈耶克所代表的奥地利学派的"去政治化自由主义"是一条即使在西方也没有市场的幻想型经济学，是绝对的死胡同。尤其在"市场失灵"这件事已经被西方范式经济学所普遍接受之后，"去政治化的自由主义"就更像是一种瘟疫一般的思想体系了。当然，我们也必须承认的是，哈耶克的自由主义及其思想体系仍然是具有广大市场基础的。那么，又为什么如此呢？答案就在于：现有的市场体制，包括西方现行的市场体制，甚至包括纯理论上的完全自由竞争型市场体制，实质上都是压制人来获得"完整自由"的。因为，所有被宣称或标榜为"自由市场体制"的市场体制都是存在众多外部理性约束的。这些外部理性约束绝非法律约束，而更多的是经济学家在构造经济学理论时所赋予的约束。因此，真正的自由市场必须是首先从经济学家开始就可以获得解放而成为自由人的市场体制。经济学理论家给市场主体的约束和假定越少越好。不是体制，是经济学的理论家们，他们必须首先肩负起将市场主体从重重假设条件以及诸多约束的压制下解放出来，真正的自由市场才能到来。相比之下，广义经济学是力争将所有的市场主体都回归到"完整人"状态之后才来建构广义市场体制的。解放以及彻底的解放是从经济学的分析范式就开始的。否则，没有真正的自由市场，有的仅只是挂羊头卖狗肉而已。西方的自由市场根本不自由，连讨价还价都被假设不可以的自由市场还是自由市场吗。例如，在一般均衡论中，市场价格被假定是先验或事先给定，因为，无论买方还是卖方没有任何人可以干预到它的形成和变动，这样的市场还是自由市场吗？人或市场主体在这样的市场中只能接受事先给定的市场价格而被拒绝进行讨价还价进而干预它的形成和变动。果真的话，这种市场何来的自由呢？自由，不是经济学理论家定义后所赏赐的自由，而是每一个人作为市场主体所具有的可完全支配自己利益所得与否和如何获得利益的个体主动性自由。因此，广义经济学的分析范式，基于其全新的方法论，已经可以将人回归到"完整人"最大化的状态。其核心的哲学含义也就是，个体生存的经济权利和权力。换言之，人的最基础权利和权力并不首先来自其参与双边交换的权利和权力，而首先来自于其从事个体所得的权利和权力。只有个体权利和权力首先成为所有个体的基本权利和基础权力之后，个体者参与双边交换的自愿权和公平权才是可能的和有意义的。否则，自愿权和公平权都是无法成立的。即，自愿权和公平权都属于个体权力/利之外的社会权力范畴，而不属于个体权的范畴。由此可见，自由市场的自由属性，仅从社会权力的范畴是根本无法界定出来的。这也正恰是西方经济学的核心困境之一之所在。故，自由已经属于广义经济学范式下的内在性属性，而且已远比西方范式下的自由要具有更加丰富的真正自由含义。当然，更主要的是还在于，广义经济学已经具有比"自由"更为重要的"共赢"作为其核心标志了。即，比"自由市场"更重要的是"共赢市场"。也就是说，自由仅只是先进市场体制的底线要求和特征，而共赢则是先进市场体制的最高追求目标之所在。无论如何，西方的自由市场并不自由。而发生在中国大地上的市场体制不仅自由，且正朝着"全面小康社会"的"共赢型社会"在快速迈进。当然，无须遮掩的是，这样表述中国市场经济会造成不小的误解，好像中国市场经济的实际情形真的一片大好，并不存在太多的问题一样。为此，我们想指出的是，中国市场体制的诸多问题并不在西方经济学理论所批驳的方向上，而主要在"负价格经济"与"正价格经济"的比重及关系等议题上。换言之，在中国的市场体制下，经济运行的重心借助"负价格机制"的比重可能偏大；因此有必要向"正价格机制"进行适当的转移，以确保中国市场的整体，既包含"正价格经济"又包含"负价格经济"的整体是更优的。然而，由于"负价格经济"在中国市场体制中的大量存在，致使仅只局限于"正价格经济"的西方市场国家就完全看不懂发生在中国市场体制中的故事了。这才是问题的关键所在。有鉴于此，中国市场体制的再深化改革必须重新审视真正先进的市场体制到底在哪里？即，深化改革的方向无须朝着西方市场体制所指引的方向再进行任何意义及层面上的探索与改进。相反，包含"正价格经济"和"负价格经济"两者均在内的整体市场的整体效率才是中国进一步深化自身市场体制改革的必要方向。

第六节　广义经济学与中国市场经济的新定位

中国的市场经济一直沿着西方经济学所指引的方向，在边探索边模仿边照搬和边去伪存真。因此，中国的市场体制必然潜藏着这样或那样的西方市场主义理想和遗产。至少在中国开始创建自身的市场体制时，西方范式的经济学和其市场理论还是中国必须借鉴的对象和体制。但是，30多年过去了，当中国想要继续深化自身的市场体制时，新的问题出现了：可以进一步深化中国已获成功的市场体制的方向到底在哪里呢？是在原有保留下来的存量经济基础上全面走西方自由市场体制，还是应走道路自信、理论自信、制度自信和文化自信的自身探索道路？就中国当下的政治环境和实际处境而言，走前者的道路完全没有可能。若走后者的道路，难度既有也没有。因为，在中国只要诞生一套能够和西方经济学进行较量的经济学新范式理论及其市场理论，则中国就敢和西方发达市场国家之间进行面对面的较量。有鉴于此，深化现存中国市场体制的核心不主要在于改革一些具体落后或不适应大趋势的体制；而主要在于改革西方经济学和市场制度被全面超越之后离真正先进的市场体制之间存在差距的部分。为此，我们首先要追问的就是：先进市场体制的未来到底在哪里？包括，中国的市场体制到底在哪些意义和哪些领域中居然一下子超越了西方发达国家的自由市场体制呢？所谓的超越真的存在吗？显然，这类追问数不胜数，甚至多如潮水。不过，只要认真读过本书的读者就会发现，中国的市场体制确实已经非常不同于西方的市场体制了，而且在广义经济学的分析和表述下，已经可以显露出其巨大的新范式优势和先进性了。这种先进性是如此的重要，以至于西方经济学的理论家们必须重新看待中国的市场经济以及仍处于不断改善和完善之中的中国市场体制。总之，由于经济学的广义范式已经能够全面透视出西方经济学的显著狭义性和其绝对困境了，所以，中国深化市场体制的改革一定不能够再从西方经济学的话语体系中来寻找目标和方向了。

　　那么，中国市场体制的深化改革目标和方向又到底该到哪里去寻找呢？为此，广义经济学的分析范式表明。第一，建构"整体大统一型市场体制"是中国自身市场体制的第一重要目标。第二，建构"收入与支出之均衡、剩余和透支"一体化联动的整体市场体制是第二大重要目标。这一目标的实现，直接破解社会收入奇异化的顽症和困境。第三，建构能够适应"短缺约束、均衡约束和过剩约束"之混合约束的全能型市场体制。第四，创建远比西方外部理性垄断市场理性之自由市场体制更加自由的主体自为型市场体制。第五，创建彻底超越边际量型市场体会的全量型市场体制（由此，批发型交换可以在广义市场中合理存在了）。第六，创建远比"西方理性人假说"更加接近真实经济活动的"全理性人市场"。第七，创建比"单一消费满足型社会"更重要的"消费—收入双满足型社会"。第八，创建比"单一利己型社会"更加重要的"利己、利他和利整体的共赢利益型社会"。第九，创建全面超越"单一正价格经济"的"正负兼而有之的混态型价格经济"。第十，创建彻底超越"纯价格型市场体制"的"广义交换型市场体制"。第十一，创建远比"消费者剩余或厂商剩余"更重要的"交换双剩余"的市场体制。第十二，创建远比生产和交换分立型市场体制更加重要的"生产和交换互为因果型的市场体制"。第十三，创建远比纯单一"价格竞争"（多边竞争）更重要的双边竞争（生产与交换之间的竞争）和个体竞争（自我竞争）以及"价格竞争"（多边竞争）和整体竞争于一体的全疆域自由竞争型市场体制。第十四，创建"无差异均衡"取代所有传统均衡（包括一般均衡）的市场体制。第十五，创建彻底超越核心服务生产最大化或产出最大化型市场体制的社会共赢最大化市场体制。第十六，创建超越"正价格经济加总"所对应的增长方式之"正负价格经济兼而有之"的共赢增长方式。第十七，创建能彻底超越"货币中性假定型市场体制"的"货币共赢型市场体制"。第十八，创建彻底超越"去政府化自由市场体制"的"新新自由市场体制"。第十九，创建彻底超越一般均衡论市场体制的"多层次整体均衡市场体制"。第二十，创建比当今各国央行货币享有独立地位之市场体制更先进的全球统一货币锚市场体制。

第七节　广义经济学与全球市场体制的新变局

世界正在发生着巨变。迄今为止，所有的制度积累和制度原理都在这种巨变中被一波又一波的新浪潮所冲击而重组。构成社会的微观关系，即人与人之间的关系正在从原来以生产关系（或生产资料占有关系）为主导的单一形态向以广义交换关系为主导的多样化组合形态所演变。人类的文明正在超越自有历史以来所有社会活动的最高境界与边界，即正在彻底超越以"生产力短缺型约束条件"为环境特征的生存方式。无论宗教的、政治的、军事的、经济的、文化和艺术的，抑或是科学的和各种社会分工的，无一不是在"生产力短缺型历史条件"下所取得的。西方经济学正是基于因人类的整体需要大于自然界的自然生产力供给所以必然产生冲突的假定，才能获得起源的。而如今，倘若"生产力短缺型约束"作为人类文明的外部条件本身正在发生变化的话，即，人与人之间的关系不再唯一受生产关系的制约了，西方经济学存在的价值和必要性都会荡然无存。毕竟，进入21世纪之后的人类已越来越趋于实现生产资料的人人占有。一部台式电脑或手提电脑既可以是生活资料，也可以是生产资料，包括一张纸和一支笔也都如此。假定如此，生产资料和生活资料之间的传统界限正处于大规模的消失趋势中。与此同时，生产资料的占有越来越不再成为获取利润的核心优势。知识创造价值，进而创造利润正在成为取代生产创造价值，进而创造利润的全球先进生产力。因此，全球市场体制正在朝着越来越能代表先进经济关系，即人与人之间广义交换关系的方向在迈进。换言之，由于人类生存的约束条件发生了根本的变化，发生了从"资源和生产力短缺"向"资源和生产力"相对均衡和过剩之外部约束条件的转变，所以，人类文明在历史中所呈现出的一切社会形态关系，很可能包括法律关系等都将不再具有线性的可递延性。人类作为一个特定的物种种群正在发生如同基因裂变一般的巨变。这个巨变的方向就是：更加先进的经济体不再是产出最大化的经济体，而是能够确保人类共赢的经济体。毋庸置疑，比自由、平等和民主更加先进的文明就是人类共赢。无法首先确保人类共赢，就无法确保地球生态的共赢，当然也就无法确保整个地球系统的共赢。当然，要想追求并实现人类共赢的梦想，我们就必须首先彻底超越自新古典范式以降现代经济学无法破解的内生性失衡，包括马克思指出的"生产总过剩的危机"和凯恩斯指出的"总有效需求不足的危机"，和2008年因美国次贷危机所暴露出来的"国际收支失衡危机"的绝对困境。不首先克服这种西方经济学所始终无法克服的绝对困境，人类走向先进型市场经济体制的美好愿望就会始终处于梦想和期待的状态之中而裹足不前。为此，我们必须首先从经济学的范式创新开始才有可能全面看清西方经济学所显著存在和潜藏的各种狭义性及绝对困境。无疑，就全球议题而言，与之相关的广义经济学内容都还没有机会完整展开。因为，它主要涉及《全球独立货币》或"全球N＋1货币型市场体系"的相关内容。即，如果不创建能够全面且有效取代现行国家中央银行各自为政型的国际货币体系安排，全球的统一货币锚市场体制就是不可能的。需要指出的是，"全球统一货币锚市场体制"和"全球单一货币市场体制"之间存在着天壤之别。后者是蒙代尔在欧盟创建"欧元"时所使用的单一货币理论，即全球最终仅只使用唯一的货币来建构的全球市场体制。相比之下，前者不要求任何国家放弃自己的主权货币，但也绝对不走弗里德曼的自由浮动汇率制货币理论来构建全球的市场体制，而是创建在世界各国主权货币之外具有统一货币锚原理的【N＋1货币体系】。其中，"N＋1"中的1是指在世界各国的主权货币之外再创建出一个全新维度的"全球独立货币"，独立于所有国家货币之外的"国际货币或全球货币"，但仍需遵守相同的统一货币锚原理。如此一来，不仅传统的国际收支失衡困境可以获得正式的破解，而且即使由世界各国市场体制联系在一起构成的全球市场也将可以获得全球收支均衡的有效制度安排了。果真如此，一个能有效去不稳定性和去危机化的全球竞争型市场体制（各国市场体制之间具有竞争性的全球市场制度安排）、一个彻底超越当前由各国中央银行借独立性原则为理由随便增减货币数量规模的货币体系所支撑的世界经济体系，就将旭日东升，引领人类走向地球共赢的新未来。

第八节　广义政治经济学与广义政治经济学原理

政治学和经济学的分离状态是造成政治学和经济学各自遭遇很多分析局限性和方法论困境的根源之所在。由于缺失统一的分析基础，这种状况一直延续至今。随着【广义交换模型】的发现及其系统性的构造，政治学和经济学很可能第一次具有了完全统一的分析基础，即【广义交换】。【广义交换】从个体利益的比较开始：

［1］要么 A 比 B 更有利益；

［2］要么 A 比 B 更无利益；

［3］要么 A 与 B 的利益相比是无差异的。

即，只要假定每个人类个体都是依据上述利益比较方法进行比较之后再来做出选择的话，那么，包括个体行为和交换行为就都可以依据该利益比较方法来进行"完内生性分析"。例如，以双边交换为例，任意两个个体 Pa 和 Pb 如果在一起时试图进行交换，且两个人同时都采用上述个体比较方法论，则必有如下结果：

$$[Pa1] \wedge [Pb1]$$
$$[Pa2] \wedge [Pb1]$$
$$[Pa3] \wedge [Pb1]$$
$$[Pa1] \wedge [Pb2]$$
$$[Pa2] \wedge [Pb2]$$
$$[Pa3] \wedge [Pb2]$$
$$[Pa1] \wedge [Pb3]$$
$$[Pa2] \wedge [Pb3]$$
$$[Pa3] \wedge [Pb3]$$

显然，利益比较组合的结果会有上述九种不同的组合呈现出来。其中，如果假定 Pa 和 Pb 平等和自愿的话，那么 ［Pa2］∧［Pb1］和

［Pa1］∧［Pb2］，［Pa3］∧［Pb1］和［Pa1］∧［Pb3］，［Pa3］∧［Pb3］
就属于经济学的范畴。但是，由于由上述利益比较组合所构成的广义交换
本身是不需要平等和自愿做前提条件的，那么，对其的分析就可以直接将
政治学和社会学范畴的内容都涵盖在一起进行整体分析。尤其当【广义
交换】推广到多边体系或市场体制时，就会有如图 14 - 2 所示的情况。

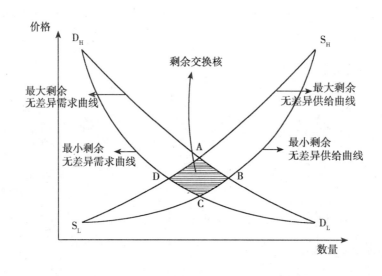

图 14 - 2

在图 14 - 2 中，整体共分为九大部分：ABCD、ABS_H、ADD_H、
DCS_L、BCD_L、AD_HS_H、BS_HD_L、CS_LD_L、DD_HS_L。其中，ABCD 部分为
平等和自愿两大假设条件同时具备情况下的共赢市场部分，是经济学
所要分析的主要内容。当然，另外八部分中的每一部分也都是可分析
的。事实上，由上述九部分所构成的整体即是我们通常所谓的
"社会"，即所有人与人之间无所不包含在其中的各种关系的"整体"
即成为我们的社会。为此，我们特把图 14 - 2 中包含 ABCD、ABS_H、
ADD_H、DCS_L、BCD_L、AD_HS_H、BS_HD_L、CS_LD_L、DD_HS_L 九大部分均在
其中所构成的整体，称之为【广义交换型社会】，简称【广义社会】。

显然，在 ABS_H、ADD_H、DCS_L、BCD_L 和 ABCD 中，广义交换关系
是包含"正值交换剩余"在其中的。但在 AD_HS_H、BS_HD_L、DD_HS_L、
CS_LD_L 四个部分中是不包含交换当事人中任何一方之"正值交换剩余"
在其中的。此外，CS_LD_L 部分表明，双边都处于比具有"最小交换
剩余之无差异曲线"状态上的所有当事者都更加不如的负交换剩余

状态之下（例如，大家或一个集体或一个社会普遍陷入一种比之前更糟状态时）。DD_HS_L 则表明：供给侧一端的当事者占有绝对优势，而需求侧一端的当事者即使处于比具有"最小交换剩余之无差异曲线"状态上的所有当事者都更加不如的负交换剩余处境下也仍然一定要获得供给侧的供给（例如，为了治病救人、为了某种突发事件，或为了敌国兵临城下而保命时，所做出的不情愿但又不得不为之的事）。BS_HD_L 则表明：需求侧一端的当事者占有绝对优势，而供给侧一端的当事者即使处于比具有"最下交换剩余之无差异曲线"状态上的所有当事者都更加不如的负交换剩余处境之下，也都一定要主动供给对方，以便获得需求侧一端的需求（例如，马克思在描绘无产阶级时所表达的那样，即，除了出卖自身劳动力之外，其他一无所有）。最后，AD_HS_H 则表明：供给和需求两侧似乎都比具有最大交换剩余之无差异曲线上的所有当事者同时更占有潜在的绝对优势，但因处于蓄势待发或仍需假以时日才能最终形成可实际落地的绝对优势之处境时也会孜孜不倦、刻苦努力梦想着如何来实现相应的广义交换（例如，战争优势的竞争准备、安全悖论的形成、所有科技创新、所有梦想的追求等）。

此外，即与 AD_HS_H、BS_HD_L、DD_HS_L、CS_LD_L 相比，ADD_H、ABS_H、DCS_L、BCD_L 系"单正值比较剩余"已经实际形成，但无法实现有价格的交换而已。例如，以中国的说法也就是，"有市无价"就代表 ADD_H 所指的情形，即供给者要么定价太高，要么品质有问题，要么功能有问题。总之，该区块意味着：有有效供给，但无有效需求；仅有实际需求。此外，ABS_H 表明：有有效需求，但无有效供给；DCS_L 表明：此区块意味着，有有效供给，但既无实际需求更无有效需求；BCD_L 表明：既无效供给，也无潜在供给，仅有实际和有效需求。一言以蔽之，在广义经济学的分析范式下，市场已经不再只是"价格型市场"了，而转变为系包括持有货币寻找供给的市场主体和有实际供给但还没有找到可交易的对象的市场主体都在其中的"广义交换型市场"。如此一来，广义市场就至少是由 ABCD 协同 ADD_H、ABS_H、DCS_L、BCD_L 之五个区块一起所构成的。为此，我们特将由 ABCD 协同 ADD_H、ABS_H、DCS_L、BCD_L 之五个区块一起所构成的市场，称之为【广义市场】。一旦给出【广义市场】，经济学的分析就至少可以呈现出如下五位一体化的广义市场结构：

[有效需求] ∧ [有效供给]（ABCD）

[无有效需求] ∧ [有效供给]（ADD$_H$）

[有效需求] ∧ [无有效供给]（ABS$_H$）

[既无实际需求更无有效需求] ∧ [有效供给]（DCS$_L$）

[既有实际需求也有有效需求] ∧ [无有效供给]（BCD$_L$）

——【广义市场结构】

如此一来，它清晰地表明：真实市场至少存在上述五种不同的状态，并非都是由那些实现了交换价格的经济活动所组成的。那些处于销售过程中的传统型生产企业（有别于代工型生产式企业）无一例外都在生命周期的绝大多数时间里系处于非成交状态的，即处于"单边有效供给状态"。然而，"有效供给"本身在真实生产环境下系面对如下三种情形：①有"有效需求"（ABCD）；②无"有效需求"（ADD$_H$）；③既无实际需求更无有效需求（DCS$_L$）。所以，市场根本不可能随时随地都处于已获成交的价格形成状态。这种状态仅只局限于ABCD区块。该区块即经济学通常所谓的"有效市场"。如此一来，经济学整体含义项下的市场边界就被清晰地刻画出来了，即由ABCD为核心的协同ADD$_H$、ABS$_H$、DCS$_L$、BCD$_L$四区块一起所构成的"经济学市场体系"。除此之外剩下的由AD$_H$S$_H$、BS$_H$D$_L$、DD$_H$S$_L$、CS$_L$D$_L$所构成的区块，就是传统政治经济学的分析领域和范畴。只有对它们实施政治体制的相应变革，才能有效促进"广义政治经济学一体化之整体市场"的有效形成和高效运行。假定如此，建立在【广义交换原理】基础之上进而建立在【个体利益比较原理】基础之上的广义经济学，从根本上说就首先是"广义政治经济学"。在进行完上述九区块的拆分之后，纯粹的"广义经济学"才会随之脱颖而出。即，由AB-CD连同ADD$_H$、ABS$_H$、DCS$_L$、BCD$_L$所构成的分析领域才为"广义经济学"的范畴。除此之外，ABCD则为所谓的"有效市场"或广义经济学的【正价格市场】。无疑，只有在【正价格市场】之内，才有可能出现新古典的各种类型化市场，比如，垄断市场、完全自由竞争型市场等。

第十五章　论中国的市场地位

　　中国经济的市场体制地位，迄今为止是一个悬而未解的重大疑难问题。不仅关乎中国的发展议题和命运，同时关乎整个世界的发展及命运。由于市场体制的选择与政治体制的选择之间是存在不可分割的关联性的，所以，市场体制的选择是受政治体制的选择所制约的。从根本上讲，任何市场体制都必然对应"双轨财政体制"，即都必然对应"公共财政体制"和"经营性财政体制"。有鉴于此，任何社会的经济体制都要么系基于［1］、市场体制仅只对应"公共财政体制"；要么系基于［2］、市场体制仅只对应"经营性财政体制"；要么系基于［3］、市场体制对应"公共财政体制＋经营性财政体制"。三者必居其一。给定如此，市场体制与政治体制之间关系的议题就得到了完整的大统一呈现。即，社会体制（由市场体制＋政治体制所构成）的合理性，至少存在上述三种不同的类型。那么，在三者之间是否存在着先进性与否的差异呢？答案是肯定的。即，上述［3］所对应的社会体制首先是比［1］所对应的社会体制更加先进的；其次比［2］所应对的社会体制更先进。换言之，无论"自由市场型社会"（即［1］所对应的社会），还是"计划经济型社会"（即［2］所对应的社会），与"共赢市场型社会"（即［3］所对应的社会）相比，都是存在显著的内生性瑕疵和缺陷的。

第一节 市场经济体制在中国的初始化边界

回首 1978 年 12 月 13 日，这一天中共中央工作会议正式闭幕。闭幕会上邓小平同志做了题为《解放思想，实事求是，团结一致向前看》的主旨讲话。这为随后召开的中共十一届三中全会确立了中国政治的新思想路线：放弃以无产阶级必定在全世界战胜资产阶级为政治主线的最高纲领。即放弃以阶级斗争为纲的国家行动路线，转而走以改革开放促全面经济建设的政治新道路。毋庸置疑，这个政治大转变地动山摇，扭转乾坤。因为，在以"以阶级斗争为纲"的指引下，所有资产阶级都是中国的敌对势力，是中国作为无产阶级先锋力量最终需要在世界上消灭的对象。然而，随着改革开放促经济建设路线在政治上的新确立，所有资产阶级在一夜之间都从敌对势力转变为是可以搞合作的对象了。这是自冷战以降世界格局的一次重大变动。当然，这种敌对状态的变局应该最早起始于从美国尼克松政府于 1970 年入住白宫后告别理想主义国际政治，同时拥抱现实主义国际政治。1971 年 7 月 9 日，基辛格以美国总统尼克松特使、美国国家安全事务助理的身份经由巴基斯坦秘密访问中国、开启了破冰之旅就是最好的例证。1971 年 8 月 15 日，美国尼克松政府单方面正式对世界宣布不再继续兑现之前在布雷顿森林体系项下所承诺的美元与黄金之间的可兑换关系及兑换比例了。世界的冷战格局从此开始出现缓解的迹象，并快速朝着互惠互利的合作关系演变。中国的经济体制转型与改革正是在这种世界格局发生重大转变的历史背景下才能获得有效孕育的。否则，谈论市场经济在中国的探索这类主题就必定会缺乏必要的世界背景。换言之，在两个敌对国家之间是无法展开国际贸易和其他形式的经济往来的。因此，中国走经济体制改革道路的第一关就是要寻找可以进行"交换"的对象。即，仅只放弃敌对政治还是远不够的。因为，无法找到可以进行贸易或交换的对象国或对象，改革开放仍然是一句空话。毕竟，由于自 1949 年新中国成立以来一直采用的是计划经济体制，所以，中国要想开启新的经济体制探索，就必须首先开启能承载新经济体制的政治体制。有鉴于此，中国迈向市场经济体制的探索是首先从"去政治敌对化"和"去计划经济体制"的大前提开始的。此外，中国改革自身经济体制的路径探索还主要表现在如下三个方面。第一，"保留存量，改革增量"的战略定位。这意味着，在所有制的问题上，中国的市场化探索绝对没有轻信西方自由主义的说教而走私有产权的初始化道路。具体体现为农村的土地承包制和城市的公司承包制。第二，价格实行双轨制向单轨制过渡的价格策略。这意味着，中国从一开始走的市场体制就不是【价格型市场体制】，而是【交换型市场体制】。虽然，这种差别在当时并没有被发现其所潜藏的重大经济学含义。第三，实施创办经济特区的方法来推进开放型经济体所必需的价格基础。这种策略的直接结果就是，在市场化的进程中，中国经济体在有意和无意之中形成了内外两个价格体系：前者服务国内的消费与生产；后者则服务国际的消费与生产。这为中国的市场体制适应冷战格局逐渐趋于解体的全球一体化新进程提供了绝佳的历史良机。由此可见，中国的市场体制是在"2＋3前提和路径条件"的基础之上获得实现的。不难看出，上述"2＋3前提和路径条件"都与经济学原理直接相关，是具有深层次含义的。非常巧合的是，中国在无意识中所做出的整体布局选择都碰巧踩在了关键点上。即使从计划体制向市场体制转变的关键点上亦如此。例如，在社会主义经济体制是否可以包含"商品经济"的问题上，中国找到了体制变革的突破点。即中国的市场经济是从最早允许商品经济开始的，即，是从将商品经济解读为交换经济，进而解读为市场经济开始的。这种关于市场经济的解读是如此的重要，以至于倘若没有它在发挥关键性作用的话，中国的市场经济恐怕就不会是今天这种样子，而很可能一不小心就跳过古典经济学之商品的概念而直接从新古典的价格说教开始了。果真，中国的市场经济会走【价格型市场体制】的道路也是说不定的。亦即，从"商品"概念获得突破的中国市场经济，无论再怎样往下演绎就都不会偏离"交换经济"这条核心主线了。因为，只要坚守"交换经济"的大政方针，走市场经济的探索之路就不会偏离根本方向，就不会在毫无防备之中被价格导向型的新古典市场迷惑。

第二节　整体双轨市场体制在中国

　　从允许商品经济开启的中国市场经济，在实践上是从农村承包制开始。1978 年 11 月 24 日，安徽省凤阳县小岗村的 18 位村民率先搞起生产责任制，即通常所称的农村家庭联产承包责任制。它在 1978 年 12 月党的十一届三中全会正式确定改革的大政方针之后，开始向全国推广。改革的星星之火就是这样从小岗村揭开中国农村改革序幕的。小岗村也因此成为中国农村改革的发源地。由此可见，探索市场体制道路的第一步，中国人是把它解读成了"利润"的合法性，尤其是与私人所有分不开的"私人利润"的合法性。这一经济学原理在中国政治体系内的落地或其合法性的被确认，正式宣告了在计划经济原理之外商品经济作为"中国增量经济"的合法性。由此，中国开始进入"存量计划经济"和"增量商品经济"并存的双轨经济体制时代。沿着这一路径一路改革的结果就是，中国经济体制的整体无法不包含有起始于"存量计划经济"和"增量商品经济"的双轨经济成分。演变到今天，这种双轨制的经济成分属性已经悄然地转变为众所周知的"国有经济"和"私营部门经济"之双轨制了。有鉴于此，中国获得世界瞩目成功的市场经济探索始终是在这种整体制呈现出双轨制的特定环境下才取得的。离开整体双轨制，中国的市场经济体制之探索是否能够取得如此辉煌的成功是有争议或需要画上许多问号的。因为，这种整体双轨制的最突出优势就在于，它在一个政治权力掌控的整体建构下意外且神奇地创造出了双轨之间的外部性效应和效益。这是整体双轨制在人类历史进程中释放出来的第一个威力无比的制度优势。毕竟在传统的社会建构下，所有思想家和理论家的论述都是单轨制的，而没有双轨制的理论建构。毫无疑问，中国之所以能够在两种根本对立的体制之间寻找到可以将其合二为一的绝技武功，靠的不是别的，而是被西方文明所抛弃的"利整体主义"和"利他主义"的新理性政治。当然，无须隐瞒的是，"利整体主义"和"利他主义"在计划经济体制下也都是存在的，但是为什么在中国探索市场经济的道路上，它们又会在突然之间发挥出神奇的功效呢？

为此，广义经济学的答案就在于，如果缺失外部性机制，单靠"利整体主义"和"利他主义"是无法产生神奇功效的。那么，又为什么如此呢？答案就在于，基于"交换剩余"，进而基于【个体利益比较原理】而来的"利润"，只能是"私人利润"。因此，倘若不以"利己理性"的经济行为为基础，而直接实施"利整体主义"和"利他主义"的政策或将其作为个体行为的行动指南的话，那么创造"利润"这种事业就是无论如何都无法实现的。正因如此，"市场经济"的本质并不主要基于哈耶克所说的个体决策时的私人信息与中央政府决策时的采集信息之间的不对称性，而主要取决于因"利润"的源泉来自"纯粹私人关于利益比较之更有利益存在性的认知"。即关于"交换剩余"之利润的认知只能是纯粹私人认知领域的一项事业，任何第二方和第三方主体都无法参与其中。因此，"利整体主义"和"利他主义"必须以"利己主义"为前提才能产生它的功效。因为，"利整体主义"和"利他主义"之所以能够借外部正效益机制产生出利益的方式，仍然是借"私利所得"的路径才能获得具体体现的。为此，我们特把"利整体主义"和"利他主义"之所以能够带来利益所得的路径仍是依赖"利润所得"的原理，称之为【利他和利整体的私利所得原理】。有鉴于此，仅凭"利整体主义"和"利他主义"在计划经济体制中之所以不能产生有效结果的根源，以及在市场体制下反而转变为可以产生功效的根源，就被彻底揭示出来了，即因【利他和利整体的私利所得原理】在发挥作用的缘故。

中国整体双轨市场体制的成功，除了没有沿着西方经济学及自由市场体制所宣称的"齐次性利己理性或利己主义"向前推进之外（故选择了"利他理性"和"利整体理性"），实际上极大地发扬光大了西方分析范式已经发现的"外部性机制和原理"，包括外部正效应和外部负效应两种机制和原理。可问题是，既然"外部性机制和原理"无论在中国的市场体制下还是在西方的市场体制下都是相同的，那又为什么会因为它而使得中国的整体双轨市场体制呈现出格外显著的高增长效率呢？到底其中的什么具体机制在起作用而使得它在中国呈现出倍增效应呢？为此，广义经济学的答案就是，外部性机制和原理在西方市场体制内由于受"齐次利己理性人假定"的约束，因此仅只能体现为市场主体在追求私利及私利最大化时所无心带来的"外部性溢出利益"。因此，我们将其称之为【私利型外部溢出效益】。但在中国，由于西方之"齐次性利己理性人"的假定约束从一开始就被全面超越了（这很可能是计划经济留给市场经济的最珍贵的遗产之所在），所以，外部性机制和原理在中国落地而与"私利所得"结合在一起时，其效果就发生了惊天动地的大改变。"外部性溢出利益"再也不像由西方社会所感受到的那样，仅只局限于【私利型外部溢出效益】了。相反，在利他理性的指引下，"外部性溢出利益"已经呈现出系由"利他理性人"在进行市场决策时就被规划或计算到利益所得之中了。换言之，在中国整体双轨市场体制下，"完全理性人"的理性计算是既包括私利的所得计算的，同时也包括或尽可能包括利他的所得计算的。这是外部性机制在中国市场体制中所带来的重大转变和创新。即，中国市场体制下的市场主体既要坚持"经济效益"，还要兼顾"社会效益"。至少国有经济部门中的那些市场主体都被要求如此。不仅如此，由于外部性机制和原理是一种极普遍存在的经济现象和经济原理，所以，中国私营部门中的市场主体很快也发现了其中的倍增性原理或其中的"整体更优之整体所得原理"，包括"负价格机制"如何促进整体所得在内的一整套利益计算原理，因此，中国整体双轨市场体制下的市场主体，无论国有经济部门的还是私营经济部门的，都在自觉和不自觉之中是按"利整体所得最大化"的方式在行动。由此可见，中国在市场体制的探索道路上，居然以无心插柳柳成荫的奇迹方式发展出了很可能是世界上最先进的市场体制。其整体双轨制的先进性特征，非常适合"整体所得更优化"的完整理性人偏好。有鉴于此，中国的市场体制已经非常不同于西方的市场体制，因为它允许"利他理性"和"利整体理性"在"私利理性之齐次性假定"之外仍然可以存在。不仅如此，一旦承认"整体所得"的合理性及理性计算逻辑，"负价格机制"就是不可或缺的市场经济新宠儿。而这部分内容在西方分析范式的市场体制下则无论如何都是无法具有合法地位的。因为，西方经济学的分析范式，无论在古典时代还是在新古典时代，包括在新古典分析范式被不断革命之后的当下，都是根本无法分析和揭示出"负价格原理"之经济现象的真实存在的。这些都是西方经济学和其市场体制所根本无法想象的。更不要说如何看待它们了。因此，发生在中国市场体制内的主体行为已经大幅度和大规模地超越了西方市场体制内私利型主体所能达到的整体所得利益计算之先进程度。

　　一言以蔽之，无论政府还是个体在市场体制的构造和实际参与中是否坚持并选择整体所得更优化的"整体主义原则"，已经成为如何看待中国市场体制和西方市场体制之间存在差别的核心标志之所在。但是，坚持"整体主义原则"的经济学含义是极其深远和具有革命性的。因为，"整体主义"的直接含义就在于，给定一个社会必须要有与认知和识别"整体利益"相关的机构，能够代表整个社会和国家利益之整体最大化或整体更优化利益的相关机构。在中国，这项任务就是由每五年审议通过的"国民经济和社会发展五年规划"来担当的，例如《中共中央关于制定国民经济和社会发展第十三个五年规划的建议》就是它的具体表现。五年的纲要通过之后，负责具体实施的就是"中华人民共和国国家发展与改革委员会"（简称"国家发改委"，其英文名称是 National Development and Reform Commission，其前身是成立于 1952 年的国家计划委员会。国家计委于 1998 年更名为国家发展计划委员会。2003 年又将原国务院体制改革办公室和国家经济与贸易委员会的部分职能并在一起）。所以，中国的市场体制是典型的"整体双轨市场体制"。整体主义色彩的特征一览无余。总之，整体更优的整体主义在中国已经开花结果，深入人心了。因为，它在事实上已经被证明了是远比西方范式之加总个体所得后所构成的"零和型整体"要先进许多。即，中国的整体利益所得路径是比西方范式项下加总个体所得所构成的整体利益之方法更加具有市场深度和广度的。因为，它是可以允许"负价格原理"在其中的。这意味着，中国的整体双轨市场体制是包含"负价格经济"在其中的全新型市场体制。

第三节 新新自由主义在中国

西方的自由市场体制根本不自由。自新古典以降，西方经济学所倡导的自由市场体制，其实仅只是建立在"完全自由竞争型市场"基础之上的一种类型化自由市场体制，而绝非整体自由市场体制。换句话说，市场体制到底是类型化的还是整体的，是认知自由主义的一个重大的分水岭。毕竟，口口声声提倡"自由主义"的新古典经济学，除了构造出一般均衡论市场，然后以其作为自由主义的基本教义和主张之外，还有别的可允许人或市场主体进行"自由"的选择吗？众所周知，西方的所谓自由市场，除了给人或市场主体以充当傀儡式的消费者和厂商之外，一律被否定得干干净净。人在给定社会中的所有属性都被否定到不知道去了哪里。即，人在市场中的行为被新古典范式假定为仅只计算消费的满足与否及得失，而与其社会属性毫无关联。新古典只给人作为消费者的自由，而根本不给人作为社会人——尤其是作为社会分工项下之社会职业人的自由。事实上，即使作为新古典的消费者，人也被矮化为仅只按新古典理论家们所设计的"消费者函数"去机械化行为的机器人。因此，作为消费者的人毫无商量地就被失去了自己主张为什么以及为谁消费的权利。毕竟，新古典范式和西方范式下的消费行为被假定为仅只为自身私利服务的消费，而不存在为父母、为家人、为孩子、为朋友、为领导、为集体、为客人、为商业合作，以及为国家、为外交、为庆典、为一切除自身私利服务以外的对象进行消费安排的可能性。所有这些每日都发生于世界各国每个人日常生活中的事实和基本自由选择权，都被新古典范式和西方经济学范式限制在无形之中了。因此，建立在这种经济学基础之上的市场体制也配称为"自由市场体制"？不仅消费者被扭曲成了"傀儡式的消费者"，而且厂商亦如此。因为，在新古典和现代经济学的分析范式里，厂商只能按照 MC = MR 的方式进行生产和组织销售。即，所有的厂商仅只能以充当"边际型生产厂商"的方式来在市场中从事供给事业。换言之，新古典范式下的所有厂商除进行边际销售之外，都被严格限制在不得进行批发销售的界限之内。一言以蔽之，新古典范式下的市场体制是不允许"批发交易"发生的。否则，批发交易的价格运行机制就会给供需交易所对应的价格机制带来无法克服的困境和挑战。当然，厂商函数是另外一个让"自由"成为新古典经济学家紧箍咒的领域。所有的厂商都是为了追求利润而不是为了追求产出最大化才展开经营的。这一事实和原理被新古典的边际生产理论严重压制在了 MC = MR 的狭小空间之中不得翻身；否则，它的一般均衡论就会遭到破坏。因此，生存在新古典自由市场中的厂商根本不是人而是高尚无比的神。谁敢说这种厂商也有人的自由而言？此外，厂商只能按照先验给定或存在的市场价格来决策生产与否以及生产多少的奴隶式被动行为，也根本谈不上与自由有关的任何联系。总之，厂商在新古典范式所构造的自由市场中除了按照市场所垄断的价格之边际变动规律被动地组织生产之外是毫无自由而言的。换言之，自由竞争的假说纯粹是一种单纯的边际价格竞争。

当然，新古典以一般均衡论为核心所倡导的所谓自由市场体制，其实只是一种类型市场，并不是市场本身或根本不是整体市场。假定如此，它将意味着，新古典所宣称的自由市场其实是以限制其他类型市场可以以平等存在、平等被重视和平等被应用为代价而获追捧的。只是在它把其他类型市场都牢牢限制在好像根本不存在的误导成功之后才能偷来今天这种美誉的。有鉴于此，就其他不同类型市场都应该成为真实且整体市场有机组成部分而言，所谓的"新古典自由市场"只不过是在高度限制和排斥其他类型市场于无形之中的情况下才被宣称为"自由市场"的，因此就其真实身份而言只不过是一种"假自由市场体制"而已。相比之下，中国的市场体制从一开始就没有染上上述限制和排他性。一切新古典和西方市场体制下所具有和潜在具有的自由属性，在中国的市场体制内都具有，而且很多情形下要比新古典或西方的更加自由。总之，中国整体双轨市场体制下的私营经济部门，作为市场主体所要追求私利或整体利益更大化的自由权利远比西方所谓的自由市场中的自由度大许多倍。毕竟，在中国，所有不同类型市场都是开放的。亦即，所有在中国整体双轨市场体制之私营经济部门中从事市场活动的市场主体，都是不受限制就可以在不同类型的市场区间进行或从事经济活动的。这种自由度无论如何是新古典自由市场所无法想象的。那么，既然如此，为什么"中国的市场体制"仍然不具有自由属性呢？为此，答案也是比较显然的。因为，在中国整体双轨市场体制内不仅存在着私营经济部门，同时还存在着国有经济部门。这使得"自由"的属性被解读成为与"自由"本身关系不大，但与是否存在政府干预更具关联性的了。即，"自由市场"的核心含义不再关注"自由与否"的议题和问题，而转变为关注"是否去政府"的问题和议题。那么，去政府或政府不干预的市场就一定是自由市场体制吗？为此，我们特把这种只要去政府或去政府干预的市场就被自动认定为"自由市场体制"的说教，称之为【去政府型自由市场】或【去政府型自由市场体制】。

毫无疑问，关于【去政府型自由市场】或【去政府型自由市场体制】到底是否就可以代表"自由市场"的问题，是一场关于政府与市场关系的既传统又全新的问题。因为，随着"整体理性"和"利整体利益原理"等在广义经济学分析范式中的被发现，政府与市场之间的传统关系议题已经发生了重大的转变。即政府在广义市场体制中存在并积极介入和干预的必要性及合理性第一次获得了全新的呐喊。为此，我们将在与之相关的论题中再做进一步的展开。眼前，我们需要把关注力集中在如下的问题和议题上，即，如果政府的介入和干预甚至积极干预是必要且合理的话，那么，什么样的市场体制可以成为"政府介入型市场体制"？为此，我们先把承认政府的介入和干预甚至积极干预是必要且合理的自由市场，称之为【政府介入型自由市场】或【政府介入型自由市场体制】。如此一来，"自由市场"就可以划分出两种不同类型的制度安排和制度选择了。新新自由主义所要谈论的，就是如何能破除因新古典范式和西方范式狭义性所导致的市场之种种限制和市场排他性，以便将市场主体从他们的枷锁和局限中彻底解放出来。果真如此，一个将政府和市场主体都能获得超级解放的广义经济学时代正在向我们走来。

第四节　政府介入型自由市场体制

在中国自由市场体制的核心思想是去政府干预。然而，去政府干预之所以能成立的理论基础必须建立在如下一组不可或缺的假定之上：①齐次私利假定；②有效市场仅由正价格经济组成；③外部性机制仅由【私利型外部溢出效益】构成；④整体所得来源于对个体所得的加总；⑤单轨财政体制。如果上述五大假定同时发生广义化变化的话，即，①齐次私利假定改变为：利己、利他和利整体同时并存；②有效市场不仅由正价格经济组成，同时还由负价格经济和均衡价格经济所共同组成；③外部性机制同时由【私利型外部溢出效益】和【利他型外部溢出效益】所共同构成；④整体所得由对个体所得进行加总以及"负价格经济"之总和贡献共同构成；⑤单轨财政体制由双轨财政体制所替代，那么，政府与市场关系的议题就将发生根本的转变。因为，在给定后者五大假设作为前提的情况下，政府对于市场而言是不可或缺的了。所以，政府与市场关系的议题是随着上述五个假设条件的生效与否而结论不同的。为此，我们特把前边的五个假设条件称之为【市场与政府的西方范式假设】。相比之下，我们特把后边的五个假设条件称之为【市场与政府的广义经济学假设】。

由此可见，无论市场还是政府，都是需要有相应的理论基础作为前提条件方能生效的。即，给定上述前五大假设作为创建市场体制的前提条件，其对应的政府就会自动呈现出不受欢迎的"去政府状态"。相反，如果给定上述后五大假设作为创建市场体制的前提条件的话，其对应的政府就会自动呈现出格外受欢迎的"加政府状态"。毫无疑问，市场和政府的概念，在上述两种不同的假设条件下，已经发生了彼此有别的重大不同。因此，在人类文明的历史进程中并不存在唯一客观的"市场体制"和"政府体制"。因此，市场体制和政府体制都可以有许多种。那么，在不同的市场体制之间如何比较其先进性呢？答案就是：整体利润积累的最大化，及这种利润积累最大化的可持续化及共赢化。

就广义经济学的分析范式而言，市场机制的缘起是来源于货币的起源。自货币起源之后，分散且孤立的双边交换之间就有了共同的交换尺度。随之多边交换成为可能。这便是市场的缘起。但是，在人类历史上，像大浪淘沙一样，一代又一代的货币体系最终都遭遇了冷酷的解体。伴随而去就是建立在它们之上的多边交换体的烟消云散。每一次货币的解体都意味着积累在相应货币之上的交换剩余随之丧失殆尽，不复存在。体现在货币之中的所有由交换所决定的人与人之间的关系都随之难以恢复。新的社会关系又得从头再来。社会秩序随之需要重新建构。所以，一切市场体制的先进性首先且关键在于其货币体制的先进性。而货币体系的先进性则完全取决于其积累交换剩余的最大化是否可以实现以及实现之后的可持续性是否永续。1971 年 8 月 15 日之前的所有货币体系，由于都是建立在以实物为货币载体的原理之上，都潜藏了致命的内生性缺陷在其中。亦即，积累在这种实物货币之中的"交换剩余"由于是与特定数量的实物关联在一起的，所以，被积累的交换剩余增多时这种货币的价值就会上升，前提是原有的特定数量保持不变。若实物货币数量增加的规模是与货币之价值的积累规模相匹配的话，则货币的价值保持不变。若作为载体的实物之增加数量超过货币获得价值积累的增加规模的话，则这种货币的价值就会出现相对物价贬值的现象；反之，则会出现相对物价升值的现象。对货币数量与价值之间的这种原理，我们称之为【广义货币原理】。

根据【广义货币原理】，无论承载货币的实物在数量上出现不足或过剩，该货币作为交换价值尺度的体系本身都是不稳定，甚至会遭遇解体的。有鉴于此，市场体制的先进性与否首先是确保其货币作为多边交换之交换尺度的可靠性。由于货币的核心功能是积累给定多边交换体项下的全部交换剩余，所以，其价值一直处于变动之中。加之其存量和增量的变动也都直接影响其价值的变动，所以，如何管控货币作为交换的可信赖尺度，仍然是至关重要的。否则，建立在其基础之上的市场的效率就会出现问题。为此。我们特把市场的效率首先取决于货币作为多边交换的尺度是否得到有效管控的原理称之为【市场第一效率原理】。假定如此，我们就不难发现，货币根本不是所谓中性的。相反，如何看待和处理货币在市场体制建构中的地位和作用的问题，是理解政府与市场关系的首要议题。只要【广义货币原理】成立，那么货币就不可能不需要管控。因此即使从货币的起源来看，即由什么实物来充当货币机制的承载物之问题都是被选择的结果，而不是货币自己为自己挑选的结果。即世界上没有任何一种货币是自己自动成为货币的。即便是黄金本身也是需要铸币授权才能成为货币的。相比之下，那些以白银自然属性和一定纯度的自然状态来充当货币的，像在近代中国社会所能实证到的那样，则都不是货币。而仅只是作为充当实物货币的承载物所具有的价值而已。总之，只要接受货币是需要被管控的，那么政府存在的必要性就会随之成立。当然，货币被管控才能确保【市场第一效率原理】的生效并不必然就意味着，这种管控一定得由政府来实施。因为，基于政府是建立在税收之上才能得以运行的原理和传统，由政府管控货币的安排就被担心会出现故意，甚至恶意透支的行为。所以，对政府管控货币的制度安排历来存在着这种制约性的制衡在其中。美国的美联储就是典型的范例。当然，将货币的管控全部交由私营部门来执行同样遭遇合理性的质疑。历史上发源于意大利威尼斯的私人银行业，就是这种交由私营部门来管控实物货币的典型范例。但其结果却出现了与谋求私利最大化相一致的普遍恶果。由"剪羊毛"引发的"劣币驱逐良币"现象就是最好的历史见证。正因如此，1609 年刚刚从战火中获得与西班牙停战的阿姆斯特丹市最先开启了由公营部门来掌管货币事务的先河。随后，即 1694 年，与中央集权税收挂钩在一起的英格兰银行又正式诞生了（1946 年正式被国有化）。所以，标识独立性原则至高无上的中央银行体制最终在历史上逐渐脱颖而出，成为人类近代史上对货币进行管控的最有效的制度安排。由此可见，即使不完全由政府来管控货币，政府在中央银行体系中的必要性也仍然是不可或缺，因而是绝对必要的。当然，必须指出的是，上述关于政府在货币管控事业中存在的必要性仅只相对"单轨财政体制"而言。一旦政府被假定是拥有利他理性和利整体理性的行为主体，"双轨财政体制"所对应的政府存在的必要性就会陡然剧升。当然，自由主义阵营的呐喊绝对不会就此放过更专业的追问：凭什么说或凭什么假定"政府是拥有利他理性和利整体理性的行为主体"呢？答案不太复杂，那就是：整体利益存在两种形式，其一是"个体利益自为型整体利益"，即由所有个体利益或个体所得经加总而成的【自为型整体利益】；另外一种则是得有人主动去探索、去发现、去研究、去设计、去创造才会有的【人为型整体利益】。例如，美国在二战结束前所启动的"曼哈顿计划"就不可能由【自为型整体利益】而获得。同理，当年的诺曼底登陆作战计划也不可能经由【自为型整体利益】而获得。再例如，1941年12月7日日本偷袭珍珠港的计划能由【自为型整体利益】所来获得吗？显然，整体利益或整体所得常常都是，甚至从来就没有过，不是人为介入且努力的结果。国家的起源难道是人人在那里劳作就会自为出现的吗？换句话说，整体利益绝不是人人在追求私利最大化时就会自为降落到人间的！此外，整体利益也不是无须任何人的努力就会自动出现在每个人的私利世界中而被同时认知到的。像哈耶克当年与兰格之间争论计划经济的绝对困境时所指出的那样，中央计划机构是无法及时且准确地采集到私人真实需求信息一样，追逐私利最大化的私人难道就可以随时随地都能及时且准确地采集到"整体利益的信息之所在"吗？例如，私人可以获知是否以及什么时候应该实施登月计划吗？在高铁落地中国之前，又有多少追逐私利最大化的中国人会获知且来关注高铁事业的落地呢？所以，任何一项利益事业，只要无法经由私营部门获得实现，而必须借助整体利益方式来所得，那么整体利益的定义和实施就绝对不能期待仅由【自为型整体利益】的路径来实现。总之，只要整体利益不能经由私利途径或私利集合的自为途径来获得实现的话，它就必须得经由【人为型整体利益】的方式来获得实现。假定如此，自由主义和新自由主义的呐喊和质疑就可以回去好好反思反思了。因为，强调个体主义是绝对必要的，但如果无法在个体主义的基础上建构出必要的整体主义，自由主义只会走向自己的历史坟墓。当然，还剩最后一个关键问题需要给出必要的关注，那就是：若承认整体主义的合理性，是否会出现整体主义的泛滥，进而导致计划经济的再次回归呢？抑或计划经济本身是否也是"整体利益"的一种选项呢？为此，广义经济学的答案就是，一旦假定"整体利益"的合理性，计划经济本身成为"整体利益"的一种选项的必然性就是内生性且自洽的，是无法被否定的。但无须担忧的是，计划经济成为"整体利益"之选项的代价意味着，建立在"私人利润"之上的"交换剩余之社会利润总积累"将会被迫停止。因此，除非发生诸如战争一样的特殊情况，任何国家都不会以放弃"交换剩余之社会利润总积累"为代价来做出计划经济的选择；相反，使用"整体利益机制"的全部目的都只在于有效促进追求"私人利润"最大化或更大化的有效实现。由于传统的计划经济是建立在"反商品交换""反商品经济"，进而"反私人利润"的命题基础之上的，所以，计划经济本身可以划分为如下两大类：【反利润型计划经济】和【促利润型整体经济】。给定如此，中国市场体制正在探索并正在寻找的道路就是，放弃【反利润型计划经济】，迈向【促利润型整体经济】。

一言以蔽之，在政府与市场关系的议题上，中国已经走出了一条成功的道路，即，"政府介入型自由市场体制"之路。无论如何，在【市场与政府的西方范式假设】下，政府与市场的关系议题无法不陷入泥潭或绝对的困境之中。相反，一旦把【市场与政府的西方范式假设】改变为更加贴近和符合时代大趋势的【市场与政府的广义经济学假设】，则政府与市场之间关系的议题就将获得不仅是全新的彻底破解，而且为全世界正面向新未来的市场体制提供了具有广泛成功经验的新理论。基于此，我们可以发现，中国在近40年改革开放实践中所取得的成功，就市场体制而言，是一种标准的"政府介入型自由市场体制"。因此，要想获知在中国经济高速增长的背后到底什么样的经济学新原理在发挥着作用的话，答案就在"政府介入型自由市场体制"之中。当然，不做深入的辩论，无论传统的自由主义，还是以奥地利学派为大本营的新自由主义，都还将振振有词、怀揣质疑和主张在那里等待着呢。

第五节　超越自由市场的中国广义市场

西方的自由市场体制无论在原理上还是在建构过程中，都是需要依赖必要的社会学原理才可以成立和成功的，诸如①齐次私利假定；②有效市场仅由正价格经济组成；③外部性机制仅由【私利型外部溢出效益】构成；④整体所得来源于对个体所得的加总；⑤单轨财政体制；等等。当然，这个名单如果细数起来的话还可以拉得超长（如若必要，我们兴许真的可以干干这事）。有鉴于此，西方的自由市场体制只不过是一种制度建构而已，并没有什么特别的，甚至于至高无上的东西在其中；也不存在什么神圣无比的超社会法力潜藏于其中。总之，西方自由市场体制只是一种制度建构而已，且只是一种可以改进的制度建构而已。因为，即使在自古典和新古典以降的分析范式共同体中，各种革命性的新理论就没有停止过。更加关键的是，无论西方经济学的分析范式曾经以及正在发生着怎样的变革，现实中真实经济的市场进程却越来越远离教科书中的种种说教；而且不断爆发的各种危机也正在成为人类生活的常态化现实。正当我们越来越麻木于这种混乱和不得不忍受各种困境的无奈时，美好的未来已悄然离我们而去。所以，经济学之不同分析范式之间的先进性与否，不主要取决于给定某种分析范式是否聚集的人数众多或者已具公共信赖性；相反，主要取决于它在真实经济中的理论效力和影响力。当然，这种市场先进性的说教在政治家的眼里仍然不屑一顾。因此，给定政治势力和历史承传的先决性存在，市场体制先进性与否的争论不再属于经济学的范畴，而属于政治学的范畴。谈到政治必然会联想到西方文明所信奉的权力政治，以及与权力政治关联在一起的实力政治。所以，经济学的先进范式一方面是为先进政治服务的，另一方面是为历史进步的必要性所服务的。当一个社会不能够为越来越多数人的利益服务时，服务这个社会的经济学就是陈旧的和落后的，因此也是可以被能够为更加多数人利益服务的经济学所超越的。比西方自由市场体制之先进性更加先进的经济学和市场体制是广义经济学和中国政府介入型自由市场体制。中国的市场体制已经具备了相对完备的边界条件，已经是一个拥有了自身运行机制较为完善的市场体制。事实上，中国的市场体制与西方的相比不仅已经创造出了令整个世界都瞩目和震惊的高增长率，而且在西方经济学认可的理论范式下也已经揭示出并证明了，中国的市场体制不再是西方经济学狭义阐述的【价格型市场体制】，而是【交换型市场体制】；不再是类型化市场体制，而是整体型市场体制；不单是纯正价格经济，而是兼顾正价格经济和负价格经济于一体的广义化市场经济；不再是纯私利型市场体制，而是利己、利他和利整体均在其中的政府可介入型市场体制了。毋庸置疑，这个对比名单在本书中已有相关的阐述和论证，故在此不再多做罗列，以免赘述。一言以蔽之，中国的市场体制很可能已经具备了远比西方经济学作为其理论基础更为有效和更先进的经济学新范式作为其基础了。至少作为一个独立有别的市场体制和经济学的新范式理论，中国市场体制的广泛实践是显著成功的。毕竟，能够在事实上取得高速增长不是没有根源的。换言之，无论是【中国市场悖论】，还是【市场之谜】，都已经向世界和西方经济学界发出了质询：难道发生在中国大地上的改革开放之市场化进程在已经取得了如此巨大且辉煌成就的背后就真的没有任何硬道理、硬理由和硬经济学原理在发挥作用吗？不仅如此，随着广义经济学分析范式的系统化推出，躲藏在中国经济高速增长背后的经济学新原理将无法不展露出自己的庐山真面目。有幸的是，其背后的理论研究是与中国改革开放的历史进程同步开始的。其成熟程度也已经经历了26年左右的系统性构建与再深化构建了。总之，中国市场体制的实践表明，在西方经济学分析范式之外一定存在着另一种可以有效支撑人类迈向经济繁荣更辉煌的经济学原理和体系在那里。至于本书所宣称的"广义经济学"或"广义政治经济学"是否就是这套新范式经济学理论，或者说，是否广义政治经济学已经最大程度地接近了这一经济学的新范式理论，则有待经济学界在即将展开的躲也躲不过去的这场大论战中再来决定其胜负。当然，无论如何，中国的市场体制已经彻底且全面超越了当代西方经济学教科书中所教义化误导世界的所谓自由市场体制了。

第六节　中国广义市场体制的财富效应

财富的问题是经济学的永恒问题。经济学的缘起事实上首先是从解答重农主义和重商主义的论争中脱颖而出的。亚当·斯密之前，重农主义和重商主义之间争论的核心问题是：到底什么是一个社会的财富源泉呢？一把种子到了收获季节可以变成几十倍甚至上百倍的增量产出，因此在重农主义阵营看来，农业是一个社会财富源泉当之无愧的首要功臣。其他工业或商业的经济活动普遍是形变类的，并无增量部分产生出来。因此，除农业之外的其他经济就都不是一个社会的财富源泉。但是，重商主义的实际经验却表明：无论国家或团体或个人，当遭遇紧急状况而急需应对时，拥有再多的粮食恐怕也是无济于事的。相反，此时最为管用的或最有效的是充当货币职能的黄金。不仅如此，黄金还可以在商业经济中的买入和卖出之间获得增量的产生。因此，货币黄金才是一个社会真正的财富源泉。240 年之前的英国财富观大致就是这样的。但它却至关重要。因为正是接受了重商主义的财富观，早期的重商主义者才会主张禁止金属货币输出鼓励货币输入的，即国际贸易的"货币顺差论"。它的主要代表人物是英国的约翰·海尔斯和威廉·斯塔福，以及法国的蒙克列钦等人。在这期间因输出贵金属货币而被定罪的不计其数。当然，随着殖民贸易规模的不断扩大，国际贸易的"货币顺差论"主张越来越脱离现实，越来越成为阻碍殖民经济发展的绊脚石。在此期间，英国东印度公司的代表人物托马斯·孟等人开始用"贸易价值的顺差论"来取代"货币的顺差轮"，主张进口低价值的原材料，然后在本国加工成价值高的产品后再对外出口，以便形成对外贸易的出超，从而保证货币的净额输入。这类财富观及财富政策的主张便是 1776 年亚当·斯密《国富论》问世之前的主要经济思想和实践。事实上，即使 30 多年前中国打开国门搞改革开放之际，重商主义的基本原理也仍然被拿来应用。即，中国当初和现在仍然在实施着黄金输出，以及外汇不得自由兑换在内的管制政策。总之，这些财富观和围绕财富所实施的制度安排及管控无不深刻地影响着人类的财富事业。然而，财富观的变迁是日新月异的。自1776 年亚当·斯密正式出版其《国富论》以降，关于什么是财富源泉的问题随之获得了彻底的超越：亚当·斯密在分析中发现，社会分工才是一个社会乃至整个人类全体的共同财富源泉。基于这种新的财富观，亚当·斯密批驳了当时盛行的"货币顺差论"和"贸易价值顺差论"之国家财富主义及其狭隘经济政策。相反，亚当·斯密主张自由贸易以及后来发展成型的自由贸易主义项下的"平衡贸易"。由此，"国际收支平衡贸易"才逐渐成为人类财富事业的共同基础。无疑，人类的财富事业就是从这种不断演变中脱颖而出的。不过，自古典范式以降，人类的财富观始终局限于基于"生产"和基于"贸易或交换"的财富源泉观之上。即便到了新古典范式崛起的时代，借助边际方法来确保产出的最大化，仍然从根本上决定了新古典范式的一般均衡论市场是一个围绕生产性财富来建构供需关系的财富体系。换言之，财富事业在西方经济学中始终被解读为与生产关联在一起。离开生产，西方经济学的分析范式简直就不知道还有什么其他的途径可以用来解读财富的起源和存在。事实上，国民经济收入体系的来源在西方经济学的视野下也仅只要么来源于从事生产和或交换的工资等综合收入所得，要么来源于企业净利润的所得收入，且二者必居其一。此外，在国际贸易或国际经济方面，只要坚持并有效实现收支平衡，那么，一个国家的总收入就只由两部分构成：企业净利润的总和（即全社会投资净收入的总和），加上所有综合性工资收入的总和。为此，我们把这种关于财富或收入事业的解读原理，称之为【西方财富收入原理】。显然，这种关于财富收入的现代版主张，是经济学的正统分析主张。但是，让西方主张意想不到的是，躲藏在这种财富收入观背后的经济学新原理却怀揣着惊艳无比的新乾坤。在中国这片大地上，因创建市场体制是沿着"整体双轨制"的路径向前推进的，所以，在外部正负效应机制的作用下，中国人的财富所得已经大比例地不再是依照【西方财富收入原理】取得的了，相反其来源更多是借助外部正效应机制而获得的。例如，在北京、上海和广州等大中型一线、二线城市里若早期就拥有了房产的人，今日所拥有的财富多少是来自劳动所得的呢？

又有多少是投资或继承遗产所得的呢？如果没有其他所得途径的话，那么今日的所得之来源或源泉又到底来自何方呢？毫无疑问，答案就是"外部性机制中的正效应原理"。借助"外部性机制的正效应收入原理"，中国不仅挽救了计划经济时代所形成的庞大的计划性资产的市场价值，而且通过旧城改造的再配置又完成了原有居民财富收入的倍增式所得。例如，北京市政府当年借2008年举办奥运会为缘由，把二环、三环之内的居民置换到六环之外的天通苑、回龙观和沙河所实施的旧城改造计划。参加这些城市改造项目的居民，不仅当初就拥有了现代化的居住条件和交通补贴，而且伴随着地铁交通等城市基础设施配套的逐步到位，这些早期的旧城改造项目之物业资产都获得不菲的外部正效应升值。天通苑的价格从最初每平方米2650元左右已经升值到了2016年每平方米40000—54000元。在不到20年之间价格增长了近20倍。有鉴于此，在中国的财富定义中，外部正效应收入是一项不可或缺的重要的财富源泉。这是中国财富体系不同于西方财富体系的一个重大差别。

中国的财富体系，因中国市场体制在给定国情的大历史背景下采取了"整体双轨制"的新范式道路，所以像"负价格经济"和"外部性机制中的正效应原理"等广义经济学范畴的新内容在中国经济中就会层出不穷地遍地开花，以至于形成了中国经济之所以获得高速增长的强大支撑力。回顾历史，我们不难发现，继北京的城改项目采取了"负价格经济"和"外部机制的正效应原理"等广义经济学的新方法且获得巨大成功之后，上海等一线二线大中型城市相继开始了大规模的旧貌换新颜的城市现代化的改造和再造计划。不仅如此，经营城市的先进理念开始在中国大地各级行政机构中广泛传播和相互借鉴及相互学习起来。中国的外部正效应经济，结合自身整体双轨市场体制的优势，由此一发而不可收。中国的财富事业从此快速地走上了五彩缤纷的康庄大道。中国的经济强盛因此彻底摆脱并避免了西方社会曾经必须依赖外部扩张和掠夺才能实现自身国内经济大发展的零和轨迹。因为，整体双轨制市场与外部正效应机制的结合，为中国提供了无限广阔的广义市场空间。

第七节　中国整体双轨市场体制与中国全面小康社会

"全面小康社会"是中国共产党于 2012 年 11 月 8 日在北京召开第十八次全国代表大会期间所宣讲的主旨报告中首次明确提出的一项治国纲领。当然，"全面建成小康社会"的前提是必须首先"建设小康社会"。"小康社会"的概念最初由邓小平在 20 世纪 70 年代末 80 年代初展望改革开放远景，为实现这一远景对中国经济社会发展蓝图进行规划时所提出的一种战略构想。这与庇古在福利经济学中力求构造一种社会总效用最大化的美好社会和帕累托借助"帕累托改进"及"帕累托更优"来建构一种更加美好社会的初衷如出一辙。然而，中国欲建设的"小康社会"虽然在当时并没有明晰的定义和边界，但这种政治愿望作为一种治国纲领时却为"利整体理性"和"利他理性"在中国市场体制中的存在奠定了最坚实的政治基础和制度基础。于是"小康社会"成了中国政府治理经济社会的一把重要标尺。除 GDP 作为"发展就是硬道理"的第一标尺之外，"小康社会"作为第二把标尺的作用就决定了中央财政转移支出的总路线图。毫无疑问，"小康社会"的一个重要的经济学含义就是：它是中国社会的一个重要的再分配机制。所以，在中国，西方经济学所谓的价格，即由"正价格经济"部分所形成的价格，并不是唯一主要的资源配置机制。相反，由于"负价格经济"在中国的广泛存在，以及借助"外部机制的正效应原理"来追求整体利益更大化的制度合理性，所以，中国的整体双轨市场体制其实拥有着多样化的资源配置机制来追求整体利益更优目标。有鉴于此，为确保"小康社会"的有效实现，中国经济体制实际上至少存在如下三种资源配置机制：①纯市场型的；②纯行政型的；③市场与行政相结合型的。无疑，前两者是西方经济学已经熟知的资源配置机制和体制。但是，第三种则是中国整体双轨市场体制所独家拥有的特殊资源配置机制。即，中国的各级政府随时可以根据建设小康型社会的实际需要而设立的国资型企业，即使这种企业从一开始就处于或陷入"负价格经济"的状态中，但只要它承担的是政策导向型投资，则整体利益才是衡量它的最终标准。

　　无论如何，中国在建设小康型社会的道路上已经取得了长足的进步与经验。但是，如何建设并全面建成小康型社会，则是一项全新的挑战。因为，即使是整体双轨型市场体制，市场竞争也是不可或缺的。果真，社会收入的多元化，尤其是两极分化的问题以及到底该如何破解的问题就不再是各种二次或三次分配机制所能真正有效调节的了。所以，建构"小康型社会"和"全面建成小康型社会"是两个看似相同但却差异巨大的社会治理理念。前者采用帕累托改进的经济学原理就可以向前推进，但后者必须采用广义经济学中的"共赢经济学原理"才能获得实施和落地。换言之，如果不采取远比新古典之"供需均衡"更高级别的"货币收支均衡型市场体制"来确保"全面建成小康型社会"的有效实施，市场的魔兽之力就会让市场整体解的庐山真面目始终躲藏在各种类型市场体制占主导的无形之间。无论如何，怎样实现"全面建成小康社会"是一回事，将它确立为中国经济社会继30多年改革开放已获巨大成功之后进一步发展的新治国理念则是另一回事。后者是向自新古典以降的西方经济学力求到达的最高目标发起挑战的一种治国理念和诉求。毕竟，迄今为止还没有任何市场发达国家胆敢宣称自己要对整个社会的普遍繁荣负责。不要说"社会整体普遍繁荣"，就连"社会的普遍繁荣"都还从来没有实现过，哪怕是接近它。所以，如何打造一个可以确保社会普遍繁荣的经济整体结果，一直以来都是西方经济学的众多软肋之一。无论如何，西方经济学的治国理念是从个体所得经由加总途径来获得社会整体利益和社会整体目标的。相比之下，中国的整体双轨市场体制则是可以先行制定"整体目标"的。即，只有在中国整体双轨型市场体制下，先行制定"全面建成小康社会"的整体目标才是可能的。这便是中国市场体制最具独特优势之一的所在。为此，我们特把一个社会的整体利益目标只能来源于个体目标加总的原理，称之为【西方经济学的社会治理原理】。相比之下，我们一并把一个社会的整体目标无须建立在个体利益或个体目标加总基础之上就可以独立获得的原理，称之为【广义经济学的社会治理原理】，或【中国整体双轨市场体制的社会治理原理】。

第八节 中国整体型共赢市场与广义市场及中国模式

发生在中国大地上的经济体制革命才刚刚开始。这种体制革命不仅需要对计划经济体制做出最彻底的全面超越，而且需要对已经陷入盲目信仰状态之中的西方自由市场进行同样彻底的兼容性超越。修修补补的传统老路已经无法再适应人类步入 21 世纪之后的新现实。因为，自人类有史以来就始终存在的"生产力短缺型约束条件"正在解体之中。换言之，21 世纪之前的所有文明都是"生产力短缺型文明"，无论宗教的、政治的、军事的、经济的、文化和艺术的、教育的等，总之所有形态的文明无一例外都是"生产力短缺型约束条件"项下的文明。为此，我们特把所有受"生产力短缺型条件"约束的各种形态与形式之文明，称为之【生产力短缺型文明】。无疑，西方经济学的全部假设和目标都是为【生产力短缺型文明】服务的。因为，它们都是为解决【生产力短缺型文明】项下的问题而去寻找答案的。有鉴于此，西方经济学在某种意义上讲可以被解读为"生产力短缺型经济学"。因此，如果说 21 世纪的人类正进入"生产力短缺型约束条件"不再唯一生效的新生存环境下，即除"生产力短缺型约束条件"之外，像"生产力均衡型约束条件"和"生产力过剩型约束条件"同时崛起，并且同时存在已经成为并存型约束条件的话，即，如果说人类自 21 世纪以降，就已经彻底进入"生产力短缺、均衡和过剩三位一体的混态型约束"之新时代的话，那么，人类需要的经济学就彻彻底底地不能再是西方经济学的那套简单玩意了。仅只应对"生产力短缺型约束条件"的西方经济学已经完成了自己的历史使命，已经可以光荣地从历史大舞台的中央退休了。有鉴于此，顺势而为的新范式经济学就必须全面肩负起能有效应对"生产力短缺、均衡和过剩之三位一体化混态型约束条件"的人类新实现和新未来。经济学必须彻底重构。西方范式已经无法再撑起经济学引领世界继续奔向美好明天的大旗且让它依然高高飘扬了。不仅其方法论需要彻底重构，更主要的是其分析范式的最高主张同样需要重构。西方范式下的经济学已经深陷困境之中，已无力获得自身的解救。伴随生产力约束条件的解体和转换，西方范式的先进性已经荡然无存。时代的混乱足以证明历史对先进经济学的热切呼唤。无疑，如果不能有效破解当今世界经济的低迷现状和深层次矛盾及结构性的制约，任何新范式经济学的诞生也都将无法引领全球主权社会走出其困局，进而抬头仰望美好的明天。好在，中国正在努力完善的整体型市场体制已经实实在在地先在广泛的实践中给出了新范式经济学诞生和崛起的肯定答案。在过往30多年的高速增长中，中国已经积累了大量的广义经济学所系统化构建的新维度。首先从"包含所有类型市场之整体"的意义上讲，中国市场体制已经远远超越了西方经济学所构造的单类型"自由市场体制"。整体型市场的显著特征就在于，它是所有不同单类型市场的总集合，是相对"单类型市场"而言的。因此，整体市场只不过是一种【价格型市场体制】而已。即，【价格型市场体制】可以细分为：【价格型单类型市场体制】和【价格型整体市场体制】。因此，这种意义上的"整体市场"只不过或仍然属于"正价格经济"的范畴，还不涉及"负价格经济"的成分在其中。当然，由于我们还引入了"整体利益"的概念以及与其相关的一系列概念，所以凡涉及"整体利益"概念的，因涉及"负价格原理"和"负价格经济"的内容，故都属于广义经济学项下广义市场的范畴。所以，"整体市场"仅只是广义市场中的"正价格市场"部分，即通常所谓的"有效市场"部分。总之，中国市场体制不仅在"有效市场"部分上以"整体有效市场"的方式兼容性超越了西方经济学的"单类型有效市场"，而且在"有效市场"之外，以"负价格经济"的方式远远将"自由市场"只分析有效价格的狭义性甩在了自己的身后。当然，中国市场体制的特色还远远不局限于此。在社会治理方面，中国能够超越加总个体目标而直接实施整体目标的独特优势，乃是中国整体型市场体制另外一个具有特殊含义的标志。即，【广义经济学的社会治理原理】很可能是远比【西方经济学的社会治理原理】更加先进的社会治理机制。作为社会顶层治理原理和结构，两者先进性的比较是具有重大政治经济学含义的。因为，这对于更加有效地构建关乎人类共同命运的全球治理体系而言，是极具现实意义的。

　　无论如何，中国在探索市场体制道路的征途上已经取得了宝贵的成功经验和教训。这些经验和教训已经被广义经济学大量吸收在其中了，并且已经可以作为中国取得的软实力和全球通用型知识资源，向世界各国进行传播了。除了以广义政治经济学、广义经济学和共赢经济学的名义进行对外传播之外，还有大量的知识财富可以以"中国模式"的方式进行对外交流和传播。除以新范式经济学的名义进行对外传播之外，中国模式传播的必要性就在于，有许多体制改革的方法和原理恐怕都还不属于经济学的范畴。此外就是，以"中国模式"的名义进行适当的对外传播能够使中国成功的经验更加富有具体和翔实的实证基础及具体大事件来作为参考依据。此外，以"中国模式"的名义来讲述广义政治经济学的核心要义，实际上是将中国的市场探索和实践作为一个成功的案例来阐述纯粹理论范畴的纯学术原理。两者结合相得益彰，相互印证，从而形成理论和实践可以相互解说的完美关系。当然，"中国模式"并不是一个已经完善的模型体系，除了依据历史和现实提炼"中国模式"之外，"中国模式"本身是需要在广义经济学的系统构建下进一步确保自身获得完善的。不仅体制本身会有大量的改进空间，而且需要解决的问题必定存在一大堆。因此，"中国模式"将是一个依广义经济学范式原理不断进行建构和重构的市场建筑体系。唯如此，我们才能将中国的市场故事以世界听得懂的范式语言讲述出来和讲述好。否则，中国模式很容易变成中国精英们自娱自乐、王婆卖瓜式的吆喝。总而言之，我们必须首先赋予"中国模式"以鲜活且世界通用的经济学原理，然后再赋予其以生动和具体的可实证案例，如此我们就可以让"中国模型"来代表中国的软实力张大嘴巴自己讲话了。一言以蔽之，中国模式是以广义经济学为核心基础来讲述中国市场经济案例集的一个故事会。因它丰富的内涵不是本书的重点，且核心内容也已经有线条式的勾画，因此，我们在此不对"中国模式"本身的框架内容再做更多赘述了。总之，中国模式是一个非常具有现实政治意义且具有全球公共品性质的对话机制；是让中国和世界之间关于发生在中国大地上的市场成功故事能够得到充分展示和聚集全球对话的一个多边新舞台。

第九节　中国广义市场地位的全球正当性

中国的市场体制，很可能是经济学之更先进分析范式在中国实践中的一种具体表现。虽然广义政治经济学及广义经济学还未正式系统问世，但其整套的经济学新原理已经借中国的市场化道路展现出来了。同理，中国市场道路的可靠性基础和边界也在摸索中慢慢地显露出来了。因此，中国市场体制已经不再是追随西方自由市场体制的跟屁虫或学徒生了。换言之，中国的市场体制已经蜕变成一只超级美丽的花蝴蝶了。中国，很可能已经完成了借西方自由市场体制之船航新世界之海的战略质变。中国有效汲取了西方市场理论中的精华部分，但却没有成为盲目丢掉自己主张的追随者。在坚持国情道路的大方向指引下，中国在无形中选对了社会治理原则的最高新境界：整体利益更大化的社会治理准则，而且是不需要依赖"个体目标加总"为约束条件的社会治理准则。这种选择如此重要以至于它从根本上决定了中国市场体制的最高追求目标。换言之，不像西方自由市场体制之最高追求目标系由经济学理论家们来设定。在中国，市场体制的最高目标是由拥有政治资源的中国执政党设置的，而且是可持续的"整体利益更大化"。无疑，就社会产出的最大化而言，新古典经济学只能将这种市场追求的最高境界目标锁定在由市场力量借"个体目标可加总"来完成的终极期望中。相比之下，"整体利益更大化"的目标实现，由于不再唯一借"个体目标加总"的路径来实现，所以其实现手段除借助市场力量之外还一定会借助政治力量来协同实现。有鉴于此，构建市场体制时对所设定目标的追求之选择至关重要：是"社会产出最大化"，还是"整体利益更大化"？前者是西方经济学的政治偏好与范式选择；而后者则是广义经济学的政治偏好与范式选择。其中，"社会产出最大化"的市场主张只能由 MC = MR 的边际生产方式来实现。相比之下，"整体利益更大化"的市场主张在中国的市场实践中则被发现是可以同时借由"正价格经济"和"负价格经济"之两种重大有别的不同交易路径（而非价格路径）来协同获得实现的。无论如何，不同的社会治理选择造就不同的经济学分析范式。

假定如此，如何来评判两种不同市场体制之间的正当性就随之成为人类经济学的最新理论议题。首先就【社会产出最大化】（以下简称【最大化经济】）而言，由于它假定每一个单独或特定的交换都必须在 MC = MR 或 MC < MR 的理性区间内获得实施，所以，"负价格经济"是与【最大化经济】无法相兼容的。同时，【最大化经济】无法克服或根除"过度竞争"的顽疾。相比之下，【整体利益更优化经济】（以下简称【整体更优经济】），则是能够兼顾"正价格经济"和"负价格经济"于一体的市场经济。但【整体更优经济】的制度安排在有效实施"负价格经济"与"整体利益更优"之间的关系时，是会遭遇实施"负价格经济"但却无法保证"整体利益更优"之困境的。这种情形对私营经济部门而言是不成问题的，因为要自负其责，自得其所。但是，对国资经济而言，谁来负责投资"负价格经济"的亏损责任的问题就会成为一个需要制度进一步完善的问题。争议，在这个环节上是留有空间的。当然，我们也不排除这个问题可以形成一个制度机制。只要有人对它负责，即使最初的"负价格经济"没能实现"整体利益更优"的预期愿望和效果，但是把它作为追求"整体利益更优"的一个风险控制机制（允许一定比例的负价格经济的最终亏损，然后由中期投资规划或长期投资规划来补亏），就可以彻底根除这个困境。由此可见，【整体更优经济】所潜藏的困境是一种借助制度机制便可以克服的困境。然而，【最大化经济】项下的"过度竞争"则是一种始终都无法克服的顽症。因此，从顽症或潜藏困境的视角来看，【整体更优经济】是一种远比【最大化经济】更优的经济模式。毕竟，【整体更优经济】的困境是可以借助制度安排的调节机制就能得到有效化解的。相比之下，【最大化经济】的过度竞争顽症却是无法借助制度安排的调节机制而得到必要治理的。当然，这也在一定程度上解释了为什么中国的市场体制会充满生机勃勃活力之背后潜藏巨大调节机制在其中的深层次奥秘之所在。因为，中国始终处于不断地合理制定和调整以及再制定和再调整自己整体利益目标的优化进程中，包括"负价格经济"所应承担的对"整体利益更优"贡献的社会进步中。只要这类调节机制是追求整体利益更优的，则这种安排就是有效率的。

所以，中国市场体制的正当性和先进性很可能是比西方经济学所主张的自由市场体制的正当性及先进性都更加显著和优胜的。其调节力度远胜于自由市场被假定的所谓自为性调节力度。除了在根除自身困境方面，即【整体更优经济】比【最大化经济】优胜之外，前者比后者更加优胜的其他方面还表现在如下：由于"负价格经济"的存在，所以使用和不使用以及在什么样的规模上使用"负价格经济"就成为衡量一个经济体之调节机制活跃度的重要标志。"调节机制"的作用在西方分析范式中始终被或主要被当作出现问题时如何恢复正常的一种机制，因此这是一种纠错机制。为此，我们特将所有用于恢复正常或纠正错误的调节机制，称之为【纠错型调节机制】。相比之下，引入"负价格经济"之后"调节机制"在大量情况下的含义是指："追求整体利益更优"的调节机制。为此，我们特把所有可以用于追求整体利益更优的调节机制，称之为【整体更优型调节机制】。

不难看出，一旦将市场体制的调节机制划分为【整体更优型调节机制】和【纠错型调节机制】这两大类，市场的功效就会呈现出两种有别的重大不同：正常且最优状态为均衡型的市场体制，和正常且最优状态为整体利益更优状态的市场体制。对前者而言，市场体制的最大能力或最大潜能就是实现均衡状态，进而自动实现最优结果。相比之下，对后者而言，市场体制的最大能力或最大潜能仅只确保"整体利益更优状态"的有效实现；因此，只要存在一个整体利益更优状态的新目标，相应的市场体制就会奋力去实现它，而无论均衡与否。毕竟，无论在微观层面上还是在宏观层面上，"均衡"都只不过是利益比较的三种状态之一而已。没有任何理由会比其他两种状态具有更加特殊的机制地位。事实上，在新古典分析范式下，"均衡状态"之所以被推崇至至高无上的地位，乃是因为瓦尔拉斯在构造由交换方程所构成的"联立方程组解"时所臆造出来的一种市场条件。缺失了这种条件，新古典范式关于市场运行机制的全称命题解就是无法生效的，进而瓦尔拉斯所主张的边际分析型市场就是无法在逻辑构造上成立的。所以，均衡与否对于瓦尔拉斯来说，根本就是可有可无的；但是，由全部交换方程构成的"联立方程组解"则是不能或缺的。给定如此，我们不难看出，在瓦尔拉斯当年的分析中，借由全部交换方程构成的"联立方程组解"的思想实际上更加准确地说就是后来被称之为"有效市场"的概念，而并不是"均衡市场"的概念。无论如何，由"所有成功型交换"以交换方程的名义所构成的联立方程组，怎么说也只能是"有效市场"而不可能直接就是"均衡市场"。果真如此，"均衡"的概念后来被与瓦尔拉斯关联在一起的缘起一定是新古典范式继承者们在进一步构造"完全自由竞争型市场"时添加进来的。因为，当或只有当"有效市场"引入完全自由竞争之后，有效市场才会在完全自由竞争的作用下趋于"供需均衡"或"MC = MR"的均衡。至此，"均衡"的概念才会浑然一体地出现在新古典集体的分析范式中。因此，把"均衡"当作市场最佳能力的最高体现，是新古典分析范式集体所犯的最大方法论错误之所在。因为，这种由马歇尔从"交换"中生硬剥离出来的"供需"概念本身就是根本不具有社会合理性和正当性的。因为，经由马歇尔所抽象出来的"供需关系"必须得在收入状况事先被给定的条件下才是有意义的。换言之，由马歇尔方法论所构造出来的"供需关系"或"供需型市场"，如果用来反映真实市场的话，那么它所反映出来的"真实供需型市场"最多仅只代表了当时给定社会状态下的社会真实收入状况。至于这种被反映出来的社会真实收入的状况是否合理以及正当性与否，就都是马歇尔方法论所无能为力的了。有鉴于此，借瓦尔拉斯的"有效市场"之潜在逻辑和概念，加上马歇尔的"供需型市场"所构造的"一般均衡状态"，难道当它实现时真的会具有社会的合理性和正当性吗？为此，我们特把借瓦尔拉斯的"有效市场"概念和马歇尔的"供需型市场"概念所推导出来的"一般均衡论市场"是根本不具有确定的合理性和正当性的原理，称之为【社会合理性及正当性的不确定性原理】。无疑，即使不排除"有效及供需型市场之一般均衡状态实现时所可能内辖的社会合理性及正当性"，但由于不能排除它的反面存在，所以，"一般均衡状态"所对应的社会合理性及正当性，即使有所谓的资源配置最优论作掩护，也是无法被认可和被接受的。

与经济学的西方分析范式潜藏【社会合理性及正当性的不确定性原理】相比，中国的市场体制所探索的广义经济学道路则显示出了更加明确的社会合理性和正当性。由于中国的市场体制是沿着"双轨整体制"的改革路径向前推进的，而且是沿着"先让一部分人富起来"的大政方针向前探索的，所以，中国在创建自身市场体制时根本没有沿着"有效及供需型市场之一般均衡原理"的理论指引来具体实施。相反，中国在 20 世纪 90 年代初期所制定的"双轨价格过渡体制"，直接导致了价格配置资源的局限性。即，由市场价格来配置资源和收入的制度探索只具有部分的社会合理性和正当性，而不具有可以代表整个社会全部的合理性及正当性。有鉴于此，由"市场正价格机制来配置资源和收入"的合理性及正当性，在"中国双轨整体制"的安排下，始终都是有缺陷和不完整的。为此，我们特把"中国双轨整体制"国情条件下，由"市场正价格机制来配置资源和收入"的合理性及正当性，始终都是有缺陷和不完整的原理，称之为【社会合理性及正当性的正价格市场原理】。但是，由于在中国的探索型市场体制下，受"双轨整体制"的实际约束，在中国经济中还有大量的"负价格经济"成分存在其中，因此，由它们所构成的社会合理性及正当性同样不可小觑。为此，我们特把"中国双轨整体制"国情条件下，由"市场负价格机制"来配置资源和收入的合理性及正当性，称之为【社会合理性及正当性的负价格市场原理】。换言之，只要【社会合理性及正当性的正价格市场原理】能正常发挥作用，即有经济增长产出，其社会合理性及正当性就是明确和有效率的。同时，只要【社会合理性及正当性的负价格市场原理】能正常发挥作用，即所对应整体利益之和最终是更优的，则其社会的合理性及正当性就是明确和有效率的。综上所述，中国市场体制的合理性及正当性，无论在正、反两个方面都被证明是具有显著先进性的。除此之外，中国市场体制的合理性及正当性不仅对中国市场体制和国情而言是先进和明确有效的，而且对世界各国都同样如此。因为，"负价格原理"和"负价格经济"在全世界是通用的。虽然"负价格经济"对"正价格经济市场体制"构成了一定的挑战，但两者追求"个体利润"的基本原理是不变的。

第十六章　论全球市场经济的新未来

　　传统市场导向型社会正面临全面解体的巨大挑战。西方文明所主导的"自由市场型社会"在世界范围内正遭遇越来越显著的困境。与之形成鲜明对比的是，中国沿着开放改革路线所探索的市场导向型社会却一枝独秀，呈现出骄人的业绩。但是，即使在效果上已呈现出令人羡慕的辉煌成果，西方社会对中国经济获得巨大成功背后的市场体制仍抱有强烈的偏见，以至于至今都不承认其市场体制的合理性。中国仍然被西方的狭义文明认定为系"非市场经济地位国家"。不无遗憾的是，中国获得巨大成功背后的市场体制正在越来越清晰地被揭示出系远比西方自由市场体制更加先进的市场体制。由此，整个世界体系都开始进入到新市场与旧市场展开对垒和博弈的态势之中。全球的市场经济都因此正迎来自己的新未来。在这场历史大趋势的转型中，新旧两种市场力量和政治力量的较量即将全面展开。建立在陈旧知识体系基础之上的旧观念和旧思想，正在与新知识和新观念以及新思想展开越来越无法回避的短兵相接。然而，由历史必然所支撑的新未来正如雨后春笋一般焕发出无限的生命新活力。"共赢型市场体制"正在全球范围内掀起一波又一波的市场经济新浪潮。伴随计划经济体制走向终结之后，自由市场经济体制也正在快速陷入解体之中走向必然的终结。

第一节　全球总失衡与全球总失衡大变局

当前，全球体系的第一困境就是国际收支失衡困境。曾在国际关系中承担着第一困境的"传统安全悖论困境"已经让位于"国际收支失衡困境"。国际收支失衡之所以是一种困境的根源就在于，它已经越来越无法得到有效的恢复。这种失衡的常态化正在改变着一切，包括正在改变着传统的"安全悖论"本身。那么，又为什么说"国际收支失衡困境"是全球体系的第一困境呢？因为，没有一种困境可以比它的影响力更加强大的改变着世界了。当以国家之间爆发战争为中轴的国际体系越来越向以治理全球事务为核心的全球体系演变时，影响全球所有资产负债表的"国际收支失衡困境"正在无形之中越来越占据人类生活事业的主旋律。

全球市场体制，无论在古典经济学的手里，还是在新古典经济学手里，都没能破解国际收支无法实现平衡的绝对困境。例如，2008年以美国次贷危机为标志的国际收支总失衡危机，就是因不同经济体之间无法实现国际收支平衡所导致的危机。为此，凯恩斯最早发现了在物价、汇率和国际收支平衡三者之间是无法同时获得稳定及平衡的。此困境就是后来学界俗称的"凯恩斯困境"。无独有偶，即使在使用单一货币的国民经济体之中，造成如此巨大危机的经济失衡也是没能幸免的。例如，19世纪所发生的、席卷整个欧洲大地、当年被马克思称为无产阶级革命运动的"总过剩危机"，和因1929年股灾所引发的大萧条，即凯恩斯所谓的"总需求不足危机"，就都可以属于"单一货币经济体的失衡危机"。因此，无论使用单一货币的国民经济还是使用多国货币的国际经济，都共同遭遇了"失衡危机"的挑战。因此，只要不能有效破解这种因"失衡"所造成的各种形式危机，市场体制本身就是一种"可靠性"极差的体制；因此它必须成为新范式经济学的首要议题来加以应对。否则，市场体系在仅只解决诸如"产出最大化"之类重大议题的同时，深埋的却是一颗威力无比的巨型定时炸弹。有鉴于此，全球市场体制，无论"单一货币型的"还是"多国货币型的"，就都是恐怖型市场体制。

　　那么，如何来破解市场体制所内生的这种到处都存在着失衡的机制呢？答案很可能就是广义经济学了。因为，建立在广义经济学之广义交换原理基础之上的广义市场已经是一个能够彻底规避"失衡机制"的先进市场体制了。在"广义市场体制"中，缘起于马歇尔的"供需均衡"不再是市场的最高境界之均衡了；同理，"MC = MR均衡"也同样不再如此了。相比之下，伴随市场主体从消费者和厂商向完整人的回归，市场主体在广义市场条件下已经越来越拥有在两种不同形式交换剩余之中需要做出选择的新型权力了，即参与广义市场的广义主体之权力。如此，单一货币之国民经济体项下的均衡议题，就不再是给定收入条件下的"效用组合无差异选择"了。此时，"收入条件"本身已被内置到广义市场体制之中了。果真如此，收入条件的社会合理性及正当性问题就不会再成为"市场的外部性治理议题"而与市场无关。相反，收入条件问题由此转变为是可由市场本身进行直接治理的了。即，市场的均衡机制本身是内置收入条件是否具备社会合理性的了。换句话说，即使初始给定的收入条件是存在重大社会不合理问题在其中的，但只要纳入广义市场体制之内，收入条件的社会不合理性就是可以获得改善的，而且是可以获得内生性改善的。从此，"收入条件的社会合理性"问题将不再游荡于市场体制之外而来兴风作浪。当收入条件之幽灵一旦得到有效的治理，任何单一货币之封闭体经济必定遭遇"供需失衡困境"的机制将不复存在。即，无论是马克思所谓的"生产总过剩危机"还是凯恩斯所谓的"总有效需求不足危机"都将从根本上失去因收入条件在市场外部所引发的无法实施调节的制度基础。当然，即使实施了广义市场的制度安排，从而使得包括"供需均衡"在内的均衡是可以调节的，倘若没有必要的政治意愿去从【整体更优型调节机制】的视角上进行调解的话，"供需失衡困境"很可能仍然会存在。毕竟，如果一种社会制度只允许【纠错型调节机制】存在，而不允许【整体更优型调节机制】存在的话，那么它是否愿意在具备调节"供需失衡"条件的情况下去实施这种调节就是另外一回事了。无论如何我们坚信：市场的理性是必定确保【整体更优型调节机制】和【纠错型调节机制】并存的。

　　如果说，单一货币封闭体经济项下的"失衡困境"可以得到有效破解的话，那么多国货币条件下的"失衡困境"是否也会随之自动获得破解呢？为此，广义经济学的答案是否定的。给定任何经济体，当其中使用的货币之不同种类的数目为 N > 1（N 为整数）时，只要两个货币之间的比例关系，要么实施官方确定的固定比例关系。要么实施自由浮动型市场定价的交换关系（相对价格关系），交换项下所必然会产生的交换剩余就都是无法避免的。于是，如何积累两种货币之间因存在着交换关系而导致的交换剩余就会成为一个全新的问题：到底是积累到货币 A 之中呢，还是积累到货币 B 之中呢？抑或既积累到货币 A 之中同时也积累到货币 B 之中？还是最后积累到货币 A 和 B 之外的第三方独立货币之中的一系列问题就会跑出来。为此，在广义货币的理论框架下，我们所主张的应对选择是：积累到货币 A 和 B 之外的第三方独立货币之中。换言之，给定全球经济，第一种治理失衡困境的途径是采取蒙代尔在其建议创建"欧元"时所采取的最优货币区理论，让全球最终仅只使用唯一的单一货币，例如地球币，这样一来所有多国货币条件下的失衡困境议题就都由"单一货币条件下的封闭经济体"之破解失衡的方法来破解了。当然，这种方法可以有效的前提是各国主权货币真的可以转变为单一形态的"地球货币"。那么，除了单一货币的破解方案之外，还有其他不同途径吗？即，如果给定的全球经济是存在不止一个货币在使用的话，就像当前现实中是存在着众多国家主权货币一样，那么，其失衡困境的破解又将如何呢？为此，根据广义经济学分析范式下的广义货币原理，当运行全球经济所使用的货币之数目超过一个以上时，解决失衡困境的有效途径就唯一地只能是将货币之间发生交换的交换剩余积累到所给定的 N 个不同货币之外的第 N + 1 个之独立货币中去。如此一来，当前全球经济所遭遇的总失衡困境就从根本上获得了破解。之所以能够有效破解它的根源就在于，人类当前的全球经济是建立在【N + 0 货币体系】之上的（其中的 N 代表所使用的国家主权货币的数目，且 N 远大于 1）。而这个【N + 0 货币体系】是没有平衡解的。如果想要有的话，那就必须得从"全球 N + 0 货币体系"转变到"全球 N + 1 货币体系"。

第二节　世界西方市场体系与全球广义市场体系

世界范围内的市场体制沿着西方文明的路径很可能已经走到了尽头，已经不得不重新看待自己的现状与未来。事实上，今日世界无论愿意与否都已经来到了面对两种不同市场体制必须做出选择的新现实面前。这种新现实就是：是继续选择西方主张的自由市场体制呢，还是需要冷静面对中国在市场道路上已取得辉煌成就之后再做出决断？显然，两大基础原理有别的市场体制已经清晰无比地呈现在整个世界的面前，并且两者之间的优劣对比也已经可以有实证案例为证了。两者之间的先进性，就算有政治制度和政治遗产的实际约束也已经可以分出胜负或高低了。亦即，政治本身并非就是不具有可再度进步的发展空间了。因此，无论面对西方政治还是面对中国政治，存在同时超越它们更加先进政治的可能性是不能够被拒绝的。无论如何，在西方发展其市场体制的进程中，世界体系本身是处于被发现、被理解和被完善的过程。在这个过程中，或者说从西方述说自己发现新世界以降，世界本身是被当作外部存在来发展各国的财富事业的。但是，伴随 21 世纪的到来，这个前提已经荡然无存。从大气治理的人类共同命运事业开始，原来大量以"外部性名义存在的世界"现在都已经转化为全球体系项下的被治理对象了。人类经济事业的边界已经今非昔比。一言以蔽之，人类的经济事业在之前的世界体系下是存在外部性的。资源的使用是存在外部性的；市场的规模是存在外部性的。经济事业的负效应部分是可以自动被外部存在所无偿消化掉的。最典型的就是殖民贸易体系。所以，西方市场体制的发展是在上述这些条件都实际存在且被其理论自动假定存在而成为可能的。相比之下，人类进入 21 世纪的经济事业恐怕就再也不能在梦想可以继续免费享用"外部性存在"的基础上选择相应的制度原理和制度设计了。假定如此，我们人类全体就必须得放弃具有外部性假定的世界体系，而转向以"零外部性全球体系"来作为建构新范式经济学的前提假定。唯如此，我们当下所选择的市场体制和道路才有可能引领整个人类走向可实现全球治理的最光明未来。有鉴于此，世界体系和全球体系之间是存在如此重大的范式方法论和原则之间的巨大差别的。即，西方市场体制是建立在具有外部性假定的世界体系之上的；而广义市场体制则是建立在零外部性假定之全球体系之上的。因此，经济学已经不再仅只简单地是关于人类财富事业的理论追求了。相反，广义经济学的新范式已经赋予经济学以关注和捍卫人类共同命运的新使命为己任。全球治理已经远远超越了人类的财富事业，而是包括大气治理、海洋酸化、土壤沙化、资源枯竭化、能源结构可持续化和破解恐怖主义根源，以及世界各派宗教大融合、国际关系之安全悖论可化解等重大议题均在其中的全球治理。总之，新范式经济学，加上新范式市场体制，因此必须是能够兼容上述全球治理追求在其中的经济学。亦即，新范式经济学必须是以全球治理为核心的经济学。否则，这些问题和议题的存在就会游荡于有效制度安排之外而兴风作浪。因此，在西方自由市场体制和以中国市场体制为代表的广义市场体制之间，如何做出选择的问题就再也不仅只是关于国家财富治理或社会繁荣的国家主义经济学之传统标准了。相反，在历史的变迁中它已经演变为系必须关注人类共同命运的人类经济学了。是国家财富主义经济学，还是人类共同命运经济学，已经像一面明亮的巨镜照在了两种不同经济学的分析范式身上。狭隘又极其狭义的西方经济学时代已经终结。积极关注和积极面向人类共同命运议题的广义经济学时代正在到来。以加总和驱动个体利益为实现社会普遍繁荣之唯一路径的西方经济学，不仅在历史上不自觉地就假定了外部效应的被使用机制；更重要的是，其构建市场的逻辑原理和理论基础必然会导致它推导出"世界体系在最高层面上是无政府状态的"。所以，必然的混乱在西方经济学的分析范式中是内生性的。因此，建立在西方经济学基础之上的西方市场体制是根本无法确保这种市场的最终状态是稳定的，而不是混乱状态的。无论如何，世界体系在最高层面上的"无政府状态"是西方经济学所遵循的内生假定和前提。那么，在"世界无政府状态"前提下，全球治理体系的可能性路径就只有借助国家之间的多边协商体制方可推进，除此之外就没有更有效率的其他路径了吗？

第三节 全球广义市场体系与全球共赢治理新未来

全球市场体制的新未来一定是能够为全体人类共赢服务的市场体制。但是，这种新未来却无法以现有的西方经济学为基础来最终获得实现。那么，为什么如此呢？或一定会如此吗？答案是肯定的。因为以一般均衡论为标志的西方自由市场体制与广义市场体制之间的重大差别之一系体现为"边际量交换"和"全量交换"之间的差别。这种差别的重大含义就在于，边际分析范式项下的边际交换是一定需要假定"边际效用"和"边际收益"为边际递减的，否则边际交换就是不可能的。亦即，一旦离开"边际递减律"的假定，整个新古典范式的分析体系就会自动解体。所以，通过新古典经济学所能看到的经济世界乃是一个纯粹的一切利益都系边际递减的世界。只要地球上所存在的资源在各自类别的总量上不会有增减的变化，那么，人与人之间的交换事业就只能是按照边际递减律所界定出的价值进行等价交换的；否则，交换就只能按照双边当事人的效用原则来进行或获得实现。然而，在真实世界里交换已经在大范围内可以按边际递增法则或原理进行了。例如，开发出的软件在销售一定数量且已经完全收回开发成本之后，如果再销售的话，则成本部分只会是边际递减的，相应的其边际收益则是递增的。所以，经济学的不同分析范式之间实际上是潜藏着不同的世界资源观和世界财富观以及人类对自身需求认知的需求观的。在西方经济学的范式看来，人类面对的整个经济世界都是资源稀缺，并且人类的需求又都被假定是边际效用递减的。与之相反，在广义的经济学分析范式看来，世界的经济资源既不是稀缺的，且人类的需求也绝不仅只局限于纯粹的生理需求。反倒是，经济的知识资源可以说是无限的。例如，一个人使用自然语言是从来不会影响其他人使用的。不仅如此，一个人无论怎么使用数量过多的自然语言也都不会影响其他人的更多使用，同时也不会影响数量无限多的其他人同时使用和更多使用。换言之，自然语言作为经济资源就绝对不是稀缺的。所以当知识作为经济资源时，西方的资源稀缺论就显得格外狭义，而且越来越不符合人类当前正在朝着知识经济快速演进的发展大趋势。所以，资源稀缺论的经济世界观是西方范式必须被彻底超越的一个极其重要的理由。除此之外，西方经济学把人的需求仅只假定并因此局限在狭隘的纯生理需求范畴是它的另一致命的世界观假定。亦即，人类物种超越其他生命物种的最大区别就在于，人类个体不仅具有普通物种所具有的纯生理性需求，而且还同时具有生理需求之外的精神层面的无限制需求。为此，我们特把假定世界经济资源仅为稀缺资源，且人类物种的需求仅为纯生理需求的经济世界观，称之为【稀缺资源及生理需求论的经济世界观】。相比之下，我们特把假定世界的经济资源不仅有稀缺性且有非稀缺性的，同时人类物种的需求不仅有纯生理型的还有精神境界无限型的经济世界观，称之为【全域资源及双类型需求论的经济世界观】。给定如此，我们就会清晰地发现，西方经济学已经越来越无法面对知识已成为资源的新现实。在其分析范式的假定中所潜藏的经济世界观因此已经显著过时了。当然，对比之后我们可以同时发现的是：经济学的广义分析范式所内置的经济世界观毫无疑问就是【全域资源及双类型需求论的经济世界观】。因此，广义经济学所能面对和处理的世界乃是绝对逼近新现实的经济学。给定如此，经济学的两种不同范式之间的巨大差异性才被揭示出其庐山真面目：存不存在关于知识作为经济资源的认定和人类物种对物质形态以外之知识的需求，决定了经济学的两种范式之间的优劣性和先进性与否。显然，否定者已经明显落后于我们的时代；而肯定者才能与我们的时代同行。毋庸置疑，也只有肯定者，才能引领人类的全球一体化社会走向共赢市场所必将达到的人类共赢社会。人类物种的文明仅有国家治理和国家之间关系的国际治理体系已经远远不足矣。大量全球性的治理议题仅靠超越了单边和双边关系之后的多边治理体系已经是效力和效率都有限的了。因此，人类的美好明天越来越需要整体治理体系的全面崛起。即比国际多边治理体系更加重要的是全球整体治理体系。在全球一体化治理体系下，人类追求共赢文明新未来第一次成为了可能。这种可能性的保证就是来源于广义经济学在全球化事业中所主张和倡导的全球广义市场体制。

第四节　世界和平与人类共赢

人类社会只有世界和平是远不够的。世界和平是地球人类的文明底线。没有世界和平是万万不行的，但只有世界和平也是远远不够的。为此，还必须要有比世界和平更加高远的人类共赢。只有同时追求世界和平及人类共赢，地球家园才是最完美的。尤其缔造和平，在人类历史上从来都是由武力才能完成的。战争胜负后所缔造的和平是历史进程中远比 1648 年欧洲三十年宗教战争陷入僵持的无胜负状态之后所达成的"威斯特伐利亚和约"要多得多。当然，彻底扭转了战争状态远远多于和平状态历史大格局的是"二战"后缔造的联合国安理会机制。由安理会体制作为意在克服国际主权自为体系所内生的"安全悖论"困境，已经成功地捍卫了世界在其整体范畴内已有 71 年没有发生世界级的战争了。为此，不得不承认，安理会的集体安全机制确实在一定意义和程度上有效克服了之前各国自卫型均势安全机制所能带来的和平硕果。因此，继"一战"之后由当时美国威尔逊总统所提出的"威尔逊十四点宣言"力争创建"国联"而遭搁浅后，再由罗斯福总统在"二战"即将结束之际所提出的"联合国"主张，最终有效创建的联合国体系现在被证明是成功的。因此，美国确实主导了人类历史上第一个世界范围内的"和平体系"，一个经历第二次世界大战洗礼之后所缔造出的"联合国安理会集体安全体制"，即现在俗称的"世界和平体系"。这一伟大成就的贡献毋庸置疑。但是，美国制式下的世界和平体系，虽然确保了和平成果，但却无意去解决比"世界和平"作为最高宗旨更加高尚和高远的"人类共赢事业"。从武力制式下的和平到武力威慑制式下和平的转换，在美国人看来已经贡献巨大无比了；因此既无心也无力再去追求"人类共赢"的更高境界了。恐怖主义和极端主义思潮越来越盛行的根源恰好证明了由美国主导的世界和平体系是存在越来越显著的重大缺陷在其中的。不难看出，恐怖主义等是无法借助世界和平体系来根除掉的。相反，只有追求比世界和平体系更加高远的人类共赢体系，包括根除恐怖主义在内的、等效于世界有政府状态的人类最先进的文明才会到来。假定世界是无政府状态的全球治理，明显是虚假的。任何全球治理都必须把欲将世界无政府状态继续交由国家自由主义来任意我行我素的主张踩在脚下。传统的个体自由主义和传统的国家自由主义一脉相承，必须被更加先进的新新自由主义所超越。更加先进的市场体制不是不要个体自由，相反，个体自由在新范式的市场体制中，将比传统的自由市场体制所赋予的自由权利更加自由。毕竟，自由市场体制项下的自由是由经济学家自我创造垄断后所恩赐的自由，从来都不是个体首先回归完整权力人之后的自我主动主张的自由。一个人到底想拥有哈耶克制式自由或奥地利学派式自由抑或自由主义者所主张的自由呢，还是想拥有自我主体性自由？这些问题已经越来越无法回避地摆在了人类共同命运的面前。我们要自由，但是我们同时还要能够创造整体利益更大化的利他型机构，例如政府，甚至是世界政府。因为，关注并全力施职人类共同命运的全球治理是不可能从仅只或主要关注私利最大化的个体追求事业中自动或经由加总就能获得的。必须建构能够有效落实全球治理的利他型世界组织或全球性组织是最大化创建全球公共品的唯一必由之路。公共品，尤其是全球公共品，在西方经济学的范式分析中一直处于边缘化，甚至被刻意边缘化的位置上。西方的文明由于把私利和追求私利的权力放置在至高无上的位置上，所以在无形之中就假定了公共品地位的附属性。像政府的存在被假定为纯系成本导向型的一样，所有其他形态的公共品就更加无法逃脱这种成本导向型的命运了。因此，包括政府在内的一切公共品就都仅只是出于节约成本的考量才被创造并允许存在下来的；否则的话，无一例外地也都任由私有产权来加以替代了。为此，我们特把一个社会的公共品均出于节约成本的考量才会存在下来的原理，称之为【成本型公共品原理】。因此，西方经济学范式下的公共品很可能或无一例外都是"成本型公共品"。由于公共品是在这种成本型原理下被构造的，所以，西方文明和其经济学都无法想象或愿意假定，在"成本型公共品"之外实际上还真实存在有"价值型公共品"。例如，自然语言就是最典型的"价值型公共品"。再有，互联网、地铁、消防队、军队、国家机构等。

假定如此，即一旦假定存在"价值型公共品"，如何建造"价值型公共品"的问题就会随之呈现出来。由此而来的就是能够有效创造或提供"价值型公共品"之利他型机构或利整体利益型机构的合理性存在。换言之，全球治理机构必须是能够创造"价值型全球公共品"的机构。唯如此，超越当前国际治理体系的全球治理体系才是最终可能的。亦即，最终彻底超越西方范式的"世界无政府状态"之"人类共赢状态"作为全球治理的最高公共品才是可能的。换句话说，只要缺失意在替代"世界无政府状态"的全球治理之价值型公共品的追求目标，像中国打造小康社会和全面建成小康社会一样的整体利益追求，全球治理就会在原地打转转，就会裹足不前，缺乏前进的效率。相反，一旦全球治理被赋予了可以超越"世界无政府状态"的西方文明对世界体系的构造约束，一系列的全球治理公共品就会破土而出、蓄势待发。人类正在步入公共品需求逐渐大于私利品需求的全新时代。与私利品所对应的所有权经济相比，公共品所对应的分享权经济正在向我们快速走来。无论如何，所有权经济在整体经济中所占有的比例正在从绝对大比例份额向越来越小的份额转变。即所有权经济与分享权经济相比正从远远大于 1 的状态向越来越接近 1 的状态转变。其发展的大趋势很可能最终是越来越小于 1。这种所有权经济与分享权经济之间的互动发展趋势正在成为历史必然。认清与否这一人类历史发展的重大趋势，是当前世界精英到底该如何看破全球治理背后潜藏文明较量的关键之所在。毋庸置疑，基于国家自由主义所建构的世界和平主张及其制度体系，是绝对必要的；但是仅只建构这种世界无政府状态下的世界和平体系，其本质不可能不是"武力和武力威慑制式下的世界和平体系"。其代价无疑就是当今盛行于世界多国之中的全球恐怖主义。世界无政府式的世界和平体系必然滋生全球恐怖主义。当且仅当世界和平与人类共赢同时被追求时，倡导并捍卫这种追求的全球治理体系才能彻底根除包括恐怖主义在内的所有需要在全球整体层面上加以治理的，关乎人类共同命运的困境与新挑战。比自由与民主之国家主义文明更加先进的人类共同文明，是同时追求世界和平与人类共赢的全球一体化治理文明。

文献及参考资料索引

〔英〕A·C·庇古（著），《福利经济学》，商务印书馆 1920 年版。

〔英〕阿尔弗里德·马歇尔（著），《经济学原理》，商务印书馆 1981 年版。

〔法〕奥古斯丹·古诺（著），《财富理论的数学原理的研究》，商务印书馆 1999 年版。

〔美〕伯南克（著），《大萧条》，普林斯顿大学出版社 2000 年版。

陈东野（著、译），《配第经济著作选集》，商务印书馆 1981 年版。

邓小平：《解放思想，实事求是，团结一致向前看》，1978 年 12 月；

〔美〕冯·纽曼、奥斯卡·摩根斯坦（著），《博弈论与经济行为》，三联出版社 2004 年版。

〔奥〕弗·冯·维塞尔（著），《自然价值》，商务印书馆 1997 年版。

〔德〕弗里德里希·李斯特（著），《政治经济学的国民体系》，商务印书馆 1983 年版。

高铁见闻（著），《高铁风云录》，湖南文艺出版社 2015 年版。

〔美〕J·A·熊彼特（著），《从马克思到凯恩斯》，江苏人民出版社 2003 年版。

〔美〕吉拉德·德布鲁（著），《价值理论：对经济均衡的公理分析》，机械工业出版社 2015 年版。

［德］卡尔·马克思、［德］弗里德里希·恩格斯（著），《共产党宣言》，人民出版社 2014 年版。

［奥］卡尔·门格尔（著），《国民经济学原理》，上海人民出版社 1871 年版。

［美］康芒斯（著），《制度经济学》，商务印书馆 1997 年版。

［美］克拉克（著），《财富的分配》，商务印书馆 1997 年版。

［英］莱昂内尔·罗宾斯（著），《经济科学的性质和意义》，商务印书馆 2001 年版。

［法］莱昂·瓦尔拉斯（著），《纯粹经济学要义》，商务印书馆 1997 年版。

［英］罗素（著），《数理哲学导论》，商务印书馆 1982 年版。

马国书：《全球独立货币》，中国社会科学出版社 2009 年版。

［英］马歇尔（著），《货币、信用与商业》，商务印书馆 1996 年版。

［美］美国《1930 年关税法》。

［加］蒙代尔（著），《蒙代尔经济学文集》，中国金融出版社 2003 年版。

［英］乔治·拉姆塞（著），《论财富的分配》，商务印书馆 1997 年版。

［英］琼·罗宾逊、约翰·伊特韦尔（著），《现代经济学导论》，商务印书馆 1997 年版。

［法］萨伊（著），《政治经济学概论》，商务印书馆 1997 年版。

［德］威廉·罗雪尔（著），《历史方法的国民经济学讲义大纲》，商务印书馆 1997 年版。

［英］西尼尔（著），《政治经济学大纲》，商务印书馆 1997 年版。

［瑞士］西斯蒙（著），《政治经济学研究》，商务印书馆 1997 年版。

［英］亚当·斯密（著），《国民财富的性质和原因的研究》，商务印书馆 1996 年版。

［古希腊］亚里士多德（著），《政治学》，商务印书馆 2013 年版。

晏智杰（著），《经济学中的边际注意》，北京大学出版社 1987年版。

叶秋华、王云霞（著），《欧盟反倾销法的历史与现状》，《中国人民大学学报》2012 年。

［英］伊丽莎白·拉蒙德（编），《论英国本土的公共福利》，商务印书馆 1997 年版。

［英］约翰·罗（著），《论货币和贸易》，商务印书馆 1997 年版。

［英］约翰·希克斯（著），《经济史理论》，商务印书馆 1999年版。

［美］约瑟夫·熊彼特（著），《经济发展理论》，商务印书馆 1997年版。

［美］约瑟夫·熊彼特（著），《资本主义、社会主义与民主》，商务印书馆 1999 年版。

［美］詹姆斯·W·汤普逊（著），《中世纪经济社会史》，商务印书馆 1983 年版。

［美］詹姆斯·W·汤普逊（著），《中世纪晚期欧洲经济社会史》，商务印书馆 1992 年版。

朱兆敏（著），《论中国在 WTO 框架下市场经济地位的自然取得》。

第二部分

Allen, W. R. "Modern Defenders of Mercantilist Theory." *History of Political Economy* 2.2 (Fall 1970): 381 – 397.

Anderson, James. *An Enquiry into the Nature of Corn Laws*. Edinburgh: Printed by and for Mrs. Mundell, Old Excise-Office, Cowgate, 1777.

Anderson, M. D. "Marginal Productivity versus Classical Rent." *Southern Economic Journal* 4.1 (July 1937): 38 – 53.

Arrow, K. J. "The Economic Implications of Learning by Doing." *Review of Economic Studies* 29. 3 (June 1962): 155 – 173.

Aschheim, Joseph, and G. S. Tavlas. "Review: Monetary Economics in Doctrinal Perspective." *Journal of Money, Credit and Banking* 28. 3. 1 (Aug. 1996): 406 – 417.

Ashley, W. J. "Aristotle's Doctrine of Barter." *Quarterly Journal of Economics* 9. 3 (Apr. 1895): 333 – 342.

Banerjee, A. V. , and E. S. Maskin. "A Walrasian Theory of Money and Barter." *Quarterly Journal of Economics* 111. 4 (Nov. 1996): 955 – 1005.

Barbon, Nicholas. *A Discourse of Trade*, 1690. Ed. J. H. Hollander. Baltimore: Lord Baltimore Press, 1905.

Battalio, R. C. , J. H. Kagel, Howard Rachlin, and Leonard Green. "Commodity-Choice Behavior with Pigeons as Subjects." *Journal of Political Economy* 89. 1 (Feb. 1981): 67 – 91.

Bentham, Jeremy. *An Introduction to the Principles of Moralsand Legislation*. London: Clarendon Press, 1907.

Blanchette, Jude. "Anderson, Hazlitt, and the Quantity Theory of Money." *Journal of Libertarian Studies* 19. 1 (Winter 2005): 25 – 36.

Brakman, Steven, and B. J. Heijdra, eds. *The Monopolistic Competition Revolution in Retrospect*. Cambridge: Cambridge University Press, 2004.

Caballero, R. J. "A Fallacy of Composition." *American Economic Review* 82. 5 (Dec. 1992): 1279 – 1292.

Canale, R. R. "Microfoundations of Macroeconomics—Post-Keynesian Contributions on the Theory of the Firm." *Munich Personal RePEc Archive Paper* 2713 (7 Nov. 2007).

Cantillon, Richard. *Essay on the Nature of Commerce in General*, 1730. Trans. Henry Higgs. New Brunswick: Transaction Publishers, 2001.

Chakraborty, Debesh. "Review: Marx's Theory of Money." *Social*

Scientist 8. 2 （Sept. 1979）： 59 – 61.

Chapman, Anne. "Barter as a Universal Mode of Exchange." *L'Homme* 20. 3 （July-Sept. 1980）： 33 – 83.

Cheal, D. J. *The Gift Economy*. New York： Routledge, 1988.

Child, Josiah. *Brief Observations Concerning Trade and Interest of Money*. London： Printed for Elizabeth Calvert at the Black-spread Eagle in Barbican, and Henry Mortlock at the Sign of the White-Heart in Westminster Hall, 1668.

Clapham, J. H. "Of Empty Economic Boxes." *Economic Journal* 32. 127 （Sept. 1922）： 305 – 314.

Coase, R. H. "The Nature of the Firm." *Economica* （*New Series*） 4. 16 （Nov. 1937）： 386 – 405.

Coke, Roger. *A Discourse of Trade*. London： Printed for H. Brome, at the Gun near the West-Endof St. Pauls, and R. Horne at the South Entrance of the Royal Exchange, 1670.

Copernicus, Nicolaus. "Memorandum on Monetary Policy." 1517.

Cournot, Augustin. *Researches into the Mathematical Principles of the Theory of Wealth*. New York： The Macmillan Company, 1897.

Cunningham, William. *Growth of English Industry and Commerce*. Cambridge： Cambridge University Press, 1905.

Cuthbertson, Keith. "Microfoundations and the Demand for Money." *Economic Journal* 107. 443 （July 1997）： 1186 – 1201.

Dalton, George. "Barter." *Journal of Economic Issues* 16. 1 （Mar. 1982）： 181 – 190.

Davanzati, Bernardo. *A Discourse Upon Coins*, 1588. Trans. John Toland. London： Printed by J. D. for Awnsham and John Churchil at the Black Swan in Pater-Noster-Row, 1696.

D'Avenant, Charles. *Essay on the Probable Means of Making a People Gainers in the Balance of Trade*. London, 1699.

Debreu, Gérard, and Arrow, Kenneth J. *Landmark Papers in General Equilibrium Theory*, *Social Choice and Welfare*. Cheltenham: Edward Elgar Publishing, 2001.

Dickson, Harald. "Marginal Cost and Marginal Revenue in Elementary Treatment of the Problem of Profit Maximization." *Swedish Journal of Economics* 71. 2 (June 1969): 127 – 131.

Dillard, Dudley. "The Barter Illusion in Classical and Neoclassical Economics." *Eastern Economic Journal* 14. 4 (Oct. -Dec. 1988): 299 – 318.

Downey, E. H. "The Futility of Marginal Utility." *Journal of Political Economy* 18. 4 (Apr. 1910): 253 – 368.

Edgeworth, F. Y. "Contributions to the Theory of Railway Rates." *Economic Journal* 21. 83 (Sept. 1911): 346 – 370.
. ember 1911): 551 – 371.

Edgeworth, F. Y. "Contributions to the Theory of Railway Rates—III." *Economic Journal* 22. 86 (June 1912): 198 – 218.

Edgeworth, F. Y. "Contributions to the Theory of Railway Rates—IV." *Economic Journal* 23. 90 (June 1913): 206 – 226.

Ekelund, Robert B. Jr., and Hulett, Joe R. "Joint Supply, the Taussig-Pigou Controversy, and the Competitive Provision of Public Goods," *Journal of Law and Economics* 16. 2 (1973): Article 10.

Enke, Stephen. "On Maximizing Profits: A Distinction between Chamberlin and Robinson." *American Economic Review* 41. 4 (Sept. 1951): 566 – 578.

Fellner, William. "Review: Patinkin's Integration of Monetary and Value Theory." *American Economic Review* 46. 5 (Dec. 1956): 947 – 955.

Fisher, Irving. *The Purchasing Power of Money: Its Determination and Relation to Credit, Interest and Crises*. 1911, New York: Macmillan, 1922.

Fodor, J. A. "Special Sciences (Or: The Disunity of Science as a Working Hypothesis)." *Synthese* 28. 2 (Oct. 1974): 97 – 115.

Foley, D. K. "On Marx's Theory of Money." *Social Concept* 1. 1 (1983): 5 – 19.

Friedman, Milton. "Demand for Money." *Proceedings of the American Philosophical Society* 105. 3 (27 June 1961): 259 – 264.

Friedman, Milton. "The Methodology of Positive Economics." *Essays in Positive Economics*. Chicago: University of Chicago Press, 1966. 3 – 16, 30 – 43.

Friedman, Milton. *A Monetary History of the United States*, 1867 – 1960. Princeton: Princeton University Press, 1963.

Gervaise, Isaac. *The System or Theory of the Trade of the World*, 1720. Baltimore: Johns Hopkins Press, 1954.

Goldfeld, S. M., D. I. Fand, and W. C. Brainard. "The Case of the Missing Money." *Brookings Papers on Economic Activity* 1976. 3 (1976): 683 – 739.

Gordon, D. B., and E. M. Leeper. "The Price Level, the Quantity Theory of Money, and the Fiscal Theory of the Price Level." *National Bureau of Economic Research Working Paper Series* 9084 (July 2002).

Gordon, R. A. "Short-Period Price Determination in Theory and Practice." *American Economic Review* 38. 3 (June 1948): 265 – 288.

Gould, J. D. "The Trade Crisis of the Early 1620's and English Economic Thought." *Journal of Economic History* 15. 2 (June 1955): 121 – 133.

Gould, J. D. "The Trade Depression of the Early 1620's." *Economic History Review* (*New Series*) 7. 1 (1954): 81 – 90.

Grampp, W. D. *Mercantilism and Laissez-Faire in American Political Discussion* 1787 – 1829. Chicago: University of Chicago, 1944.

Graunt, John. *Natural and Political Observations Made Upon Bills of Mortality*. London: the Royal Society, 1662.

Hall, R. L., and C. J. Hitch. "Price Theory and Business Behavior."

Oxford Economic Papers 2 (May 1939): 12 – 45.

Harbeson, R. W. "A Critique of Marginal Cost Pricing." *Land Economics* 31.1 (Feb. 1955): 54 – 74.

Hazell, A. P. "Two Typical Theories of Money: The Quantity Theory of Money from the Marxist Standpoint." *Journal of Political Economy* 7.1 (Dec. 1898): 78 – 85.

Heckscher, E. F. "Multilateralism, Baltic Trade, and the Mercantilists." *Economic History Review (New Series)* 3.2 (1950): 219 – 228.

Heckscher, E. F. *Mercantilism*. London: George Allen & Unwin Ltd., 1935.

Hicks, J. R. "A Suggestion for Simplifying the Theory of Money." *Economica* 2.5 (Feb. 1935): 1 – 19.

Hicks, J. R. "Review [Untitled]." *Economic Journal* 80.319 (Sept. 1970): 669 – 72.

Hicks, J. R. "Review [Untitled]." *Journal of Economic Literature* 17.4 (Dec. 1979): 1451 – 1454.

Hicks, J. R. *A Theory of Economic History*. Oxford: Oxford University Press, 1969.

Hinton, R. W. K. "The Mercantile System in the Time of Thomas Mun." *Economic History Review (New Series)* 7.3 (1955): 277 – 290.

Hollander, Samuel. *Classical Economics*. Oxford: Blackwell Publishers, 1987.

Horwitz, Steven. *Microfoundations and Macroeconomics*. London: Routledge, 2000.

Hsiao, J. C. "The Theory of Share Tenancy Revisited." *Journal of Political Economy* 83.5 (Oct. 1975): 1023 – 1032.

Hume, David. *Essays, Moral, Political, and Literary*, 1742. Indianapolis, IN: Liberty Fund, Inc., 1987.

Humphrey, Caroline, and Stephen Hugh-Jones, eds. *Barter, Ex-*

change and Value: *An Anthropological Approach*. Cambridge: Cambridge U-niversity Press, 1992.

Humphrey, Caroline. "Barter and Economic Disintegration." *Man* (*New Series*) 20. 1 (Mar. 1985): 48 –72.

Humphrey, T. M. "Alfred Marshall and the Quantity Theory of Money." *Federal Reserve Bank of Richmond Working Paper Series* 4. 10 (Dec. 2004).

Hutchison, T. W. *Before Adam Smith*: *The Emergence of Political Economy*, 1662 –1776. Oxford: Blackwell Publishers, 1988.

Janssen, Maarten. "Microfoundations." *Tinbergen Institute Discussion Papers* 2006 –041/1.

Jevons, W. S. *The Theory of Political Economy*, 1871. New York: Sentry Press, 1957.

Johnson, E. A. J. *Predecessors of Adam Smith*. New York: Augustus M Kelley Publishers, 1937.

Kaldor, Nicholas. "Professor Chamberlin on Monopolistic and Imperfect Competition." *Quarterly Journal of Economics* 52. 3 (May 1938): 513 –529.

Kaldor, Nicholas. "The Equilibrium of the Firm." *Economic Journal* 44. 173 (Mar. 1934): 60 –76.

Katzner, D. W. "Profit Maximization and the Japanese Firm: A Reply to Coffey and Tomlinson." *Journal of Post Keynesian Economics* 26. 4 (Summer 2004): 745 –750.

Kelliher, M. A. (1996). "Mercantilism Reappraised." *Student Econ Review*, 1996.

Keynes, J. M. *A Treatise on Money*. Brooklyn, NY: AMS Press, 1976.

Keynes, J. M. *The General Theory of Employment, Interest, and Money*, 1936. Amherst: Prometheus Books, 1997.

King, Gregory. *A Scheme of the Rates and Duties Granted to His Majesty upon Marriages*, *Births and Burials*. London: printed by Charles Bill, and the executrix of Thomas Newcomb deceased, printers to the Kings most excellent Majesty, MDCXCV, 1695.

Kittrell, E. R. "Wakefield and Classical Rent Theory." *American Journal of Economics and Sociology* 25.2 (Apr. 1966): 141 – 152.

Klein, L. R. "Macroeconomics and the Theory of Rational Behavior." *Econometrica* 14.2 (Apr. 1946): 93 – 108.

Klein, L. R. "Remarks on the Theory of Aggregation." *Econometrica* 14.4 (Oct. 1946): 303 – 312.

Knight, Frank. *Risk, Uncertainty, and Profit*. New York: Dover Publications, 2006.

Kohn, Meir, and Girol Karacaoglu. "Aggregation and the Microfoundations of the Monetary Approach to the Balance of Payments." *Canadian Journal of Economics* 22.2 (May 1989): 290 – 309.

Lackman, C. L. "The Classical Base of Modern Rent Theory." *American Journal of Economics and Sociology* 35.3 (July 1976): 287 – 300.

Lackman, C. L. "The Modern Development of Classical Rent Theory." *American Journal of Economics and Sociology* 36.1 (Jan. 1977): 51 – 63.

Laidler, David. "Notes on the Microfoundations of Monetary Economics." *Economic Journal* 107.443 (July 1997): 1213 – 1223.

Lester, R. A. "Marginalism, Minimum Wages, and Labor Markets." *American Economic Review* 37.1 (Mar. 1947): 135 – 148.

Lester, R. A. "Shortcomings of Marginal Analysis for Wage-Employment Problems." *American Economic Review* 36.1 (Mar. 1946): 63 – 82.

Letwin, William. *The Origins of Scientific Economics*. London: Routledge, 1966.

Machlup, Fritz. "Marginal Analysis and Empirical Research." *American Economic Review* 36.4 (Sept. 1946): 519 – 554.

Machlup, Fritz. "Rejoinder to an Antimarginalist." *American Econom-*

ic Review 37. 1 （Mar. 1947）: 148 – 54.

Machlup, Fritz. "Theories of the Firm: Marginalist, Behavioral, Managerial." *American Economic Review* 57. 1 （Mar. 1967）: 1 – 33.

Magnusson, Lars. *Mercantilism: Shaping of an Economic Language.* London: Psychology Press and Routledge, 1994.

Malynes, Gerard de. *The Maintenance of Free Trade.* London: I. L. for William Shefford, 1622.

Marshall, Alfred. "On Rent." *Economic Journal* 3. 9 （Mar. 1893）: 74 – 90.

Marshall, Alfred. *Principles of Economics.* 1890, London: Macmillan and Co. , 1920.

Marx, Karl. *Capital: A Critique of Political Economy, Vol. I – The Process of Capitalist Production*, 1867. Chicago: Charles H. Kerr and Co. , 1906.

McFarling, B. R. "A Post Keynesian Appreciation of 'A Reconstruction of Economics." *Journal of Post Keynesian Economics* 24. 4 （Summer 2002）: 643 – 656.

Menger, Carl. *Principles of Economics.* Auburn, AL: Ludwig von Mises Institute, 2007.

Mill, John S. *Principles of Political Economy.* 1848, London: Longmans, Green and Co. , 1909.

Miller, H. E. "Utility Curves, Total Utility, and Consumer's Surplus." *Quarterly Journal of Economics* 41. 2 （Feb. 1927）: 292 – 316.

Misselden, Edward. *Free Trade, or the Means to Make Trade Flourish.* London, 1622.

Moseley, Fred. *Marx's Theory of Money.* New York: Palgrave, 2005.

Moss, Scott. "Policy Analysis from First Principles." *Proceedings of the National Academy of Sciences of the United States of America* 99. 10. 3 （14 May 2002）: 7267 – 7274.

Moss, Scott. "The History of the Theory of the Firm from Marshall to Robinson and Chamberlin: The Source of Positivism in Economics." *Economica* (*New Series*) 51.203 (Aug. 1984): 307–318.

Muchmore, Lynn. "Gerrard de Malynes and Mercantile Economics." *History of Political Economy* 1.2 (Fall 1969): 336–358.

Mun, Thomas. *England's Treasure by Forraign Trade*. London: Printed by John Grismond for Thomas Clark, 1664.

Mundell, R. A. *International Economics*. New York: Macmillan Company, 1968.

Mundell, R. A. "The Collapse of the Gold Exchange Standard." *American Journal of Agricultural Economics* 50.5 (Dec. 1968): 1123–1234.

Nelson, Alan. "New Individualistic Foundations for Economics." *Noûs* 20.4 (Dec. 1986): 469–90.

Nelson, Alan. "Some Issues Surrounding the Reduction of Macroeconomics to Microeconomics." *Philosophy of Science* 51.4 (Dec. 1984): 573–594.

Nelson, Anitra. "Marx's Theory of the Money Commodity." *History of Economic Review* 33 (2001): 44–63.

North, Dudley. *Discourses Upon Trade: Principally Directed to the Cases of the Interest, Coynage, Clipping, Increase of Money*, 1691. Ithaca, NY: Cornell University Library, 2009.

Ostroy, J. M., and Ross M. Starr. "Money and the Decentralization of Exchange." *Econometrica* 42.6 (Nov. 1974): 1093–1113.

Patinkin, Don. "A Reconsideration of the General Equilibrium Theory of Money." *Review of Economic Studies* 18.1 (1950–51): 42–61.

Patinkin, Don. "Friedman on the Quantity Theory and Keynesian Economics." *Journal of Political Economy* 80.5 (Sept.-Oct. 1972): 883–905.

Patinkin, Don. "Further Considerations of the General Equilibrium

Theory of Money." *Review of Economic Studies* 19. 3 （1952—1953）:
186 – 195.

Patinkin, Don. "In Search of the 'Veil of Money' and the 'Neutrality of Money': A Note on the Origin of Terms." *Scandinavian Journal of Economics* 91. 1 （Mar. 1989）: 131 – 146.

Patinkin, Don. "Keynes and Economics Today." *American Economic Review* 74. 2 （May 1984）: 97 – 102.

Patinkin, Don. "Keynesian Economics Rehabilitated: A Rejoinder to Professor Hicks." *Economic Journal* 69. 275 （Sept. 1959）: 582 – 587.

Patinkin, Don. "On the Chronology of the General Theory." *Economic Journal* 103, 419 （May 1993）: 647 – 663.

Patinkin, Don. "On the Monetary Economics of Chicagoans and Non-Chicagoans: Comment." *Southern Economic Journal* 39. 3 （Jan. 1973）: 454 – 459.

Patinkin, Don. "The Chicago Tradition, the Quantity Theory, and Friedman." *Journal of Money, Credit and Banking* 1. 1 （Feb. 1969）: 46 – 70.

Patinkin, Don. "The Collected Writings of John Maynard Keynes: From the Tract to the General Theory." *Economic Journal* 85. 338 （June 1975）: 249 – 271.

Patinkin, Don. "The Invalidity of Classical Monetary Theory." *Econometrica* 19. 2 （Apr. 1951）: 134 – 151.

Patinkin, Don. "Wicksell's 'Cumulative Process." *Economic Journal* 62. 248 （Dec. 1952）: 835 – 847.

Pauling, N. G. *The Employment Problems in Pre-Classical Economic Thought*. Oxford: Clarendon Press, 1951.

Persons, C. E. "Marginal Utility and Marginal Disutility as Ultimate Standards of Value." *Quarterly Journal of Economics* 27. 4 （Aug. 1913）: 547 – 578.

Pigou, A. C. "An Analysis of Supply." *Economic Journal* 38. 150 (June 1928): 238 – 257.

Pribram, Karl. *A History of Economic Thought*. London: Faber & Faber, 1982.

Price, J. M. "Multilateralism and/or Bilateralism: the Settlement of British Trade Balances with 'The North,' c. 1700." *Economic History Review* (*New Series*) 14. 2 (1961): 254 – 274.

Price, J. M. "What Did Merchants Do? Reflections on British Overseas Trade, 1660—1790." *Journal of Economic History* 49. 2 (June 1989): 267 – 284.

Price, W. H. "The Origin of the Phrase'Balance of Trade." *Quarterly Journal of Economics* 20. 1 (Nov. 1905): 157 – 167.

Pryor, F. L. "The Origins of Money." *Journal of Money, Credit and Banking* 9. 3 (Aug. 1977): 391 – 409.

Reid, J. D. , Jr. "The Theory of Share Tenancy Revisited—Again." *Journal of Political Economy* 85. 2 (Apr. 1977): 403 – 407.

Ricardo, David. *The High Price of Bullion*. London: Harding and Wright, 1810.

Ritter, J. A. "The Transition from Barter to Fiat Money." *American Economic Review* 85. 1 (Mar. 1995): 134 – 149.

Robbins, Lionel. *An Essay on the Nature and Significance of Economic Science*. London: Macmillan and Co. , Ltd. , 1945.

Robbins, Lionel. "The Representative Firm." *Economic Journal* 38. 151 (Sept. 1928): 387 – 404.

Robertson, D. H. , Piero Sraffa, and G. F. Shove. "Increasing Returns and the Representative Firm." *Economic Journal* 40. 157 (Mar. 1930): 79 – 116.

Robinson, Austin. "The Problem of Management and the Size of Firms." *Economic Journal* 44. 174 (June 1934): 242 – 257.

Rotemberg, J. J. "The New Keynesian Microfoundations." *NBER Macroeconomic Annual* 2 (1987): 69 – 104.

Saltz, Ira, Pat Cantrell, and Joseph Horton. "Does the Aggregate Demand Curve Suffer from the Fallacy of Composition?" *American Economist* 46. 1 (Spring 2002): 61 – 65.

Samuelson, P. A. "The Classical Classical Fallacy." *Journal of Economic Literature* 32. 2 (June 1994): 620 – 639.

Schaffner, K. F. "Approaches to Reduction." *Philosophy of Science* 34. 2 (June 1967): 137 – 147.

Schmoller, Gustav. *The Mercantile System and Its Historical Significance*. New York: Macmillan, 1914.

Schumpeter, J. A., and A. J. Nichol. "Robinson's Economics of Imperfect Competition." *Journal of Political Economy* 42. 2 (Apr. 1934): 249 – 259.

Screpanti, Ernesto, and Stefano Zamagni. *An Outline of the History of Economic Thought*. Trans. David Field. Oxford: Clarendon Press, 1993.

Seabright, Paul, ed. *The Vanishing Rouble: Barter Networks and Non-Monetary Transactions in Post-Soviet Societies*. Cambridge: Cambridge University Press, 2000.

Shafir, Eldar, Peter Diamond and Amos Tversky. "Money Illusion." *Quarterly Journal of Economics* 112. 2 (May 1997): 341 – 374.

Somerville, Henry. "Marx's Theory of Money." *Economic Journal* 43. 170 (June 1933): 334 – 337.

Spengler, J. J. "Richard Cantillon: First of the Moderns—I. " *Journal of Political Economy* 62. 4 (Aug. 1954): 281 – 295.

Spiegel, H. W. *The Growth of Economic Thought*. London: Duke University Press, 1991.

Sraffa, Piero, and M. H. Dobb, eds. *The Works and Correspondence of David Ricardo—Volume IV (Pamphlets and Papers* 1815—1823). Indianapolis: Liberty Fund, 2004.

Sraffa, Piero. "The Laws of Returns under Competitive Conditions." *Economic Journal* 36. 144 (Dec. 1926): 535 – 550.

Stigler, G. J. "The Development of Utility Theory (I)." *Journal of Political Economy* 58. 4 (Aug. 1950): 307 – 327.

Stigler, G. J. "The Development of Utility Theory (II)." *Journal of Political Economy* 58. 5 (Oct. 1950): 373 – 396.

Supple, B. E. "Currency and Commerce in the Early Seventeenth Century." *Economic History Review* (*New Series*) 10. 2 (1957): 239 – 255.

Tobin, James. "A General Equilibrium Approach to Monetary Theory." *Journal of Money, Credit and Banking* 1. 1 (Feb. 1969): 15 – 29.

Tobin, James. "A Note on the Money Wage Problem." *Quarterly Journal of Economics* 55. 3 (May 1941): 508 – 516.

Tobin, James. "Friedman's Theoretical Framework." *Journal of Political Economy* 80. 5 (Sept. -Oct. 1972): 852 – 863.

Tobin, James. "Money and Economic Growth." *Econometrica* 33. 4 (Oct. 1965): 671 – 684.

Tobin, James. "Money and Income: Post Hoc Ergo Propter Hoc?" *Quarterly Journal of Economics* 84. 2 (May 1970): 301 – 317.

Tobin, James. "Notes on Optimal Monetary Growth." *Journal of Political Economy* 76. 4 (July-Aug. 1968): 833 – 859.

Tobin, James. "The Fallacies of Lord Keynes'General Theory: Comment." *Quarterly Journal of Economics* 62. 5 (Nov. 1948): 763 – 770.

Tobin, James. "The Interest-Elasticity of Transactions Demand for Cash." *Review of Economics and Statistics* 38. 3 (Aug. 1956): 241 – 247.

Tobin, James. "The Monetarist Counter-Revolution Today: An Appraisal." *Economic Journal* 91. 361 (Mar. 1981): 29 – 42.

Tobin, James. "The Monetary Interpretation of History." *American Economic Review* 55. 3 (June 1965): 464 – 485.

Tobin, James. "The Neutrality of Money in Growth Models: A Comment." *Economica* 34. 133 (Feb. 1967): 69 – 72.

Toomey, E. G. "Microfoundations." *Science* (*New Series*) 123. 3195 (23 Mar. 1956): 507.

Torr, Christopher. "The Microfoundations of Keynes's Aggregate Supply and Expected Demand Analysis: A Comment." *Economic Journal* 94. 376 (Dec. 1984): 936 – 940.

Turvey, Ralph. "Marginal Cost." *Economic Journal* 79. 314 (June 1969): 282 – 299.

Vanderlint, Jacob. *Money Answers All Things*, 1734. Baltimore: Lord Baltimore Press, 1914.

Vaughan, Rice. *A Discourse of Coin and Coinage*. London: Printed by Th. Dawks, for Th. Basset, at the George, near Cliffords-Inn, in Fleet-street, 1675.

Vickrey, William. "Some Objections to Marginal-Cost Pricing." *Journal of Political Economy* 56. 3 (June 1948): 218 – 238.

Viner, Jacob. "English Theories of Foreign Trade Before Adam Smith." *Journal of Political Economy* 38. 3 (June 1930): 249 – 301.

Viner, Jacob. "English Theories of Foreign Trade Before AdamSmith (Concluded)." *Journal of Political Economy* 38. 4 (Aug. 1930): 404 – 457.

Viner, Jacob. "Power versus Plenty as Objectives of Foreign Policy in the Seventeenth and Eighteenth Centuries." *World Politics*1. 1 (Oct. 1948): 1 – 29.

Viner, Jacob. *Studies in the Theory of International Trade*. New York: Harper and Brothers Publishers, 1937.

Viner, Jacob. "The Intellectual History of Laissez-Faire." *Journal of Law and Economics* 3 (Oct. 1960): 45 – 69.

Viner, Jacob. "The Utility Concept in Value Theory and Its Critics. "

Journal of Political Economy 33. 4（Aug. 1925）：369 – 387.

Viner, Jacob. "The Utility Concept in Value Theory and Its Critics." *Journal of Political Economy* 33. 6（Dec. 1925）：638 – 659.

Wheeler, John. *A Treatise of Commerce*, 1601. New York：Published for the Facsimile Text Society by Columbia University Press, 1931.

White, L. H. "Hayek's Monetary Theory and Policy：A Critical Reconstruction." *Journal of Money, Credit and Banking* 31. 1（Feb. 1999）：109 – 120.

Wicksell, Knut. *Interest and Prices*. 1898, New York：Sentry Press, 1936.

Williamson, John. "Profit, Growth and Sales Maximization." *Economica（New Series）* 33. 129（Feb. 1966）：1 – 16.

Wilson, Thomas. "Robertson, Money, and Monetarism." *Journal of Economic Literature* 18. 4（Dec. 1980）：1522 – 1538.

Wray, L. R. *Understanding Modern Money*. Northampton, MA：Edward Elgar Publishing, Inc. , 1998.

专用词索引

第一章　市场经济与中国

第四章 西方经济学的绝对困境（一）

——私利齐次型市场与私利非齐次型市场及
【利己与利他混合型市场】

第五章 西方经济学的绝对困境（二）

——主体齐次型市场及【主体混合型市场】

第七章　西方经济学的绝对困境（四）

——理性齐次型市场与理性非齐次型市场及【理性多样化的真实人市场】

第八章　西方经济学的绝对困境（五）

——目的齐次型市场与目的非齐次型市场及【目的多元化市场】

第十二章 广义经济学的范式革命（四）
——广义均衡与配置论项下的广义市场理论

第十三章 广义经济学的范式革命（五）
——广义竞争理论所对应的广义市场理论

第十四章　广义经济学与广义政治经济学

第十五章　论中国的市场地位

第十六章 论全球市场经济的新未来